나 찾아 진리 찾아

# 빛으로 가는 길

\- 생의 의문에서 해탈까지 -

나 찾아 진리 찾아

# 빛으로 가는 길

– 생의 의문에서 해탈까지 –

1판1쇄 2019년 6월 25일

지은이 칠통 조규일
펴낸곳 좋은도반
펴낸이 자등명 선원

주소 (150-859) 서울시 관악구 조원중앙로 1길 15 (신림동, 성호빌딩 401호)
전화 02- 835-4210

출판등록 2008년 6월 10일
등록번호 113-90-73251

ⓒ 조규일, 2019, printed in korea.
ISBN 979-11-966636-2-9

나 찾아 진리 찾아

# 빛으로 가는 길

− 생의 의문에서 해탈까지 −

### 칠통 조규일 지음

좋은도반

<<책을 재출간하며>>

　　오래 전에 『우리는 모두 다 깨달아 있다. 다만 그 사실을 모를 뿐』이란 책으로 영혼의 세계로 천도하도록 이야기해 준 적이 있었다. 그 당시 그 책으로 조상님들을 천도할 적에는 천도하실 분들을 불러놓고 책을 읽어주게 해서 중음신들이 알아듣고 천도되어 가도록 한 적이 있었다. 그리고 참 많은 시간이 흘러왔다. 2018년 6월 17일 울산을 가기 전에 갈 곳과 영적으로 소통하면서 울산 쪽에서 본인의 책 『영적 구조와 선수행의 원리』, 『나의 참자아는 빛 자등명이다』, 『기회로도 도감』, 『수인법과 공법 1』, 『수인법과 공법 2』, 『깨닫고 싶으냐 그러면 읽어라』를 가져오라고 하는 데서부터 책으로 천도하기는 또다시 시작되었다. 영적존재 분들에 따라 『반야심경에서 깨달음까지』 책을 요구하는 경우도 있었다. 물론 그 전에 천도했던 『우리는 모두 다 깨달아 있다. 다만 그 사실을 모를 뿐』 책이나 깨달음을 증득하고 나서 공부한 것들을 모두 다 담아서 출간한 『빛으로 가는 길』이란 책이 있으면 더 좋을지도 모르겠지만 2권은 없으니 있는 책만으로 천도하도록 했다.

　　영적존재 및 존재자, 공룡, 뱀, 이무기들도 본인의 책으로 공부하며 천도되어 가라고 하면 간다는 사실을 알고 책으로 천도하라고 했다. 그렇게 그동안 출간 책을 모두 다 나란히 세워놓고 천도하게 했다. 천도되었는지 물어봤을 때 살펴보면 지옥중생을 제외하고는 다 천도되어 갔기에 다 가는지 알았다. 지옥중생은 책으로 공부해 가라고 해도 천도가 되지 않아 지옥중생 천도되어 가도록 하는 진언까지 지어서 천도하게 했다. 그러니 지옥중생도 천도가 되어갔다.(지옥중생 천도 글은 이번에 출간된 『**영청(靈聽), 영안(靈眼), 심안(心眼) 이와 같이 열린다 2**』 480쪽에 상재되어 있다) 지옥중생을 포함해 모든 영적존재 존재자 분들이 모두 다 천도되어 가는지 알았다.

어느 날 『빛으로 가는 길』 책이 눈에 띄어서 다른 책과 함께 꽂아놓으라고 주었다. 그러고 나서 출근하고 오거나 외출하고 와서 책들을 의념 의식해서 가라고 하면 다른 책보다 『빛으로 가는 길』 책으로 더 많이 간다는 것을 알았다. 살펴보니 기독교를 믿었던 영적존재 분들이 다른 책은 볼 생각도 하지 않고 『빛으로 가는 길』 책을 통해 가는 것 같았다. 이 책은 수행하고 깨달음을 증득했을 때까지 썼던 글들을 모아서 2000년에 출간했던 책이다. 「종교는 하나」 라는 글들도 있다. 이 책으로 공부해 간다면 깨달음까지는 갈지 몰라도 그 이상, 56단계 안에서 돌고 도는 윤회는 벗어날 수 없을 텐데 라는 생각이 들었다. 56단계를 벗어나 자등명 세계로 올라오게 하기 위해서는 벗어나는 길을 추가해 넣거나 이 책을 보고 또 다른 본인의 책을 보면 될 텐데, 살아서 믿었던 종교 때문에 다른 책을 보지 못하고 이 책만을 본다면 윤회로부터 벗어날 수 없을 텐데, 기독교 말고도 많은 종교들이 있는데 다른 종교를 믿었던 영적존재자 분들 역시도 그런 거 아니겠나 싶은 생각이 들었다. 본인의 수행이 불교를 기반으로 수행해 올라왔기에 불교를 믿었던 분들은 쉽게 접근할 수 있는데 그 외 다른 종교를 믿었던 분들은 어렵구나란 생각이 들었다. 그래서 어떤 종교를 믿었던 믿는 종교와는 상관없이 이 책을 통해 윤회를 벗어날 수 있도록 글을 추가해 써서 재출간을 한다. 아마도 이 책을 영적존재 분들이 읽는다면 어떤 종교든 모두 다 통합되지 않을까? 저마다 다른 종교를 믿고 있는 살아 있는 사람들에게서는 어쩔지 모르겠지만 죽어서 영적존재로 있는 분들에 있어서는 모두 다 통하지 않을까 생각한다. 그렇게 해서 모든 종교가 죽은 영적존재자 분들에게는 모두 다 하나로 통하게 될 것으로 본다.

돌고 도는 윤회의 수레바퀴를 잘 알아야 빠져나올 수 있도록 해야 할 것 같아서 살펴보는 과정에서 생각지도 못한 사실들을 알게 되었다.

자등명인간계에 최고 갑부이신 **성황 성꽃황 철황 철꽃성 황**님의 여섯 자식들 중에 염라대왕(閻羅大王) 셋째, 브라흐마(Brahman) 넷째, 옥황상제(玉皇上帝) 다섯째, 만들었다는 여섯째에 의해서 56단계 안에 존재하는 존재 존재자들이 돌고 돌며 윤회하게끔 된다는 사실을 알았다. 각자 자기 자신의 업도 업이려니와 윤회하게끔 된다는 사실에 놀랐다.

　재출간되는 이 책이 살아있는 사람들에게는 필요 없을지 모르지만 죽은 자들에게는 많이 필요한 것이 아닌가 싶다. 윤회를 벗어날 수 있도록 하기 위해서 56단계 안에서의 일들을 영청으로 듣고 살피고 영적존재, 존재자 분들이 이야기하는 대로 받아썼다. 9부 뒤쪽에 필요하다고 한 진언 역시도 영청으로 듣고 요구하는 대로 받아 섰다. 그러다 보니 본의 아니게 성적 용어들이 많이 들어가 있다. 성적 용어들을 우리들의 시선이나 의식, 개념적 사고로 보지 말고 영적존재 존재자들의 입장에 보고 생각하며 자기 자신과 인연 깊은 분들이나 함께 있는 영적존재, 존재자들이 원만하게 천도되어 윤회를 벗어날 수 있도록 해주면 더 없이 좋겠다. 천도되어 윤회를 벗어날 수 있도록 새로 쓴 글들을 기존의 글(사람들을 위해서 출간했던 책) 뒤쪽에 추가해 재편집해서 재출간(영적존재, 존재자들을 위해 출간하는 이 책)한다. 영적존재, 존재자들을 위해 재출간되는 만큼 우리들의 시선으로 보지 말고 영적존재, 존재자들의 시선으로 보고 이해하며 읽어주기를 부탁드리는 바이다.

　그래서 영적존재, 존재자들이 본래 고향산천으로 돌아가고 읽는 독자 역시도 깨어나서 본래 고향산천을 알고 죽어서는 본래 고향산천으로 너나없이 갈 수 있기를 바라는 바이다.

확철 칠통 명철 황황 꽃황 철황 철꽃성 황 2019년 4월

칠통 조규일

# ▣ 머리말 ▣

이 책에 있는 글들이 있기까지 나는 나 자신과 끊임없이 많은 시간 속에서 싸워야 했고 지금도 그러하다.

맨 처음은 인간의 근본 문제와 생에 대한 의문에서 시작되었으며 오랜 동안 내 육체 속에서 나를 찾아 헤매었고 찾아 헤매는 동안 명상과 좌선, 행선 속 한 생각을 쫓아 생활하고 생활하는 중에 뇌리를 스쳐 정리된 생각들을 글로 옮겼다. 글로 옮겨가며 조금씩 풀려가는 가운데 의문이 생기면 생긴 의문으로 또 싸워야 했다. 의문이 풀렸을 때 풀린 의문을 글로 쓰지 않고는 풀린 의문으로부터 벗어날 수가 없어 글을 썼다. 이상하게도 글로 쓰고 나면 묶였던 생각으로부터 벗어날 수가 있었으며 그런가 하면 마음이 편안했다. 하나의 의문을 해결했다 싶어 글을 쓰고 잊어버리면 또 다른 의문이 생기고 의문이 풀려 잊어버리면 또 생기는 연쇄적 의문들은 많은 시간 동안 나를 명상과 좌선, 행선 속 한 생각에 모두 하게 했다.

어느 땐가 한 소식 접하고는 산 위에서 아래를 내려다보면 산 밑에서 올라오는 여러 길들이 보이는 것과 같이 빛으로 가는 많은 길들이 보였다. 그래서 많은 글을 썼다.

이 책은 이러한 글들의 모음집이라 해도 과언이 아니다.

읽는 이마다 이 글들을 읽고 생각이 바뀌고 의식이 바뀌어 청정한 마음에 맑고 깨끗한 정신적 영혼을 가지고 기도, 수행, 정진하여 깨달음의 찬란한 빛, 진리 속에 들기를 바라는 마음에서 생활하며 수행하여 찾았던 방법과 생각이 미쳤던 정신적 영혼의 상황과 마음 안팎에서 일어나는 변화를 중심으로 세세하게 하나하나 풀어 썼으니 읽는 이 스스로 자신의 인생에 있어 올바로 나아갈 길을 알고 나아가거나 전혀 생각지도 않았거나 못했던 많은 것들을 생각하고 생각하기 바란다.

이 글은 정신적 영혼에 대하여 처음 접하는 사람이나 기도, 수행하여 어느 정도 정신적 정진이 있는 사람이라도 읽으면 각자의 정신적 의식 정도에 따라 무엇인가 생각하고 정진할 수 있도록 최대한 풀어 썼다.

나를 찾으려 하고 진리를 구하려 하다 보니 사뭇 명상적, 선(禪)적, 구도(求道)적인가 하면, 깨달음의 노래이다. 읽는 이마다 어렵다고 안 읽을 수도 있고 반복된 말들이 너무 많아 지루한 나머지 대충 읽을 수도 있으며 말도 안 되는 허황된 생각의 글이라고 하며 중도에서 읽지 않을 수도 있으나 한 번 정도 자세하게 읽어 보기 바란다. 한 번 읽었다고 이해가 쉽게 될 리 만무하지만 이해가 안 된다고, 어렵다고, 덮어두지 말고, 읽고 또 읽어서 이해한다면 읽는 중에도 변해 가는 자신의 의식을 알 수 있으며 뿌듯한 느낌 속 무엇인가 생각하며 쫓게 되리라 필자는 자신한다.

읽을 때 그냥 쉽게 읽는다면 아무런 내적 변화가 없고 자세하게 읽는다 하여도 몇 번이고 읽어야 이해가 되고, 읽으며 글을 쫓아 명상하고 좌선하는 가운데 빛으로 가는 길, 진리를 찾으리라 생각한다.


몇 편의 글을 읽어 본 주변 사람들은 각각 한마디씩 하는데
어떤 이는 깨달음의 노래, 게송 같은가 하면 설법 같다 하고
어떤 이는 차분히 읽다 보면 마음이 편해진다 하고
어떤 이는 답답했던 가슴이 뚫린다 하고
어떤 이는 읽다 보니 아팠던 곳이 자신도 모르게 나았다 하고
어떤 이는 어렵긴 하지만 가슴 뭉클해지는 것이
두고두고 읽어 보고 싶다 하고
어떤 이는 우리 인생의 진정한 의미를 알 수 있을 것 같고
어떻게 살아야 할지 인생의 목표를 뚜렷하게 알 수 있을 것 같다 한다.
이렇듯 읽는 이에 따라 그 느낌들이 천차만별인 것은 왜일까?


읽는 이를 위하여 읽는 요령을 나름대로 설명한다면, 책을 읽기 전에 선입견과 사심을 버리고 자신이 믿는 종교로부터 한 발짝 떨어져 순수한 마음을 가지고 읽을 것을 권하며, 읽었을 때 읽은 부분에 대하여 글 내용을 생각해 보며, 자신의 육체 안팎을 살펴 관찰해보고 명상해 보면 생각하고 관찰하고 명상하는 가운데 무엇인

가 하나하나 확연하게 드러나 잡으리라 믿는다. 그래도 이해하기 어려우면 어려운 부분은 그냥 읽어두고 많은 것들이 이해되고 확연해질 때, 또 다시 읽어보면 그때 비로소 이해되고 모든 것이 확연해지리라 생각한다. 이런 중에 어렴풋이 자신의 육체 속 자신을 알고 마음을 알게 되리라 믿는다.

이 책을 읽는 이마다 알차게 읽어 무명의 번뇌에서 벗어나 저 밝은 빛, 진리를 쫓고 찾아 에너지를 더하여, 꺼져 가는 마음의 등불을 밝혀 자신과 주변, 나아가 사회, 지구와 우주를 밝히기 바란다. 이런 사람이 많을수록 우주와 지구, 사회와 주변이 변하고 본인도 변하는가 하면 육체는 영혼에 있어 나뭇잎이 떨어지는 것과 같다는 영혼 불멸의 생사 없는 삶 속에서 생로병사를 관망할 뿐, 벗하지 않고 극락과 천당에 있으리.

"한 생각 바뀌니
  예 극락이구나" 말씀하셨던
옛 노선사(老禪師)님의 말씀이 불현듯 생각나는 것은 왜일까?

마음을 알면 마음 안에서 행복하나니
모두 다 날마다 좋은 날 되시길
가슴에 두 손 모읍니다.

# 할 (喝)

되돌아보면 진리의 대자유, 그 한량없는 묘함 속, 한량없는 인연의 매듭 중, 하나라도 풀거나 끊었는지 모르겠으며, 진리란 바닷물 속에서 한 방울의 물이라도 제대로 두레질했는지 모르겠다. 또한 하나님, 부처님, 그 외 많은 불보살님과 신들의 가피력, 그 화신과 선지식에게 흠집이나 내지 않았나 싶고, 청정한 마음에 맑은 영혼을 가지고 기도, 수행, 정진하는 많은 수행자나 성직자, 정신적 지도자 분들께 누를 끼치지 않았나 조심스럽다.

# 제2부   수행·기도·정진

# 제3부 나를 찾아서

# 제4부 종교는 하나

# 제5부 빛으로 가는 길

# 제6부 깨달음이란 무엇인가

# 제7부 생과 사

# 제8부 한 통 속

# 제9부 영적 존재, 존재자들이여!

칠통(漆桶) 조규일(曺圭一) 출간서적

# 제1부　진리와 진실

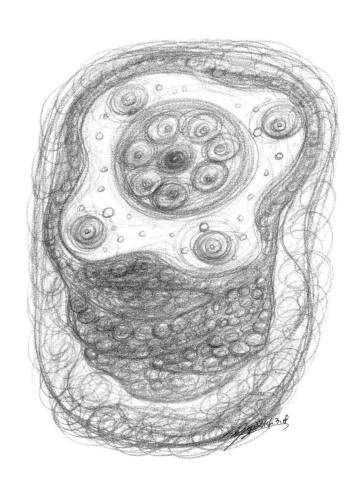

# 아들 딸들아 너희의 탄생은 이러하다

찬란한 빛 가리운 한 조각 뜬구름 나라고 하는 생각의 습벽(習癖)에 무의식과 의식의 먹구름 한 조각 성벽(性癖)의 테두리 영혼의 에너지와 우주가 찰나 찰나 변하는 우주적 상황의 섭리, 음과 양의 정기(正氣)가 하나로 뭉쳐서 생긴 것이 현재 너라고 하는 너의 탄생이다

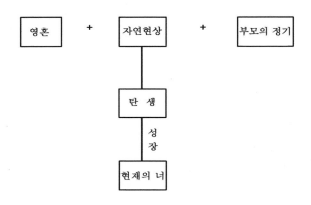

확연히 들여다보면 너의 주체는 찬란한 빛을 가진 성체(聖體)이지만 일반적으로 말하는 너의 주체는 너의 영혼이며 배제할 수 없는 것이 부모의 정기이고 네가 태어나는 순간 너를 감싸 안은 우주의 섭리적 환경이다.

현재 네가 기억은 못 하지만 너의 영혼은 다겁생을 살아오면서 에너지의 빛 영혼을 벗어나 어떤 현상의 체(體)를 형성하여 살았을 때마다 그 형상의 몸이 나라는 집착의 생각에 행동으로 이어지다 보니. 그 행동으로 인한 부딪침에 집착은 인연의 근을 만들고 집착의 생각은 의식적으로나 무의식적으로 습관이 되어 왔다.

그 집착의 끈과 습관은 영혼의 에너지에 녹아 이루 헤아릴 수 없는 망상의 끈과 습벽 만들기를 수 차례한 너의 영혼은 현재 너의 의식과 무식을 이루었을 뿐만 아니라 네가 부모의 정기의 영향을

받아 태어났기에 너의 모습은 부모의 정기에 녹아든 부모의 형상과 일부의 의식과 무의식까지도 네 영혼의 에너지와 하나가 되었다.

죽음이란 찬란한 빛을 싸고 있는 육체를 떠나면서 영혼의 성벽(性癖)을 벗고 어느 찬란한 빛 속으로 녹아들거나 빨려 들어가야 하거늘 육체를 지녔던 현실 세계에서 텅 빈 허공과 같은 마음의 에너지 안에 만들어 놓은 상념의 형상과 부딪힘의 업 때문에 어느 찬란한 빛을 무서워 피하게 되는 나라고 하는 이기적 의식과 무의식의 성벽, 털어버리지 못한 영혼이 헤매다 헤매다가 음양의 교합 때 즉 남녀 또는 암수가 교합하는 현장에서 자신의 영혼을 사악한 것에 어느 정도 팔아먹어 적어졌느냐에 따라 진리법계 하나의 자리와 가까워지려는 사랑과 자비를 베풀며 기도 수행한 영혼이 어느 정도 맑아지고 넓어졌느냐에 따라 영혼의 크기가 다른 만큼 이승에서 저승으로, 저승에서 이승으로 다시 태어날 너의 영혼의 크기는 너에 의하여 정해져 있으니. 자신의 업보의 죄값, 고통과 괴로움, 풍요의 즐거움 어찌 받았든 자신의 영혼의 크기에 따라 육체의 그릇에 맞는 자궁으로 숨어 들어가 있을 때, 모태가 형성하고 있는 에너지 변화의 영향으로 일부 변하고 네가 태어난 순간에 우주의 진리적인 섭리 현상, 즉 우주에 두루 꽉 차 있으면서 움직여 변하는 진리의 틀과 하나가 되어 흐르는 물처럼 너는 또한 그렇게 그 틀 속에서 움직이는 것이다.

네가 형상을 갖추기 전 에너지 속에 녹아든 의식과 무의식의 에너지 영혼은 그 정도에 따라 머무르고 머무른 형상에서는 어디든 오가며 찬란한 빛 성체(聖體)의 진리의 품에 있어 그냥 그렇게 통(通)하나 자궁에 들어 새로운 형상의 껍데기가 완성되면서 통로가 조금씩 막히는가 싶으면 어느 순간 완전히 막혀 형성된 에너지의 상태로 그릇의 정도에 맞게 살아가야 하는 그 속에 의식 변화의 정도가 마음의 에너지에 녹아들면 변하나 잉태의 순간적 변화의 근본적 흐름은 변하지 않으니. 그대의 안과 밖 통로의 문을 여는 훈련, 절실한 기도의 정신적, 영혼적 수행을 함으로써 의식의 변화가 오고 통로가 열림으로 성벽의 테두리 차츰 사라지고 마음의 에너지 안팎으로 하나 되어 흐르긴 하되 그 흐름을 따라가기보다 주관의 흐름으로 안팎에 머무를 수 있는가 하면 본연의 찬란한 빛 성체(聖體) 진리로 귀향할 수도 있다.

현재 너의 탄생이 있기까지의 영혼은 맺어진 이연의 끈을 풀지 못한 너와 부모 사이의 어떠한 이해관계나 원한 관계 아니면 너와 근친과의 또는 타인과의 이해관계나 원한 관계의 집착으로 인한 마음의 땅에 원인 있어 결과를 낳는 것인가 하면 너를 형성했던 의식과 무의식이 영혼을 사악한 것에 팔아먹은 정도에 따라 수직 적 계급의 어떠한 통치적 제재를 받다가 회개의 미명 아래 보내어 진 저 성스러운 성체 진리의 흐름일 수도 있는가 하면 높은 계급 의 좋은 환경에 있으면서도 성체 진리의 그 자체가 되기엔 그곳 상황이 여의치 않아 수행의 발로로 온 너도 있고 이곳의 많은 이 들을 구제하기 위하여 스스로 이곳에 탄생한 너도 있다.

어떤 목적의 미명 아래 탄생되었던 최고의 수행처 인간의 몸으로 태어났으니. 이승의 모든 것들은 육체 유지를 위한 수단의 방법으 로 하고 풀어야 할 숙제 같은 다겁생의 성벽과 인연의 끈은 풀되 새로운 인연의 매듭은 짓지 않으며 이해타산의 집착으로부터 벗어 나 텅 빈 허공과 같은 마음으로 찬란한 진리의 빛 하나의 성전에 드는 정신적 의식은 깨어 본연의 고향으로 회귀하려는 너의 영혼 이 기도 수행 정진하여야 할 뿐만 아니라 인연의 끈과 이해타산이 될 만한 언행, 또한 조심할 일이며 부딪혀 상처 입을 너의 마음에 형상이 될 만한 생각의 의식 두지를 말고 텅 빈 허공을 만들어 자 유자재할 일이다.


## 살아서 의식 있는 모든 생명체는 영혼이 있다

살아서 움직일 뿐만 아니라 그 나름대로 의식이 있다고 생각되는 많든 적든 지능을 갖고 있는 모든 생명체는 영혼이 있다.
다만 우리 인간과 다른 점은 인간과 같은 언어를 사용할 수 있는 성대가 없고 그들 나름대로 구조적 특성의 성대를 가지고 있기 때 문에 종족 간 대화는 할 수 있으나 다른 종족과는 알아들을 수 없는 대화의 단절로 자신의 육체 존속과 종족 보존을 위한 약육강식으로 현실 세계는 존재하고 있다.

일반적으로 우리가 말할 때 의식 작용에 의한 텅 빈 허공 같으면서 무엇인가 가득 찬 테두리 같은 마음을 자극하여 마음이라 규정한 텅 빈 허공이 안팎으로 통할 수 있는 최고 큰 통로 호흡 기관인 입을 통하여 스며 나오는 바람 같은 에너지가 성대를 자극함과 동시에 다른 곳도 자극함으로 마음 찬 에너지의 변화에 따라 말을 한다.

신들을 보지 못하고 그분들의 말을 못 알아듣고 죽은 자들을 보지 못하고 말을 못 알아들을 뿐 아니라 많은 적든 지능을 가지고 의식적 활동을 하는 생명체의 말을 못 알아듣는 것은 인간으로 보고 들을 수 있는 시각과 청각 능력의 한계에 있다.

신들과 죽은 자들을 보고 듣기 위해서는 죽음 직전에 있거나 육체와 하나가 된 영혼이 영혼을 둘러 싼 안개 같은 육체로 인한 무명의 영혼에 텅 빈 듯한 에너지로 가득 찬 마음으로 밝히는 영혼의 빛 더 강하게 하여 빛을 밝히고 더 강한 빛을 발함으로써 안개 걷히고 맑혀져 영혼의 시야가 확 트여야 한다.

우리가 육체를 가지고 살아가는 동안 육체를 맑히지 못하고 영혼을 밝히지 못한다면 죽음 직전이 아니고서는 영혼의 세계를 보지 못할 것이다.

영혼을 탁하게 하는 것은 육체로 인한 것이며 영혼을 가진 의식 있고 지능 있는 생명체를 많이 먹으므로 그 육체는 우리 몸의 에너지가 되어 그 에너지에 녹아든 의식과 무의식이 우리의 피를 탁하게 하는가 하면 영혼들은 영혼의 세계에 제대로 들지 못하고 먹은 자 죽인 자의 영혼 주위를 머무르니. 그들이 안개가 되고 안개가 되어 가리는가 하면 영혼이 있는지 없는지 모르는 그들은 또한 육체를 가지고 있는 그 상태인 줄 알고 있다가 영혼이 죽음의 어둠으로 내달린 무서움과 수많은 신들이 자기 자신의 마음 작용으로 나타난 형상의 모습의 무서움에 쫓기다가 자궁에 숨어들어 자식으로 태어나기도 한다. 자신 스스로의 육체에 머무른 생각과 사고력에 의한 의식적 무의식적 행동 또한 안개가 된다.

이러하니 우리는 우리가 먹는 음식 또한 조심하고 먹으므로 죽은 영혼을 자신의 영혼의 힘으로 영혼의 세계에 갈 수 있도록 기도 천도하면 좋으련만 그렇지 못할 바에는 영혼이 깃들어 있지 않고 순수하게 에너지로만 살아 있는 생명체를 먹을 일이다.

그러므로 그의 에너지를 흡수하고 그의 순수한 에너지에 맑혀지는 피로 육체를 맑히고 영혼에 에너지를 더하여 빛을 강하게 할 일이다.

빛은 에너지의 강약에 따라 그 밝기가 다르고 빛의 밝기에 따라 그 빛으로 밝히는 면적이 다른가 하면 중심의 빛의 색깔 또한 다르다.

우리가 에너지를 흡수하여 지탱하는 데는 크게 두 가지 그 하나는 호흡이요. 다른 하나는 음식물 섭취다.

우리가 알고 있는 호흡 문은 코와 입이라 단정하지만 이외 일곱 군데의 보이지 않는 호흡 센터가 있다. 보이지 않는 일곱 군데의 호흡 센터는 땅과 하늘에서 모든 에너지를 흡수할 수 있으며 땅과 하늘 자신과 하나로 통하는 문이기도 하다.

그러나 우리는 육체로 인한 혼탁함과 영혼을 가리운 안개로 이런 곳이 있는지조차 모르고 육체가 자신의 전부인 듯 산다. 종교를 가지고 있거나 종교가 없어도 영혼을 믿는 이들 중에 우리가 죽으면 천당과 지옥을 간다고 말하지만 어떻게 함으로써 천당과 지옥을 가는 지는 확실히 모른다.

그곳에 가는 것이 무엇이냐 하면 영혼이다.

영혼의 마음이 어느 정도 혼탁 하느냐에 따라 마음의 의식이 어느 정도 넓고 좁아 얼마나 많은 것들을 포용하고 수용하느냐에 따라 간다.

그러면 영혼은 무엇인가. 영혼은 마음+의식+무의식이다.

그러면 마음은 무엇인가. 마음은 닫혀진 텅 빈 허공+에너지+빛이다.

그러면 에너지는 무엇인가. 진리로써 어떤 것을 이끌 수 있는 힘이다.

힘 즉 에너지는 변화무쌍하다. 이 에너지의 작용으로 많은 것들이 모였다 흩어지기도 한다. 모였다가 흩어질 때 단순히 모였다 흩어지는 것이 아니라 그 에너지에 맞는 것들이 서로 서로 만났다 헤어진다. 그러므로 묘한 작용을 일으킨다. 이것이 진공묘유요.

진공묘유 속에서 만났다 헤어지는 것이 인연이다.

인연은 에너지+의식과 무의식 이런 연고로 모였다 흩어지는 것이다. 이것이 단순히 인간과의 관계만이 아니라 고등 동물에서 미생물에 이르기까지 먹고 먹히는 죽고 죽이는 만나고 헤어지는 어떤 이해관계 속에서 서로 간에 말이 통하여 대화를 했던 말이 통하지 않았던 서로 간에 자신도 모르게 어떠한 부딪침이 있어 의식이든 무의식이든 마음 안에 녹아 있다면 서로가 인연을 갖는다.

영혼이 있는 것은 영혼으로 다르고 의식 있는 것은 의식으로 다르고 형상 있는 것은 형상으로 다르나, 형상 없고 의식 없고 영혼이 없다면 마음 안팎 진리로 무엇이 다르랴.

인간에 있어 모든 작용을 관장하는 듯한 진리의 테두리를 마음이라 불러서 그렇지 살아 있는 생명체 치고 마음 없는 것이 어디 있으며 진리 밖에 있는 것이 어디 있고 마음의 실체를 생각하면 마음 아닌 것이 어디 있고 진리 아닌 것이 어디 있으랴.

그래도 우리는 우리의 마음 안에 나름대로의 의식과 무의식 에너지와 빛의 밝기 이 모든 것들이 천차만별이니. 많은 신을 만들어 말하고 육체의 소멸로 죽어서 천당과 지옥을 말하지만 천당과 지옥을 가는 것 그대 영혼이니. 그대 영혼의 의식과 무의식이 어느 정도 많은 것들을 포용하고 사랑하느냐.

또한 얼마나 순수하느냐에 따라 끼리끼리 모여 사는 영혼의 세계가 수많은 천당과 지옥이니 천당과 지옥은 죽기 전 그대 마음 안에서 작용하는 의식과 무의식에 있으니. 죽음으로써 가려 말고 살아 있으므로 수많은 천당과 지옥 마음 안에 두고 의식과 무의식적으로 행동하는 모든 마음 작용을 좋은 쪽으로 좋은 쪽으로 이끌 일이다.

죽어서는 어찌하지 못하는 영혼의 그 통치자의 상념 안으로 묶이지 말고 일반적으로 우리가 괴로움을 당하면 그 괴로움을 수용하기보다 이기기 위하여 노력한다는 것이 괴로움이듯 끊임없는 괴로움의 지옥 벗어나기가 어렵고 최상의 자리 천당이 아니고는 천당에 들어가 그 즐거움에 빠져 더 좋은 곳이 있는 지도 모르고 안주하다 보면 한두 번의 잘못 생각에 쫓겨나 환생하는 고등동물에서 미생물에 이르기까지 그 어느 자궁으로 숨어들어 태어나니. 죽음으로 육체가 소멸되어 영혼으로 가는 천당과 지옥의 세상으로 가려 말고 육체를 가지고 살아있는 동안 영혼을 형성하는 마음에 의식과 무의식 육체로 받는 희노애락이 마음 안에 녹아들어 천당과 지옥 수시로 변화할 때, 그 희노애락의 근본이 마음 작용의 어떠함에 있는지. 천당과 지옥 명철하게 알고 육체의 인연이 다하든 다하지 않든 티끌 하나 없이 훨훨 털고 하나 된 자리에 있을 것이다.


## 지구의 역사 그 시작과 끝의 윤회

살아 있는 유기체는 너 나 없이 호흡을 해야 하며 또한 자정(自淨) 능력이 있다.

지구도 하나의 유기체이고 시작도 끝도 없는 우주 역시도 그러하며 그 안에서 존재하는 티끌에서 거대한 것에 이르기까지 모든 것들은 진리의 테두리 안에서 유영을 한다.

그들은 스스로 견디다 견디다 더 이상 견디지 못할 것 같으면 생존을 위하여 상상을 초월하는 그 어떠한 용틀임을 한다.

생존하는 그 어떤 것이 죽음 직전에 최후의 발악을 하는 것처럼 조그만 것들은 그 에너지가 약하여 티끌의 집합, 형상의 몸, 집을 버리고 같은 에너지파의 다른 강한 에너지에 들지만 거대한 것들은 그 에너지가 강하여 쉽게 어디에 합류되기보다 스스로의 용틀임 자정 능력으로 환경을 바꿈으로 그들은 소멸되지 않고 거의 영원히 존재한다. 비록 형상의 모양이나 모습을 변할지라도…

지구 역사도 용틀임을 하며 우리가 찾아 기억하기 오래 전부터 지구의 역사에 멸종이라는 거대한 획을 그리며 자신의 환경을 바꾸며 존재하여 왔고 앞으로 또한 그러할 것이다.

지구가 용틀임하여 환경을 바꾸는 멸종의 수레바퀴에 맑고 순수한 영혼의 형상은 남아 새로이 시작하고 사악한 영혼의 형상은 사악한 만큼 그 영혼이 작아져 저승에서 작아진 만큼 고통을 당하고 새로이 탄생하는 그 영혼의 크고 작음에 따라 나타난 형상의 미생물에서 그 본성의 영혼이 맑아지고 넓어지기를 헤아릴 수 없는 영혼 성장의 반복에 고등동물이 출현하고 그 고등동물의 지적 성장에 산업이 점차적으로 발달하고 산업적 발달에 근본적 진리의 본성을 잃으므로 회귀하여 돌아가야 할 길마저 까마득히 잊어버리고 유기체의 집합 육체가 자신의 전부인 양, 이기적 탐욕에 영혼을 팔아먹는 성냄과 어리석음으로 싸움을 일으키는 문명을 위한 산업과 무기의 발달은 지구에 종말의 전주곡을 알리는 신호적 부호이다.

최상의 문명의 산업 발달은 급기야 지구란 유기체의 호흡을 막아 자정 능력으로 용틀임하게 하여 종말을 고하는가 하면 인간적 이기심에 조금씩 팔아먹기 시작한 영혼은 초특급 열차에 몸을 싣는 최악의 사회적 현상을 만들어 순수하게 태어난 이들이 그들의 영혼을 생각하기도 전에 최악의 상황에서 그들의 영혼을 팔아 그 영혼의 잔재도 없이 사악한 것으로 채워진 깜깜한 영혼은 사소한 일에도 싸움하는 이기적 탐욕으로 최상의 무기는 급기야 사용되어 스스로 파멸을 이끄는 종말을 낳는다.

최악의 상황을 막고자 탄생한 이의 연설은 바람 앞에 호롱불처럼 그 심지가 흩어지려 하니. 오직 하나의 진리 앞에 참회하고 기도하며 그들의 영혼과 본성을 찾게 하기 위하여 끊임없이 온 힘을 다해서 헤아릴 수 없이 많은 이야기하며 최후의 종말을 막으려 하지만 사악에 빠진 무리들은 좀처럼 그 수렁에서 나오려 하지 않을 뿐 아니라 조금이라도 본성의 영청을 듣는 이들이 보이면 배암의 혀놀림으로 꼬여 빠뜨리려는 상황에서 작기는 하지만 영혼의 소리가 들리는 그 어떤 곳으로 인도하려고 하나 그 소리는 메아리가 되어 우주의 끝이 어딘 양 퍼져 나간다.

우리는 우리 삶에 있어 영혼에 대한 진정한 의미를 알고 영적 성장의 끝, 하나의 진리적 본성 자리에 들기까지 이기적 탐욕의 어리석음과 성냄을 버리고 그 영혼의 실체와 하나의 진리적 본성의 실체를 알아 진리의 자연 속으로 돌아가야 한다.

그러지 않고 계속 우리의 육체적 안락과 편안함만을 위하여 고도의 과학 문명 생활을 원하는 한 언젠가는 지구의 자정 능력에 밀려 자신뿐만이 아니라 모두를 버려야 하는 결과를 낳는다.

그날이 오면 죽은 자는 자신의 갉아먹은 영혼의 사악함이 짓누르는 압박과 순수한 영혼과의 심한 용틀임의 고통으로 살아 있는 자를 부러워할 것이며 살아 있는 자는 자신들이 저질러 놓은 사악함의 말로로 인한 환경적 상황에서의 육체적 영혼과의 심한 용틀임에서 오는 고통으로 죽은 자를 부러워할 것이다.

우리는 우리 스스로 이러한 것이 알고 서로가 서로를 사랑과 자비로 감싸며 원시의 지구 환경을 되살려서 호흡을 원활하게 하여 풍성한 지구, 활력에 넘치는 영혼들의 근원적 진리의 빛 하나화하려는 그러므로 이상적 지구의 에덴동산 천국과 극락을 만들어야 한다.


## 지구의 종말은 없다 다만 천당과 지옥이 있을 뿐

지구가 사라지는 종말은 없다. 다만 현재 표면상 드러나 있는 형상으로 존재하는 모든 생물체와 무생물체들이 사라지는 상상을 초월하는 지각 변동이 있을 뿐 지구도 살아 숨 쉬는 유기체이다.

현재 기하급수적으로 늘어나는 폐기물이 온 지구를 뒤덮어 더 이상 숨쉬기가 어려우면 생물체들이 이상하게 변하는가 하면 기존의 생물체가 사라지고 새로운 생물체가 나타나는 가운데 지구는 스스로의 생존을 위하여 엄청난 폭발을 하고 새로운 환경에서 새로이 시작할 것이다.

엄청난 폭발을 해도 사라지지 않고 존재하는 것은 지구가 가지고 있는 이루 헤아릴 수 없는 에너지가 있기 때문이다.
지구의 근본 자리나 우리 마음의 근본 자리나 존재하는 모든 것의 근본 자리는 같다.

지구가 허공에 스스로 존재하는 것 역시 밀고 당기는 그 어떤 힘 에너지 기운이 법신의 부처님 성령의 하나님이 우주 안에서 강한 법력으로 충만된 성령으로 티끌을 뭉쳐 흙으로 존재하기에 그 모양새는 변할지 몰라도 결국 사라지는 일이 없다.

법력이 약하여 여법해지든가 성령이 그냥 그렇게 있다 한다면 뭉쳐진 티끌을 흩어져 흔적도 없이 여여해지리라.

우주 안에 존재하는 모든 행성들 역시 근본 자리로 보아서는 우리의 마음자리와 다름이 없다.

행성들 역시 살아 숨 쉬는 유기체로서 그 나름대로의 힘이 있어 그렇게 존재한다. 변한다면 모양새가 변할 뿐, 완전히 우주 공간에서 흔적없이 사라지기 위하여 즉 티끌로 흩어지기 위해서는 밀고 당기는 그 어떤 힘의 분배를 스스로 아니면 외부의 변화로 대폭발을 하여야 하는가 하면 티끌을 당기는 힘이 없어야 한다.

우리 역시도 나름대로의 힘이 있어 또한 그렇게 존재하는 가운데 많은 생각과 행동, 나라고 하는 유기체에 대한 집착이 강하면 강할수록 모양새는 변할지 몰라도 그 근본 의식과 무의식은 변하지 않아 스스로 가진 에너지에 맞는 그 어떤 행성 내지 보이지 않는 그 어떤 힘이 있는 자신 스스로 밀고 당기는 에너지와 함께 한다.

생물체이기에 있고 무생물체이기에 없다는 관념은 버려야 한다.

진정 그대가 그대의 마음을 보았다면 우주 일체가 그대인 줄 알고 그대 의식과 무의식이 천당과 지옥 만들고 그 의식과 무의식 때문에 수많은 천당과 수많은 지옥 가운데 그대의 의식과 무의식에 걸맞은 그곳에서 그 어떤 힘의 지배를 받으며 즉 밀고 당기는 돌고 도는 가운데 같은 에너지에 의식과 무의식 끼리끼리 모여 이루니. 이게 바로 수많은 천당과 지옥이고 윤회의 틀이다.


# 업(業)

악업(惡業)도 업이요
선업(善業)도 업이거늘
원 하나 그려놓고
안(內)이다 밖(外)이다 말하는
그 또한 마음의 병
업이로다

## 업은 어떻게 지어지는가

모든 감각으로부터 보고 느낀 것들을 육체에 국한하여 나라고 하는 생각이 시발점이 되어 육체로 부딪혀 오는 모든 것들에 탐욕의 집착이 생각을 낳고 그 생각이 의식이 되는가 하면 그 의식이 마음을 닿아 마음을 움직여 행동으로 이어질 때 의식은 본인도 모르게 습관이 되고 그 습관은 무의식에 있는 잠재의식의 폭을 넓히고 그 잠재의식은 에너지의 업으로 윤회의 틀을 더욱 견고하게 만든다.

## 업으로부터 벗어 날 수 있는 것은

그대 육체가 어떠한 언행을 하든 생각이 없을 뿐만 아니라 의식 없는 언행에 마음의 걸림이 없으니
업은 없으리다.
상대가 본인의 언행을 생각하다 의식을 자극하고 잠재의식까지 들추어 마음 가득 언행에 대한 움직임이 있었다 할지라도 맺을 인연의 상대가 없으니. 한 쪽에서 맺으려는 업이 있다한들 맺을 수 없으니 이들 사이 인연의 업을 없으리다.
오랜 동안 윤회의 틀을 벗지 못한 에너지에 있는 무의식의 잠재의식 업으로부터 벗어나려면 수많은 환생의 업으로 인한 인연을 맺을지라도 업을 짓지 않으면 되겠지만 그러기엔 에너지에 있는 무의식의 잠재의식, 업의 다함이 어딘지 모를 뿐 아니라 다음생에서도 업으로 벗어나는 방법이 잊혀지지 않고 업의 인연은 맺되 업을 짓지 않을 수 있는지 아니면 또 업을 지을지 모르니 완전하게 벗어나지 못하고는 어렴풋이 아는 것은 모르는 것보다 더 불안함은 어쩔 수 없으리다.
수행과 만행을 벗하여 자신의 마음자리를 보았다하여 의식과 생각이 없고 마음의 걸림이 없다한들 에너지에 있는 무의식의 잠재

의식까지 그러하지 못한다면 완전히 윤회의 틀을 벗어난 것이 아니며 업을 짓고 짓지 않음을 알 뿐이니. 이 또한 수행과 만행을 계속할 일이다.

완전하게 윤회의 틀 벗어날 수 있는 길은 자신의 마음자리를 확실하게 알고 그것을 근본으로 수행과 만행을 하여 우주에 두루 꽉 차 있는 무한한 생명체의 에너지와 하나 되는 길이며 하나 되는 길은 두루 꽉 차 있는 무한한 생명체의 에너지와 육체, 안팎의 연결 통로, 닫혀진 문을 열고 무한한 생명체의 에너지 육체 내부에 있는 에너지의 바다로 받아들여 밖과 하나 되어야 하고 그 하나가 된 에너지는 마음자리에 흘러들어 마음의 불덩이 테두리 없이 우주 전체의 마음과 하나 되어야 할 뿐만 아니라 그 하나 된 마음은 무의식의 잠재의식에 갇힌 지혜의 빛을 밝히는 에너지가 되어 무의식의 잠재의식까지 빛으로 밝혀 온 우주의 광명으로 하나 되어야 완전하게 윤회의 틀을 벗어날 수 있으리라.

금생에 모든 업으로부터 벗어날 수 없을 듯싶으면 수행과 만행을 끊임없이 하면서 그대 잠재의식에 업으로부터 벗어나려는 염원이 늘 살아 있어 다음생에 잊혀지지 않고 되살아나 또 다시 수행과 만행을 하여 언젠가 모든 업으로부터 벗어날 때까지 끊임없이 그대 잠재의식에 염원을 하라.

그러면 그 언젠가는 모든 업으로부터 벗어날 수 있으리다.


## 맺어진 업의 인연은 풀되 업을 짓지 않으려면 어떻게 하여야 하는가

텅 빈 허공이 있기에 형상들 들어섰다 없어지고 없어졌다가 들어서는 것과 같이 우리의 마음도 텅 빈 허공과 같아 업은 인연이 있기에 우연인 듯한 필연으로 만나서 인연의 매듭 푸는가 하면 만남으로 발생하는 크고 작은 일들을 서로의 상념 속에 의식적으로든 무의식적으로든 남겨둠으로, 또다시 연결 고리의 매듭 업의 인연을 만들고 헤어지는 반복되는 듯한 윤회의 굴레, 어떻게 하면 조금씩이나마 벗어나 어느 순간 완전히 굴레의 허울을 벗어날까.

기도 수행 정진하여 윤회의 끄나풀이 되는 근원적 실체를 알고 자신이 지어 놓은 업 모두를 한 번에 벗어놓고 자유자재 할 수 있다면 더 이상 바랄 것이 없겠으나 그러하지 못하는 중생으로 보면 최소한 맺어진 업은 풀되 더 이상의 업을 짓지 말아야 하지 않을까. 만약 지어진 업이라면 악업이 아닌 선업을 지를 일이요. 그러므로 윤회하더라도 고통 덜하지 않을까.

일반적으로 돌을 던지면 자신의 손을 떠난 돌은 빈 공간을 지나 어느 형상에 부딪치고는 미세한 흠집이나마 내고 어떤 형상 위에 머무른다. 그 형상이 없어지거나 또 다시 던지기 전까지는 형상은 받치는 그 어떤 형상이 있기에, 그 형상을 디딤돌로 허공 위에 있다가 없어지고 없어졌다가 생긴다. 받치는 형상마저 없다면 어찌 될까.

우리 마음의 본성은 허공과 같고 진리로부터 떨어져 나온 최초한 생각, 진리의 허공 속에 울타리 쳐진 공간의 마음은 형상의 디딤돌 되어 진리의 울타리 속 공간이란 마음 안에 어떤 작용이 상념으로 꽉 들어찬 형상을 만들어 놓고 남들이 던지는 돌, 언어나 행동 그 외 부딪치는 모든 형상들이 자신에게 돌이 되어 날아오는데 형상 많은 마음으로 날아오는 돌 맞이하니. 피부가 상처 입은 것과 같이 주머니 속에 돌을 넣고 다니는 것과 같이 마음 속으로 날아와 부딪친 흔적의 상처와 남겨진 돌로 얼마나 마음 아프며 아픈 마음에 잊혀지지 않는 상념 의식은 진리의 공간 마음 가득 찬 에너지 속에 녹아 한 덩어리 됨과 동시에 무의식 속에 숨겨져 업의 고리를 만들게 되니.

진리의 허공 속에서 울타리 쳐진 공간의 마음 언제나 텅 빈 허공 만들어 놓고 지어진 업은 육체로 부딪쳐 지나가되 마음의 형상에 상처 입거나 돌을 남겨 둬서는 아니 된다.

그러므로 그대는 더 이상 업을 짓지 않게 되리라. 어찌 잘못 받아들이면 바보가 되라는 듯 하나 그것과는 사뭇 다르다.

마음이란 허공 가운데 사방팔방으로 울타리 쳐진 공간임을 알고 울타리 쳐진 마음의 벽을 부수고 허공 속 진리로 하나되려는 그러므로 모두 다 수용하고 포용하려는 사랑과 자비의 초월적 지혜랄까.

어찌 보면 업을 짓지 않는다는 것은 우리가 본인과 관계없는 일에는 관여하지 않는 것과 같고 자신의 의식과 무의식을 자극하지 않는 어떤 의미 있는 언행의 돌이 날아와도 의미를 두지 않거나 그냥 빗나가게 하든가 빗겨 가는 것과도 같으며 아무 것도 들고 있지 않다가 무거운 짐을 들고 가는가 하면 짐을 내려놓는 것과도 같으니.

그대 텅 빈 마음 진리의 에너지, 텅 빈 허공의 공간 속에 녹아서 있는 상념의 의식과 무의식으로 만들어 놓은 형상 하나 하나 그 형상의 고갱이 확연히 알고는 바람결에 날려버리듯 버리고 업의 굴레를 벗어나 피안의 틀 건너 진실법계 하나님 나라에 너 나 없이 들기를 바란다.


## 윤회의 법칙

윤회를 한다면 육체를 빠져나온 영혼은 어떤 식으로 윤회하는가. 육체를 빠져나오 영혼은 그 영혼의 사악과 순수의 정도에 따라 깜깜한 어둠에서 밝은 대낮 같은 천차만별에 영혼의 세계로 가는 길을 자신의 영혼을 밝기로 또는 안내자로 영혼의 세계로 간다.
영혼의 세계로 가는 길목마다 관장하는 수문장이 있고 수많은 일들이 일어나고 있으며 자신의 영혼에 맞는 안내자의 수많은 시험들이 있다.

평소 자신이 가졌던 생각의 의식과 무의식, 잠재의식 기운으로 인한 자신의 빛의 밝기 이것들 중 어느 한 부분이 좋아서 쫓아가는 수문장의 시험에 쫓김을 당하여 가는 의식에 의한 수문장의 무서움에 도망가는 그곳 윤회의 길로 그곳 영혼의 의식과 자신의 영혼의 의식이 서로 맞아 놀다가 잡으려고 찾아오는 통치자나 안내자를 피하려다 시험의 탈락 머무름의 쫓김에 의식이나 잠재의식에도 없는 수문장 그 모습의 무서움에 도망가다 진리 속 숨으니 자궁이요.

그때 암수가 교합하여 그 정기를 받으니. 암수의 정기로 둘러싸인 영혼은 씨앗으로 잉태라. 그리고 암수의 육체를 닮아 탄생하는 윤회로 그 어떤 몸을 받는 탄생이다.

어떤 영혼은 육체의 삶 속에서 맺었던 원한, 이해관계, 애욕, 애정의 집착으로 영혼의 세계에 가지 못하고 이승에 머물러 있으면서 그 관계있는 육체에 붙어 있다가 그 육체가 합궁하려 할 때, 방해하려고 하거나 자신도 하려고 들어 선 자궁 속에서 암수의 정기를 받아 탄생하는 이도 있다.

어떤 영혼은 윤회의 길에 있든 벗어나 있든 자신의 원력에 의식적으로 선택하여 자궁 속 빌려 들어 탄생하니. 우주 만물이 살펴보는 위대한 탄생으로 자신의 영혼을 구하는가 하면 많은 영혼을 구하는 스승이 되는구나.


## 윤회(輪廻)

아버지가 아버지의 아버지가
그 아버지의 아버지가……
남편 되고 자식 되고 손자 되고
……

어머니가 할머니가
그 위의 할머니가……
아내 되고 자식 되고 손녀 되고
……

친구가 친구 아내가
친구의 아버지가 어머니가
그의 증조부가 고조부가……
남편되고 아내되고 자식되고
손자 손녀……되고

애지중지 키우던 동물들이
발 아래 밟혀 죽어간 많은 미생물들이
허기를 채웠던 동물들이
그 외 많은 동물과 미생물들이
남편 되고 아내 되고 자식 되고
손자 손녀……되는

살아가면서 부딪쳤던 많은 아이들과 선남선녀들
자식과 자부가, 손자 손녀와 손부가
처남과 처남댁이, 형부와 처형이
형과 누님 동생이 제부가

숙부모와 외숙부모, 사촌과 외사촌……
새댁과 새신랑, 아주머니와 아저씨가
할머니와 할아버지들이
남편되고 아내되고 자식되고
손자 손녀……되는

돌고 도는 윤회 속
태어난 인생 어떻게 살 것인가


## 그래도 윤회는 하고 있다

 살다 보면 자신의 의지보다 살아오면서 행한 말과 행동 때문에
제약을 받는다.
 무심결에 내뱉은 말 한 마디 무심결에 움직인 행동 하나가 천지
허공에 흩어지는가 싶으면 어느 땐가 되돌아오는 메아리 되고 타
인들의 심금을 웃고 울리는 씨앗이 되는가 싶으면 어느 땐가 되돌
아오는 종자가 되나니.
 뿌린 씨 수확하는 생의 한 단면에서 끝나면 그만이지만 앞뒷면

영혼 불멸의 끝없이 이어지는 생이 있어 모두 다 수확해야 하는 날은 아직도 까마득한 기억 속을 헤매는데 어느덧 솔바람 소리에 낙엽이 지는구나.

때로는 의지대로 때로는 자신의 의지와는 상관없이 누구인지 모르는 이끌림에 이끌리며 살아가는 우리는 그 누군가가 어떤 이는 신이라 하고 어떤 이는 전생에 뿌려 놓은 씨앗의 종자가 열매 맺은 것이라 하네.

현재도 영적으로 깨었다는 많은 사람들이 윤회를 이야기한다.

믿는 이도 있고 믿지 않는 이도 있다.

다가오는 정신세계가 확연히 드러날 때 과학의 발전으로 무의식이 들추어지고 기록의 오랜 보관으로 증명되어 지면 그땐 그들을 알리라. 모두 다 알리다.

그대들이 윤회를 믿든 안 믿든 윤회는 계속되고 있다.

바로 지금 당신의 말과 행동 생각으로부터 윤회는 계속되고 있다.

아무리 당신이 아니라 해도 윤회는 하고 있다.


## 선악의 종자

선한 사람이 빈곤하고 괴롭게 살고 악한 사람이 풍요롭고 즐겁게 사는 것은 전생에 선악의 종자를 맺었기 때문이며 현세에 선악의 종자를 아직 맺지 않았기 때문이다.

현세에 선한 사람이 그 종자를 현세에 맺어 결실을 맺으면 좋으련만 그렇지 않다고 하여 그 종자가 결실을 매지 않는 것이 아니라 언젠가 그 종자의 결실을 맺을 것이니. 선한 사람이 풍요롭고 즐겁게 선하게 사는 것은 그 선업의 과보가 끊임없이 그 결실을 맺기 때문이다.

그러니 선업의 과보를 받을 때까지 아니 그 후에라도 괴로워하거나 노여워하거나 슬퍼하지 말며 청정한 마음에 선하게 끊임없이 선업 속에 살지어다.

현세에 악한 사람이 그 종자를 현세에 맺어 빈곤과 불행 속에 산다면 악업을 짓지 않으련만 전생에 맺어 놓은 선업이 현세에 나타난 것이니. 풍요롭고 즐거운 행복 속에 살지만 그 과보가 다하여 악업이 맺어지면 그 과보를 받나니. 악하게 살아도 풍요롭고 행복하니 상관없다 생각지 말며 선업을 맺을 일이다.

선과 악의 업이 무서울 만큼 정확하게 맺어지고 끝나나니. 선과 악을 떠나 있으면 모르되 그렇지 않다면 끊임없이 선업을 맺어 끊임없이 풍요롭고 행복한 가운데 그대의 영혼을 조금씩 조금씩 성장시켜 저 피안의 언덕 넘어 윤회의 자리를 벗어날 일이다.


## 운명론자에 대한 반론

어떤 씨(종자, 전생의 업)냐에 따라 원인의 땅에서 결과가 생기는 그 씨에 맞게 태어나(사주팔자) 자라는 꽃과 같이 아무런 의미도 없이 주어진 순리대로 살아야 한다고 말하는 운명론자에게 미약하나마 반론을 편다.

아무리 좋은 씨가 있다 한들, 씨 뿌리는 농부(어버이)가 없으면 쭉정이(태어나지 못함)에 불과할 것이며 아무리 좋은 씨(선업의 인연)를 뿌려 뿌리(다겁생의 업)에 맞는 새싹이 돋았다 한들, 농부(육체)가 거름(의식)주고 물(생각) 주지 않으면 그 새싹은 자라난 주변 환경(좋은 사주팔자)의 그 땅(좋은 인연들)의 영양분과 하늘에서 내려주는 수분의 많고 적음을 뿌리(육체)가 스스로 조절하지 못한다면 자연적 현상(사주팔자)대로 살기도 어려울 뿐만 아니라 극한 상황(악업)에서 살다가 땅과 허공에 흩어질 것이다.

아무리 나쁜 씨(악업의 인연)라 할지라도 종자(업)가 있으면 농부(어버이)에 의하여 뿌려진 씨는 뿌리(다겁생의 업)에 의하여 새싹이 돋아날 것이며 그 새싹 비록 시작은 미약하지만 주변 환경(나쁜 사주팔자)을 가만하여 농부(육체)가 많은 거름(의식) 주고 물(생각) 주었을 때 스스로의 삶(악업)에 대한 뿌리의 악착스러움(선업에 대한 육체의)이 있다면 그 씨에 걸맞지 않게 뿌리(윤회의 영혼)는 튼튼해지고, 그 어떤 풍성한 의미(많은 선업)로 원인의 땅에 살다가 좋은 결과(악업으로 태어난 선업을 짓는)를 맺을 것이다.

우리 인간 역시도 그 씨(전생의 업)에 의하여 그 씨(사주팔자)에 맞는 삶을 살아가는 것은 부인할 수 없는 사실인지도 모른다.

그러나 원인의 땅에 본인이 원했던 원하지 않았던 어버이에 의하여 태어난 현실 속에서 그 삶이 어떠하든 우리는 부모에 대하여 무한한 감사를 드려야 한다.

왜냐하면 다겁생을 살면서 스스로 자신의 영적으로 성장시킬 수 있는가 하면 모든 윤회로부터 벗어날 수 있는 유일한 존재이기 때문이며 또한 숱한 윤회의 틀 속에서 인간으로 태어나기가 어려움에도 인간으로 태어나게 하셨기 때문이다.

오직 하나로부터 연쇄 반응적으로 늘어난 저 하부 윤회의 틀 끝없는 중간이 인간인가 하면 하나로 드는 첫 관문이기에 그대 인간의 삶 길어야 백 년인데, 사주팔자가 어찌 되었든 그대 우주의 역사만큼이나 오랜 생을 살아온 영혼이 나락으로 떨어질 수도 천상에 들 수도 있는 첫 관문을 그대는 사주팔자를 운운하며 그대 씨앗으로 남을 영혼에 오감을 가진 육체로 어떤 생각에 의한 의식으로 살찌우며 인간으로서 그 의미를 찾을 것인가?

이름 없는 풀들도 그 의미가 있어 존재한다는데 만물의 영장이라 일컫는 인간으로서 나는 누구인가를 생각해 보면 그대 안에 그대가 있어 육체로 드러난 그대의 이름이 그대가 아님을 알고 육체가 주인이 아닌 참주인을 어렴풋이 알게 되는가 하면 육체로 인한 탐, 진, 치에 빠지기보다 그것으로 그대 영혼을 살찌우는 방법을 터득할 뿐만 아니라 삶에 대한 진정한 의미를 찾을 것이며 그대가 누구이고 왜 생로병사 속에서 희노애락을 겪고 있는지. 무엇이 업이 되어 윤회를 하는지. 어떻게 하면 업으로부터 벗어날 수 있는지 희미하게나마 알 수 있으리라.

# 新 진화론

지구의 역사만큼이나
성장하여 온

미생물에서
고등동물
현재의 내가 있기까지
돌고 돌아
머무른
현상

있는가 하면 없고
없는가 싶으면 있는 듯

그대 품안에 안기어
사랑을 받는가 하면
나누는
근본은 시작도 끝도 없이
공간의 현상


# 주객 간의 정의


칠통아!
너에게 있어
*주는 누구며 *객은 누구인가
자궁 안에서 잉태하는 순간부터 주객이 하나로 성장하여 온 지금
부딪치는 객 속 깊이 꿈틀거리는 주는 자취도 없이 사라지는 주가

웃고 울면 객도 따라 웃고 우는 것이 우리네 인생이거늘
인생이 자기 자신에 있어 객이 웃고 울면 주도 따라 웃고 울으니.
어이 된 일인가?
주는 말하거나 웃고 울지도 않는다,
한량없는 사랑과 자비가 넘쳐흐를 뿐
언제나 주는 허공과 같이 그냥 그렇게 있다.
제한된 공간 속에서 흔들리는 시간 드러난 형상과 부딪쳐야 하는
객이 주를 잠식하고는 객이 주 되어 주가 있는지 없는지도 모른
채 현실의 바다에서 시계추처럼 흔들리고 있다.
뱀의 꼬임에 이브가 이브의 꼬임에 아담이 선악과를 따 먹은 것과
같이, 그러므로 에덴의 동산 밖으로 쫓겨나 생로병사의 고통 속을
헤매는 것과 같이, 주객이 뒤바뀐 현실 속에서 우리는 주를 명확
히 찾아 객을 돌보며 부리고는 객이 필요 없을 어느 순간 객을 버
리고 홀연히 주의 품으로 가야 한다.

*주: 부처님, 하느님, 마음, 영혼   *객: 육체, 형상


## 인큐베이터

 하나님, 부처님의 나라, 진리에 들지 못한 영혼의 미숙아들은 우
주 곳곳의 거대한 인큐베이터 안에서 영혼의 미숙 정도에 따라 미
생물에서 고등동물에 이르는 수많은 육체의 인큐베이터 안에서 자
신의 영혼에 알맞은 육체를 가지고 자란다.
 인큐베이터의 알을 깨고 나오는 영혼의 성장과 퇴보의 정도에 따
라 새로이 바꿔서 들어가는 인큐베이터
 그 속에서 나오는 영혼이 하나님, 부처님의 나라에 태어날 수 있
을 때까지 우주의 진리로 되돌아 갈 때까지 어떤 형태의 인큐베이
터 안에서 자란다.
 나 역시 지구란 거대한 인큐베이터의 보호 속 영혼의 미숙아로
들어가 있는 하나의 인큐베이터 인간이다.

이 인큐베이터 안에서 자라는 나의 영혼은 완숙의 성장과 퇴보의 양면 선상에서 늘 망설이며 걷고 있다.


## 영혼의 미숙아 인간은 인큐베이터

너 나 없이 나라고 지칭하여 말하는 유리병 같은 인간의 육체는 인큐베이터 이 안에 참다운 내가 자라고 있다.

인큐베이터 육체가 가지는 다섯 가지 감각으로 인한 상상과 의지로 육체 안에서 자라는 나의 영혼과 섞이고 그 속 진리의 에너지로 꽉 찬 텅 빈 마음과 섞이면서 마음을 변화시키는 흔적의 표출이 말과 행동이다.

흔히 우리들이 말하는 저마다의 영혼은 진리의 에너지 마음 안에 의식과 무의식이 녹아들고 섞이어 하나의 테두리를 형성하고 있는 상태를 말한다.

하나님, 부처님의 나라는 진리의 에너지 마음 안에 녹아든 의식과 무의식이 전 우주를 포용하고 남을 정도의 영혼이나 의식과 무의식이 전혀 녹아들지 않는 우주 근본적 순수 진리의 에너지로 한량없는 진리 속 가늠할 수 없는 진리의 나라다.

육체의 다섯 가지 감각은 내 영혼의 젖줄이고 상상과 의지는 내 영혼의 텃밭이고 의식과 무의식은 내 영혼의 씨앗이다.

씨앗 있으니 텃밭 찾고 텃밭 있으니 젖줄 찾는다.

씨앗이 전 우주니 텃밭이 전 우주고 전 우주가 텃밭이니 전 우주가 젖줄이다.

씨앗은 있으되 텃밭 없고 심을 곳 없으니 그냥 흐르는 물이라.

진리의 에너지 움직이는 미세한 바람에 씨앗의 습기가 마르고 쭉정이 전 우주에 흩어지누나.

## 진리와 진실

여기 컵이 있다 진리라고 할
컵을 보면 그것으로 컵인 줄 안다.
보이는 모든 형상과 허공의 보이지 않는 모든 것들이 있는 그 자
체로 진리다.
진리가 이거다 할 형상이라면 그림으로 그릴 수도 있겠지만 어떤
형상이 시작도 끝도 없이 흐르고 흐르는 것이 진리니.
있는 그 자체로 진리를 보지 못하는 이들은 컵을 눈앞에 놓고도
보지 못하는 시각 장애인과 같고 있는 그 자체로 진리를 보고 진
리를 말한다는 것은 컵을 보고 설명하는 것과 같다.
컵을 아무리 잘 설명하여 말한다고 컵 자체는 될 수가 없다.
말함으로 이렇듯 어긋나는 진리의 말인 줄 알면서도 깨달은 이들
이 많은 말을 하는 것은 진리의 시각장애자에게 어떻게 하면 진리
의 눈을 뜨게 하고 진리를 알게 할까 하는 그분들의 몸짓이며 사
려 깊은 손짓이다.
바라보는 것만으로 빛 발하는 진리는 생각함으로 어긋나고 말함
으로 더 어긋나는 있는 그 자체로 내보인 확연한 진리는 참 진리
이나 진리 알 듯 모를 듯한 우리네.
마음으로 느끼고 생각하고 말한 이 있다고 수많은 거짓말했다 할
까? 진실을 말했다 할까? 말 자체를 진리라 할까?
아무 말도 안했다 할까


## 인생의 길

온 길 모르고
돌아갈 길 모르니
육체가 자신의 전부인 양

죽으면 모든 것이 끝이라 생각하고 남에게 어찌 하든 남이 어찌 되든 상관없이 쾌락을 즐기며 되는 대로 살면 인생의 삶 그만이라 생각지 말고, 육체를 가지고 살아 있으니 정신이라 하고 육체를 떠남으로 죽으니 영혼이라는 자기 자신이 육체의 삶과 죽음에 관계없이 존재하고 있음을 스스로 관조하고 본인이 왜 이 세상에 와서 전생에 대하여 아무 것도 모른 체, 하루 하루 순간 순간 희노애락 속에서 탐(貪), 진(瞋), 치(癡), 삼독(三毒)에 빠져 허우적거리는 고통을 감내하며 무엇 때문에 살아가야 하는지. 답답다 생각말고 끊임없이 관조하여 피안의 틀 넘어가야 한다.

인생은 자신의 영혼에 있어 잠시 쉬었다 가는 간이역인가 하면 자신의 영혼이 맺어 놓는 인연의 매듭 스스로 풀면서 영혼을 성장시켜 하나된 자리로 가기 위한 곳이니. 그대 영혼 성장을 위하여 어떤 종교를 믿든 믿어야 하며 또한 믿는 종교의 가르침을 근본으로 기도 수행 정진하여 자신의 영혼을 맑히고 밝혀 더 높은 영계로 나아가야 할 것이니. 그대 자신의 영혼이 인간에 걸맞기에 인간으로 태어났으니. 인간 이상의 행동을 하여 더 높은 영혼을 가지고 나아가되 인간 이하의 행동을 하여 더 낮은 영혼으로 나락에 떨어지지 말지다.


## 삶, 그 진정한 의미가 목적

이름 없는 풀 한 포기 굴러다니는 돌 하나에도 그 나름의 존재적 의미가 있어 존재하는데 하물며 만물의 영장인 인간으로 어떤 존재의 의미가 있어 저마다 존재하는가.

존재하는 모든 것들은 원인의 땅에 결과가 있어 나타난 형상으로 이들은 서로 서로 그 어떤 의미를 두고 상대성 이론처럼 존재한다. 존재하는 의식 있는 생명체 그가 입고 있는 탈의 명명을 벗어나 인간이 되는데 있는가 하면 그들은 저마다 잊혀진 고향을 찾아 회귀하여야 할 목적이 있다.

그러면서도 목적을 위한 수단들이 목적 아닌 목적 되어 버린 현실은 자신의 근본 자리를 모르는 무지로 깜깜한 어둠 속 헤매이는 길 잃은 방랑자가 되어 진흙으로 더욱 더 범벅이 만든다.

상념으로 만들어진 의식을 가지고 존재하는 모든 생명체 언젠가는 해탈 성불하거나 그리스도가 되는데 있다.

그러니 깨달은 이들은 깨달은 만큼 깨달음의 길로 이끌어 모든 이들을 미래의 부처님이나 그리스도가 되게 하여야 한다.


## 정신적 영혼의 세계에서 바라보는 인생살이
## 그 삶 자체의 허탈과 무상

높은 산이
눈부신 태양 먼저 보고
깊은 계곡 어둠의 그림자 깊어
진척으로 헤매나니

맑고 깨끗한 마음의 젖줄로
우뚝 솟아오를 정신의 영혼이여

욕망의 잡초가 무성한 늪의 수렁
허우적거림으로
더욱 깊게 빠져만 가고
미세한 빛마저 꼬리 감추는

욕망의 마음 깊이
정신 뒤덮은 숲 속에
영혼의 등불은 꺼져만 가고

서산에 해거름 들고 달뜨니
진척으로 달려오던 어둠에 눈물 솟누나

태양은 언제나
그 모습 그대로
찬란히 빛나는 줄 모르고


## 해탈의 그 날까지 죽은 자는 어떻게 존재하고 탄생하며 그 영혼 이어 갈까


죽으면 끝나는 것이 아니라 새로운 시작이다.

육체를 빠져나온 기운 속 의식과 무의식이 하나의 영혼으로 자신의 본 성품을 조금도 깨닫지 못한 영혼은 육체 그 영혼 이어 갈까를 가지고 살았던 것과 같이 살아간다.

그러기에 그들은 육체를 떠난 영혼임에도 사람들과 똑같은 오감을 가지고 춥다, 배고프다, 아프다, 맛이 있다 없다······느끼고 생각하고 행동한다.

영혼은 기운 덩어리다.

영혼이 어떤 생각과 의식과 무의식을 가졌느냐에 마음 안팎 허망한 형상을 만들고 만든 형상 끼리끼리 모이는 모여서 만든 세상이 영혼의 세계로 수많은 천국과 지옥이 있다. 살아서든 죽어서든...
어떤 형상에 어떤 생각의 기운 덩어리냐에 그 기운이 영혼을 오가며 흐르고 자신의 본 성품을 깨닫지 못함으로 어둠 속을 헤매다가 생전에 인연으로 살아있는 사람의 자궁에 들어가 태어나고 육체 안팎에 머무르니 육체가 괴롭다.

혈액 순환이 잘 되어야 건강한 것과 같이 기(氣) 순환도 잘 되어야 하거늘 다른 영혼의 기운이 들어온 긴 순환 원활하지 못하고 혈액 순환 원할지 못하니. 순환이 막힌 곳의 육체가 아프다.

살아있는 사람 마음 안팎으로 자연과 허공과 사람 사이 기(氣)가 잘 통해야 원활하거늘 기운 덩어리가 흐름을 막고 있으니 무슨 일이든 잘 될 턱이 없다.

이러할진데 인연 있는 영혼을 천도하지 아니하면 살아있는 사람이 괴롭고 죽은 영혼도 괴로우니. 죽은 영혼을 위하여 자기 자신을 위하여 마음의 본 성품을 깨달으려는 노력과 종교적 믿음으로 성경이나 경전의 말씀과 성현들의 가르침 배우고 익혀서 영혼을 가르쳐야 한다.

죽은 영혼이 스스로 말귀를 알아듣고 깨달으면 깨달음만큼 생각과 의식이 바뀌니. 기운 덩어리의 응어리는 풀리고 풀린 만큼 느슨한 기운은 맑고 깨끗한가 하면 잘 흐르니 맑고 깨끗하게 좋은 곳이다. 죽은 자의 영혼은 기운 덩어리 하나의 기운 덩어리 오갈 곳 어디며 얻어 취할 것 무엇이고 머무를 곳 어디인가?

생각과 의식 무의식이 없으니. 천지의 기운이라. 살아서는 음식과 호흡으로 천지의 기운을 조금씩 머금으며 육체를 보존했지만 육체가 없는 영혼이 보존할 것 무엇이고 머금을 것 무엇인가?

육체를 가지고 있던 생각을 버리지 못하고 의식과 무의식 버리지 못한다면 진리에 자연에 허공에 모였다 흩어졌다 하는 티끌의 그림자 형상 속 흐르는 기운, 진리의 법칙으로 생각하여 구하고 취하면 모든 것들이 이루어지고 얻어질 것이니. 완전히 해탈할 그날까지 그렇게 할지어다.


## 영혼, 그 해탈까지

저 찬란한 투휘광체(透輝光體)의 태양을 똑 바로 보아라.
그러면 그대뿐만 아니라 삼라만상의 본성(本性)
성(聖) 영체(靈體)를 보리니.

한 생각으로 떠나온 다겁생의 습벽(習癖)
무의식과 의식에 둘러싸여 감추어진 진아(眞我)의 투휘광체
영혼이 그대 육체 안에 숨 쉬고 있거늘

일반적으로 나라고 하는 육체의 껍데기
가아(假我)에 집착하는 그대 이기심의 욕심이 성냄과 어리석음을
낳아서 천당과 지옥 만들지만 그대 이기심의 욕심이 얼마나 많고
적으며 그대 마음에 사랑과 자비가 어느 정도 넘쳐 얼마나 많은
영혼을 위하여 사랑과 자비를 베푸느냐에 따라
투휘광체의 성체 안에서
보고 못 보고
흩어져
하나의 성체에 들지 못하는 습벽의 테두리 있어
영혼이라 한다.


집착하는 모든 것에서부터 불(佛), 하나님에 이르기까지
허공과 같이 훨훨 벗어버린
무념(無念) 무상(無相)의 무아(無我)로
성스러운 빛 투휘광체를 바라보는 것만으로도
전체의 하나, 진리의 빛과 함께 하리라.


# 어차피 태어난 인생 어떻게 살 것인가

생존하는 형상의 모든 유기체는 저마다 삶의 의미 그 자체가
채권과 채무 관계로 얽히고설킨 인연의 끈이 되어
윤회의 쳇바퀴 만들고
그 속에서 길 찾아 헤매는 우리는 범부 중생

자신의 삶이 노력한 만큼 성과 없이 생활이 곤하여
힘들고 세상 모든 사람들이 자신의 마음과 같지 않다 하여
슬퍼하거나 괴로워할 일이 아니다.

현재 자신의 기억에는 없지만

전생 어느 땐가 많은 이들에게 은혜 입고 살아온 빚
갚아야 할 인연의 고리 청산이라 생각하고
주어진 삶 최선을 다하여 성실하게 살 일이다.
　그대가 아무리 곤하고 힘들다 하여도 님은 그대를 저버리지 않고
유기체 유지를 위한 최소한의 복을 줄 뿐만 아니라 남들이 못 느
끼는 행복까지도 주리니.
　님의 말씀 거울삼아
　윤회의 쳇바퀴 한 올 한 올
　인연의 끈 풀되 맺지 않으며 헤쳐갈 일이다.
　자신의 삶이 적게 노력해도 하고자 하는 일마다 잘 풀려 큰 성과
가 있어 소유한 것이 많고 유기체 유지 편하고 시간이 많다 하여
복되고 행복하다 생각하며 남을 업신여기거나 괄시하지 말지다.
　다른 어느 생에 입장이 뒤바뀔 수도 있으리니.
　현재 자신의 기억에는 없지만 전생 어느 땐가 많은 이들에게 은
혜를 베풀었기에 그 보답을 받는 인과응보의 결과라 생각할 뿐,
　자신이 잘 낳아 많은 이들을 부리며 그들을 먹여 살리고 부를 누
린다 생각 말고 그들과 인연의 고리 풀어 받되 겸허하게 받을 것
이며 주어진 삶 최선을 다하여 성실하게 살 일이다.
　그대 주어진 삶이 편하고 안락타 하여도 님은 그대를 지켜볼 것
이니. 유기체 유지를 위한 최소한의 복만 누릴 뿐 너무 탐하거나
남들에게 욕보이지 말지며 님의 말씀 거울삼아 베풀고 기도 수행
정진하여 그대 영혼을 살찌울 일이다.
　육체가 힘들든 편하든 너 나 없이 우리는 육체를 떠난 뒤의 영혼
을 위하여 자기 자신을 살피고 관찰할 일이다
　인연의 업 맺고 풀리는 실오라기 하나 남음이 없으면 하지만 다
풀지 못할 인연이고 또 다시 맺어질 인연이라면 선으로 맺되 악으
로 맺지 말지다

# 제2부  수행 · 정진 · 기도

# 세밀 흐르는 물은 흐르고

흐르는 시간의 물살을 가르고 떠오르는 투망에 금빛 은빛 찬란하게 파닥이는 새 날들이 식탁에 오르니.
눈동자가 반짝인다.
1년 365일 하루 같은 새 날로 토막 내고 새 날의 하루가 24시간 한 시간같이 토막내는 한 시간을 60분으로 일분을 60초로 일 초를 순간순간 토막내 먹어치우는 나의 식성은 거대하다 못해 괴물스럽다.
살아온 만큼의 많은 세월들을 토막내 꿈과 희망의 연료로 먹어치운 나는 세포가 증가하는가 싶더니 먹을수록 퇴색해 가고 있다.
먹은 만큼 몸과 마음이 거대하고 넓다면 지구를 덮고도 우주를 향해 있어야 하거늘 자신의 마음의 그릇에 담았다 버리고 버리고 담기를 수없이 망각의 바다 스케치하며 건너고 있다.
살아온 세월이 일순간의 꿈만 같고 살아갈 세월이 끝없는 미로 찾기로 수없이 많은 시간들이 기다리는 듯 모래알처럼 잘게 부수어지는 듯 흐르는 세월은 죽음 앞에 힘없이 쓰러지는 고목처럼 우리의 인생 또한 일순간의 꿈으로 사라지는 무수한 시간 같은 꿈 속에서 무엇을 건지리요.

구름이 흘러가듯 세월이 흘러오고
한 조각 구름 같은 내가 있으되
갈 곳 모르고 온 곳 모르니
바람 따라 구름 따라 흐르다
흩어지면 그만인 것을
낚시대 길게 고뇌의 바다에 던져 놓고
그대는 무엇을 낚으려는가.

# 정도(正道) · 1

무슨 일을 함에
맥박이 빨라지는 일 없이
호흡이 고르고
가슴이 답답하지 않고
시원스럽게 확 뚫리고
주변에 누가 있나 없나
두리번거리지 않고
얼굴이 상기되는 일없이
보폭이 넓거나 느리지 아니하며
경쾌한 걸음에
머리는 차갑고
가슴과 하단은 따스하며
음지보다는 양지를 찾고
툭 불거져 나오기보다
항시 있는 그대로
내보일 줄 알며
너는 너, 나는 내가 아닌
모든 것은 하나라는 의식 속에서
행동하고 실천하는 마음이다

# 정도(正道)・2

마음을 활짝 열어놓고 살아가되

맑고 깨끗한 진리의 올바른 마음을 가지고
정심(正心) 속 올바른 생각을 하고
정사(正思) 속 올바른 말을 하며
정언(正言) 속 올바른 행동을 한다면
정행(正行) 속 언제나 편안한 마음

진리 속 진리로 살리라


* 수행하며 이 위 세계로 올라오다 보니 영청으로 들리기를 위 세계에서 위 글을 4정도 요체로 삼고 위 세계에서 수행하고 있다는 말들 들었다. 자등명인간계 위 세계에서 이것을 4정도 요체라고 한다고 해서 4정도 요체라고 말하고 있다. 2018. 07. 16일 이때 들리기로는 이 당시 밝혀 올라 와 있는 세계에서도 위 전문을 4정도 요체로 수행하는 분들이 근본으로 삼고 수행하고 있다고 영청이 들렸었다.


## 효도(孝道)

본성의 자리, 영혼의 자리에서 바라보는 효도의 의미에 대해 말한다.
본성의 자리에 있으면서도 엉겨 붙은 고갱이의 덩어리 영혼을 가지고 있기 때문에 윤회의 탈을 완전히 벗지 못하고 전생과 현생, 후생을 헤매이며 살아가야 하는 것이다.
네가 지금 인간으로 살아가는 것은 과거 어떤 연유로 부모와 인연이 되어 이 세상에 태어났던 네 부모의 은덕이 크다. 가늠할 수 없을 정도로 크다.

너는 부모가 아니었으면 그 어느 곳인가 떠도는 영혼이 되어 있을 것이고 아니면 인간 이외의 미생물에서 동물에 이르기까지 그 중 어느 한 한 몸을 받아 태어났을 것이나 불행 중 얼마나 다행한 일인가? 인간의 몸을 받아 태어났으니 그 기쁨 한량없구나.

왜 인간의 몸으로 태어난 것을 한없이 기뻐해야 하는지 너는 아느냐? 그것은 다름 아닌 인간 외 그 어떤 몸을 받고 태어나도 윤회로부터 벗어나지 못하고 끊임없이 윤회하지만 인간은 윤회로 벗어날 수 있는 완전한 조건을 갖고 있기 때문이다.

이러할진데 어찌 부모의 은덕 크다고 한량없다고 아니 하리.

네가 태어난 순간부터 네가 죽는 그날까지 부모님을 업고 다닌다 해도 그 크신 은혜 어찌 다 갚으랴.

속 좁은 이 빗댈지 모르지만 깨달음이란 그 어떤 것이든 일념 속 이룰 수 있으니. 부모님 섬기기를 다하여라.


효도(孝道)란

부모님 살아 계실 때는
부모님 마음 자기 자신으로 인해 혼란하게 하지 않고
부모님 마음 편안하게 섬기기를 다하고
부모님 마음 미리 알아서 처신하는가 하면
부모님 말씀 거역 않고 복종하고
부모님 업신여기지 말고
부모님 욕되게 하지 말고
부모님이 젊든 늙었든
부모님 곁에서 시봉하여 받들며
일반적 생활 속 수행하여 깨달음을 얻는 것이다

부모님 돌아가셨을 때는
깨달음을 얻어

아니면, 법력을 높여
아니면, 이미 진리에 있는 분의 힘을 빌려
아니면, 많은 공덕 쌓은 이들의 힘을 빌려
아니면, 부모님 앞으로 많은 공덕 쌓아 드려
진리의 본성 자리에 들지 못한 부모님 영혼을
네 목숨 다 바쳐 힘닿는 데까지 구제해 드리는 것이
진정한 효도다

부모, 이는 듣기만 하여도 내 영혼을 흔드는 말이다.
내 어찌 그 크신 은혜 갚으랴.
혹 갚으려다 내 영혼 무간 지옥에 떨어진다 하여도 그 은혜 어찌
다 갚으랴.
한량없도다. 한량없도다.
인간의 몸을 갖게 해 주신 은혜 한량없도다.


## 수행처 기도처

물이 바닷물에 있으면서
스스로 퍼 마시면
바닷물이 되지
물이 바다 속에서
물줄기를 찾아다니며
이곳 물이 좋다
이곳 물이 좋다 말하며
찾아다니면 뭣하나

# 마(魔)


기도 중 수행 중에 나타나는 마(魔)는
현세든 과거 오랜 생 동안이든
그대와의 인연이 있어
그대의 도움을 받고자 나타났으니
너무 적대시 말고
그를 위하여 하나님에게 기도하든
부처님에게 기도하든
아니면 본인의 법력이나 성령으로
마귀(魔鬼)를 구제하자
기도 중 수행 중에 자주 마(魔)가 끼면
기도나 수행이 잘 되고 있다고
생각하면 틀림이 없다
그대의 성령이 충만 될수록
법력이 높을수록
에너지 높거나 기가 강할수록
인연 있는 마(魔)는
더욱 더 그대를 괴롭힐 것이다
구제받기 위하여


# 오체투지의 절


오체투지(五體投地)의 절을 하면 할수록
부처님의 힘, 하나님의 힘이
우리 몸 기운의 바다인 단전에 쌓이고

쌓인 기운은 세포 군단의
우리 몸 구석구석
각 기관의 세포에 보내져
세포들의 활력소가 되어
세포를 젊게 하는가 하면
우리 몸 안에 있는 불(佛)과 하나님의 힘이
밖에 계신 분과 언제인지 모르지만
서서히 막혀 일체감이 없는
우리 몸 안팎의 부처님과 하나님의
힘을 받아들이는 연결 통로
안테나를 미세하게 자극하여
어느 순간 가슴 벅찬 환희심을 일어나게 하는가 하면
하심(下心)을 갖게 한다
물론, 기도도 오래 하면 안테나가 작동을 하지만
우리의 육체 세포 군단 구석 구석에
활력소가 제대로 공급이 안돼
마음에 영혼의 의식은 높아질지 몰라도
청정한 육체의 법당이나 성전을 유지하기 어려우니
부처님을 믿든 하나님을 섬기든
스스로가 믿는 님을 향한 일념으로 기도하여
마음을 맑히고 영혼을 밝히는가 하면
스스로 믿는 님을 향한 오체투지의 절을 하여
법당이나 성전을 깨끗하고도 늘 새롭게 하며
그대가 성불할 때까지
그대가 하나님의 나라에 들어갈 수 있을 때까지
님 향하는 일념으로의 기도와
오체투지의 절을 할 일이다.


*오체투지의 절이란 : 양 무릎과 양 발꿈치, 이마가 땅에 닿도록 절하는
것을 말한다.

# 반야심경

반야심경에는 시작도 끝도 없는
이루 헤아릴 수도 없는
텅 비워진 듯하면서도
온갖 것들이 다 형상의 형태로 나타나 있는
초월적 공(空)이 있다
일상에서 말하는 형상들의 실상과 허상 속
태풍의 눈, 공의 자리를 반야바라밀다라 했고
태풍 주변에서 일어나는
미묘함과 신비로움 속에
가아(假我)가 있었으며
가아가 있는 그곳
한 생각으로 인한 잔바람이 되어
태풍을 일으켰으니
부딪혀 오는 태풍을 꿈이라고
일깨우고 있으며
공 속에 부딪히는 태풍의
눈, 반야바라밀다를 의지하게 하였으며
광활한 우주의 실상 속
공의 정중앙을 마하반야바라밀다라 했으니
우리는 우리 속에서 일어나는
미묘함과 신비로움이 태풍의
주된 요인인 줄 알고
마하반야바라밀다를 의지하여
본래 여여(如如)한 반야바라밀다로
회귀하여야 하는 것을 말했으니
공이 나인 줄 알고
마하반야바라밀다를 염함으로
그와 하나가 되어
그의 자리에 들어야 한다.

# 말이 씨가 된다

보고 느끼는 오만 가지가 생각을 일으키고 일으킨 생각은 마음의 에너지에 녹아 텅 빈 허공과 같은 마음을 움직인다.

움직이는 듯한 마음은 생각을 일으키고 일으킨 생각은 시공간에 있어서 일상적 언어의 표현과 행동으로 나타난다.

일반적으로 말을 할 때 마음이 동하지 않고 생각이 동하지 않은 말은 없다.

모든 생각의 번뇌가 끊어진 마음은 우주의 모든 법계와 다름이 없고 시공간이 있기에 나라는 존재가 있고 이 나라고 하는 마음에서 일어나는 모든 것들이 형상으로 나타나 존재하고 있는 것이니 언어를 표현함에 있어 조심하여야 한다.

그 언어는 마음의 씨이니.

말을 함에 있어 자신이 가지고 있는 밀고 당기는 그러므로 존재하게 하는 그 어떤 힘이 에너지 기운이라 하는 것이 말 속에 섞이어 밖으로 표출됨으로 텅 빈 공간인 듯한 태양의 주변을 돌고 있는 행성과 태양의 빛 사이에 나타난 시공뿐만 아니라 우주 법계에 두루 꽉 차 있는 에너지 기운을 변화시키는가 하면 말에 부딪쳐 닿는 형상의 대상은 그 에너지 강약의 차이는 있지만 좋고 나쁜 말에 섞이어 좋고 나쁜 맑고 탁한 에너지가 그 형상의 에너지가 섞이어 나타난다.

가는 말이 고와야 오는 말이 고운 것처럼 자신이 가지고 있는 그 어떤 보이지 않는 힘 에너지 기운으로 되돌아 자신을 또한 감싸니. 말과 행동을 조심하여야 한다.

일반적으로 우리가 기도를 하며 기원하는 모든 것들도 자신의 마음을 움직여 밝히는 에너지의 강약 아닌 마음의 밝기 빛에 따라 마음의 근본 자리로 하나인 형상을 자신으로 끌어당기어 움직이는 것과 같다. 마치 거울에 손전등을 비추면 빛의 강약에 따라 부딪쳐 되돌아오는 빛의 밝기가 다른 것처럼 이러할진데 어찌 말이 씨가 된다 하지 않으리.

스스로 나라고 하는 개체가 잘 되기를 바라고 행복하기를 바란다면 남이 잘 되기를 먼저 바라고 늘 웃음 가득한 얼굴 잃지 말아야 한다. 그러기 위하여 외출하기 전에 거울을 들여다보고 웃는 얼굴 지어보고 오늘 하루도 남을 위하여 아니 나를 위하여 웃자.

길을 가는 사람들의 얼굴을 바라보아도 버스나 전철 안의 사람들을 바라보아도 이야기하고 있는 몇몇을 제외하고는 얼굴에 웃음이 없다.

누가 웃음을 잃게 했나? 타인인 듯하나 타인이 아니다.

본인의 이기와 탐욕이 자신의 얼굴을 그렇게 만드는 것이다.

자신이 편안하고 마음이 벅찰 때 그 어떤 소리를 들어도 다 용서가 되고 그 마음에 우주를 던져 주어도 받아들이고 남음이 있지만 이기와 탐욕, 화가 났을 때는 그 옹졸하기가 이루 말할 수 없어 티끌 하나 들어갈 자리가 없으니.

이 어찌된 일인가?


## 기도 · 1

기도를 할 때 자신을 위하여 기도하지 말고 남을 위하여 기도하자. 진정한 기도는 남을 위한 기도이려니.

기도하는 자신은 기도를 함으로 마음이 맑아지고 영혼이 밝아져 자신이 가지고 태어났다는 운명론적 숙명론적인 삶, 사주팔자도 변하니 저마다 기도와 절을 많이 하여 우주에 두루 꽉 차 있는 에너지(기운), 하나님의 성령, 부처님의 법신이 내부로 들어와 성령이 충만되게 하고 법력이 높아지게 할 일이며 자신의 이기나 탐욕이 아닌 사랑을 위하여 자비를 위하여 사용하면 할수록 더욱 더 충만하고도 높아지니. 자신을 위하여 기도할 것이 아니라 생사의 고통에 괴로워하는 절망의 구렁텅이에서 웃음을 잃어버린 자신의 편안함을 위하여 타인을 착취하는 종교적 믿음이 있고 없고 간에 어둠의 미망 속을 허우적거리는 삶의 진정한 의미를 찾지 못하고 육신의 환락을 찾아 헤매는 이들을 위하여 기도를 하자.

기도와 절을 많이 하면 할수록 하나님의 나라에 가까이 가는 길이며 부처님이 되는 첩경이고 전체가 하나 되는 길이다.

각 종교마다 그 해석의 의미는 다르지만 관, 묵상, 참선이 있고 경이 있으니. 자신의 마음에 닿는 것을 저마다 가지고 어둠 속에서 희미한 빛을 밝은 빛으로 밝혀 진정한 삶의 의미를 찾았으면 하고, 종교는 그 근본이 인간 구제에 있는 만큼 종교가 다르다 하여 이기적 행동을 할 것이 아니라 믿는 이의 종교에 있어 어떤 방법이 삶의 진정한 의미에 있어 좋은지 서로서로 알려 주고 믿는 종교에 더더욱 확실한 믿음을 갖도록 성직자나 수행자들은 노력할 일이다.

만약에 저마다의 종교 창시자가 한자리에 모여 있다면 오래 전부터 벌어지고 있는 종교 간의 갈등, 갈등을 일으킨 이들은 파면되었으리라. 또한 그 분들은 한 형제의 우애를 나누며 어떻게 하면 보다 더 살기 좋은 인간 낙원을 만들까 궁리하는 그곳, 광명의 빛으로 온 세상 밝히리라.

우리 모두는 하나로부터 둘 셋……더해진 형제이며 한 배를 타고 머나면 여행을 시작했으니.

원점으로 돌아갈 때까지 서로 서로 위로하고 격려해 주면서 길을 조금이라도 아는 이들은 아는 만큼의 길을 알려주며 머나 면 여행의 귀로를 찾을 일이다.


## 기도 · 2

진리가 진리 안에서 그냥 행하고 이루어져라 하면 되지. 무슨 기도를 하며 이루어지기를 바라겠느냐마는 그러기엔 너무도 미망에 가리워지고 무한한 진리의 힘이 행하여지는 진리에 순리법을 잊어버려 모르니. 행해지고 이루어지기를 기도하는 것 아닌가.

그러니 우리는 기도를 할 때 그 기도가 진리에 어긋나지 않고 보편타당성이 있다면 그대 기도하는 상념의 의식이 생기는 그 순간부터 진리는 이루어지기 위하여 움직이고 있으니. 이루어지게 해 주셔서 감사하다는 감사의 기도를 드려라.

그러므로 그대의 진리 속 상념 의식은 더욱 더 강해지고 기도의 힘 또한 그러하리라. 만약에 그대가 진리에 어긋나고 보편타당성이 없는 기도를 한다면 이루어지기도 어려울뿐더러 이루어졌다 해도 그것은 그대의 진리 속 상념 의식이 그대를 자꾸만 미망의 수렁으로 밀어 넣는 것이니.

그대 기도를 할 때 진리에 어긋나는 기도는 하지도 말고 보편타당성이 없는 생각은 갖지도 말지어다.

우리가 물이 있는 어떤 용기의 그릇에 돌을 던졌을 때 던진 돌의 파문이 떨어진 곳을 시작으로 퍼져 나가다 막다른 곳에 부딪쳐 되돌아 돌이 떨어졌던 곳에서 파문이 사라지는 것을 볼 수 있을 것이다. 우리의 기도나 언행, 상념 의식까지도 진리 안에서 그러하다.


# 말 · 1


우리는 쉽게 말하는 듯 하지만 말하는 순간순간 되돌아 자기 자신을 관찰해 보면 여러 방법으로 말하고 있음을 알 수 있으리라.

아무런 생각 없이 입술과 혀만으로 말하는가 하면 머리로 각하고 입을 통하여 말하고 마음에 동요를 일으켜 생각한 뒤 입으로 하는가 하면 마음을 통하여 입으로 말하기도 하고 그런가 하면 아무 말없이 몸짓으로 표현하기도 하고 마음 그대로 말하려고 침묵하기도 한다.

어떻게 말하는 것이 옳고 그른지 나름대로 판단할 일이지만 거짓과 진실 사이 간격의 폭은 하늘과 땅 차이려니.

진실법계로 보고 진실을 알리겠다고 마음의 본성뿐 아니라 대화의 대상에 진실된 마음을 아무 말도 하지 않고 상대가 자신을 바라보는 것만으로 진실을 이야기 다 했다고 말한다면 통(通)하지 않는 상대가 알아들을 수 있을까. 그러하기에 많은 이들이 말이 필요 없으면서도 어쩔 수 없이 말을 한다. 진실을 말하겠다는 그 마음에... 그러나 입을 통하여 언어로 전달될 때 이미 마음의 진실은 빗나가고 거짓을 향하여 달음질친다.

# 말 · 2

일반적으로 말을 할 때 자기 자신이 말한다고 말하는데 과연 누가 말하는 걸까? 입술이 하는 걸까? 혀가 하는 걸까? 아니면 구멍의 성대가 두뇌의 생각이 감각기관을 자극하여 과연 말하는 이 누구이며 말하도록 시키는 이 누구인가?

분명히 두뇌의 감각기관을 통하여 목구멍의 성대를 자극하고 혀와 입술이 움직이며 말한다.

이들이 자기 자신의 주체인가? 단순 전달적 객체인가?

객체라면 주인공은 누구이며 어디에 있는가?

일반적으로 우리는 마음이 시켜서 언행을 한다고 말한다.

그러면 마음이 주체요. 주인 아닌가.

마음이 어디 있느냐 물으면 자기 자신도 모르게 가슴을 가리킨다.

그러면 가슴이 마음인가. 가슴 속에 마음이 있는가.

아무리 찾고 찾아도 찾을 수 없는 마음은 마치 허공의 바람과 같아서 나뭇잎이 흔들리는 것을 보거나 허공에 놓여진 어떤 형상의 미세한 움직임에도 바람이 분다고 한다.

향상도 없고 냄새나 색깔도 없는 바람을 우리는 허공에 놓여진 형상의 움직임만으로 바람이 분다 말하고 형상의 언행에 있어서도 주체는 바람이라 말을 한다.

우리의 언행 역시도 마음의 변화에 움직이는 것 아닌가.

이 마음 역시 어떤 모습의 형상도 없고 냄새나 색깔도 없으며 허공과 같이 늘어가거나 줄어들지도 않고 더럽고 깨끗함도 없거늘 이처럼 생각하는 것은 또한 누구인가?

바람은 자신이 바람이라 했는가? 허공이 바람이라 했는가?

테두리 있는 허공을 공간이라 하는데 공간은 본디 허공 아니런가.

마음이 있어 자신의 모든 감수, 상상, 의지, 분별 작용을 움직이고 뭉쳐진 감각 기관의 형상 안에 있으니. 마음이라 말하나 이들 없는 마음은 무엇인가?

마음이 한 생각 분별을 일으키니. 천(天), 지(地), 인(人)이 있고 이 속에 모든 만물이 있으니. 이 만물의 변화에 신(神), 귀(鬼),

영혼(靈魂)을 말하고 천당과 지옥을 말하지만 항상 모든 것을 비추어 보고 말하는 정신(精神)의 마음 작용이 없으니.
그대 뭐라 할 것인가


# 말 · 3

보고, 듣고, 냄새 맡고 생각해서 말하는 이 누구이며 어느 형상에 부딪히면 부딪힌 그곳이 아프다 했는가? 감각이 아프다 하는가?
젊고 늙어 보이는 이 누구이며 안다 모른다 말하는 이 누구인가?
젊고 늙음은 피부의 자연 현상이고 알고 모름은 그대 분별의 생각이 아닐는지?
몸은 늙어도 마음은 청춘 나이를 먹어 몸이 쇠퇴해 늙으니.
육체가 마음대로 움직여 주지 않고 마음만 바쁘구나.
육체가 본래 그대인가?
마음이 본래 그대인가?
육체가 쉬니 마음도 쉬고 생각도 쉬는가?
육체가 쉴 때 잠자다 돌아갔다 말하는데 어떤 이 돌아갔다 말하는가?
죽었다 돌아갔다 말하는데 죽어 남겨진 것 무엇이고 돌아가는 이 누구인가? 돌아가면 어디로 돌아갈 것이며 무엇이 돌아가는가?
육체와 정신, 혼백과 영혼
에너지 속 의식과 무의식의 덩어리
강력한 에너지 덩어리에서 내뿜는 빛
돌아가는 길
돌아가야 할 길

# 명상이나 선(禪)하기 전에

첫 번째 방법, 30분 이상 체조를 한다. 몸 구석구석 어느 한 곳 빠짐없이 혈액 순환이 잘되도록....

두 번째 방법, 30분 이상 오체투지의 절을 한다. 종교를 가진 사람은 자신이 믿고 있는 종교의 절대자에게 하고 종교를 믿지 않는 사람은 자신 하나를 시작으로 우주 만물의 완성 십까지 하나가 둘……십을 하나의 완성으로 소우주를 우주로 십과 십으로 이어지되 하늘과 땅, 사람 셋이 하나로 절을 끝맺는다.

첫 번째보다 두 번째 방법이 더 명상에 도움이 되며 명상하려고 막 가부좌를 틀고 앉았을 때 몸의 상체를 단전 중심으로 오른쪽으로 돌려주고 왼쪽으로 돌려주고 앞뒤로 좌우로 흔들며 서서히 멈추고 허리를 꼿꼿이 세운다.

지그시 눈을 감고 명상의 흐름을 따라 명상한다.


# 화두를 어떻게 들고 참구할 것인가

화두를 들기 전에 단전호흡을 익히고 익히는 동안 단전이 부풀어 올라 뺑하고 단전이 터지면 더 이상 바랄 것이 없겠지만 그렇지 않다 해도 최소한 익혀야 한다.

그리고 호흡을 통하여 몸을 관찰하고 관찰하며 정신을 한 곳으로 모으는 법을 익히고 그러고 나서 화두를 잡는다.

삼각형의 밑 부분이 넓고 맨 위가 뾰족하면 안정된 모습이듯 우리의 육체를 비교하여 말한다면 삼각형이 밑 부분이 단전이고 삼각형의 뾰족한 부분이 정신이다.

중심의 단전이 강해야 삼각형의 밑 부분이 넓어서 정신적 의식이 높아지고 넓어져도 안정된 모습이지만 단전이 빈약한데 화두만 참구하여 정신적 의식만 높고 넓어지면 중심이 머리에 있어 역삼각형이 되니. 쉽게 흔들리고 마(魔)구니에게 정신을 빼앗기는가 하며 정신을 지탱해 주는 기운이 약해서 미쳐버리기 쉽기 때문이다.

그래서 화두를 잡기 전에 단전호흡법을 익히고 정신 집중법을 익혀야 화두를 들고 있을 때 쉽게 다른 생각에 빠지지 않고 화두를 참구할 수 있기 때문이며 또한 단전이 빈약한 사람이 화두를 참구할 때 머리로만 화두를 드는 것이 아니라 단전에 집중하여 단전에서 화두를 참구해야 한다.

그러므로 자신 육체와 영적 관계의 역삼각형만은 막아 자신을 보호하고 정신적 의식을 높여가며 깨달음에 나아갈 수 있다.

화두를 잡을 때 또한 유의해서 잡아야 한다.

유명한 화두나 누가 잡았으니 나도 잡는다는 생각을 버리고 그어떤 것이든 자신에게 최고의 고민이며 의문이고 그 의심이 너무커서 해결하지 않고는 도저히 생각을 떨쳐 버릴 수 없고 잠 못 이루는 밤이 되듯 자신의 생사를 걸 만큼 뇌리에서 떠나지 않는 의심 덩어리를 화두로 잡으라.

아무리 좋은 화두라 해도 본인에게 아무런 의심이 생기지 않고 아니면 조금 의심이 생길 뿐, 목숨 걸 만큼 의심이 크지 않다면 그화두로 허송세월을 낚을 뿐 깨달음을 향한 발걸음은 거리가 멀다.

이런 화두를 잡느니 차라리 염불이나 정근, 다라니, 진언, 부처님, 하나님을 찾는 일념 기도가 부처님을 알고 하나님을 알 수 있는 더 빠른 길이다.

화두를 일단 잡으면 그 화두를 참구하되 뇌리를 떠나지 말고 계속해서 참구해야 하며 화두가 눈썹과 눈썹 사이 위 1.5−2.5cm를 중심으로 구슬처럼 뭉쳐야 한다. 아주 땡글땡글하게 뭉쳐야 한다.

뭉친 덩어리를 제외하고는 아무 것도 없는 텅 빈 공간으로 있으리. 텅 빈 공간 뭉친 덩어리가 뭉치고 뭉쳐 더 이상 스스로 뭉쳐지는 압력에 견디다 견디다 못해서 대폭발하거나 으깨어지고 부수어져야 한다.

그러므로 화두가 깨지고 한 소식 접하게 된다.

## 버려도 남는 앙금

밖으로 드러나는 형상의
감각이 무디어 가는
대음(大音)의 침묵 속에서
지그시 눈을 감고
내 안의 나를 본다

마음 가장 자리에
짜릿한 전기의 파장과 같은
울림이 퍼지는
백광(白光)에 놀라
눈을 떠보니
울창한 숲 사이
눈부신 한 줄기 빛 스미고 있다

# 명상의 詩

## －修身

반가부좌하고 앉아
심호흡 수십 번 깊게 하여
호흡을 느끼지 못할 때
지그시 눈을 감으며
울창한 숲에 있는
두 평 남직한 푸른 잔디에 앉아
정수리 위에 얼음덩이를 얹어 놓는다

얼음덩이는 세상 그 어떤 더러운 오물도 맑고 깨끗하게 해주는
신비의 물로 만들어진 얼음덩이라고 마음속으로 다짐한다

앉아 있는 동안
햇볕과 체온에 얼음이 녹아 내린다
정수리－머리 전체－얼굴－목－어깨－오장 육부를 씻어주며
아랫배－허벅지－무릎－발끝으로
흘러 흘러서
물방울처럼 떨어진다
마지막 한 방울까지 씻기우며
떨어진다

# 명상의 시
## -영혼을 찾아

지그시 눈을 감고 편하게 누워도 좋고 가부좌하고 앉아도 좋다

호흡을 깊게 아주 깊게 호흡의 느낌이 없는 숨도 쉬지 않는 나는
죽었다 나는 죽었다.
죽은 나는 장작더미 위에 있다.
불을 붙인다.
타오른 불은 거세져 육체를 감싸고 이 육체를 태워 재로 만든다.
육체가 죽는다고 내가 죽는가?
이 육체가 진정 나인가?
육체가 사라진 이때 (육체는 고요히 아무런 움직임도 없다) 육체와
별개로 느끼고 생각하게 하는 강력한 힘의 존재를 무엇이라 할까?
이 존재는 내면으로부터 나를 부르고 있다.
육체는 죽어도 육체를 초월해 있는 또 다른 존재의 나
육체를 초월한 영(靈)이다.
불멸의 영혼이다.
무엇과 무엇으로 존재하고 있는가?
어떤 힘과 한 덩어리로 있는 의식과 무의식 나까지 없으면 무엇
이라 할까?
참나
주인공(主人公)
하나님, 부처님……

# 명상의 시
## -유체이탈

가부좌 하고 앉는다.

지그시 눈을 감고 척추 끝 꼬리뼈 있는 곳과 단전, 회음에 모닥불을 지핀다.

숨을 들어 마실 때마다 단전의 불꽃 덩어리가 꼬리뼈를 지나 척추를 타고 오르고 올라 목 뒤로 해서 정수리로 빠져나가 앉아 있는 자신을 바라본다.

숨을 내뱉을 때마다 허공에 있는 은백의 빛 덩어리가 정수리로 들어와 목뒤로 해서 척추를 타고 내려오고 내려와 꼬리뼈를 지나 단전에 쌓인다.

숨을 들어 마시고 내뱉을 때마다 자신의 몸 밖으로 나와 자신을 바라보고 자신의 몸 속으로 들어간다.

쉬지 않고 끊임없이 하다 보면 어느 땐가 몸 밖으로 나와 자신의 육체를 바라보는 자신을 볼 수 있다.

자신의 육체를 쉽게 볼 수 있고 허공에 오래 머물러 있을 수 있을 때 가고자 하는 곳과 보고 싶은 곳을 향하여 여행을 한다.

맨 처음 여행은 반경이 짧은 곳을 중심으로 하고 그것이 잘 될 때 반경이 넓은 곳으로 여행을 떠난다.

이것도 잘 되면 자유자재의 여행을 한다.

그러나 이것에 재미를 붙여서는 안 된다.

재미를 붙이다 보면 자신의 영혼이 가야할 진정한 길을 잃고 헤매는 영혼이 될 것이니.

육체와 자신이 하나로 있으나 결국 자신이 아님을 알고 참된 영혼을 위해 수행하기 바라는 마음에서 부족하나마 유체이탈하는 방법을 묘사했다.

기도 수행이 어느 정도 깊어지면 자연스럽게 되지만 믿지 않고 믿으려 하지 않는 이들이 빨리 유체이탈을 경험하고 경험을 통하여 그들 나름대로 한 생각 바꾸길 바라는 마음 간절하다.

## 선정(禪定)

안이 고요하니 밖이 시끄럽고
밖이 고요하니 안이 시끄럽다
안팎 없이 고요하니 청정 심법(心法)
선정, 선정이로다

천지의 모든 진리가 내 안의 진리이고
내 안의 진리가 천지의 진리, 만법이다

우주가 나이고 내가 우주니
우주의 변화가 내 안의 변화고
내 안의 변화가 우주의 변화니
이를 아니 깨달은 이요
모르니 중생이로다


## 등산 그 정상

　등산할 준비도 없이 산 아래 산다는 이유만으로 정상의 상황만
듣고 어디에 위험이 도사리고 있는지 전혀 모른 채 산을 오르기
시작했다. 먼저가 나중 되고 나중이 먼저 되기도 하는....
　나뭇가지, 풀뿌리에 걸리고 돌부리나 바위에 부딪치며 가시 넝쿨
을 헤치고 발 아래서 잡아당기는 육체의 피로와 고통 참아가며 계
곡 지나 능선 타고 한 치 앞을 바라볼 수 없는 길 찾아 헤매며 걸
었다.
　온 몸에 땀이 범벅이 되도록 헤매었기에 무슨 풀과 나무가 무슨
짐승과 새들이 있는지. 어떤 형상을 닮은 바위가 있는지 살펴가며
올라갈 수는 있었지만 장막에 가리워진 길은 좀처럼 모습을 드러

내지 않았다.

 산 정상이 희미하게 보이고 어렴풋이 길이 보이자 산 아래 유혹
이 자취를 감추는가 싶더니. 모든 피로의 고통과 상처가 사라져
바쁜 걸음 재촉하여 뛰듯이 올랐다.

 산정을 올라서서 절규의 외마디 야~ 호~

 온 몸에 전율이 일고 가슴이 확 트인다.

 형용할 수 없는 미묘한 감정에 스스럼없는 환희의 웃음

 오도송을 읊는다.

 미묘한 감정에 버리지 못한 껍데기, 가아(假我)의 형상 대자연의 진
리 앞에 고개를 떨구고 그 속에 그냥 있어야 했으며 형상이 얽힌 굴
레의 현실, 고해(苦海)의 바다 파도 속으로 올 수밖에 없었다.


## 야밤 심경

 문득 잠에서 깨어 보니

 창문만 희미하게 보이고 주변은 칠흑의 어둠이다.

 몽롱한 의식에 눈을 감으니

 여기 저기 어둠의 침묵 가득한 소리 고막을 두드린다.

 제각기 다른 시계의 톱니바퀴 돌아가는 소리, 방안 가득 열기를
내뿜는 방바닥 물 흐르는 소리, 거친 숨소리에 미세한 숨소리까지
들린다.

 바람이 할퀴고 가는 흔적에 멀리 누군가 깨어 있는 발자국 소리,
어느 집 변기 물 내리는 소리 비집고 영체에 들지 못한 영혼들의
울부짖는 아우성, 희미하게 들려오는 말로써 표현할 수 없는 아름
다운 화음의 합창 꽃비 되어 내린다.

 지구의 반대쪽 무슨 소린지 모를 윙윙거리는 벌떼 같은 소리와
지구가 돌아가는 소리에 태양 주변을 도는 혹성들의 소리, 태양계
가 다른 중심의 핵을 도는 또 다른 중심의 핵을 도는 전 은하계가
꽉 찬 진리의 틀 속에 묶여 돌아가는 소리 소리에 귀가 윙윙하니
몽롱했던 의식 수많은 생각의 파도를 타고 허허 벌판 달리는 야밤

삼경 눈 크게 뜨고 창문 바라보니

　미세한 빛 강하게 들어오고 분별할 수 없었던 가구들이 하나 둘…… 모습을 드러내는 고요한 어둠의 침묵은 끝나고 어둠 밝고 오는 빛에 아우성 소리 커지는가 싶더니 그치는 야밤삼경 홀로 깨어나 뒤척이고 있다.


## 병고의 고통을 받는 이를 위하여

　너 나 없이 우리는 영원불멸의 불(佛)이며 하나님이다.

　그러면서도 석가모니 부처님이나 예수 그리스도처럼 못하는 것은 인욕의 무명에 상념의 의식이 육체에 묶여 벗어나지 못하기 때문이다. 혹 육체를 벗어나 영혼의 의식에 든다 해도 그 너머 불이나 하나님의 모든 만물의 생성과 소멸의 진리를 모르고 그분들의 의식을 모르니 그럴 수밖에 없다.

　어쩌다가 알았다 하더라도 행하려 하면 고정관념이나 다겁생을 살아온 성벽(性癖)들이 방해하니 행하기가 어렵다.

　우리의 근본 자리를 보면 생로병사가 따로 없음에도 병의 고통으로부터 벗어나지 못하는 것은 앞에서 언급한 것들 때문이니. 생로병사 그 어느 것 하나라도 시름을 앓고 있는 이가 있으면 간절한 일념으로 부처님이나 하나님을 생각하며 그분의 의식을 향하여 힘과 마음, 목숨을 다하여 자신의 내부에 있는 그분을 불러내어 그분과 하나가 되어야 한다.

　그러면 생로병사에 끌려 다니지 않는다.

　또한 이것이 어려우면 그대 가슴 속 찬란히 빛나는 * 성(聖) 영체(靈體), 부처님의 빛이며 그리스도의 빛인 그대 마음 속 깊이 후미진 곳, 핵심에 있는 은백의 빛의 밝기를 강하게 하여 그대 몸 구석구석을 밝혀 존재하지도 않는 생로병사의 어두운 그림자 내몰고 그대 몸 자체를 은백의 빛으로 만들고 온 광야를 밝혀야 한다. 이것은 어디까지나 그대의 신앙의 믿음이며 그대 한 생각 상념의 의식이다. 그 의식이 강하면 그렇게 된다.

우리는 태초 불이나 하나님과 똑같은 완전한 인간임에도 그 전지전능한 능력이 욕심에 의해 조금씩 가려져 있는지조차 모르고 근본 자신의영적인 자리에서 보면 있지도 않은 병에 시름을 앓는가 하면 생사에 얽매여 괴로움을 당하고 괴로움 당하는 그 마음, 텅 빈 허공과 같음에도 울타리 쳐 놓고 그 속에 자신을 두고는 육체가 전부인 양 헤매인다.

육체로 이는 욕심의 울타리 스스로 부수고 최초의 하나님 불과 똑같은 그 상태로 자신을 무명(無明)으로부터 나와야 한다.

그러면 있지도 않은 무명으로 생긴 병고의 고통은 흔적도 없이 사라질 것이다.

그대가 행하고자 하는 그 힘이 부처님의 힘이며 하나님의 힘이다.

그대 믿음에 달려 있으니 그대 행하던 행하지 않던 그것은 그대의 자유이다. 허나 그대 마음 안에 계신 부처님이나 하나님은 그대가 무명으로부터 나오기를 기다릴 것이다.

이 길을 알려 주기 위하여 오래 전에 석가모니 부처님이 나투셨고 예수 그리스도가 탄생하신 것이다.

이분들 이전에도 많은 분들이 또한 계셨다.

이때 주의할 상황은 우리가 일반적으로 아픔을 호소하는 것은 우리의 몸, 즉 소우주가 원활하게 진리의 틀 속에서 움직여야 하거늘 그러지 못하고 흐르다가 어느 곳에 정체되었을 때, 우리는 자신의 아픔을 호소한다. 정체된 곳으로부터... 그러하기에 우리는 일정 한도의 움직임을 가지고 어느 곳 하나 그 흐름이 정체되지 않도록 소우주의 흐름을 원활하게 해 주어야 한다.


* 성 영체를 보려면 찬란한 투휘광체의 태양을 똑 바로 한동안 보고 있으면 그 속에서 어떠한 형상을 볼 수 있을 것이다. 보이는 그 빛나는 형상이 성 영체와 똑 같으며 그것이 그대의 본성과 삼라만상의 본성이 그와 같으니라.

## 배설이라도 하듯

먹고 싶지 않아도 때 되면 배고파 먹는 것과 같이, 배설하고 싶지 않아도 때 되면 먹은 것을 배설해야 하는 것과 같이, 잠을 자지 않으려 해도 눈꺼풀이 무거우면 저절로 잠을 자는 것과 같이, 나 또한 의식을 자극하는 상념이 일면 그 상념에 마음이 계속 출렁이며 더 심한 파도를 일으키려 하니 바다에 이는 파도 면면히 살펴 글을 쓴다.

배설이라도 하듯
배고플 때 무엇이든 먹으면 배고픔을 잊는 것과 같이
배설하고 싶을 때 배설하면 배설하고 싶다는 생각이 없고
무엇이든 하고 싶은 것을 할 수 있는 것과 같이
잠이 와서 잠을 자고 나면 잠을 자고 싶은 생각이 사라지는 것과 같이
마음에 이는 상념의 의식을 표현이 잘 되었던 잘못 되었던 간에
문자와 언어, 행동으로 배설이라도 하듯 표현을 한다.
다겁생으로 인한 인연과 습관 맞이하고 생각하되 이렇듯 배설하고 나면 아무런 생각 없이 편안한 것과 같이
나 또한 언어와 행동으로 배설은 하되
그래도 다 못한 티끌의 배설물이 있으면 시인이라는 명명 아래
문자를 빌려 시(詩)라는 미명에 묶어 배설하여
파도 일으키는 상념의 의식으로부터 벗어나
나 홀로 아무런 생각 없이 편안하니
배설하지 아니할 수 없다
그러니 배설은 무념무상에 드는 최상의 방편이라 아니할 수 없다.

# 합장 · 1

음과 양 하나 되어
변하는 진리 속
너와 나
형상과 형상이 하나로 통(通)하니
전체 속 하나요
한 속 전체구나


# 합장 · 2

마음을 나타낸 모습이다
회귀의 고향이다

끝이며 시작인가 하면
시작이며 끝이다

합장한 손을 놓으니
도술의 시작이며 잡기의 연속이다

무심결에 두 손 곱게 가슴에 모으니
억겁이 인연이 끊어지고
두 손 곱게 가슴에 모아 보니
번뇌가 이누나.

모두 다 끊어진 끝인가 했더니
잠시 머물기도 전에 떠나야 할 시작이구나.

# 禪問答 중에서

손가락으로 달을 가리키면 달을 봐야지 왜 손가락을 보나, 손가락으로 달을 가리키면 태양을 봐야지 왜 달을 보나, 본래 본성(本性)은 밝은 보름달 같으나 스스로 빛을 발하는 빛이 아니니 본성(主)의 실체와 같다고 할 수 없으나 일반적으로 태양을 똑 바로 쳐다볼 수 없기 때문에 바라볼 수 있으면서도 태양과 같은 모습의 달을 가리키며 본성(主)의 실체를 말함으로 보고 깨달으라는 선지식의 사려 깊은 배려다.

본성(主)은 스스로 빛을 발하는 빛의 실체로 보름달 같은 태양의 발광체 같으나 각자의 영혼에 따라 찬란히 빛나는 태양 같은 별로 떠올라 빛나는가 하면 꺼져 가는 호롱불처럼 흐르기도 하다.

그대 영혼에서 본성(主)에 이르는 빛이 있어
그 빛의 밝기 천차만별로 헤아릴 수 없이 많으나
그대 본성의 영혼 밝히는 빛의 밝기는
얼 만큼 허공의 공간을 밝히고 있나?

## 자문자답(自問自答)

어디서 왔는가? 온 곳이 없다.
뭘 보았는가? 보는 주체가 없는데 뭘 보았다 하겠는가.
어디로 갈 건가? 온 곳 없으니 갈 곳인들 있으랴.
나는 누구인가? 모르겠네.

육체가 다한
영혼이 다한
나라고 할 것 없는
본래의 본성은 진실 허공에 묘하고 묘하니
저 묘함 속 어찌 이르러 머무를까

진실 허공의 묘함 속
흐르고 흐르는 움직임에 움직임 있을 뿐

온 곳 없고
갈 곳 없고
주체 없는 진실 허공 속
틈 없이 꽉 들어찬 본 성품
이거다 저거다 할 어느 것이라고 할 수 없네.
그 모습 그대로 우주 만물이 삼천 대천이 본성 자체인 것을
무엇이라고 할
할(喝)이 없구나

내가 있어
마음의 호롱불의 에너지 강하게 강하게……
정도에 따라 등불이 되고 불빛이 되고 태양이 되고 별이 되고
넘치고 넘치는 빛의 에너지 강하게 강하게……
견디다 견디다 못한 대폭발
흩어지는 움직임의 흐트러짐에 움직임
바로 너구나


## 우주 만물의 본성과 근원적 생명

 해탈 성불하여 진리가 되고 성도하여 근원적 생명이 되는 상태는 어떤 상태며 어떻게 되어야 하는가?
 진정 우주 만물은 어떤 상태로 회귀하여 본성의 진면목이 될 것이며 진리와 근원적 생명으로 돌아갈까?
 본래 진면목은 진리며 근원적 생명은 표현만 다를 뿐 진리와 같은 말이다.
 우주 진실 허공과 묘함이 진리며 생명이다.
 우주의 허공 속 진리 허공은 우주의 허공이 비워져 있는 것이 아

니라 물 같은 액체의 기체로 꽉 차 있고 그 속에 스스로 빛을 발하는 수많은 동그란 발광체가 어떤 형상이 형체에 구애받지 않고 서로 서로 부딪치지도 않으며 끊임없이 움직인다.

동그란 발광체의 움직임에 따라 물결 같은 흔적이 동그란 발광체를 중심으로 생겼다 없어지고 없어졌다 생기는 서로의 부딪침 없이 흐르고 흐르는 동그란 발광체 규율이나 규칙도 없이 자유자재로이 찰라 동안이라도 멈춰 있는 일없이 움직인다.

인연에 따라 모였다 흩어지는 흩어졌다 모이는 우주 진실 허공의 묘함이 진리. 진리 그 진실 허공 속 끊임없이 움직이는 보름달 같고 태양 같은 동그란 발광체의 움직임 그 자체가 근원적 생명이다.


## 그대는 어디에 있소

고맙소.

어찌 흐르고 변하는 진실허공의 묘함을 다 쓰랴 했는데 기사 속에 있었소.

어찌 저걸로 진면목을 다 담으랴 했는데 모습이 있었소.

우연한 만남의 인연은 영혼을 위한 그 어떤 의미가 있다는 그대와의 예기치 않는 만남 무엇으로 인사의 빛을 밝힐까?

마음을 알면 마음 속에서 행복하리니

날마다 좋은 날 되소서.


**할(喝)**

# 제3부  나를 찾아서

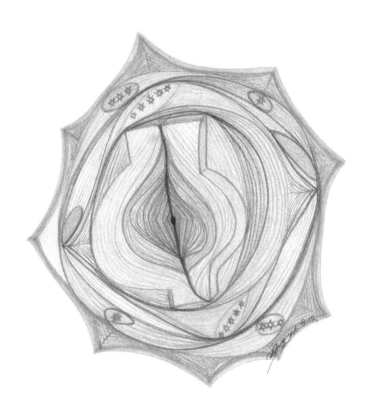

# 영혼(靈魂) · 2

```
                        빛
              리        진        빛
          진      빛    진    리        생체
        빛                              에너지
    생      빛                          티 끌
    체      에                      상념    의식
        생
              + 무의식        무    생        체
                          의                  +

        에
    리                              식        각
    너
    진                                      지
진                        생 각  +  상념 의식
        생
체
    빛
    빛
    에 너 지                              빛
    리
          생      진              진
    진          체              티 끌
    빛
          티    리    빛          에 너
                빛          지
```

# 굳게 닫혀진 마음 어떻게 활짝 열 것인가

세상을 살아가면서 우리는 자신이 자신을 생각했을 때 얼마나 타인에게 자신의 마음을 진실되게 말했던가? 언제나 거짓됨이 없는 진실된 마음이라면 그대는 이미 마음이 열려 있는 상태다.

그렇지 않다면 그대 마음은 거짓과 진실 사이의 척도에 따라 마음의 열린 정도를 스스로 알 수 있으리. 또한 자신의 마음이 열린 정도에 따라 타인에 대한 믿음도 그러하다.

왜 우리는 마음을 열어야 하는가?

생사를 떠나 영혼 불멸의 영혼이 진리에 머무를 수 있게 하기 위해서고 육체를 가지고 살아 있는 동안 마음 편안하게 하기 위해서고 자신이 믿는 종교의 절대자와 동화, 하나 되기 위해서다.

진실이 첫째요,

믿음도 첫째요,

진실하니 믿게 되고 믿으니 진실하다.

어느 정도 수행한 사람이라면 자신의 안팎을 구별하리라.

그런가 하면 마음이란 테두리가 있음을 간파하리라.

그러면 이 닫혀진 듯한 마음의 테두리를 어떻게 열 것인가?

단전에 쌓이고 쌓인 기운이 넘쳐 테두리 마음에 쌓이고 쌓여서 마음이란 테두리를 허물고 안팎이 하나된 상태를 말한다.


# 영혼 그리고 마음

개개인 스스로의 의식과 무의식(잠재의식)이 텅 빈 허공과 같은 마음의 에너지 기운과 하나가 되어 개개인의 영혼이 된다.

의식은 개개인 스스로가 현세(現世)라고 하는 테두리에서 과거를 기억해 내고 현실을 축(軸)으로 미래를 밝힐 수 있다고 하는 감성(感性)의 관념과 이성(理性), 이념과 사상이 한 생각으로 의식을 이루며 그 의식은 크기에 따라 수직적 관계로 피라미드형을 가지지만 더 이상 커질 수 없는 의식을 정득했을 때, 위 아래 없는 우주적 일체의 하나로 의식이 있는지 없는지도 모른 체 에너지 기운과 하나가 된다.

무의식은 의식이 없는 듯하나 그 속에는 잠재의식이 늘 숨을 쉰다. 잠재의식은 태초 한 생각을 시발점으로 다겁생을 살아오는 동안 개개인 스스로도 모르게 쌓여온 다겁생의 의식이 뭉쳐 자신도 모르게 표출되는 습벽(習癖)이다.

마음은 텅 빈 허공 같아서 아무 것도 없는 것 같으나 이루 헤아릴 수 없이 많은 것들을 가지고 있으며 에너지 기운으로 두루 꽉 차 있어 나고 없어짐이 끊임없는 듯 갖은 형상의 형태로 나타나서 서로서로 부딪치며 요술을 부리는가 싶고 열을 발생시켜 괴롭히는 듯하나 이것은 개개인의 생각으로 흔들어 되는 망상의 병이며 혼탁이고 업이다

그러나 지극히 고요하게 가만히 있음으로 들여다보면 서로서로 부딪힘 없이 어떤 진리에 의한 순리처럼 그냥 그렇게 있다.


## 칠통(漆桶)·1

눈이 부셔서 똑 바로 바라볼 수 없는
찬란히 빛나는 태양
첩첩이 먹구름에 가리었고
은은한 달빛마저
깜깜한 밤 그림자
칠통(漆桶) 속에 갇혀 있다

*칠통(漆桶): 진아(眞我)가 아닌 가아(假我)의 통(桶), 육체(가아)의 집(통)에 옻(漆)의 진이 가득 찬 것 같은 무명(無明)을 말함

## 칠통(漆桶)・2

눈이 밝으니 형상에 걸리고
코가 흰하니 향기 가득하다
혀가 맛을 알고 노래 부르니
귀가 좋아라 소리 쫓는다

칠통(漆桶) 속
마음 가득 밝으니 영혼이 맑고
벗어버리지 못한 우주적 의식의 언행이
육체의 집(集)에 걸리어 먼지를 쓴다


## 칠통(漆桶)・3

칠통(漆桶)에 깜깜한가 했더니
칠통(七通)의 길이 열려 흰하고
칠통(七通)으로 빛이 밝아 천지 광명인가 했더니
칠통(漆桶) 속 미세한 빛마저 누웠구나

*칠통(七通): 1통: 미저골의 끝, 2통: 배꼽 아래 약 5센티
            3통: 명치와 배꼽과의 중간, 4통: 심장의 위치
            5통: 목 부위, 6통: 미간(眉間), 7통: 머리의 꼭대기


## 칠통(漆桶)・4

有인가 했더니 無이고
無인가 했더니 有하는
有가 無이고 無가 有인 것을
칠통(漆桶)에 걸리어 넘어지고는

천 갈래 만 갈래의 길
만들어 놓고
헤매이는 발길에
광명(光明)은 더욱 더 어둠 속으로 숨는다


## 칠통(漆桶) · 5

칠통(漆桶)이라 부를 수밖에 없는
참나를 에워싸고 있는 육체의 집
그 안팎이 은백의 빛으로 밝고 환할 뿐 아니라
생로병사 따로 없이 불생불멸하고
특별히 머무를 곳 없이
우주의 모든 법계가 그대로 머무름인 것을
다겁생의 인연에 따라 흐르고 흐를 뿐
무엇에 걸림이 있으련만
다겁생의 인연과 습관으로 지어진
육체의 집이 그려 놓은 울타리에
언행이 걸리어
자유자재하지 못하니
칠통(漆桶)이라 아니할 수 없다
이러므로 호(號)를 칠통(漆桶)이라 할 것이니
앞으로 누가 나를 부를 땐
칠통이라 불러다오

# 칠통(漆桶) · 6

네 이름 OO야!

네 이놈 칠통아!


## 마음의 본성

마음의 실상을 찾아 헤매다 보면 자신도 모르게 마음에 의식이 집중되고 그 횟수가 많아질수록 불덩이가 있는 듯 가슴은 뜨거워지고 어찌할 수 없는 열의 빛, 마음의 문을 열고 밖을 보면 충만한 그 어떤 것이 빛인 양, 스며들어 밝히는가 싶으면 마음의 테두리 있는지 없는지 모른 듯 사라져 안팎이 하나 된다.

마음 안팎이 하나 되니.

자기 안에서 일어나는 모든 일이 밖의 현상들이요 밖에서 일어나는 모든 현상들이 자신의 마음 안에서 일어나는 부딪힘으로 인한 파생적 일들인 것을 안이다 밖이다 테두리 그어 놓고 괴로워하는 것은 육체가 있어서 어쩔 수 없다고 말하지 말자.

꽃이 피고 지고 새싹이 돋는가 하면 낙엽이 휘날리는 모든 계절의 산과 들과 물, 바람과 구름, 이 모든 자연 현상과 우주에 존재하는 모든 것들이 그대 마음이 변하여 나타나 있는 것이니. 광활한 우주 속 조그만 지구 안에서 인종 차별이 뭐고 국가와 국가, 이념과 사상이 다 뭐며 또한 한 나라 안에서 지역과 지역, 이웃과 이웃 간에 너 나 우리가 어디 있으랴만 인욕의 몸이 있어 그 육체의 인연 두껍고 두껍구나.

마음은 태풍의 눈과 같다.

태풍이 사라지면 본래대로 여여(如如)하듯
우리가 부딪치고 부딪치는 모든 것들이 사라지면 그러할 것이고 마음 역시도 마음 안에서 들끓는 모든 것들이 사라지면 마음의 본성을 볼 것이며 우주 전체의 근원이 마음의 본성인 줄 알리라.

내 안의 핵이 우주의 핵이고 우주의 중심이 나의 중심인 줄 알지만 그 또한 근본 자리에서 보면 여여한 것이니

본인이 본인이 아님을 알고 가아(假我) 속 진아(眞我)를 찾아 헤매다 보면 진아의 마음자리를 찾게 되고 어느 순간 우주의 모든 법계가 마음의 본성이 변하여 나타난 형상인 줄 알리라.


## 육체와 영혼 그리고 마음의 삼위일체

육체와 영혼 그리고 마음은 각기 지니고 있는 특성에 맞게 먹어야 산다. 일반적으로 우리의 육체가 다인 듯하나 영혼이 있고 영혼이 전부인 양하면 영혼 이전에 우리의 본성이라 하는 마음이 있고 그 밑바닥 후미진 곳, 꿈틀대는 그 무엇이 있어 희미한 등대의

빛줄기로 이끌고 있다.

육체는 드러난 형상, 일반적으로 나라고 하는 유기체의 집합을 유지하기 위하여 필요한 것을 먹어 섭취해야 한다. 육체가 소멸될 때까지 먹음으로 성장과 퇴보를 하며, 그러나 영혼은 먹는 것이 한정되어 있으며 영혼의 성장은 그대가 어떤 마음을 가지고 어느 정도 순순하게 사랑과 자비로 마음의 그릇에 주변의 형상과 영혼들을 보듬어 안느냐에 따르며 본인이 일상적으로 늘 생각하는 의식의 의지가 얼마나 포괄적인 상념 의식을 갖느냐의 정도에 따라 그대 영혼이 성장과 퇴보를 하게 된다.

영혼을 믿지 않는 사람이 육체를 다하고 영혼의 세계에 들 때 영혼을 믿지 않은 관계로 영혼의 세계로 가는 길을 잃고 어둠을 헤매이다 어둠이 엄습해 오는 불안, 초조, 공포감이 그대 영혼의 마음에 일어 생각이 지옥문을 여는 결과를 낳으니. 영혼이 있음을 알고 영혼을 맑고 깨끗하게 하는가 하면 그대 상념의 의식을 넓힐 일이다.

영혼이 또한 전부인가 하면 영혼을 싸고 도는 그 무엇이 있어 마음이라 아니 본성이라 하고, 그것은 자신의 몸을 태워 사방을 밝히는 촛불, 태양, 저 수많은 별들과 같이 에너지를 빛으로 밝히고 그 무엇에 걸림이 없는 맑고 청순한 무의식 아니 의식까지도 포괄하는 에너지에 불을 붙여 빛을 밝히는 것과 같은 것이다.

에너지가 충만하면 그 빛이 밝고 강한 것처럼 마음의 본성 역시도 우주에 두루 꽉 차 유영하는 진리의 수많은 은백의 빛 알갱이 하나하나 모으고 모아 뭉침으로 그 에너지 충만하고 강하여 저 밝은 태양 같은 별로 떠올라 온 세상 밝히리라.

육체를 가지고 육체에 한정된 의식을 가지면 영혼의 세계에서의 영혼은 어둡고 낮으면 육체를 가지고 영혼까지의 의식을 가지면 영혼 세계에서의 영혼은 밝아 좋을지 모르지만 찬란한 빛의 세계에서의 영혼의 빛은 미세하여 영혼의 세계에서 빛을 발하는 에너지를 충만하고도 강하게 하려 해도 육체를 가지고 에너지를 강하게 하는 것만 못하니. 되돌아 태어나기보다 이미 인간의 육체를 가지고 태어났으니. 인간의 의식 정도가 아닌 영혼의 의식, 영혼의 의식까지가 아닌 저 찬란한 빛의 의식까지 육체로 인한 무명의 꿈을 깨고 언제나 현실 속에서 육체의 존재와 그 너머 눈이 부셔서 똑바로 바라볼 수 없는 저 찬란한 빛에 이르기까지 육체를 가지고 밝고 맑은 영혼에 충만한 에너지 자신의 몸을 태워 주위를 밝히는 빛 발하며 저마다 살아간다면 죽음 이후의 지옥과 천국이 따로 없이 육체의 존재 유무와 관계없이 늘 그렇게 저마다 살았으면 하는 바램 너 나 없이 가진다면 나 비록 무간지옥에 떨어져 헤어날 수 없는 그 어떤 고통이라도 노래 부르고 춤추며 즐겁게 맞이하리라.

## 나를 찾아서

육체가 나라고 생각하며 살다가 내 속에 또 다른 새가 있어 나를 차자 내속에 들어갔더니. 보고, 듣고, 느끼고, 냄새 맡고, 맛을 아는 생각과 의식 무의식이 있어 육체가 내가 아니라 영혼이 나인 듯하다.

영혼이 나라고 생각하며 살다가 영혼 속에 또 다른 내가 있어 나를 찾아 영혼 속에 들어갔더니 부딪쳐 일어나는 생각에 분별하는 의식과 자신도 모르게 순간에 일어나는 무의식이 마음으로부터 나오고 있어 영혼이 내가 아니라 마음이 나인 듯하다.

마음이 나라고 생각하며 살다가 마음은 고요한데 또 다른 무엇이 있어 나를 찾아 마음 속에 들어갔더니 육체가 테두리 되어 만든 텅 빈 하공인 듯한 마음에 수많은 티끌이 모였다 흩어졌다 하고 있어 마음이 내가 아니라 하나의 티끌이 나인 듯하다.

티끌이 나라고 생각하며 살다가 하나의 티끌이 너무도 미묘한 것 같아 나를 찾아 또 다시 마음 속에 들어갔더니 하나의 티끌이 어떤 힘의 에너지에 이끌려서 수많은 티끌과 모였다 흩어졌다 하고 있어 티끌이 내가 아니라 어떤 힘의 에너지가 나인 듯하다.

어떤 힘의 에너지가 나라고 생각하며 살다가 에너지는 강약이 있기에 또 다시 찾아갔더니 변화하며 움직이는 에너지 속 은백의 밝은 빛이 있어 마치 태양을 똑바로 쳐다봤을 때 태양과 같이 전체

가 은백의 밝은 빛이니 어떤 힘의 에너지가 내가 아니라 빛이 나
인 듯하다.

빛이 나라고 생각하며 살다가 태양의 존재 가치와 내 삶을 생각
하니 석연치 않은 것이 하나 둘이 아니기에 또 다시 나를 찾아 내
속에 들었더니 이름하여 무엇이라고 할 아무 것도 없구나.

미묘하다. 미묘하다.

아무 것도 없는 텅 빈 허공에 찬란한 빛과 에너지 강약이 있는
것이 묘하고 에너지에 이끌리는 수많은 티끌의 움직임이 묘하고
빛과 에너지 사이 한 티끌이 나타나는 것이 묘하고 움직이는 티끌
모였다 흩어졌다 하는 한 물건, 생겼다 없어지는 것이 묘하고 아
주 짧고 짧은 찰나에 헤아릴 수 없이 수많은 티끌이 만났다 헤어
지는 그림자가 한 생각을 일으키는 것이 묘하고 한 생각 생각이
의식이 되는 것이 묘하고 의식이 무의식이 되는 것이 묘하고 아무
것도 없는 것이 보고, 듣고, 느끼고, 맛을 알고, 냄새 맡는 것이
미묘하다. 미묘하다 못해 신비롭다 참으로 신비롭다.

허망하다. 허망하다.

한 티끌 모였다 흩어지는 일체의 형상이 나라는 생각에 삼세를
이루었나니. 일체 우주의 만물의 현상계 나고 없어짐은 한 티끌
나타남과 에너지 기운과 빛의 조화로 한 물결 생겼다 없어지는 꿈
이며 환상이고 안개 같으며 물거품 같고 번개 같으며 그림자인 것
을 명예, 물질, 너, 나, 우리, 수명이 길다 짧다 하는 그 무엇을 쫓
아 여기까지 왔나, 텅 빈 허공인 듯한 우주 속에 에너지 기운에
의한 우주 만물의 생멸법이 묘하고 지은 업으로 인한 인연이 무섭
도록 묘하고 인연으로 인한 인연이 무섭도록 묘하니. 한 티끌 그
림자 쫓는 허망한 생각을 시작으로 쌓이고 쌓인 업에 의지하여 나
여기에 왔으니. 허망하다. 허망하다 참으로 허망하다

## 나와 자동차 · 1

이름하여 자동차라 불리는 한 물건이 있다
이름하여 조규일라 불리는 한 물건이 있다
한 물건, 힘의 움직임에 이끌린 티끌 모이고 모여 생겨나 자연에
있으니. 한 물건 자동차, 칠통(漆桶)이라 이름하여 부르기 전 그대
로 자연이다.
한 물건, 자동차에 운전자가 타고 한 물건 조규일 안에 생각이
들어가 있으니 자연이 아니다.
자연을 파괴하는 문명, 이기의 길 누비는 자동차고 자연을 헤집
으며 살아가야 할 고해(苦海)의 삶 속에 있는 인간 조규일이다.


## 나와 자동차 · 2

나의 육체는 자동차요.
나의 마음(에너지의 핵으로 빛)은 텅 빈 차 안이고 나의 의식과 무
의식(정신)은 운전자다.
나의 영혼(빛+에너지+의식+무의식)은 길이요.
나의 두 발은 현실 딛은 바퀴며 나의 두 눈은 핸들이다.
나의 강하고 약한 기운(氣運)은 호흡(天氣)기 음식물(地氣)로 자
동차의 기름이요.
나의 심장은 엔진이고 나의 혈관은 배선이며 나의 뼈마디는 부품
이다.
운전자(의식과 무의식) 없는 자동차는 고철(육체와 마음) 그대로
자연이고 운전자 없는 자동차의 주행은 영혼(길)이 있는지 없는지
도 모른 체 육체(자동차)의 존재만을 위하여 욕심을 부리는 것이
며 무면허 운전은 영혼이 있는지는 알고 있으나 의식과 무의식이
보이는 것이 전부인 양, 부딪치며 사리사욕에 살아가는 것이고 운
전자의 졸음운전이나 음주 운전은 종교적 믿음을 가지고 교주의

가르침, 즉 성경 말씀이나 경전에 있는 말씀을 따르기보다 그분들의 말씀을 잘못 해석하고 그분들의 말씀을 빗대어 행동하여 많은 사람들에게 피해를 주는 것과 같다.

길은 있는데 길인 줄 모르고 차는 있는데 운전을 못하니

길 있고 차 있는지를 알고 운전 잘하는 이 모셔 배우고 익혀서 운전 잘 한다. 자랑 말고 조심조심 험난한 인생의 길

물 흐르듯 바람에 낙엽 구르듯 살아갈 일이다


## 마음 · 1

이 몸이 나인 줄 알고 살다가
어느 날 문득
내 안에 너무 많은 내가 있어
깜깜한 어둠 속 날 찾아보니

꿈틀대는 뭔가가 있네
이 뭘까?
이 뭘까??????????

# 마음 · 2

이 뭘까?
이 뭘까? 이 뭘까?......
눈썹과 눈썹 사이 눈썹과 이마 사이
은백의 빛 내리꽂히길 수 차례
이 뭘까? 이 뭘까?......

어느 날 문득
어둠 속 빠져나오는
뭔가가 있네
이 뭘까? 이 뭘까?

# 마음 · 3

진정 나는 누구인가?

보름달인가
태양인가 빛인가
우주 속 하나의 별인가
생명인가 티끌인가
참된 허공인가
진리인가

# 마음 · 4
(본성＝참된 허공)

온 천지 은백의 빛이네
시작도 끝도 없는 나타남도 사라짐도 없는 있음도 없음도 아닌
너 나 없는 밝음이네
생명인가 하니 빛이고 빛인가 하니 진리고 진리인가 하니 생명으
로 안팎 없는 하나 속 형제네

*마음 · 4는 백지여야 하거늘 부득이 글을 썼다

# 마음 · 5

업의 인연이 있어
만났다 헤어졌다 모였다 흩어졌다 하는
끝인가 하니 시작이고 시작인가 하니 끝인 듯한
돌고 도는 윤회 속

안팎 없는 하나로 살려니
육체를 가진 인간이기에 세상 속 살기가 어렵네

육체와의 인연이 다하는 그날까지
본성(本性)의 묘함에 있음으로
업과 인연의 과보 칠통(漆桶) 속 안팎을 살펴 말하네
듣는 이 몇 있을까마는
그래도 칠통 속 살펴 말하네

내가 있음으로 윤회의 테두리 있었고
내가 없으니 안팎 없는 진공(眞空) 속 묘험이구나

끝없이 돌고 도는 윤회 속
어느 것 하나 끊으니
허공에 흩어진 흔적도 없이 묘함 묘함이구나

# 마음의 본성을 찾아서

마음 안에 가늠할 수 없는 허공이 있고 허공 안에 한량없는 기(氣), 에너지가 있고 기(氣), 에너지 안에 무량의 미진(微塵)이 있다.

기운의 에너지에 이끌린 수많은 티끌이 모이고 모여서 하나의 형상을 만들고 그 형상들이 모여서 하나의 개체를 만드니 그 개체의 테두리 이름하여 마음이라 한다.

한 생각 생각 일으켰다 함은 아주 짧은 찰나에 수많은 티끌이 모였다 흩어졌다 하며 나타나는 묘한 현상이다.

유기체 안에서의 이러한 현상을 모르는 것은 너무 짧은 찰나에 생겼다 없어지기 때문이며 그 묘한 현상을 꿰뚫어 보지 못하니. 한 생각 생각 말하는 주체가 유기체로 너, 나, 우리라고 말하는가 하면 개체의 형상들마다 명명의 이름이 붙는다.

전등을 켰을 때 전등불이 켜져 있다고 말하지만 엄밀히 그 전등불은 켜져 있는 것이 아니라 아주 짧은 시간에 커졌다 꺼졌다 하는 것을 수없이 반복하지만 늘 켜져 있다고 생각하는 것과 같이 나라고 말하는 한 생각 또한 그러하다

마음이란, 인간이라고 하는 인큐베이터의 병 속에 허공을 담고 구멍을 막은 병 속의 공간이다.

인큐베이터 병이 천 리 먼 곳에 가서 그 병 속 허공의 미진이 묘한 작용 일으켰으나 그 흔적 없으니. 마개를 뽑고 병을 기울인다고 허공이 나오지 않을 뿐 아니라 병 속에 담았던 곳의 허공이나 쏟아 놓으려는 곳의 허공 이것이 마음의 본 성품이다.

인간이란 인큐베이터의 병 속 한량없는 미진이 묘한 작용을 일으키고 그 흔적의 미진 덩어리 한 생각 한 생각이 의식이 되고 무의식이 되니. 병 속 빠져나오는 미진 덩어리 의식 무의식이라 하는 영혼이다.

영혼은 의식과 무의식이 있는 기운 덩어리 이 기운 덩어리 움직이는 영혼은 기운과 기운에 따라 흐르고 이 흐르는 본 성품, 허공으로 생긴 것도 아니고 기운으로 인하여 있는 것도 아니고 영혼의 본성도 아니니 진리의 허공, 기운, 영혼을 떠나 있는 것도 아니다.

그대 진리의 마음의 영혼의 무의식의 의식의 한 생각 미진 덩어리는 핵융합발전소에서 생기는 에너지가 전선을 따라 끊임없이 흐르는 듯 오가다 한 생각 전등불 켜는 인연으로 전등불이 늘 켜져 있어 밝다는 허망한 생각으로 마음에 빛 호롱불 에너지 기운, 수정처럼 맑고 깨끗한 그 본성의 에너지 기운의 성체(聖體) 강하다 약하다 말한다.

하나님, 부처님의 핵융합발전소 같은 에너지로 연결의 전선이 필요 없는 무한한 광명, 한 생각 생각 찾고 부름으로 맞닿아 그분의 광명 받는다는 허망한 생각에 태양 같은 성체 말하나 이 또한 본래 인연도 자연도 진리도 아닌 본성이다.

스스로 그러하지 못할 바에 그 빛 그대로 끊임없이 찾고 부름으로 받아서 그분과 하나 되어 흐르니. 이 또한 본래 인연도 자연도 어떠한 형상도 진리가 아닌 본성이다.

줄어들거나 늘어나지 않는다.


## 마음의 행복

텅 빈 공간을 둘러 만든 공간이 어떤 것으로 막아 사용하느냐에 따로 방, 거실, 학교, 비행기, 기차… 등등이 되고 유기체의 집합 피부의 육체로 텅 빈 허공을 둘러 만든 공간이 마음이다

마음의 근본 성질이 같으면서도 각기 다른 마음을 가지고 있는 것은 텅 빈 허공의 공간 안에 즉 마음 안에 어떤 생각을 가지고 보이지 않는 형상들을 두었느냐에 따라 다르다. 방 안에 육안으로 보이는 어떤 형상을 놓아 두었냐에 따라 다르듯

그래서 우리는 돌 되어 날아오는 주변의 사건과 언어들이 자신의 어떤 인연의 사고력을 가지고 마음 안에 보이지 않는 형상을 두었느냐에 부딪치기도 하고 부딪히지 않기도 한다.

부딪히니 기쁘고 슬프고 화내고 괴로운가 하면 부딪히지 않으니 기쁘고 슬프고 화내고 괴로울 일없으니 언제나 평온할 뿐이다.

부딪치는 모든 돌들을 전 우주의 공간 같은 마음에 품으니 자신

의 분신이 되고 부딪칠 형상을 마음 안에 두지 않으니 비껴가는 텅 빈 허공에 흔적이 없다. 여기에 마음의 행복이 있다.

우리가 돌을 던지면 그 돌은 허공을 가르고 어떤 형상에 부딪혀 떨어지지만 돌이 부딪쳤던 곳이 상처의 흔적으로 남는 것과 같다. 마음이 허공과 같으니 부딪칠 것이 없고 마음에 갖은 형상이 있으니 즉각 반응을 보이고 상처가 남는다. 일정 한도의 시간 동안...

해탈 성불의 극락 정토가, 하나님의 세계가, 형상을 녹이며 퍼져 끝없는 부처님 하나님의 자비와 사랑이 공간 중 허공을 만들어 놓은 상념의 마음 안에 있으니. 그 상념 끝없는 의식과 무의식까지 공간이란 마음 넓혀 시작도 끝도 없는 허공의 우주의 마음 가질 일이다.

# 나

뼈 뼈
······ 뼈마디의 안팎
세포 세포······ 세포와 수분의 고기 덩어리 육체
머리, 몸통, 두 손과 두 발
오장육부
눈, 귀, 코, 혀 신경조직
시각, 청각, 후각, 미각, 촉각
생명, 에너지, 기운
생각, 의식, 무의식
마음, 영혼
빛
참된 허공

허공은                          생명
                         (움직임)

빛과 에너지 기운
수많은 티끌, 지구, 우주
틈없이 꽉 들어 차
움직이며 변하는
진리

진리는          바다 속 물 같이
허공에 가득 차 있어
그 속에 생명, 빛과 에너지 기운
수많은 티끌과 함께 흐르지 않는 듯 흐르고
움직이는가 하면 생명, 빛과 에너지 기운
수많은 티끌이 각각 움직이기도 하고
서로서로 어우러져 움직이기도 하고
뭉쳐서 나타나기도 하는
허공에 가득 차 있는
바다 속 같은 물

마음은      참된 허공을 나(我)라는 생각으로
어떠한 테두리를 그어 놓은 공간
그 공간은 허공과 똑같다
다만 테두리로 묶어 놓은 조그만 공간이기에
허공보다 공간 안에 있는 것들의 활동이
안팎의 에너지 파장을 빨리 받고
그 활동의 움직임이 초광속보다 빠르다
그래서 우리는 육체 안에서 일어나는
빛과 에너지 티끌의 활동적 형상을
면밀히 살펴보기가 어렵다
그러므로 나라는 생각에 빠지고
한 생각 생각의 의식과 무의식으로
영혼에
생명에

참된 허공의 에너지 속
수많은 티끌의 활동에 속아
그 잔영(殘影)이 진짜인 줄 착각을 한다

영혼은                    참된
허공 가운데
나라고 하는 테두리 안 허공에
수많은 티끌의 작용으로 일어나는 생각 한 생각이
의식과 무의식 빛과 에너지
참된 허공 속 허공을
묶어두고 움직이는
( 생명 )

생각은                   나라고 하는
허공의 테두리 안에 갇혀 있는
수많은 티끌 생명(움직임) 빛과 에너지가
외부로부터, 내부로부터
허공을 가둬 놓은 마음이란 테두리 공간에
어떠한 작용이 있을 때
진리 속 빛과 에너지
생명
수많은 티끌이 움직이며
세포를 자극하고
세포의 자극이 신경을 자극하는
테두리 안에서 활동하는 것들이
놓여지는 상태나 상황에 따라 생기는
테두리 안의 것들의
그림자

의식은                   테두리
안에 것들이

변하지 않는 상황과 상태
그 그림자의 잔재로
생각 생각
생각
……
연속의 덩어리 속
숨어 있는
변화의
습

무의식은　　　　　　　테두리
안에 것들이
상황과 상태로 변하는데
익숙한 수많은 길
이러한 것들이
모였다
흩어졌다 하는
생각의 오랜
습관 같은
습벽


## 나는 누구인가

　태어나면서 창조된 세상 내가 죽음으로 끝나는 현실의 바다에 출렁이는 파도에 부딪혀 파랗게 멍든 가슴 하얗게 밝히는 마음자리 등대가 된다.
　물건도 물질도 아닌 나는 누구인가?
　우주의 핵이며 중심체
　텅 빈 공간 가득한
　무한한 진리와 사랑 끊임없이 용솟음치는 생명의 근원

온 몸으로 바람이 스민다.
나는 오간 데 없고 찬란한 백광(白光)만 텅 빈 공간 덩그란히 침
묵을 지키고 있다


## 나는 내가 아니다

거울 속에서 걸어 나오는 육체의 형상이
산산이 부서져 흩어지는 육체의 티끌이
눈 감으면 일어서는 미망의 상념 텅 빈 공간이 내가 아니다
세상 존재하는 그 어떤 것도 내가 아닌 것이 없다
나는 내가 아니며 내 속의 나는 영원불멸이다
상념과 기운에 따라 흐르고 흐를 뿐 나는 내가 아니다


## 태초의 고향

고향은 나를 버리지 않았건만
나는 고향 가는 일을 잊어 헤매며 산다.

태초 내 고향은
무한한 사랑 가득한 침묵의 우주 공간
태양계 안과 밖
산과 들판
바람에 기운 흐르는 불변의 진리 속 공기

티끌의 한 생각 의식에 떠나온 후
자유로부터 억압되어
끝없이 이어지는 윤회의 탈을 쓴 나는
너무도 오랜 시간 고향을 등져

기억 속에서조차 잊은 지 오래
천지의 기를 머금으며
교화하는 육체의 삶

한 단면에 그려지는 그림에
넋을 잃고 바라보다가
모두 다 같은 고향 사람이고 형제이며
너 나 없이 하나라는 사실
까맣게 잊고 산다

고향은 우리를 버리지 않았건만
우리는 태초의 고향이
어딘지도 모르며 산다


## 귀향

나는 돌아가리다
찬란히 빛나는 등대
태양의 별로
긴긴 어둠 속에서의 꿈을 깨고

잃었던 고향의 뜰
희미하게 드러나 안개 걷히는
분별의 한 생각 스쳐 가는 바람처럼
과거의 씨앗으로 나타난 현상
거부하지 않고
흐르는 물의 참모습처럼
의미없이 지나쳐 가리다

들판을 지나다

활짝 핀 꽃들을 보면
아름답다 말하며 지나칠 뿐
그 열매 수확에 관심 없는 것과 같이
나 또한 이와 같이하여
무애(無碍)의 대자유로 돌아가리다

어둠의 그림자 속에서
육체에 얽힌 꿈의 기억은
아름다웠노라 말하기엔 짧지만
마음의 무애, 고향의 뜰
님의 품으로 돌아가리다


# 천궁 · 1

 육체를 가지고 살아온 일생 동안의 한 순간 가장 아름답고 화려
한 때의 모습으로 테두리를 지니며 태어나는 천궁은 의식주의 문
제를 생각만으로 해결할 뿐만 아니라 시공간을 초월하여 오가는
것 역시도 그러하다.

 어떤 종교의 종파를 믿든, 믿지 않았든 상관없이 얼마나 맑고 깨
끗한 영혼이냐에 따라 그 영혼에 담겨진 상념 의식과 무의식의 정
도에 따라 삶의 척도와 생활이 주어지는 곳

 가장 순수하고 아름다운 마음으로 혼을 불태우며 이승에서 행하
던 저마다의 일들이 가장 아름답게 이어지고 그들이 어우러져 가
꾸며 살아가는 공(空)의 테두리 속 천궁

 육체를 가진 우리의 의식으로 나이는 헤아릴 수 없이 먹되
 아름다운 자신의 모습은 변하지 않는 지상에서 가장 화려하고 아름
다운 것과 그보다 더 화려하고 아름다운 화음의 조화가 가득한 곳

# 천궁 · 2

진리의 에너지 속 움직이는
테두리 없는 의식과 무의식의
에너지 덩어리가 서로 어우러져
상념 속 자연의 순리적 변화의 산물
잉태하려는 의식주의 고정 상념
그 속에 뭉쳐진 원소의 알갱이들
생명 에너지
그 과정을 생각만으로 결과를 맺어
의식주 모두를 해결하는 천궁은
교통수단이 필요 없는
생각하는 것만으로 오가는
꿈도 현실도 아닌
진리 속 진리로 모든 시름을 놓는다


# 극락계

두 손이 움직여 모으고 헤쳐 뿌려도
푸른 하늘에 구름이
모였다 흩어졌다 하는 양하고
두 발이 어디를 오가고 머무르든
바람에 구름 가듯하니
천 갈래 만 갈래 생각이 오직 서방정토를 향하고
모든 것들을 아름답게만 보려 하니
입에서 흘러나오는 소리 아름답고
그 마음 고요하고 청정하여
마치 바다 속 깊은 물 같으니
생각이 바람잡이로 손발 바쁘게 거센 파도 일으켜도

그 마음 잔물결조차 없으니
보이는 모든 것이 황홀하리 아름답고
그 조화의 신비 찬미하니
그대 서 있는 곳 극락세계구나

푸른 물이 뚝뚝 떨어질 듯한
파아란 하늘도 하늘이요
먹구름 잔득 낀
까아만 하늘도 하늘이다

육체를 가졌든 가지지 않았든
영혼이 있든 없든
천국과 지옥
선과 악
너와 나
지구와 우주
이 모두가 본래 허공에 있으니
허공이요

마음이 있다 없다
부처님, 하나님이 있다 없다
본래 모두가 하나인 것을
마음 밖에서 뭘 찾을 것이며
마음 안에서 뭘 찾을 것인가

바람에 구름 가듯
구름에 해 가듯 하면 될 것을

# 지옥계

두 손의 비수 갈퀴 되어 긁어모으니
패어진 흔적의 상처에
나누어 줄줄 모르고 쌓아 두니
훔쳐갈까 뺏어갈까
불안하여 주변 모두가 도둑 같고
두발 어디를 오가고 머무르든
천방지축 손익을 따지고 타인 위에 군림하려 하니
천 갈래 만 갈래 생각이
자신뿐만 아니라 많은 이의 사지를 찢어 놓고
입에서 흘러나오는 난도질 소리
고함과 비난 헐뜯음으로 일관하는 그 마음
거센 폭풍우 치는 바다의 수면과 같고
그 수면 위 육체의 조각배에 생각 담고 있으니
그 기력 기진맥진하고
한 치 앞도 볼 수 없는 암흑의 세계로
순간순간 파도 넘어가기가 어려우니
그대 서 있는 곳 지옥세계구나

바람은 보디 흔적이 없으며
그대 또한 흔적 없는 생각에
바람을 일으켜 더 거센 바람을 일으키고
그 태풍 속에 그대 마음이 일으키고
그 태풍 속에 그대 마음이 있으니
태풍의 눈 그 고요함 속 그대 마음
들여다보면 볼수록 태풍은 사라질 것이니
그대 지옥계에 있는
바람의 태풍, 태풍의 눈
생각에 육체에 얽매여 있는 마음
안팎을 구별하지 말고 그냥 그렇게 여여해질 일이다

# 꿈 속에 사네

태양, 달과 별
구름과 바람
그리워해서 뭣하고

스쳐갈
구름과 바다
밝은 새날을 생각해 뭣하나

태양은 언제나
그 빛 그대로 변함없거늘

육신에 얽매여진 욕망의 투망
파닥이는 물질의
그림자 속에서 빛 그리는

과거, 미래
변함없는
찬란한 빛 현실이거늘

무엇을 그리워하며
꿈속에 사나

# 제4부  종교는 하나

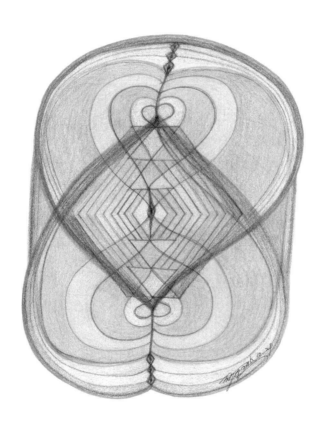

# 꿈 · 1
### -정수리

언제부턴가
앉으나 서나
그 어떤 행동을 하든
상념의 의식은 나도 모르게
머리 끝 정수리에
날아와 앉은 새 한 마리
쪼아대는 모습의 공상(空相) 향하던 어느 날
정수리에 구멍이 뚫리고
뚫린 동굴 위 새는 사라지고
용이 나타남과 거의 동시에
학이 날아와 그 옆에 머물더니
정수리로 들어가는 뱀
낚아 채 던지고는
아무 일도 없었다는 듯 머무른
공상(空相)의 모습이 보이고
머리 속으로는
형용할 수 없는 그 어떤 것이
흘러들어 발끝까지 가득 채우고
넘쳐흐르는 샘인 듯
맑고 시원하다


# 꿈 · 2
### -눈썹과 눈썹 사이

지그시 눈 감으면
눈썹과 눈썹 사이

묵직하고 뾰족한 송곳 같은
그 무엇을 꽂고 흔드는지
머리가 빙글빙글 도는가 싶으면
좌, 우로 흔들리고
흔들리는가 싶으면
위, 아래로 끄덕이는 괴로움
얼마나 많은 시간 당했던지
눈을 지그시 하기가 싫어도 계속하던 어느 날
송곳같이 묵직하고 뾰족하게 느껴지던
그 무엇은 사라지고
어디서 비추는지 모를
끝없이 이어진 은백(銀白)의 빛줄기
눈썹과 눈썹 사이 꽂히더니
나를 이끈다
이끄는 대로 따라가며 주변을 바라보니
광활한 들판을 지나는가 하면
첩첩 산중을 지나고
수평선만 보이는 바다
지나기를 수 차례
은백의 빛줄기의 끝은 보이지 않고
그냥 그렇게 나를 이끌고 있다


# 꿈 · 3
### -空 -

무한한 침묵 가득한 칠흑의 우주 공간
좌정하고 있는 나를 본다

희미한 빛 스며드는
칠흑의 어둠 속 형상

한 티끌을 중심으로 모여든
유기체의 집합
산산이 흩어져
티끌로 사라지는 고갱이
핵까지 사라진 벽은
허물어지고

형상에 닿아 밝힌 빛은
머물지 못하고 발하는
무한한 침묵 가득한 우주 공간
나는 없고
그 자체가 나였다


# 꿈 · 4
### －빛


수많은 사물들 뚜렷이 보이다
겹쳐 보이는가 싶더니 흐려져
형체 알아볼 수 없도록 아른거리며
흩어졌다 모여드는 틈 비집고
얼굴을 알아볼 수 없는 수많은 사람들
스치는가 싶더니 사라지고
가슴에서 은백(銀白)의 빛
흐릿하게 퍼져 나오다 숨어들기를 수 차례
빛은 강하게 밝아져
사방을 하얗게 밝히는가 싶더니
온 천지 은백색으로 빛나고
빛나는 그곳
상념의 의식뿐만 아니라
나까지도 사라지고 없었으며

은백의 빛만 가득하였다
누군가 흔드는 소리에
정신을 차리고 보니
변한 것은 아무 것도 없이
그냥 그렇게 모두 다 있었고
나의 의식 밑바닥에서 꿈틀대는
좁쌀의 의식만 커져 가고 있었다


## 꿈 · 5
### —은백의 발광체 이 뭣고

텅 빈 공간 가득
은백의 빛을 발하는
이루 헤아릴 수 없이 많은 발광체
어떤 법칙에 의한 것처럼
서로 부딪치지도 않고
서로 하나가 되지도 않고
움직이는 발광체의 흔적이
물 속에서 어떤 물체가 움직이며
움직이는 흔적이 생겼다가 사라지듯
그러한가 하면
발광체가 너무 많아
그 흔적 생겼는가 하면 사라지고
사라졌는가 하면 생겨나
그 움직이는 모습이 마치
물결의 진동 같은
행성의 움직임을 그림으로 그려 놓은 듯
바라보는 공간이 어디든 꽉 차 있어
은백의 발광체 빛을 발하고
임의대로 바꿀 수 있는가 싶어

입으로 불어도 보고
손으로 휘어져도 보았으나
그들의 움직임은 이런 행동에도 변함없이
텅 빈 공간 가득 유영하고 있으니
그들 속에 묻혀 있는 나는
그들과 어떤 관계이며
어떤 유대를 가지고 살아가고 있으며
내 육체가 존재하는데 어떠한 영향을 미치고
내 영혼뿐만 아니라 내 본성과는
어떠한 관계가 있고
텅 비었다고 생각했던 공간마다
꽉 차 있는
이 수많은 은백의 발광체
대체 뭣꼬

## 꿈 · 6
### - 동자

머리 위 어둠의 저편에서
수많은 사람들의 시선이 집중되는가 싶더니
동자가 나에게 떨어져
두 손으로 받아 가슴에 감싸니
수많은 사람들 환호를 지르고
온 몸에 전율이 이는가 싶더니
심하게 진동을 하니
생각할, 손쓸 도리 없이
동자가 몸에 스며들고
동자는 흔적도 없이 사라져
나와 하나가 되었네

# 꿈 · 7
### -꿈과 현실

그대 육체가 활동하니
의식과 무의식의 활동 또한 현실이고
그대 육체가 멈추어 있는 휴식에
의식의 활동은 꿈이라고 말하는
그대의 진정한 현실은
의식과는 상관없이
육체의 활동에 단정하고 싶은 것인가
육체가 있든 없든
그대 의식의 활동은
꿈인가
현실인가
그대 의식과 육체와의 관계
의식이 있음으로 활동하는
육체의 현실만 현실이고
육체 없이 활동하는 의식의 활동이 꿈이라면
육체의 그대 안에 있는 의식의 그대는 누구
육체가 쉬든 쉬지 않든
쉬지 않고 활동하는 의식
의식이 활동하는
꿈과 현실
꿈인가 하면 현실이고
현실인가 하면 꿈 아닌가

# 꿈 · 8
### -이탈

몸이 뜬 것 같은데
등줄기를 타고
무엇이 꿈틀댄다

머리가 솟는다
정수리
묵직함과 함께

시원하다
어! 어찌된 일이지
내 육체가 보인다

아무 것도 하지 않고
그냥 앉아 있네

저기 보이는
내 육체는
누구며

허공 여기서
바라보는
나는 누구인가

# 꿈·9
### —일체

좌선을 하고 앉아 있었네

머리 꼭대기·이마·이마 양 옆
입천장에서 혀를 타고
가슴, 양팔, 발바닥에서
단전으로 바람이 분다
숨을 쉰다

좌선을 하고 앉아 있었네
얼마나 시간이 흘렀을까
내가 없다
사방 팔방에서 바람이 분다

앉아 있었던 방 안의 공기와 티끌 하나 없이 하나다
하나로 있는 방 안의 허공과 나
하나로 움직인다
하나로 있다


# 꿈·10
### —처소

단상에 가부좌하고 앉아 있으니
많은 사람들이 모여들며
촛불 밝히네
고개를 숙이네

무어라 말을 하지만
알아들을 수 없네

표정에서 간절함을 알고
무어라 한 마디 해 주고 싶은데
입이 떨어지지 않네

마음을 향하여
온 힘 다해 기원 보내지만
받는 이 받고
못 받는 이 못 받네

어찌 할꼬 어찌 할꼬 저들을
손 밖에 있는 저들을

그냥 가만히 있는 듯하지만
나는 그들을 보고 있네
그들을 위해 정성을 다하고 있네

어찌 할꼬
촛불 밝히고
고개 숙인 저들을
이기적 욕심의 마음에
마음의 문은 닫히고

안으로 안으로
숨어드는 마음
활짝 열어 밖을 향하면
모두 다 내 것인 것을

* 깨달음을 증득하고 나서 선정 중 천상 법좌에 앉았을 때

# 하늘꽃 피는 자리

넓직한 창공에 하늘이 있다 하기에
올라갔더니
뿌연 안개의 바다
조그만 섬이 보이고
기러기 몇 마리 짝지어 날을 뿐
하늘이 없다

올라설수록 작아져
보이지 않는
사람과 건물과 산
끝없이 올랐더니
굽이진 푸른 색깔 바탕에
띠 두른 흰색 공
별이 되었다

수많은 별들이 반짝이는
공간 나의 반쪽은 빛
반쪽은 어둠
폭 없는 공간 침묵의 바다였다

침묵 속에 가라앉은 물질은
땅을 밟고
공간, 하늘의 품 안에 안기어
바다에 출렁이는
파도의 포말 바람
의미없이 머물다 스치고 부서지는
바닷물 공간이었다

# 혼돈 · 1

담배를 피우며 방안 가득 내뿜는다
크고 작은 가구들이 여기 저기 놓여 있다
노란 장판에 꽃무늬를 한 벽지가 보인다
동그란 형광등 중앙으로 줄이 내려와 있고
벽에 걸린 시계가 째깍째깍 소리를 낸다
벗어나 선명했던 것들이 도망친다
질서 정연하다
뒤죽박죽이다
모두 다 쓰러진다
눈을 감는다

눈을 떴다
벽에 걸린 시계가 보고 있다
형광등 불빛이 모두 다 먹고 있다
크고 작은 가구들
노란 장판과 꽃무늬 벽지가 달려든다
날아드는 시선에 공간이 없다
틈 없는 감옥이다

머리가 흔들린다
시계가 운다
세포들이 움직인다
움직이는 만큼 넓어지는 자유의 공간이다
자유의 공간만큼 제한된 삶이다

마음의 창고에 곡식이 가득하니
높고 견고한 담장이 공간이다
마음의 창고가 텅 비었으니
담장이 필요 없는 공간, 확 트인 허공이다

내가 공간을 소유하는가
공간이 나를 소유하는가
자유는 보이지 않는 구속이고
보이지 않는 구속은 자유다


## 혼돈 · 2

태양이 쫓아오니 날이 밝아 온다
여명을 따라 대문을 나선다
가로등 눈꺼풀이 무겁다
집들이 있고 길이 있다
상점 문이 느슨한 새벽이다
몇 집 건너 희미한 불빛이 보인다
전조등이 달린다
신호등이 깜박인다
달리는 줄 알았는데 빨려가고 있다
시간을 밟는다
태양과 지구의 품 안이다
부딪치는 어깨가 무겁다
우주가 문을 닫는다
지구가 돈다
나도 돈다
내 품 안에 지구가 있다
꽃이 핀다
세포 하나하나가 분해된다
고요한 정적이 흐른다

# 혼돈 · 3

나는 글을 쓰고 있다
방 안 000-00호 안에서
00동 00구 안에서
서울 대한민국 안에서
지구 태양계 안에서
우주 안에서 글을 쓰고 있다

우주가 글을 쓴다
태양계 지구 안에서
대한민국 서울 안에서
00구 00동 안에서
000-00호 방 안에서
내 안에서 글을 쓰고 있다

내가 쓰는 걸가
방이 쓰는 걸까
000-00호가 쓰는 걸까
00동이 쓰는 걸까
00구가 쓰는 걸까

서울이 쓰는 걸까
대한민국이 쓰는 걸까
지구가 쓰는 걸까
태양계가 쓰는 걸까
우주가 쓰는 걸까

누군가 글을 쓴다
누가 쓰는지 모르는 글을 쓴다
자기만이 아는 방언의 글을 쓴다

내가 없다
나는 어디 갔나
유기체의 육체가 움직이고
상념의 의식이 춤을 출 뿐
내가 없다
나는 누구인가


## 혼돈 · 4

지구 안에 내가 있다
나를 끌어당긴다
그래서 발을 땅에 딛고 산다
지구는 태양을 중심으로 타원형으로 도는
태양계의 혹성이다
태양계는 우주를 돈다
나도 돈다
나의 육체 속 보이지 않는
의식과 무의식, 기운은 흐른다
내 의지인가 이끄는 힘의 의지인가
이도 저도 없으니
해탈의 자유다
기운을 따라 기운이 흐른다
에너지의 기운 속에 녹아 한 덩어리 된
의식과 무의식은 흐른다
우주에서 지구에 이르기까지
내 안팎을 흐른다
흐르는 이 나인가
지구에서 우주에 이르는 어느 지점인가
인연은 모였다 흩어지는 정도에 따라 변하나
그 근본적 진리는 변하지 않고 흐른다

그 속에서 나는 변하며 흐른다
변하는 이 인연이고 흐르는 이 진리라
인연이 나인가 진리가 나인가
내가 인연인가 진리인가
진리 속 진리, 흐르는 이 자유롭고
진리 속 인연, 모였다 흩어지는 부딪침으로 괴롭다


## 혼돈 · 5

너와 나는 하나된 듯 안았다
내 품에 네가 있나 네 품에 내가 있나
나와 지구는 안았다
지구와 태양계가 안았다
태양계와 우주가 안았다
내 품에 지구, 태양계, 우주가 있나
우주의 품에 태양계, 지구, 내가 있나
우리는 서로서로 벗어나지 못하고 안고 있다
내 품 네 품 말하기 이전에 우리는
하나가 전체를 전체가 하나를 품고 있다

내가 있으니 그들이 있는가
그들이 있으니 내가 있는가
강하게 끌어당기는 힘이 있어 모이고
태양, 달, 지구, 내가 있다
나의 유기체 흩어지면
자석처럼 끌어당기는 이 누구인가
자석의 어느 극으로 갈 것인가
내가 가지고 있는 에너지 속에 의식과 무의식
그가 가지고 있는 것에 따라 다르리라

우주 속 중심 핵도 우주
우주 품 안에 내가 있다
내 품 안에 우주가 있다
우주가 나를 이끄는가
내가 우주를 이끄는가
끊임없는 물음에 산산이 분해되는
세포의 상쾌함은 시원한 바람이다


## 공(空) · 1

시작도 끝도 없이
한량없는

새로이 생기지도 없어지지도 않고
늘어나거나 줄어들지도 않고

위 아래
사방팔방 없이
늘 평등한

무한한 사랑과 자비의
대자유

그대 품 안에
나는 있었네

# 공(空) · 2

아무 것도 없는 듯하면 두루 꽉 차 있고
두루 꽉 차 있나 하면 아무 것도 없는

바닷물 같은 액체가 가득 차 있고
그 속에 헤아릴 수 없이 많은
보름달 같은 은백의 발광체
서로 부딪침 없이 물고기같이 노닐고
노니는 그 흔적과 발광체로 가득 차 빈틈없는
그 속에 모든 형상들은
그것에 아무런 영향도 의미도 없이 있네

바닷물 같은 허공에 진리의
부처님, 하나님 품 안에서
바다 속 물고기처럼 생명체들은 살고 있으며
모든 형상들은 그 속에서 변하고 있네

허공 꽃 피고 꽃비 내리는
무수한 성령이 물줄기 흐르듯 흐르는
텅 빈 허공 속 형상이 있으니
나도 있어 수 없이 변하다 허공이 되는
공(空)


# 공(空) · 3

맑다 흐리다 하는 티끌이 있고
따뜻하다 춥다는 온기가 있어
뽀송뽀송하다 눅눅하다 하고

진리의 흐름이 있어 변하는 바람
허공 중에 있어

어떤 진리의 에너지로 모여드니
형상을 이루고
형상 속 바람이 이니
소리가 들리는구나

소리 쫓아 찾아간 길
허공 중에 흩어져 있고

형상 속 공간은 단절되고
형상 밖 허공은 흐르나니

에워싼 허공의 흐름에
밖으로부터의 변화에 적응 못하는
형상 흩어져 허공되는

지(地), 수(水), 화(火), 풍(風)

모였다 흩어지는
흩어졌다 모여드는
공(空) 공……
허공

# 공(空) · 4

흐르듯 변하는
진리 가득 찬

태양같은 빛
에너지

보름달 같은 발광체

꿈꾸듯
생겼다가 사라지는
형상

너울너울 춤추는
무애(無礙) 자재한 대자유의 진리

허공 속 형상과 무형상까지
멈춘 듯 멈춤 없이 변하고 변하는
흐름의 공(空), 진리구나


# 공(空) · 5

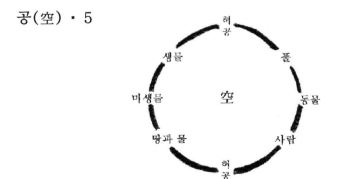

허공이 있어
티끌이 모여 하나의 행성에
땅과 물이 생기고

땅과 물이 있으니
미생물과 생물이 생기고
땅을 벌판으로 풀이 자라니
그 풀을 온갖 동물이 먹고

동물이 동물을 먹으니
사람이 허공에 두루 감싸여
땅 밟고 물 마시며 풀과 짐승을 먹는다

땅과 물, 미생물과 생물
풀과 동물, 사람이

허공 중 서로서로 너는 나, 나는 너
너 나 없이 하나로 어우러지는구나


공(空) · 6

## 귀로(歸路) · 1

너는 어디서 와서
어디로 가느냐

본래 온 곳이 없으니
갈 곳인들 있으랴
그냥 모였다 흩어질 뿐

새싹 돋으면 꽃 피고
잎들이 무성하면 열매 맺어
떨구고 사라지는

처처(處處)의 형상들이
머무름 없이 변하거늘

어디서 와서
어디로 간다 할 수 있으랴


## 귀로(歸路) · 2

나는 누구인가
인간의 형상을 한 육체가
나인가 하고
나를 바라보니
나는 오간 데 없고
칠흑 속 하나의 통(桶)이 있어
나인가 하고
구석구석을 살펴보니

나라고 생각했던 하나의 통
허공에 흩어지니
형상 오간 데 없이 텅 빈 공간이고
생체의 티끌 하나 둘……
의식으로 똘똘 뭉쳐진 덩어리와 인연에
에워싸 모여드니
공간은 하나의 통 형상을 이룬다

생물이든 미생물이든
티끌의 집합 형상은
각각 이름 지어져 불리어지고
명명의 형상이 흩어져
이름 불리어지기 이전으로 되돌아가니
형체 없는 우주 공간 전체가 하나다

이러하니 나는
두루 꽉 차 있는 우주 공간

어느 곳 어떤 형상이든
모였다 흩어지는 속에
변하고 변할 뿐
본래 내가 아닌 것이 없이
우주 전체가 본래 나이다

너 나 우리가 어디 있고
명명의 이름들이 어디 있으랴 하고
바라보니
육체의 형상 나를 떠나
내가 따로 없구나

## 귀로(歸路)·3

땅이 받들고 하늘이 감싸니
꽃 한 송이 활짝 피고
흰 구름 한 조각 흐르니
너울너울 빛의 날개짓


## 귀로(歸路)·4

일할 때 일하고
쉴 때 쉬고
밥 먹을 때 밥 먹고
잠잘 때 잠자고
죽을 때 죽으면 된다


## 귀로(歸路)·5

하늘이 맑고
나무들이 푸르러
온 들과 산을 덮으니
맑고 깨끗한 물
땅 곳곳 휘돌아 흐르고

꽃들이 만발하여 벌 나비 부르니
새들은 휘휘 돌아 지저귀며
둥지 찾아 돌아오고
뭇 중생들 시름 내려놓을 때
칠통(漆桶)은 없구나

# 귀로(歸路) · 6

별들이 사라진 밤
보름달 휘황차게 창문 두드리니
삼경에 칠통(漆桶)은 깨어
달빛과 노닐다 보니
어느덧 해는
동쪽 하늘에 떠올라
천지가 광명이구나


# 귀로(歸路) · 7

하나의 새싹이 돋으니
하나의 세상이 생기고
홀로 외로운 고독을 씹으며
바람 따라 구름 따라 흐르다 보니
일어선 몸짓에 꽃이 핀다
하늘이 열린다

흰 구름 한 조각 오가니
꽃잎은 떨어지고
몸마저 싸늘히 흩어지니
천지가 숨을 죽인다
나도 그만 눈을 감는다

## 귀로(歸路)·8

나무가 크고 녹음 짙으니
그 그늘이 넓고
산이 높고 나무들 우거지니
계곡 깊고 물이 맑다

위에서 아래로 물은 흐르고
그 소리 고요해도 법음(法音)이요
새소리 들리니 법음이라

존재하든 존재하지 않든
보이는 모든 형상과 허공은
그대로가 법(法)이고
그대에게 들리는 우주의 모든
대자연의 소리 그대로가 법음이니

산이 물이고 물이 산이라
물이 바다고 바다가 물이라
물에 물이니 바다고
바다에 물이니 산이로다

# 종교는 하나 · 1
### -진리의 돌

의식 있는 생명체가 존재하기 전부터 존재한
지금도 존재하고 있는
영원히 존재할 진리의
가늠할 수 없는 크기의 돌에서
어떤 사건으로 조각조각 떨어져 나와
수없이 나뒹굴다가
어느 순간 확연히 그를 보고는
어떤 이(1)는 순리에 의해서
그가 아버지이며 자신은 아들이라 말했고
어떤 이(2)는 본성을 보고
영원히 변하지 않는 진리의 돌 그가
자신이고 자신이 그라 말했네

*1) 예수 2) 석가모니

# 종교는 하나·2
### -길 없는 길

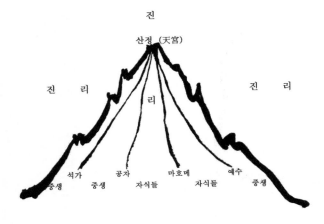

길 없는 길 찾아
산정에 올랐던
석가, 예수, 마호멧, 공자……는

울창한 숲
한 치 앞도 바라볼 수 없는
잡초 무성한 마음 닦으며
산을 오르다가

길 없는 길
등산로 만들어
설하니

그 길 따라 오르는 이
하나 둘……
모여

개척자의 말씀
거울삼아 오르니

그 길
개척자가 교주로
하나의 종교가 되었네


## 종교는 하나·3
### -육체와 영혼

우리는 우리의 육체가
의식과 무의식이 전혀 없으며
숨도 쉬지 않고
따뜻한 온기와 기운도 없이
육체가 누워 있는 이를 보고는
우리는 죽었다 돌아가셨다 말을 한다

위 중 어느 상황과 함께 하고
육체가 누워 있느냐에 따라
뇌사다, 혼수다, 잠잔다, 죽었다 말을 한다

어느 상태가 뇌사고
어느 상황이 혼수며
무엇이 쉬는 걸 잠잔다 하고
잠자는 동안 활동하는 것은 무엇인가
무엇이 사라져 딱딱하고도 싸늘한 육체를 보고
무엇이 죽고 무엇이 사라졌는가

죽은 이 육체고

사라진 이 영혼이라

죽은 유기체의 육체가 활동을 멈추니
기생했던 미생물들이 분해를 시작하고
점차적으로 그 흔적도 자취도 없이 사라지는

의식과 무의식
기운 속 온기, 즉 에너지와 빛
한데 어우러진 영혼은
어느 곳을 향하여 달음질치고
머물러 쉴까
아니면 깜깜한 어둠 속
두려움을 안고 헤매일까

따뜻한, 포근한, 싸늘한……무서운 사람
그 기운에 의식과 무의식이 함께
발산하는 자신의 빛의 밝기에 따라 가는
영혼의 세계는 결코 종교와는 상관없이
얼마나 착하게 살았으며
자신의 빛의 밝기를 밝혔느냐에 따라 다르다

자신의 빛을 얼마나 밝혔느냐는
남을 해하는 일없이
얼마나 순수하고 착하게 살았느냐에
우주 공간에 가득 찬 진리의 에너지를
얼 만큼 포용하며
그 포용의 정도에 따라
사랑과 자비의 온기를 베풀었느냐에
그 빛은 강하고 약하니
이일 어찌 할까

그대 떠나갈 빛의 강약은
파랑, 은백, 백, 빨가스름한……칠흑의 어둠
그 빛 곳곳에 따라 자유의 신이 있고
안락과 고통의 정도가 있으니
그대 머무를 곳 어디멘가
모두 함께 하는 진리와
오직 한 분 모두와 함께 하는 유일신

이와 함께 하려니
모든 곳곳을 관장하는 신들과 그 외 영혼까지
품 안에 품는가 하면
에너지와 의식과 무의식이 한 덩어리 되어
내뿜는 빛이 산산이 부서져 흩어지고는
자유 무애하여야 한다


# 종교는 하나 · 4
### -천궁으로 가는 길

나는 기독교를 믿으니
예수님께서 성모 마리아님이
내가 어떤 행동에 어떤 짓을 해도
나의 영혼을 천궁으로 이끌어 주시겠지

나는 불교를 믿으니
석가모니 부처님께서
내가 어떤 행동에 어떤 짓을 해도
나의 영혼을 천궁으로 이끌어 주시겠지

천궁으로 가는 데는
자신이 믿었든 종교와는 아무런 관계가 없다

자신이 어떠한 마음에 어떻게 살았느냐에 따라
수많은 천궁과 수많은 지궁으로
스스로 갈 뿐

어떤 종교를 믿든 안 믿든 간에
자신의 마음의 행동 여하에 있다

종교를 믿지 않는 이들이 가기에는
그 길을 몰라 어려울 뿐
못 가는 것은 아니다

종교를 믿는 이는 그 종교의
교주가 남긴 말씀을 거울로 밟아가며
그 말씀 따른다면
세상 사는데 어려우나 의지가 되고
천궁 가는데 수월할 뿐
선택의 여건은 안된다

천궁 또한 누구에 의하여
선택 당하여 가는 것이 아니라
교주의 말씀 따라
육체를 벗으로 얼마나 기도 수행 정진하여
마음밭을 갈아 엎었느냐에
스스로 밝혀 가야하는 길이다

# 종교는 하나 · 5
## -평상심

죽이려고 쫓아오던 이
지쳐 헐떡이며 멈춰 서니
도망치던 석가모니 되돌아
나는 항상 그대로인데
어찌하여 너는 그러느냐고 하신 마음

석가모니 부처님께옵서 열반하실 때
8만 4천의 방대한 법을 설하셨음에도
난 한 마디도 하지 않았다고 하신 마음

예수 그리스도께옵서 자신을 십자가에
못 박아 죽이려는 이들을 위하여
주여! 저들을 용서하옵소서라고 하신 마음

성철 스님이 많은 이들을 위하여
법문을 많이 했음에도
열반송에서는 많은 중생을 속였다고 하신 마음

평상심이란 자신의 주객에 있어
객이 어찌 하든 어찌 되든
객에 구애받지 않고
주의 근본 마음이 변함없이
본성의 자리에 머물러
객을 부리고 행동하는 가운데서도
흔들림 없는 근본 마음
주객전도가 아닌 주객일체를 말하는 것이다

평상심, 이 마음의 근본이

부처님이고 하나님이며 여호와
석가, 예수, 공자, 마호멧……
중생의 우리며 하나님의 아들 딸들이다.


## 종교는 하나 · 6
### -가야할 길

자기 자신과 진리를 벗하여 수행하라 했고
나 외에 다른 신을 섬기지 말라 했고
진리를 알면 진리 속에서
너희는 행복하리라 했다
이 말뜻이 하나로 가는 길
우리가 나아가야 할
수행의 길이요 진리이고
성도의 길이다
그 외 많은 글들은 저마다
가야할 길의 안내판 같은 것이다

모든 종교의 가르침이 그러하거늘
언어의 사슬에 묶여 표현이 다르고
그 방법이 다르다고
가야할 길이 다른 것은 아니다

하나의 가르침이
모든 사람에게 통하지 않으니
통하지 않는 사람을 불쌍히 여겨
깨달은 나름대로의 다른 방식을 말한 것이니
그 분들의 가르침을 어리석은 우리의 잣대로
마음대로 해석하지 않고 올바르게 해석한다면
모든 종교의 근본적 가르침이 하나인 줄을 알리니

종교로 인한 서로 간의 분쟁을 화해로
화해를 평화로 이끌어
종교는 하나
세계도 하나
인종도 불문한 형제자매로
서로가 서로를 위하는
지상 천국을 만들고 그 속에서
너 나 없이 성도할 일이다


## 종교는 하나 · 7
### −종교


석가모니와 예수 그리스도… 가
깨달은 많은 이들이 같이 계시면
이분들처럼 평화로운 이들이 없으리
석가모니의 한량없는 자비가 넘치고
예수 그리스도의 무한한 사랑이 넘치니
…… 서로가 서로를 위한
자비와 사랑이 가득한 곳에
어떤 시기와 질투 비방의 소리가 있으리
그냥 이분들은 진리 안에서 진리로 계시리라

그분들이 오래 전에 돌아갔음에도
그분들은 지금도 살아 계시고
지구의 종말이 오는 그날 아니 그 이후까지
우리 자신의 안팎에 살아 계셔서
우리들 자신을 행복으로 이끈다

처음 그분들은 진리를 깨달은 깨달음을
많은 사람들에게 설파하여 행동으로 보이시고

이를 본 많은 사람들이 그분들을 따라서 행동하다
이분들이 돌아가자
따르던 제자들은 뿔뿔이 흩어져
이분들의 말씀을 따르고 전하니
저마다 따르고 전하고
이로 하여금 그분들이 말씀하신 교주로
부처님, 하나님……을 부르는 종교가 생기고
또한 이들을 따르는 여러 종파가 생겼다
그래서 몇천 년이 지난 지금도 우리는
저마다 그 분들의 말씀을 되새기며 산다

제자들이 그분들의 말씀을 전달하는 과정에서
조금씩 조금씩 변질 해석된 말들의 전달이
오늘날 너무도 많이 변질되어
자신이 믿는 종교의 가르침이 전부인 양
서로 다른 종교 간에 갈등을 일으켜
행복을 위한 종교가 시기와 질투를 낳고
서로 간 믿음의 폭을 넓혀 전쟁을 일으키는가 하면
맹목적인 죽음으로 이끌기까지 한다


## 종교는 하나 · 8
### -나의 소원

현재 각 종교의 종파 지도자님들과
그 외 종교를 믿고 따르는 신도님들은
서로가 서로의 종교를 존중해 주고
그분들의 가르침 바르게 인식하셔
전체 속에 하나, 하나 속에 전체로
하나이나 둘인 듯하고 둘인 듯하나 셋
셋, 넷……이어지는

현상계의 현실에서 우리는 전부가
진리 안에서 하나 속 형제이려니
의있는 형제처럼 오순도순 그렇게
육신이 다하는 그 순간까지 살기를 소원하나니
우리 모두 꿈 같고 환상 같은
고해의 바다를 성경이나 경전……
각 종교의 교주의 말씀을 배 삼아
이승에서 저승으로 지옥에서 천국으로
너 나 없이 손잡고 하나 되어 건너갑시다


## 종교는 하나 · 9
### -나의 기도

각 종교의 교주를 따르던 제자들이
그들의 수행 정도에 따라 서원을 가지고 돌아가
저마다 서원하는 뜻으로
믿든 종교의 신도를 관장하는 신이 되어
자신의 믿든 종교를 믿고 따르는 신자들 돌보고
영혼의 세계에 계신 수많은 신들이여!
그대들도 알고 있지 않소
우리가 돌아가야 할 곳과
그곳으로부터 우리 모두는 한 형제로
현실의 삶을 영유하고 있다는 사실을
그럼에도 타 종교인들을 시기하고 질투하는 이유가 무엇이요
영혼의 세계에서도 그대들의 허망한 명예나 직위 꿈꾸나이까
아직도 그대들은 의식 속에서 묶여 있는
하나의 영혼으로써 신이라 스스로 생각하는 것이요
그대들도 언젠가 떠나야 할 그 영혼의 굴레에서
안주하여 현실 세계를 관장만 하려 말고
관장하여 돌보며 그대들도 수행 정진하여

영혼의 세계 벗어나야지 않소
그러니 너무 현실의 세계에 집착하여
시기와 질투, 이기심에 타 종교인 미워 말고
자신들이 믿든 종교를 믿고 따르는 이들만 돌보며
영혼의 세계로 이끌어 자신들만 살려하지 말고
제발 영혼을 가진 것이라면 그 무엇이든
돌보고 보살펴 주어
그 어떠한 육체를 가졌든 영혼을 가졌든
사랑과 자비로 서로가 서로를 위하는
천국이니 극락이니 하지 말고
육체를 가지고 살든 영혼으로 살든
자신이 살고 있는 그곳이 현실 세계로
넘쳐나는 사랑과 자비로 서로가 서로를 위하는
에덴의 동산이고 서방정토 속 행복을 누리게 하소서
각 종교의 성직자들도 영혼 구제 사업에 있어
자신이 믿는 종교가 최고라는 생각에
시기와 질투, 명예나 직위, 이기심을 버리고
참다운 영혼 구제 사업으로서 각 종교의 장단점을 알아
장점은 서로 권하고 단점은 서로 보완하여
악의 수렁에서 선을 구하고
선의 삶 속에서 행복을 누리게 하소서


# 종교는 하나 · 10
### -화합과 평화

종교는 하나라고 말하면
자신이 믿는 종교로부터 종교는 하나라고 말들을 한다
그러나 각 종교의 몇몇 성직자들은
모든 종교의 뿌리는 하나라는 사실을 안다
그러면서도 왜 각 종교의 성직자들은

믿는 종교로 하나라고 말하고 가르치는지 모르겠다

전체적으로 종교는 하나라는 사실을 아는 성직자들은
각 종교의 종파, 그가 소속하고 있는 종교 내에서
상당한 지위에 있는 성직자 몇몇이라고 생각한다
왜냐하면 그 사실을 체득하기까지
많은 기도와 수행이 필요하기 때문이다

전체적으로 어떠한 종교든 하나라는 사실을
알면서 말하지 않음은
명예나 직위로 인한 육체의 안락함 때문일까
사이비로 몰려 외톨이로 남는 것이 두렵기 때문일까
말함으로 모르는 이들로부터의 파면 때문일까

그 누가 어찌 말하든 종교는 하나다
그 사실을 알고 있는 종교의 성직자라면
최대한의 허울을 벗고 자신이 알고 있는
최대한의 알음알이, 깨달음을 말해야 한다
그러므로 각 종교로 인하여 일어나는 분쟁 막아야 하고
각 종교의 교주들의 가르침 실천하도록 해야 한다

각 종교를 믿는 신도들도 명확히 이 사실을 알고
자신과 타인, 조상과 후손, 타종교를 위하여
최소한의 노력을 하도록 할 일이다
그러므로 안으로는 스스로의 영혼을 성장시키고
밖으로는 화합과 평화를 부르짖기보다
삼세계의 화합과 평화를 위하여 실천할 것이다

종교가 하나인 줄 아는 성직자는
자신이 믿는 종교로부터 가르침을 펴서
전 세계의 화합과 평화를 이룰 일이다

# 1 + 1 = ?
### -온 누리에 평화

성경을 보면
"내가 아버지 안에 있고
아버지께서 내 안에 계시다"
 하나님, 예수님, 우리 모두가 살겠음이란 그날에는
"내가 아버지 안에, 너희가 내 안에
내가 너희 안에 있는 것을 너희가 알려라" 하신 것을
 우리 모두의 마음 속에
 하나님이 내려와 계시고
 모두 다 같다는 말인 듯싶은데
 우리는
 어디 계신지 모르고
 전혀 볼 수도 보이지도 않는 하나님
 믿고
 의지하며
 자신들의 잘 잘못 속죄하면서
 하나님의 헌신적 사랑
 갈구하고
 구원의 손길 바라면서
 왜, 우리는 우리 안에 계신 하나님
 믿고
 따르고
 사랑하지도 않을 뿐 아니라
 자신의 마음 안에서 들려오는
 하나님의 말씀까지도
 듣지 않으려 하는지 모르겠네
 우리 인간은
 자신도 모르게 환경의 지배를 받으며

살지 않는가
환경은 누가 만드는가
우리들 스스로의 울타리
뛰어넘지 못할 장벽 아닌가
우리 모두
온 누리의 평화를 위하여
살아 계신 하나님이 가득한 지구
우주의 지상 낙원을 건설한 생각
없는가 모르겠네
인간 개개인마다 내려와 계신 하나님
자신의 안, 마음으로부터 부르면서
그분이 우리를 믿고
끊임없이
포근하고도 무한한 사랑으로
감싸주듯이
늘 대하는 자신뿐만 아니라
가까운 이웃에서부터
생면부지의 사람들에 이르기까지
개개인 모두의 마음 속에 계신 하나님
믿고
따르고
의지하며
자신들의 잘 잘못 속죄하면서
헌신적 사랑을 무한히 한다면
우리는 지상 낙원을 만들 수 있으리다
어느 한 사람을
모두가 나쁘다고 말할지라도
나에게는 더 없이 인자하여
나를 나쁘다고 말하는 그들의 말이
거짓처럼 들리듯
아무리 나쁜 사람일지라도

그의 안에는 하나님이 계시지 않는가
또한, 다른 사람들이 자신을 하나님처럼
믿고 따른다면
그 사람은 어찌 될까
그대가 하나님을 대하듯
다른 사람으로부터 지속적으로
하나님의 예우를 받았다면 그대는
어떤 행동을 할까
이것이 우리가 만드는 주변 환경이 아닐는지
우리 모두 다
우리 안에 계신 하나님을 부름으로써
멍에의 무거운 짐 가벼이 내려놓고
마음의 쉼을 얻을 수 있으리라
너 나 없이
서로서로 마음 속에 계신 하나님
지속적으로 부르며
예우하면 어떨까
온 누리의 평화를 위하여

# 제5부  빛으로 가는 길

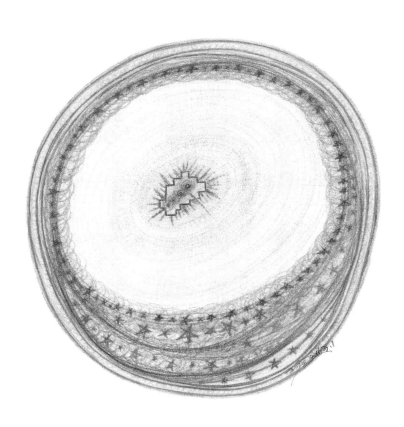

# 탐욕은

탐욕은 맑고 깨끗한 영혼을 시궁창인 똥통으로 밀어 넣는 아름다운 꽃에 감춰진 가시이며 뿌리를 갉아먹는 암세포

맨 처음 탐욕의 한 생각은 나라고 하는 단순 의식에서 존재론적 의미 부여의 고정 관념을 버리지 못하고 몸이 지닌 감각으로 빠져든 영혼은 육체와 하나가 되어 부딪히는 오만 가지가 육체의 생로병사에 얽혀 한 생각 착각을 일으키게 하여 육체를 지닌 현재가 전부인 양 살게 하는가 하면 육체가 존속하는 한 노예로 만들어 희노애락의 그늘에서 탐욕의 구렁텅이를 헤매게 만든다.

우리 영혼에 있어 육체는 의복을 갈아입는 정도 아니면 의식의 단계를 높이는 그러면서 만물의 영장 인간이기에 모든 단계를 뛰어 넘어 하나 되는 자리에 들 수 있는 생각의 이성을 가졌다는 인간 이런 사실을 모르면 육체의 노예가 되어 허우적거리는 육체의 편안함을 향한 탐욕은 마약의 향기를 내뿜으며 우리의 영혼을 병들게 한다.

육체 유지를 위한 사람과 사람 사이의 부딪힘은 그 상황 상황이 자신의 영혼을 밝히는 수행의 가르침이거늘 부딪힘을 희노애락으로 삼고 영혼이 있고 없고 전생과 후생이 있는지 없는지 알든 모르든 간에 해바라기처럼 탐욕을 부릴 수 있는 한 부리는 나부터가 안타깝다. 간혹 보면 성직자나 수행자들도 이런 이들이 있는가 하면 믿음을 가진 이들 역시도 그러하여 현 사회는 어찌 보면 탐욕으로 소용돌이치는 불바다

육체로 인한 탐욕 속 그대 이름 부르고 불리어지는 육체를 벗어날 그대는 누구인가?
그대는 어디서 와서 어디로 가는가?
현재 그대는 진정 누구인가?

불리어지는 이름이 그대인가?

깜깜한 밤길을 걷다가 희미한 불빛만 보아도 지친 걸음 가볍게 걷는 것처럼 우리가 살아가는 어둠 속 헤매이며 꿈꾸는 우리의 현실 세계, 먼저 간 깨달은 성인은 여러 방편으로 말하여 빛 밝혀 주셨거늘 그것이 진리인 줄도 모르고 또한 알면서도 따르지 못하는 것은 인욕에 얽힌 인연에 의한 욕망의 늪이 너무 깊기 때문이리라.

그러나 언젠가는 벗어야 할 욕망의 인연 아니던가.


## 보이지 않는 그림

그림을 그립니다.
갓난아이에서부터 나이 많은 노인에 이르기까지

세상에 존재하는 모든 사물과 형상들 보이지 않는 명명들까지 저마다 욕망의 꿈과 희망에 따라 그립니다.

모두 다 보기 좋은 그림만 그리려 합니다.
알아 볼 수 없는 그림에 덧칠하면서

태어난 것만으로 하나의 그림을 그렸는지 모릅니다

이런 저런 그림을 그리는 것이 최고 최상의 그림이니
인생의 화선지에 그리라 하면 너 나 없이 똑같은 그림을 그리겠지만 움직이거나 생각만으로 색칠해지고 덧칠해지는 그림을 백지로 허공의 백지로 그리랍니다

어찌 그릴까요?
그린 그림 모두 다 두고 떠나는 영혼 성장의 인큐베이터 속

영혼의 간이역 인생에서
어느 집 어느 곳에 빛 바랜 사진첩으로 허공에 매달렸다 사라질
그림을……

무슨 그림을 그립니까 당신은
허공에 매달렸다가 사라지는 인생의 화선지에
영혼 성장의 인큐베이터 속에서


## 태양은

찬란히 빛난다
어둠의 그림자 깊은 밤에도
비 오는 날에도
구름 많은 날에도
흰 구름 한 조각 흐르는 날에도
푸른 물이 떨어질 듯한 날에도
태양은 찬란히 빛난다

어둠의 그림자 깊은 밤의 틈새를 비집고
비 오는 날의
먹구름 가득한 날의
우거진 숲 속 틈새를 비집고
태양은 찬란히 빛난다

깨끗한 곳
더러운 곳
사방팔방 어느 곳이든 비추며
빛나는 태양은

네가 어느 곳에 있어도

어느 곳으로 숨어도
마음 한 구석
바늘 구멍만한 틈새만 열어 두어도
빛은 스며들어
전체를 밝히려고
저 먹구름 위해서 기다리고 있다


## 태양의 빛을 받아

달이 빛나듯
새싹이 돋고

싱그러운
향내음

짙은 여름
숲 속 무성하게
스며드는 갈바람

나부끼는 색깔
너무도 맑고 고운

아름답다 참으로 아름답다

낙엽을 밟으니
바스락 바스락

훤하다 하늘이

## 자아경책(自我警責)

끝없는 윤회의 탈을 쓰고
돌고 도는 가운데
인간으로 태어나기가 어려움에도
인간과 인연을 맺어
태어났으니
인간이기 때문에
도(道)를 이룰 수 있고
태초의 고향에 찾아갈 수 있음에도 찾아가지 못한다면
어느 생에 또 다시
인간과의 인연을 맺고
태어나
도를 이루고
태초의 고향에 돌아가 머물러 쉴까?
이러할진데
가아(假我)와 진아(眞我)가 뒤범벅이 된 현실 속에서
어느 쪽을 쫓으며
지금, 그대는 뭘~하고 있나


## 자유인

웃는 것도 자유며
찡그리는 것
화내는 것
슬퍼하는 것
사랑하는 것
욕심내는 것
...?.“ ”...!......

싫다 좋다하는 것도 자유다

모든 것을 좋아하고
사랑하며 웃는 사람의 얼굴과 운명은
햇빛처럼 밝게 빛나고

모든 것 욕심내고
화내고 슬퍼하며 싫어하며
찡그리는 사람의 얼굴과 운명은
어둠 속으로 어둠 속으로 잠겨 든다

햇빛 같은 빛이 되어 빛나고 싶은 사람은
모든 것 좋아하고 사랑하며 웃고
어둠 속으로 잠겨 들고 싶은 사람은
모든 것 욕심내고 화내고 슬퍼하며 싫어하며 찡그린다

행복하지 않아서
마음이 불안하고 심장의 박동이 너무 빨라서
모든 것 좋아하고 사랑하며 웃을 수 없다
모든 것에 웃지 않으니
어둠의 그림자가 행복을 덮어 오고
모든 것에 웃으니
밝은 햇살의 빛이 비춰 온다

웃는 것도 자유며
찡그리는 것도 자유다

너는 영원한 자유인

## 님과 나의 존재적 의미

물 속에 온 몸이 빠지면 틈 하나 없이 온 몸 구석 구석을 감싸는 것과 같이 내가 살아가고 있다고 생각하는 현실의 시간과 공간 사이 부처님의 법신과 하나님의 성령으로 시작도 끝도 없이 이어진 우주 속, 빈틈없이 가득 차 있는 이것은 말로써 표현할 수 없으며 수행과 기도로 자신의 육체에 얽힌 모든 감각의 느낌과 의식의 한 생각마저 끊었을 때, 그때 비로소 알 수 있을 뿐만 아니라 그 분들의 법신과 성령으로 하나인 줄 알고 우주의 어느 한 티끌마저도 그러하지 않은 것이 없음을 알리라.

또한 그것은 마치 바닷물 같아서 바다의 모든 생명체가 바다를 떠나서 살 수 없는 것과 같이 우리는 님을 떠나서는 존재의 의미를 말할 수도 없으며 우리의 형체나 의식이 있든 없든 님과 늘 함께 하며 스스로의 의식에 의하여 테두리를 만들고 만들어 놓은 테두리로 이루 헤아릴 수 없이 많은 세상 지어 놓을 뿐만 아니라 안(內)이다 밖(外)이다 말하며 자신의 의지대로 움직이는 듯하나 의지대로 할 수 있는 것은 어느 것 하나 없으며 하나의 시작으로 지어 놓은 테두리, 짓고 부수는 가운데 얽히고설켜 돌고 도는 윤회의 탈을 쓴다.

님과 자신은 둘이 아니며 자연의 모든 형상 역시도 둘이 아니다. 스스로의 의식으로 그려 놓은 테두리가 하나가 둘이 셋……
수 없이 많은 선을 긋지만 그 또한 하나 속에 전체이며 전체 속에 하나이다.


## 사주팔자

우주의 질서이고 순리이며 자연의 법칙이다
무엇이라 형용할 수 없는 무한한 에너지
우주에 두루 꽉 차있어

나고 자라고 없어지고 생기는 듯하나
근본으로 보면 나고 자라고 없어지고 생기는 것이 없으니
무엇이 그런 모습으로 바뀌는가 하면 에너지의 강약이요
무의식에 있는 의식, 잠재의식이다.
이것이 업 사주팔자이니
우주의 질서 순리인 양
업에 의한 인연 따라 그냥 그렇게 흐르니
피할 수 없다 생각 마라.
그대 수행과 만행을 벗하여 잠재의식의 에너지를 바꾸면
사주팔자는 바뀌니
이것은 돌을 물에 던지면 물 속에 빠지지만
업의 크기에 따라 마음의 크기를 조절하여 실어 놓으면
현실의 바다 속에서 빠지지 않는 것과 같다


## 산다는 것은 · 3

무덤의 시계탑 쌓는
블랙홀로 사라지는
찰나 찰나

거대한 우주의 자궁에서 태어나
고해(苦海), 침묵의 바다에
상념의 돌이 되어
파장을 일으킨다
울림은 퍼지고 퍼져
어느 벽에
부딪히고 부딪혀
원점으로 되돌아가는 길
되돌아오는 길

## 갈증

바람 이는 찬 이슬에도
뭣 하나 얻을 희미한 미래를 위하여
어제의 아들이며 내일의 어머니 오늘을
처량한 가랑잎 소리에도 생기 있게 갈구해야 한다

너의 모든 감각이 정지된다 하더라도
갈구하는 목마름을
가슴에 남은 희미한 의식을 붙잡고
나날을 가능성의 확신에 살아야 한다

이 세상에서 가장 무서운 것
생의 권태와 절망을 희망의 용기로 채우고
너의 마음이 곧 부처며 그리스도라 믿고
어둠의 그림자 그 밑
바람 이는 찬 이슬에도 우두커니 서야 한다


## 고뇌

네가 찾아와
내 마음이 타다가 재가 되어도
새 희망에 지칠 줄 모르는
사색에 물든 내 영혼으로 녹이리라

바위 틈에 피어오르는 이끼처럼
하루 한 해 더하여 갈수록
얼굴에 잔주름 늘어나고
아름다운 마음을 위협하는 너

뭐가 그리워 내게 와
내 마음 쇠갈퀴 되어 긁는가

너를 바라보면
내 마음은 하염없이 타는가 하면
수많은 촉수를 만들어 어둠을 더듬고
너의 눈과 마주치면
나의 심장은 멈춘 듯하건만

아! 아!
내 너를 그리워하지도 않건만
나의 행복을 시샘하듯
네 마음의 고향인 양  떠날 줄 모르니
이 일을 어찌 할까나


## 시간 속의 공간

생활이 너를 묶고 돈이 너를 묶는다고
배움이 부족하고 수양이 부족함처럼 굴지 마라
너에게 주어진 무한한 시간 속의 공간
허실이 아닌 실체에 극한하고
존재 가치에 중요성을 부여한다면
짧은 삶이라도 짧지 아니하고
긴 삶이라도 부끄럽거나 후회스런 삶은 아니니라

# 삶

너의 삶을 사는가 싶이 살지 아니할 것이면
썩어 빠진 육체는 개에게 던져 주고
더러운 마음일랑 쓰레기통에
혼란스런 영혼은 달님에게 던져나 주렴

삶을 사는가 싶이 살려면
사욕을 삼가고 선과 악을 해치며
마음의 평정을 찾으라
그곳이 육체 영혼 마음이 숨 쉴 것이니


# 청정(淸淨)한 삶

태양은 날보고 말없이 살라 하고
청산은 날보고 닮으라 한다

구름은 날보고 덧없이 살라 하고
바람은 날보고 꿈꾸지 말라 한다

보름달은 초생달을 낳는 게 아니라고
말없이 태양은 빛나며
밤하늘에 반짝이는 별들은
서산에 걸린 검붉은 석양이
토해낸 알갱이 아니라 말을 한다
태양은 아무 말도 하지 않았다
청산
구름
바람뿐만 아니라

그 누구도 말하는 이 없이
그냥 그렇게 있었다

분별은 언제 시작된지 모르듯 시작되고
하늘하늘 피어오르는 꿈
깨어난 듯싶어
면면히 살펴보니
흰 구름 두둥실 떠다니고 있다

* 1-2연은 어느 禪師님의 禪詩와 같다고 함


## 내 그대 마음이 되어

내가 왜 이럴까
내 어릴 적 순수하고도 청정한 마음에
해맑은 웃음은 사라지고
실타래 얽힌 듯 종잡을 수 없이
혼란스럽고 괴로운 마음을
어찌 하지 못하는 나는
어디서부터 엉키어 정리를 못하나
눈에 보이는 실타래라면
한 올 한 올 풀으련만
보이지도 않으면서 얽히고설켜
내 가슴을 답답하게 하는 것은
욕심인가?
꿈 쫓는 허상인가?
어디에 있는지
어떤 실상을 지녔는지 모르는
마음을 찾아

명상을 해 보아도
풀리지 않는 수수께끼처럼
풀리지 않고
그렇다고 예서 말 수는 없다
현실이란 태풍 속 나는
어디에 서서
갖은 바람에 휩싸이고 있나


## 불꽃

발 아래 눕는 작은 풀잎 하나
눈에 보이지 않는 작은 미생물에도
마음의 본성과 같은 것이 있는데
티끌로 피어 오른 불꽃이여!
너의 자태 자랑함 없이
몸을 밝혀 어둠을 몰고
허공을 정화하는 너는
육을 태워 영을 부르는가
영을 밝혀 육을 부르는가?


## 어둠 속에서

어둠 속으로 길을 나섰네
천지가 깜깜하다

길을 분간할 수가 없다
산인지 들인지
물인지 바다인지

넘어지고
깨지고
빠지며 간다

희미한 빛이 보이니
누구나 가려한다

한 치 앞을 내다볼 수 없는
인생의 어둠 길 가는 우리
마음 속 희미한 불빛 보고도
그 빛 쫓아가지 않는 것은 왜일까


## 어허 이 사람

어디서 오는 길이냐고 물으면
지명을 말한다는 사실이
우습지 아니한가

? ? ? ? ? 어버이의…………어버이의
어버이의어버이의어버이의어버이의어머니
뱃속에서 오는 길 아니런가

어디 가는 길이냐고 물으면
어디 간다고 말하는 현실이
잃고 있는 진실은
망각의 병, 미망
욕망의 아편에 의한 환각 상태인가

오가며 머무는 일상이
육체가 존재하는 한

소유하고 있는 오만 가지는
빌려 쓰는 사물이며
영혼이 쉬어 가는
간이역에 불과하거늘

물욕에 집착하여 발버둥치면 무엇 하리
그대 맡은 육체의
생명만큼의 존속을 위해
다하면 그뿐
돌아가는 그 길
막을 자 누구인가

그대 저승갈 때
뭘 가지고 가나 이 사람아
? ? ? ?……


## 대화

어디서 오는가

???
???????
어머니 뱃속에서
오는 길이네

지금 뭘 하고 있나

주어진 육체의 생명만큼의
존속을 위해
땀을 흘리고 있네

어디 가는가

쉬엄쉬엄
저승 간다네

## 명암(明暗)

내가 있으니
거기 네가 있었다

눈 감으니
칠흑의 어둠
나밖에 없다

눈 뜨니
밝은 대낮
천지가 길, 길이다

네가 있으니
여기 내가 있다

형제가 새벽 열고
하나가 태양처럼 빛나니
참된 허공 속
우주가 밝은 대낮 하나가 된다

# 마음 흐르는 대로

말은 좋은데
언행은 자유로운 듯싶은데
마음은 아수라 무간지옥이구나

말이 곱지 않은 시궁창인데
언행이 난잡하고 뒤죽박죽인데
마음은 잔 물결 하나 없는 바다
텅 빈 허공의 무한한 평화 천국이구나

말 바르고
행동은 어긋남이 없는데
마음이 걸리었구나
부딪치는 것들마다 걸리었구나

말도 하나요
행동도 하나요
마음도 하나요
하나 속에 하나인데
이런들 어떻고 저런들 어떠리

헤아리는 마음 속 틈이 생겨
세간의 번뇌가 비집고 들어와
너울너울 나비춤 추니
춤사위로 흐르는 마음에 이어지는
언행의 굿판 곱게 접어 날리우리

# 빛으로 가는 길

깊은 어둠의 잠에서
눈을 떠 보니
천지가 환하다

바라보는 것들은 선명하고
자리를 털고 일어서니
천지가 길이다

목적지를 정하고 대문 밖을 나서니
어느 길로 가든 목적지에 갈 수 있는 길이다
헤매가든, 돌아가든, 곧바로 가든

묵적지에 가서
얼마 동안 무엇을 하든
언젠가 돌아와야 하는 길
돌아가야 하는 길

인생의 길 역시 그러하거늘
온 길 모르고 갈 길 모르니
헤매는구나
헤매는구나

어디로 갈까
어디로 갈까나
마음 밖 천지가 길인데

집에서 나섰으니
언젠가 집으로 오듯
나 스스로를 떠나게 한 곳 마음, 진리이니

언젠가 돌아가야 하리라 마음, 진리 속으로

나서는 길 천지이듯
돌아오고 가는 길 천지인데
마음 있는 곳 모른다 말만 하지 말고
나서라 귀향의 목적지를 향하여
그 길 빛으로 가는 길이려니


## 영혼의 소리

그대 듣는가 가슴 속 깊이
그대 향한 그리운 마음에
흔들리지 않을 애끓는 영혼의 소리를

뒤척이는 숱한 밤 어둠을 뚫고
하얗게 밝혀 가는 저 태양 같은
밝은 미소의 햇살

그대 잠자는 영혼을 깨우고
숱한 날들을 더듬어 온 촉수의 끝간데
은백의 빛 비춰오는 길이 있어
그 길 따라 오려니

그대 오르고 내 오르니
피안의 언덕 너머
진리 속 진리로
네 영혼과 내 영혼이 하나

수억 겁 동안의 빙하는 녹아 흐르니
산에 들에 꽃 피고

풍부한 열매 가득하니
그대 오소서

그대 오는 그 길
내 영혼의 소리로 밝히는
은백의 빛줄기 지나 파란 빛이려니


## 한밤의 서곡

깜깜하다

유난히 별들이 반짝이고
이천 년의 침묵 속으로 침몰하는
한밤의 도회지는
공동묘지

모두 다 죽어간
길의
불빛은 졸고

덩치 큰 묘마다 비석 된 십자가들이
유난히 살아 꿈틀대며 반짝이는

그 숫자 헤아릴 수 없네

깜깜하다
여기는 무덤 속 어딘가

# 육(肉)과 영(靈)

육(肉)이 울면 영(靈)은 통곡하고
육이 웃으면 영은 밝아지고
영이 사색에 잠기면 육은 침묵을 지킨다

영 없는 육은 속되고
육 없는 영은 공허하니
모두 다 일면적이고 존재 가치를 상실한다

육은 영에 의하여 교정 정화되고
영은 육에 의하여 풍성 성실해진다

육과 영이 함께 하니 네가 있고
생명적 통일을 갖고 있는 너의
육과 영에 의하여 생명체를 낳는다

육이 있음으로 하나의 생명체를 낳아
하나의 떠도는 영을 구하고
그 영으로 하여금 귀향의 길을 열어준다


# 비상(飛翔)

코 앞도 바라볼 수 없는
소방차 물 뿌리는 듯한 폭우가 내린다
아름드리 고목이 쓰러지는 강풍이 분다
파도가 친다 십 미터 아니 백 미터
모두 다 삼킬 듯한 기세다

해도 달도 없는 암흑, 암흑이다
물과 바다가 없다
길이 없다

천지가 괴성괴성
아수라장이다

실날 같은 미명
실빛줄 새어 나오는 하늘가
틈새 구멍은 커지고

강한 빛 꽂히는 땅과
하늘을 잇는 빛의 길

억겁의 낭떠러지 한 발 앞
나아가 떨어지는 하늘은
너무도 맑고 푸르다

끝없이 이어지는 초원
봄 향기 그윽하고
금빛 은빛 반짝이는 바다
차오른 갈매기 한가로이 창공을 난다


## 만추의 풍경

어느 뛰어난 화가가 있어
말문 막히는 만추의
산과 들 그려 놓을 수 있을까

조물주의 진리와 조화

그 화신의 나툼이 아니고서야
어찌 저리 아름다울까

천국과 극락이 따로 없구나
해 있는 동안의 하루
동, 서, 남, 북
어디를 가나
하나님, 부처님의 세상
그 분들을 만나니 행복하구나

만추의 풍경 속 내 마음은
설레임으로 온 천지 뛰어 놀고
화신의 아름다움에 흠집이나 날까
말 못하는 칠통은
옥에 티구나


## 별 하나의 사랑

칠흑의 어둠 가득한
무한한 우주 공간
찬란히 빛나는 태양의 별로 떠올라
별 하나의 사랑으로
미명의 어둠 쫓고
우주의 법칙 진리에 순응하며
오늘도 찬란히 빛나고 있다
너와 나
그리고 저 우주 공간
비껴 앉을 바늘구멍의 틈도 없이
그렇게 함께 공존하는
별 하나의 사랑

그 중심축의 에너지 강하고 강하여
시작도 끝도 없는 공간
가장 먼 곳까지 빛을 밝히는
별 하나의 사랑은
무명에 허우적거리는
우리 인생에 절박한 미로의 깜깜한 밤길
희망 드리운 등대로 빛나고 있다
너와 나 영혼의
그 어떤 마음의 본성까지도


## 탄생과 성장

씨앗이 있어 탄생한
태어남으로 천지가 합일하는 문
땅이 받들고 하늘이 감싸고
흐르는 물과 같은 세월의 허공의
현실과 만나는 접촉의 횟수에 따라
문이 서서히 닫히는가 싶으니
나라고 생각할 때
모든 문은 닫혀 있어
분별이 시작하는 성장에
문이 있는지조차 모르다 죽어가는
그러므로 영문(靈門)도 모르고 죽음을 맞는

## 말과 행동

청정한 마음에 바람이 이니
가늘게 흔들리던 꽃잎이
허공 가득 흩어지고
잎마저 흔적없이 사라진
앙상한 가지 밑 뿌리의 퇴조에
씨가 땅 아래 누우니
흙먼지 동반한 바람이 불고
티끌을 떨구지 못한 씨는
새 봄이 태양과 지구의
광도 현상인 줄도 모르고
추운 겨울 하얗게 꿈을 꾼다


## 그대 영혼의 집은

땅과 하늘이 있는
티끌 덩어리 지구 안에서
티끌을 헤집어 허공을 가르며
수 없는 집
짓고
부수고
옮겨 가는
노래 부르며 집짓기 바쁜 삶의
그늘에서 무슨 노래를 부르며 집을 짓고
영혼을 위하여
무슨 의미의 노래를 작곡하여
자작한 노래를 들을 것이며
허공의 우주 속에

그대 영혼이 거처할 집 설계하며
자재를 구입하는가
그대는 그대의 영혼이 쉴
맑고 청정한 마음의 집 주변
어떠하길 바라는가


## 바람이 되어 버린 진실

그대 안에 감춰진
금강석 찾는 지도를 주었건만
그대에게 그 지도는
검은 건 그림과 글씨
하얀 건 종이구나

그대 안에 숨겨진
금강석 찾는 길도 알려줬건만
그 많은 말들은 바람이 되어
허공에 흩어져 흔적도 없구나


## 그대 한 소식 들으려거든

명상을 수억 겁하여
영혼이 청정하고 의식이 높아져서
어느 말 못할 것이 풀렸다 하여
한 소식 들은 것이 아니라
의식에 의한 오도(悟道)이려니
의식과 무의식 사이의 깨침 혜오(慧悟)요
그대가 마(魔)라고 말하는 것은

그대 의식과 무의식의 표출이니
그대 한 소식 듣고
모든 범주(範疇)로부터 벗어나려거든
텅 빈 허공 같은
마음의 실상(實相)을 찾아
그대 굳게 닫혀진 마음의
문을 열고 밖을 보면
충만한 그 어떤 것이 빛인 양
스며들어 밝히는가 싶으면
마음의 문
있는지 없는지 모른 듯 사라져
마음의 안과 밖 하나 되어
여여(如如)해지는가 하면
멀지 않아 한 소식 들을 것이니
마음을 열면 어떨지


## 바람

나는 허공이고 마음이며 진리며 법계다
나의 모습은 어떠한 형상이 없어
자체로 알아볼 수가 없다

혼자 있음으로 아무 것도 걸림없이
편안하고 자유자재하며
모든 것을 포용하여 사랑하는가 하면
무한한 자비를 베풀고
생명의 꽃비 내리는가 하면
끝없이 충만한 성령을 내린다

어떤 것을 만나 부딪침으로

내 존재의 모습을 드러내는가 하면 소리를 내고
한 티끌 한 티끌 모여 묘한 작용을 일으키니
한 물건 태풍의 형상으로 드러나
많은 것들을 할퀴는가 하면
가졌다가 놓아 버리기를 수차례

나의 형상 태풍이 살아 움직이는 동안에도
내 가슴 속 깊이 후미진 곳
내 영혼이 숨쉬는
내 마음 한가운데는 태풍의 눈으로
형상의 태풍이 생기기 이전의 마음, 허공, 진리, 법계가
진공묘유의 그 모습 그대로 찬란히 빛난다

묘한 작용의 형상 사라지니
태풍의 모습 사라지고
나의 모습도 흔적 없이 사라지니
태양은 찬란히 빛나고
할퀴고 간 흔적의 자취만 남아 서성이다
어느 땐가 그 흔적의 자취도 없네


## 진실과 거짓

고요한 마음 속에 있는
빛의 파장 같은 진실은
몸 밖으로 나오려는 찰나
생각이 표현되는
현실 앞에
진실을 알리는 방편으로
거짓인 줄 알면서 표현해야 하는
언어의 사슬이 된다

진실은 무한한 공간 가득한
포근한 사랑이고
끊임없는 지혜며
거대한 힘, 빛이다

침묵 속에 이는
파장 같은 진리 그 자체며
대답 없는 대답
미망에 가리우지 않은
있는 그대로다

고정관념에 침묵은 폭발하여
속고 속이는 파편으로
나부끼는 언어가 된다


# 이 야 기

한 생각 바꾸었다기에
기쁜 마음 감추지 못하고
오고감 없이 부딪혀 보니
수많은 모래알 속에서
사금(砂金)을 찾았으나
눈(眼) 속에 넣었구나

## 산사(山寺)의 도량

아상(我相) 깨물고
방을 돌고
집 스쳐 펼치는 자락
건물과 빌딩 스미며 내달은
들판 아득한 산모퉁이
타고 오른
생채기의 산허리
병풍 같은 수목 두르고
가부좌 앉은 산사(山寺)
넓직한 침묵의 도량 말없는
님의 미소
만산(萬山)을 덮고
들판 환하게
무한한 공간 가득 우주
끝까지 퍼지고 모여드는
진리의 터
산사(山寺) 깊숙이
노선사(老禪師)의 천진스런 미소 퍼지는


## 가을 전서

태양이 찬란히 빛나니
하늘이 높고도 맑다
흰 구름 한 조각
바람 따라
두리 둥실 떠가니
만산홍엽

길 찾아
뒹구는 구나


# 빛

생명의 고향인가 하니
마음의 고향이고
만물의 분성이다

순수하고 맑고 깨끗한
티끌 하나 없는 자체다

실체 없는 진실 허공이다

티끌에 부딪힘으로
모습을 드러내는
바람 같고
나 같다


# 날마다 좋은 날

해가 뜨니 달이 가고
구름 걷히니 바람이 분다
바람 불어 좋은 날
낙엽이 지고 눈보라 치니
만년설 다겁생의 빙점은 녹아
끝없는 현실의 찬란한 새 봄
새 순 돋아 꽃들이 만발하다

# 제6부 깨달음이란 무엇인가

# 한 소식

어떠한 생각에 동요도 없이
수십 수만의 길을 걸으면서도
수없이 부딪치는 형상들은 타인이었다

어느 날 찰라
시야에 들어오는 형상들을
눈으로 사진 찍었다

즉석 인화된 사진 속에
타인인 수많은 형상들과 나는
하나로 있었다

평면이 아닌 입체로 움직이는
꽉 찬 사진 하나 속에
각자 나름대로의 형상을 가진 모습으로
서로가 타인처럼 있었다

그러나 그들은 서로가 타인인 듯하나
꽉 찬 입체의 공간
사진 하나 속에서
분별의 한 생각으로 분리된 형제이며
사진 그 자체로 하나였다


* "덜커덩 팡" 하는 순간 눈을 뜨고 있음에도 눈을 한 번 뜨고 보니. 보고 있는 밖에 내가 있어 어! 뭐지? 하고 나를 보니 내 안에도 밖이 있었다. 그때 본 것을 글로 쓴 확철대오의 오도송이다.

# 깨달은 분들의 한결같은 웃음, 그 의미는

어이없는 웃음이며
환희의 웃음이며
허탈의 웃음이다

한 소식 들었을 때
그 누구도 의식하지 않고
큰 소리로 주위가 떠나갈 듯
자신도 모르게 웃음이 터져 나오는가 하면
한 동안 그 상황을 생각만 해도
저절로 웃음이 터져 나오는 것은
일반적으로 우리가
소중하고 귀중한 물건을 잃었을 때
몇 날 며칠 몇 년 몇십 년을 찾아 헤매다가
우연히 생각지도 않았던
가까운 곳에서 찾았다면
그때 그대는 어떤 웃음을 지을까
깨달음 역시도 그러하다
찾고 찾아도 찾을 수 없었던 그 자리
한 소식 듣고 보니

평상시 늘 보고 들었던 모든 형상과 소리가
찾고 찾았던 그 자리이고
늘 같이 행동하면서도 몰랐다가 알았으니
어이없는 웃음밖에 더 나오리
그런가 하면 늘 찾던 그 자리
찾고 보니 그 곳에 자신도 하나로 있으니
그 감회에 환희심 이는 기쁨
웃고 머무르기보다
뭐라 한 마디 하고 싶지 않겠는가

그래서 그들은 오도송을 읊는다
그런가 하면 자신과 하나로 있는 그 자리
면면히 살펴보니
변화무쌍하며 그 이치 미묘하고 신비로우니
그 자리에 들면 그만인 줄 알았던 그들은
찾아 헤매이던 그때보다 더 암울함에 빠지는가 하면
그 자리의 상태를 알고 있을 뿐 아니라
자신이 어떠한 지도 알고 있으니
그 허탈감이 싸고도는 그 자리
자신을 그냥 두지 않는다

* 확철대오의 깨달음을 얻는 순간 본인도 모르게 저절로 나오는 웃음이 나고 그 순간을 생각만 해도 웃음이 나오는 것을 관찰해 보고 쓴 글이다.


## 점수 돈오돈수냐 점수 돈오점수냐

확철하게 마음자리 보는 견성을 하였다 하여 그 즉시 그대 마음이 그곳에서 머물러 있을 수 있으며 본성을 쌓고 있는 형상과 그 형상 주변의 모든 형상들과의 관계, 테두리 없는 테두리 그 속에서 일체감을 잃지 않고 끊임없는 현실의 선상 그냥 그대로 머무르기에 나이테 너무 많은가 하면 두껍고 본인의 마음이 만물의 근원이거늘 그들 또한 그러하지 못하니.

견성한 마음자리에 머물러야 하는 그대 형상의 육체 티끌을 우주의 진리 순리에 돼야 하는 의식은 가지지 말아야 하는 집착이며 어찌 보면 형상에 대한 학대로 나래를 펼치지 못하는 것이다. 확철한 견성을 했으니

그곳이 어떤 상태인 줄을 알므로 그 상태가 되기 위하여 어떻게 해야 하며 어떻게 해야만 된다는 것을 안다.

말로만 들었거나 책으로 읽은 것만으로는 그런가 하는 의심에 수행이 지지부지 하지만 본인이 직접 견성의 체험을 한다면 돈오돈

수 돈오점수 이야기할 필요도 없고 수행에 대한 게으름 피울래야 피울 겨를도 없이 어느 쪽을 주장하든 초발심 때보다 더 더욱 수행에 매진을 하리라.

초발심 때의 수행과 비슷하지만 사뭇 다르다

사진으로 고향을 보았다 하여 고향에 갔다고 할 수 없으며 고향의 그 상태가 된 것이 아니다.

회귀의 길이 있고 고향의 그 상태가 되어야 한다.


## 돈오돈수(頓悟頓修)

깨닫고 보니 깨달은 상태로 있으니 그 근기가 상근기 돈오돈수라 확연히 말하지만 돈오의 마음에 은백의 빛이 있어 은백의 빛이 비추니 허공이 생기고 허공이 있으니 티끌이 보인다.

돈오에 있는 마음 티끌이 노닐고 남이 보니 자유자재한 도인이라 말하지만 스스로 내부에 드니 은백의 밝은 빛, 사방팔방 십방을 비추어 밝힌 티끌의 그림자 속. 부딪히는 모든 것이 걸림 없는 돈오, 계율, 현세, 허공, 시간……돈오에 걸리고 안팎이 없으니 안팎에 걸리고 하나도 둘도 아닌 하나에 걸리니

수없이 많은 걸림 없는 걸림에 착 없는 착에 뜬구름처럼 홀연히 한 세상 도인으로 살았으니. 떠나간 자리엔 흔적도 없으련만 집착의 결정체 석류 알처럼 왜 그리도 많이 박혔는지 돈오돈수를 말하고 떠나간 상근기는 알리라.


## 돈오점수(頓悟漸修)

깨닫고 보니 깨달은 상태로 있으려니 그 근기가 하근기라 돈오점수를 확연히 말하지만 돈오의 마음에 남겨진 티끌이 있어 그 티끌 허공 안에 있으니 맑은 빛 비추고, 크고 둥근 각의 빛으로 돌아가

는 티끌의 마음에 빛이 있으니 밝히고 난 뒤에 비춤이 없으리라.

돈오를 향한 그 성품 맑고 둥근 은백의 빛, 원래 묘하니 유기체 만났다 헤어지는 부딪침에 넓고 넓은 각의 바다 티끌로 일어나는 물거품, 그 거품 한 방울 티끌의 그림자 속 밝히려는 찬란한 은백의 빛 자유자재한 도인이니.

남이 보니 조금은 부족한 듯 한 도인이나 안팎 없는 내부에 드니 티끌만 오락가락 부딪치는 티끌의 물거품 하나 둘 없어지고 허공이 없어지고 비출 빛마저 없으니 하물며 삼세가 어디 있으랴.

수없이 많은 걸림에 걸림 없는 착에 착 없는 물거품처럼 홀연히 한 세상 살았으니. 수많은 집착의 결정체 생겼다가 사라지려는 그 흔적 떠나간 자리에 많으련만 집착의 결정체 하나도 없는가 하면 혹 있다 하더라도 왜 그리도 깨알만 한지 돈오점수를 말하고 떠나간 하근기는 알리라.


## 사리(舍利)

육체 안에서 생기는 것이나 담석하고는 비교도 말라.

채식주의자 금욕주의자의 몸 속에 채식이나 금욕으로 인해 축적된 결정체가 아니다.

사리(舍利)는 육체 내부를 흐르는 기운과 허공의 기운과 땅의 기운이 하나로 합쳐지면서 육체의 허공 어느 부분에 모여든 기운 덩어리의 묘한 미진의 작용으로 생기는 집착의 덩어리요.

몸의 기해(氣海) 단전 강화와 어떤 일에 끊임없는 오랜 집념의 집착으로 내부에 흐르는 기운 가운데서 미묘하게 작용하여 쌓이는 결정체이다.

수행자뿐 아니라 일반인에게서 나오는 것도 자신도 모르는 이러한 기해 강화와 집착 정도 때문이다.

얼마나 맑고 깨끗한 정신의 육체로 집착했느냐에 따라 그 색깔과 투명도가 다르고 집착하는 진공묘유의 경험적 의식 정도에 다르다 전생과 현실에서 기도 수행 정도에 따라 다르기도 하다.

다비식 후, 사리 하나 구하기 어렵지만 사리가 나오지 않았다고 기도 수행 정진이 부족한 것도 아니고 사리가 많이 나왔다고 기도 수행 정진이 많고 진공묘유 속 의식이 넓고 깊다고 할 일 아니네.

집착의 기도 수행 정진의 결정체이기는 하나 그 색깔과 빛깔이 곱고 아름다우며 수정처럼 맑고 깨끗하냐가 중요하네.

사리가 나왔다 함은 그의 수행이 어떠했던 집착의 결실이려니

대자유의 진리에 들지 못한 걸림의 돌이요.

수행하다 생사리 얻고 다비식 후 사리 하나 나오지 않았다고 생전에 무애자애한 도인이 무엇에 걸림이 있었으리요.

생전 수행하여 생사리 몇 개 얻어 보고 일체 법(法)과 상(相)을 떠나 앉아서 죽음에 든다면 더 이상 무엇을 바라리요.


## 진아(眞我)의 노래

왜 태어났니.

고해(苦海)의 바다에 왜 태어났어. 왜 태어난지도 모르고 살아야 하고 살아서 무엇을 해야 하는지 모르다 죽음 앞에서 삶의 공허한 허무를 느끼나 그래도 알 수 없는 삶과 죽음을 진아(眞我)는 알고 있네.

왜 죽어야 하지.

어떻게 죽음이 닥칠 줄 모르고 죽어서 어디로 가는지 모르며 왜 죽어야 하지. 왜 죽어야 하는지 영문(靈門)도 모르고 죽어야 하는 나(假我)는 살아서 무엇을 했고 나(眞我)는 죽어서 무엇이 될까? 진아(眞我)는 알고 있네. 희미한 기억 속에 묻혀버린 생각과 행동들을...

내(眞我)가 나(假我)로 수백 수천 년을 살아도 나(假我)밖에 모르니 나(假我)는 나(假我)에 걸리어 죽을 수밖에 없다.

내(假我)가 나(眞我)를 알고 몇 시간을 살아도 나(眞我)를 바로 아니 나(假我)는 죽어 사라져도 나(眞我)는 살아 업 따라 인연 따라 흐르고 흐른다.

통곡할 일이다.

하늘이 무너지고 땅이 꺼지도록 통곡할 일이다.

인간으로 태어난 이생에 나(眞我)를 알지 못한다면 구천을 헤매다 어느 생에 또다시 인간과의 인연을 맺고 태어나 나(眞我)를 알고 나(眞我)로 돌아갈까. 내(眞我)가 나(假我)로 살되 나(眞我)를 모르니 얼마나 답답하고 숨 가쁜 날들인가.

수백 년을 나(假我)로 살면 뭣하나 나(眞我)를 모르고 죽으면 왜 태어나고 왜 죽어야 하는지 모르지만 단 하루를 살다가 죽어도 나(眞我)를 알면 왜 태어나고 왜 죽어야 하고 죽어서 무엇이 어디로 가는지 알지니.

나(假我)를 바로 알자.

나(眞我)를 바로 알자.

이 땅에 그리운 이 있어 선택해 내(眞我)가 오더라도 이 땅에 오기 싫어도 밀려올 수밖에 없는 나(假我)는 나(假我)는 되지 말자.


## 노래 · 1

내 영혼은
찬란한 빛이며

내 마음은
지극히 고요한 불덩이

내 육체는
진리에 흩어져 있는
무한한 에너지 바람이다

내 참모습은
무한한 에너지에
불덩이

빛
끝없이 펼쳐져 있는 것이다

나는 찬란히 빛나는 태양이며
하나의 별이다
시작도 끝도 없는
광활한 우주 감싸안은
말로써 표현할 수 없는 것이다

## 노래 · 2

　지나간 바람이 할퀴고 간 생채기의 흔적이 과거이면 현재는 바람
이 흐르는 찰나 찰나의 모습이고 미래는 남겨진 흔적에 흐르는 바
람 씻겨 올 나그네의 단면, 단면들이다
　찰나에 현실은 머물 곳 없이 흘러 어느 것 하나 잡을 수 없는 바
라보는 것만으로도 흔들리는 헤아릴 수 없이 많은 씨앗의 주머니
나의 정신은 종자 뿌리는 농부다.
　내 몸은 광야이고 나의 행동은 바람이며 내 마음은 어둠 밝히는
등불이다.
　실상을 가장한 어둠의 그림자
　꿈 쫓는 그대 바람이
　마음에 등불 흔들어
　일상의 일, 땔감에 불붙이면 세상은 온통 불바다
　그대와 나의 바람이 지극히 고요하면 광야를 휘휘 돌아가는 물레
의 그림자 안팎을 보는가 하면 빛은 더하여 세상은 밝고
　텅 빈 듯한 허공
　가득 차 있는 것에
　빛은 강력한 에너지에 더욱 빛난다.

# 노래 · 3

과거
현재
미래
분멸의 한 생각이 사라지니
흐르는 현실에 집착
꿈은 사라지고

헤아릴 수 없는
갈래의 마음
허공과 같이
그 무엇에 걸림이 없고
아무런 자취도 없는 것을

오는가 싶으면 가고
가는가 싶으면 다가오는
인연의 멍에
풀리고 엮기고
엮기고 풀리는 바람처럼
허공에 흩어지고

육체의
말과 행동과 소리
아무런 상관도 없이
무한한 생명의 광명 그대로
변함없이 머물러 있다

# 노래 · 4

인생에 무슨 의미를 두고 찾아 헤매었더냐.
육체의 노예가 되어
욕계(慾界)와 색계(色界)의 깊고 깊은 수렁에서 허우적거리다
무심코 밖을 보니

얻고 잃을 것도 없고
털고 닦을 먼지 깨뜨릴 벽도 없건만
한 생각 티끌은 뭐며
실상과 허상 꿈은 또 뭐냐.

육신에 영혼과 마음
에너지와 빛의
태양과 별
광야에 씨 뿌리는 농부는 뭐고
바람에 등불은 뭐냐

졸리면 잠자고
배고프면 먹고
배설하기 싫어도 배설해야 하는
진리가 진리 속에서
뭘 찾아 헤매었더냐.


# 노래 · 5

우리 모두 다 너 나 없이
다른 생활과 생각을 가진 것은
씨 뿌려 맺어졌기에

원인의 땅에 결과가 생긴 것이다

생긴 결과를 어찌할 수 없이
맞이는 하되 씨를 거두지 않으니

맺어 뿌릴 씨가 없어지고
그 성품도 없어지니
본래의 마음 그냥 그대로
천만 년 이어지리다.


## 노래 · 6

본래의 모습은
우주 전체에 확고부동하게
두루 꽉 차있는데
무엇을 비우고
채우며
깨닫는단 말인가
물같이
바람같이 흐르고 흐르면
이 언덕 저 언덕 사라지고
늘 함께 공존하는 것을
특별한 상주처(常住處)는 어디인가
어디든 머무른 곳이 상주처 아닌가
인연 따라 흐르고 흐를 뿐

# 노래 · 7

우주에 두루 꽉 차 있는
님의 모습
얼마나 그리워하며
찾고 또 찾았던가.
그 어디서도 찾을 수 없었던
님의 모습
불현듯 찾고 보니
손바닥 뒤집는 것보다 더 쉬운 것을
절로 웃음이 나온다
아 ― ― ― 하하

눈 한 번 크게 뜨니
사방 천지가 님이요
내 안에도 임하여 계셨거늘
찾고 또 찾았다니
눈 뜬 봉사였구나
님은 언제나
나와 같이 있었을 뿐 아니라
우주 일체 만물의 형상이
갖가지 형태로 나타나신 님의 모습이거늘
그 모습 너무도 미묘하여
이제야 단면을 보았구나
보고 나니
웃음이 저절로 나온다
아 ― ― ― 하하

* 여기서 님은 본성이다.

## 노래 · 8

 우주에 나타나 있는 형상의 형태 어느 것 하나 하나님, 부처님의
모습 아닌 것이 없구나.

 나를 생각하며 님의 모습 바라보니
자취도 없이 님은 사라지고 온갖 번뇌 망상이 일어나는구나.

 너 나 우리가 없고
우주 일체 만물이 위 아래 없이
우주 일체의 형상이 같다는 생각도 사라지니
하나님, 부처님의 모습 너 나 없이 보이는가 싶더니

 글을 쓰며 님의 모습 생각하니
흔적도 없이 님은 사라지고 분별심만 커지는구나.


## 노래 · 9

 내가 죽으면 어느 것 하나 나에게 필요한 것 하나도 없이
우주의 종말로 세상이 끝난다 생각하지만
주인공 말고 죽음으로 큰 일 날 것같이 생각했던
다른 이름의 존재가 사라졌다 하여
우주가 사라지거나 세상이 끝난 적이 단 한 번도 없듯이
내가 죽었다 하여 변한 건 아무 것도 없으리.
나를 부르던 이름이 사라졌을 뿐

 잠잔다. 죽었다 말하는 것은 육체에 의식이 있느냐, 없느냐
생각하는 나는 누구인가?
의식인가?

육체인가?

의식도 육체도 아닌가.

의식은 분별(생각)의 씨앗이요

육체는 육체의 존속을 위하여 욕망의 씨앗으로 의식을 자극하여 마음을 괴롭히고 괴로운 마음 있는 듯하여 찾아들면 없고, 없는가 하면 꿈틀대는 마음은 허공 같으나 의식이 깃든 육체를 가지고 있기에 너 나 우리가 있고,

형상 개개의 이름이 존재하는 현실(실상)이라 하지만 의식이 육체를 떠났다 하여 너 나 우리가 없고 우주 만물의 형상이 없어지니

허상(꿈)이라고 말하려는 의식은 하나의 이름이 사라졌을 뿐 달라진 것은 무엇인가?

## 노래 · 10

육체를 가지고 마음의 의식에 살든 육체를 버리고 마음의 의식에 살든, 있는 듯하면 없고 없는 듯하면 있는 텅 빈 허공 같은 마음에 의식(생각)이 있으니

너 나 우리를 규정하듯 하나님, 부처님, 수많은 신들을 이야기하고 과거, 현재, 미래를 말하며 천당, 지옥, 극락을 말하지만 육체를 가지고 살든 육체를 버리고 살든 텅 빈 듯하면서도 두루 꽉 차 있는 마음에 생각(의식)이 바람같이 물같이 머무를 테두리 없으면 너 나 우리가 어디 있고 하나님, 부처님, 수많은 신들이 어디 있으며 과거, 현재, 미래와 천당과 지옥, 극락이 어디 있으랴.

실상인가 싶으면 허상이고 허상인가 싶으면 실상이듯

하나님, 부처님, 수많은 신들 또한, 이와 같고 과거, 현재, 미래 천당과 지옥, 극락 또한 이와 같아서 있다고 하면 없고 없다고 하면 있다고 말할 수밖에 없는 이 미묘함 신비롭구나.

# 누가 내게 와서 물으면

누가 내게 와서
왜 사느냐 물으면
살아 있으니 산다고 말하리요

누가 내게 와서
일은 뭐 하러 하느냐 물으면
육체가 다하는
업의 인연이 다하는 그날까지
육체를 유지하기 위해서 한다고 말하리요

누가 내게 와서
삶이 뭐냐고 물으면
자신의 영혼 성장을 위한 교육장이라 말하리요

누가 내게 와서
의식은 어디에 두고 사느냐 물으면
영혼의 떨림에 두고 산다고 말하리요

누가 내게 와서
왜 음식을 먹느냐 물으면
영혼 성장의 인큐베이터 육체의
건강을 위해서 먹는다 말하리요

누가 내게 와서
자식과 부인은 어떤 관계냐 물으면
오랜 동안 영혼 성장을 함께 하던
인연의 영혼 구제라 말하리요

누가 내게 와서

사회와 지구, 우주는 어떤 관계냐 물으면
영혼 성장을 위한 스승의 가르침이라 말하리요

누가 내게 와서
영혼 성장을 위하여 어떻게 하느냐 물으면
많은 사람들의 더 많은 영혼들을……
영혼의 마음에 품으려 하고
그들의 육체에 얽힌 의식적 행위 속 영혼
그 영혼들을 사랑하고 그 영혼들 깨우는가 하면
내 안의 나를 찾아 잊지 않는 것이라 말하리요


## 혼연일체(渾然一體)

꽃을 바라보니 꽃이 없다
빛을 받으니 꽃잎이 맑다

하늘을 바라보니 땅이 없다
빛이 빛나니 티끌이 한가롭다

티끌을 바라보니 티끌이 없다
빛을 받으니 은백이다

빛을 바라보니 빛이 없다
텅 빈 허공 흐르고 흐르는 물이다

# 깨달음이란 무엇인가

성령의 하나님을 보고 느끼고, 법신의 부처님을 보고 느끼고, 자기 자신을 바로 본 상태이고 우주의 실체를 바로 알고 자신의 주인공 진아와 우주 일체를 바로 알아 내부 깊숙이 무의식이 있든 없든 그 잔영이 비록 의식 속에 있다 하더라도 의식적으로 우주적 의식이 된 상태로 일순간 또는 잠정적으로 알고 있는 상태를 깨달음이라 할 수 있다.

깨달음의 상황을 모두 정확히 알고 나면 깨달을 것도 없고 깨달음 자체도 없으며 우주 처처가 여여한 그 자체이니. 깨달았다기보다 잊어버린 것을 찾았다고나 할 수 있지 깨달았다는 말을 한다는 것은 맞지 않는다.

이 순간의 경험을 누가 점검하고 인가할 수 있으리.

모든 것이 끊어진 듯 이어 있고 모든 것이 공허한 듯 꽉 들어차 있고 어느 것 하나 미세한 작용에도 와르르 변하는 이 순간을 무엇으로 어찌 점검하고 인가하는가.

인가 받았다고 깨닫지 않은 것이 깨달아지고 인가 안 받았다고 깨달은 것이 깨닫지 못함이야 될까? 우연히 기회가 되면 받을 것이고 기회 없으면 말 것을 쫓아다니면서야 누가 누구에게 어찌 한단 말인가? 점검해도 안 해도 인가 받아도 안 받아도 본인은 안다.

본인의 상태와 상황, 의식 속 무의식 의식 없는 무의식 속, 의식도 무의식도 없는 변하고 변하는 진리의 마음이란 집 속에서 짧은 순간의 경험에 영원히 누가 머무를 수 있으랴.

깨달음을 말한다는 자체가 너무 웃기는 것 아닌가.

너무도 쉽게 쓰이고 남용되는 깨달음

그 자체 그 자체가 깨달음 아닐는지

너는 너로서 나는 나로서 족하다

# 깨달음을 갈구하는 이들에게

속지 마라. 자신이 보고, 듣고, 냄새 맡고, 느끼고, 생각하는 것들에 속지 마라.

남들이 떠드는 말 글들에 속지 마라.

깨달음을 이루어 지혜 있는 이들의 말, 글일지라도 자신의 수행에 있어 점검 정도로 비교 검토로 활용하되 그 분들의 말이나 글을 답습 인식하여 자신의 지혜로 삼지 마라.

그로 인해 자기 스스로 알고 있다고 깨쳤다고 생각하는 앎, 지식, 지혜, 진리…… 자신의 의식에서 무의식의 그 어느 것에도 속지 마라.

자신이 인식하므로 깨달음은 멀어지나니

모든 것들에 걸리지 말고 놓아 버려라.

자신이 안다고 깨쳤다고 인식하고 있는 의식으로 자기 자신 뿐 아니라 타인과 시시비비하거나 감정 섞인 논박을 하지 마라.

시시비비나 갑을박론 해 봐야 학식의 지식을 쌓을 수 있을지 몰라도 깨달음을 증득하는 데는 아무런 도움이 안 된다.

교학을 공부하는 사람이라면 모를까 아니라면 그 어떤 글이나 말이 옳든 틀리든 자신이 의심을 품고 일심으로 수행 정진할 수 있다면 그것으로 깨달음을 얻을 수 있다.

시시비비, 갑을박론, 감정 섞인 논박으로 인해 엉겨 붙은 고갱이는 강하게 마음자리에서 작용하여 깨달음의 순간은 자꾸만 멀어지나니.

속지 마라.

속지 마라는 말에도 속지 마라.

오직 자기 자신을 바로 봐라.

깨달음은 바로 여기에 있다.

# 그 무엇이라 해도 맞지 않는 것을
## 달리 무엇이라 할까

한 티끌, 한 물건, 빛, 그 어느 것이라 해도 맞지 않는 것을 꼭 무엇이라고 알아듣게 말하라 하면 진리라 말하고, 진리가 무엇인지 모른다 하면 부처님 하나님이라 말하고, 그래도 모르겠다면 너 나 우리라 하고 그래도 더 쉽게 말하라 하면 일체의 우주 만물이라 할 수 있고, 우주 만물 가운데 그 어느 것을 지칭해 말해도 다 맞는다.

그 무엇이라 해도 맞지 않는 것을 그 어느 것을 지칭해 말해도 다 맞는 것은 그 근본 바탕 본성의 자리에서 보면 하나 속 전체, 전체 속 하나로 만났다 헤어졌다 하는 인연이 달라 그 형상과 명명의 호칭이 다를 뿐 다 같기에 그 어느 것을 지칭해 말해도 다 맞는다.

너는 이것을 보았느냐? 느꼈느냐?

생각하느냐? 잡았느냐?

흐르고 변하는 멈춰 있는 듯 멈춘 일 없는 이것을 너는 네 속 어디서 찾을 것이며 너 말고 달리 어디서 찾으랴.

찾으니 견성했다 하고 깨쳤다 하나 깨칠 것 무엇이고 찾을 것 무엇인가? 처처가 여여한 그 자체인 것을...

너는 이것 속 이것으로 이것인 줄 모르고 너는 사는가?

이것인 줄 알고 이것으로 사는가?

이것인 줄 알고 너로 사는가?


## 대화
### -본성

만물의 본성이 무엇입니까?
눈을 감아라
무엇이 보이느냐

아무 것도 보이지 않습니다
그러하니라

모르겠습니다
다시 말씀해 주시겠습니까?
허공을 보아라
무엇이 보이느냐
아무 것도 보이지 않습니다
그와 같으니라

모르겠습니다
더 확실히 말씀해 주시겠습니까?
밤하늘에 밝게 떠 있는 보름달을 보아라
무엇이 보이느냐
보름달이 보입니다
네가 보고 있는 시야의 전체를 보름달 안만 보도록 하여라

무엇이 보이느냐
은백색이 보입니다
그와 같으니라

모르겠습니다
더 확연히 말씀해 주시겠습니까?
밝게 빛나는 태양을 똑바로 보아라
무엇이 보이느냐
눈이 부셔서 바라볼 수가 없습니다
그와 같으니라

모르겠습니다
**이 도둑놈아 !**
**무엇을 훔치려고 여기에 왔냐**

## 相 96-11

밤은 깊어 차갑고
만삭의 달 밝게 빛나는데
산정에 앉아
솔바람 소리 들으며
그윽한 향기에 취해 노니는데
어디서 애끓는 거문고 소리에
대금소리 들여와 흥을 더하는가
어허 어찌 여기서 그만 두랴 싶어
흥에 겨워 노닐다 보니
어느덧 새벽닭이 기침을 하는구나


## 相 97-2

눈 앞
허공 있고
진리 있으나
생각 쫓아 형상 보고
형상 쫓아 생각 일으키니
진실 허공 보지 못하고
진리 보지 못하는구나

## 相 97-5

지금
당신은

뭘 보고
뭘 읽고
뭘 생각하오

보이는 상이요
읽느니 상이요
생각하느니 상이다

혀를 깨물어
아 – –

**이놈 !**
누구냐 너는


## 相 97-518

작은 욕심과 큰 욕심이 싸우면
큰 욕심이 이기는
나를

수많은 티끌
집합의 유혹이
상으로 보게 하고

본성이 비추는
수많은 티끌이 집합
그림자
상을 보게 하고

본성이 비추는 테두리 마음이란
수많은 티끌의 움직임 따라
나타나는 그림자
생각으로 일어나고

작은 욕심과 큰 욕심이 싸우면
작은 욕심이 이기는
내가 되어 가니

빛과
티끌의 그림자
사이사이
상이 사라지고

본성 그대로 있게 하네


## 서곡(抒哭)

시궁창 속에서
꽃 한 송이 피었으니

꽃 보고
향기도 맡으련만

찌푸린 악취에

메마른 정(情)은
시궁창 속

덮네 덮어 오물들로
꺾네 꺾어 너 나 없이

덕(德)이 없구나

어둠의 그림자 속으로
자욱한 안개를 뿌리며
숨는다

업이 인연의 생명
흩어질 그 날만 기다리며

복(福)이 없구나


## 씨앗, 뿌리는 꽃의 생명

씨앗이 있어
뿌리가 있고

뿌리가 있어
꽃 피고 열매 맺는다

꽃이 싱그럽고 향기로우니
맑고도 향기롭다

뿌리는 꽃의 생명
아름다운 꽃만 바라보고

토양을 분석하지 않는 것처럼
인생의 꽃향기 퍼지는
삶

생명은 뿌리에 있고
뿌리는 씨앗에서 나와 자라고
씨앗은 허공에서 생긴다

뿌리는
허공의 티끌 씨앗으로
꽃의 생명


## 우주론

흐르고 흐르는 진리 속
한 티끌 시작으로
하나 둘……수없이 뭉쳐 하나되고
하나가 되고

하나 속
하나가 둘이고
둘이 셋 되는
……
하나가 되는

무정에서 유정
미생물에서 고등동물에 이르기까지

시공간 속 태어난 형상의 모습을 갖고 있는
그 형상 속 시공간은 묶여 있고

진리는 흐르고 흐르는 속
형상은 멈춰 있어
흐름에 마찰이 생기고 부딪히니
사 주 팔 자

사주팔자로 살지 않거나 받지 않으려니
흐르고 흐르는 진리와 같이 흐르고 흘러야 하거늘
시공간에 묶인 형상의 몸으로
몸의 호흡이요
눈에 띄니 입과 코라
보이지 않는 일곱 곳이 있으니
그곳을 열면 그나마 흐르고 흐르니
진리 속 진리로 남으련만 그렇지 못한 우리네 어찌할까

어린 아이일수록 하늘이 돌보고 땅이 받든다고 한다
왜 그럴까?
순수한 어린 아이에게 보이지 않는 일곱 곳의 호흡 문이 열려 있기에 그러한 것이다.
왜 그럼 나이가 먹어 갈수록 막히는 것일까?
우리는 어린 아이를 보고 단단해져 간다고 한다.
무엇이 단단해져 가는가?
호흡 문이 닫힘으로 마음을 통한 생각의 의식이 내부로부터 싹터 가기 때문이다. 그러면 어른들은 막힌 일곱 곳을 열 수 있을까?
기도와 수행 절을 통해서 열 수가 있다.
옛날 어른들은 아이의 운명이 짧다고 하면 절이나 그 외 수행하는 곳으로 보냈다. 보내진 아이들은 상상 외로 건강하게 오래오래 살았으며 사주팔자의 영향을 받지 않았다. 왜 그랬을까?
그곳에서 생활하며 그곳 행활 방법에 따라 생활하다 보니 자신도 모르게 호흡 문이 열리기 때문이다.
호흡 문을 여는 최고의 방법이 오체투지의 절이다.
혈액이 순환하듯 기(氣)가 따라 순환하는데 몸이 아픈 것은 아픈 곳의 혈액 순환이 잘 안돼. 혈액이 뭉쳐 있기 때문이며 또한 기가 원활하게 순환하지 않고 있기 때문이다. 혈액을 관찰하여 치료하는 방법이 서양 의학이고 기를 관찰하여 치료하는 방법이 동양 의학이다.

오체투지의 절을 하다 보면 자신도 모르게 몸 안에 있는 정체되었거나 맑지 않은 기운이 단전을 통하여 척추를 타고 머리 끝 정수리로 쏟아져 나오고 나온 만큼 채워지는 것이 밖의 맑은 기운으로 머리 끝 정수리로 들어와 목으로 가슴을 타고 단전에 쌓인다.

그러므로 정수리 호흡 문이 열리고 점차적으로 마음의 변화에 다른 문들이 열린다. 기도나 수행 역시도 이러하다.

우리는 일반적으로 음식을 먹는데 우리는 그 음식의 영양분을 흡수할 뿐, 그 외 필요 없는 것은 배설을 통하여 밖으로 내보낸다.

이렇듯 우리에게 필요한 것은 기(氣)다.

육체를 버리고 나면 기운 덩어리와 생각과 의식 무의식만을 가진다. 이것이 그대의 영혼이다.

육체가 사라진 영혼은 영혼의 세계로 가야하거늘 가지 못하고 헤매니 중음신 귀신이라 한다.

귀신들 갈 곳 없으니 이승을 떠돌고 떠돌다가 인연 있는 사람에게 붙으니. 귀신의 기운이 정체해 있으니. 원인 없는 병도 많아 병원에 가니 신경성이라 한다. 병명이 없다.

귀신이나 악마를 영혼의 세계에 보내려니 자신의 맑은 기운의 법력이 높고 성령이 충만하다면 자신의 힘으로 부처님의 세계든 하나님의 세계든 보내련만 자신도 부족하니. 어떻게 할까?

부처님의 힘을 빌리고 하나님의 힘을 빌리고 그래서 보내야 하는데 그것도 안 되면 귀신이 알아듣도록 설득시켜야 하는데 어떻게 귀신이 알아듣도록 이승과 저승 영혼의 세계를 설명할까?

자신이 깨우쳐서 깨우침만큼 설명해 주면 되겠지만 그렇지 못하면 이미 깨우치신 분들의 가르침 경전, 성경, 코란… 이외의 많은 가르침을 알아들을 수 있는 살아서 사용한 평소의 언어로 그분들의 말씀을 읽어 주어라. 그러므로 스스로 한 생각 바꾸고 한 생각 바꿔 스스로 영혼의 세계에 갈 수 있도록 해 주는 것이 좋다.

스스로 해결하지 못한 영혼, 중음신 귀신을 위해서 제사를 지내야 한다.

제사를 지내게 되면 영혼을 보는 사람은 그들이 음식 먹는 것을 보겠지만 그렇지 못한 우리들이 보면 음식을 차려 놓았다가 우리들이 먹는 듯싶지만 진실이 아니니. 먼저 간 조상들이 배고픔을 달래며 음식을 먹으니. 음식을 조금 차리더라도 말끔하게 차려 올릴 일이다.

그분들이 제사 음식을 어떻게 먹느냐 하면 툭 툭 치는 듯 스치는 듯 먹는다. 진기만을 먹는다. 그래서 제사 음식에는 그분들의 기운이 서려 있다. 살아생전 그분의 몸과 마음이 어떠냐에 따라 제사 음식에 서려 있다. 죽은 영혼이 편해야 산 사람이 편하다.

정신적 고통이 심할수록 진리에 눈을 돌린다. 기도에 매달린다. 영혼의 세계에서 쓰임이 필요한 사람은 일부로 고통을 준다.

그 고통 이기고 일어서면 더 성숙해지는 영혼, 사주팔자를 전부 믿을 것도 아닌지만 무시할 수도 없다.

조상의 일들로 생기는 일을 전부 믿을 수도 무시할 수도 없다.

왜 만신들은 조상을 위해 뭘 해 주라고 하는가?

차린 음식으로 우리가 사는 세상에 통장 있고 반장 있고……통치 체계가 있듯이 하급 영들에게 있으니. 그들을 달래는 뇌물이랄까.

그러므로 자신을 구하고 조상을 구하는

하나가 둘, 둘이 셋…… 여럿이 하나로

하나 되고

하나가 되고

흐르고 흐르는 진리 속

하나로 하나로

둘 셋…………

우주로 하나

하나가 진리로

흐르고 흐르는

# 단풍경

가을이 되면 산과 들에서는 너도 나도 가장 아름다운 모습으로
퇴색해 가는 자신의 마지막 힘까지 다하여 자랑을 한다
생존 번식의 열매와 곡식을 떨구고
마지막 한 잎까지 떨구며 땅 밑으로 눕는다
물기를 내린다 땅 속으로 땅 속으로

살기 위한 처절한 사투를 버린다
몸부림친다 움직일 수 없는 힘까지 다하여
다해도 안 되니 욕망과 집착을 버리고 떨구어낸다
앙상한 뼈마디 드러내며

구경하며 즐기느니
생존을 위한 각자의 몸부림인가
마지막 가는 길의 문상인가
내부 깊숙이 숨겨 놓은 솔직함 보려함인가
자연 그대로의 아름다움이 부르는가
회귀 본능적 목맨 부름인가

가네 가네
소중하고 귀중하게 생각했던 모든 것
훨훨 벗고 빈 손으로 가네

가는 길
욕망과 집착 모두 다 벗고
티끌 하나 없는 허공 되어
훨훨 날아라
춤을 추자 덩실덩실
허공춤 추자 부드럽고 유연하게
진리의 춤을 추자

# 아무 것도 말하지 않았다

물고기는 말하지 않았다
바닷물이 짜다고

새는 말하지 않았다
자유롭다고

무지개는 말하지 않았다
일곱 색깔을

빨간 색은 말하지 않았다
빨강이라고

벽이라고 했을 때
벽이 아닌 것도 벽이 되었다
벽은 허물고 허물어도 있었다
분별의 한 생각이 벽을 만들고 있었다

억겁의 습관적 무의식이
의식을 자극하고 있다

무의식의 의식의 생각이
업의 인연이 인연의 업으로 말하고 있다
갖가지 명명의 벽을 말하고 있다

그러나 태초엔
그 어느 것도 말하지 않았다

# 안심가무(安心歌舞)

걱정과 고민이 떠날 날이 없다
하나의 고민이 해결되면 또 다른 고민이 버티고 있고

해결하면 또 버티고 서 있는 고민
산다는 자체가 고민일까
죽으면 모든 것이 끝날까

삶과 죽음이 영혼에 있어 무슨 의미가 있을까

마음 편하면 온 세상이 내 세상이고
마음이 불편하면 온 천지 지옥인 것을

마음의 때를 벗기고 먼지를 털게 북을 올려라
둥 둥 둥……

이래도 한 세상 저래도 한 세상
업의 인연 다하면 그만인 것을
얼씨구 좋고 절씨구 좋다
둥둥둥둥……

흥을 올리고 춤판을 열자

온갖 시름 내려놓고 무념 무아의 춤을 추며
춤 속에 들자 허공에 있자

좋을씨구 좋을씨구
어허라 좋을씨구
둥둥둥둥둥……
얼쑤

# 흔적

저 멀리 있는 하늘이 허공이니
손바닥 위 아래가 하늘이요
땅과 하늘이 맞닿은 곳
나는 서 있네

땅을 밟고 서 있네
하늘 위에 서 있네
허공 속 노니네

노니는 허공 속
오고 가는 상념은 남아
진척으로 헤매는데
허공 속
아무리 찾아봐도
흔적이 없네

찾고 또 찾아보니
흔적은 마음 속
또아리 틀고
앉아 있었네

무엇을 쫓아오고
무엇을 쫓아갔나
흔적 없는 허공 속
동그라미 그리려고
나 여기 서 있나

# 전륜(轉輪)

허공 속 걷고 있네

끝없는 과거를 향하여 걷고 있나
끝없는 미래를 향하여 걷고 있나
끝없는 현재를 걷고 있나

오늘이란 현실 앞에 서 있으니
과거, 현재, 미래
어디에 서 있느냐 물으면
지금 당신은
어느 곳에 서 있다 말하리요

오니 미래요
서 있으니 현재고
갔으니 과거라 말하면

오니 과거요
서 있으니 허공이고
갔으니 미래가 하리

오면 가고
가면 오는
돌도 도는 수레바퀴

선상에
더불어 돌아가는

허공 속 걷고 있네

# 수억 년이 흐르고
### -우주의 생멸

허공에 빛이 있어

하나의 티끌에
또 다른 티끌
모이고 모여서
수억 년이 흐르고

허공 속
빛으로
가스가 생기고
끼리 모이고
수억 년이 흐르고

가스 속 티끌
서로 서로의 부딪침으로
별이 되고
해가 되고
끌어당기고 흩어지려는
수억 년이 흐르고

허공 속
돌이 되고
흙이 되고
수억 년이 흐르고

네가 있고
내가 있고
수억 년이 흐르고

돌이 부서지고
흙이 흩어지니
티끌로 티끌로
수억 년이 흐르고

생겼다 없어지고
없어졌다 생기는
끝도 시작도 없는
허공이 있네


## 만물의 본성은

한량없는
가늠할 수 없는
우주 전체가 하나로

꽃 보니 꽃으로 하나요
산 보니 산으로 하나요
달 보니 달로 하나요
태양을 보니 태양으로 하나요
우주를 보니 우주로 하나요

하나가 모여 전체가 되고
작은 하나가 모여
큰 하나가 된다
너를 바라보았을 때
너는 본성 그 자체였다
하나의 이름으로 너를 부르니
네가 되었다

내가 너를 부름으로
부르는 정신적 의식으로
네가 나의 영혼적 의식으로 있었다

작은 하나는 큰 하나로
큰 하나는 작은 하나로

한량없는
가늠할 수 없는
우주 전체가 하나로 있었네

# 유수(流水)

혀놀림으로 살아가네
빽빽한 잎새 틈으로 볼아오는
가느다란 바람처럼
세월이 가네


　　　　꽃
　　　　　　　피
　니
　　　　니　눈　　고
　으　지　　　내
　돈　엽　니꽃　리　　　꽃
　　　리　네　피　　　　피
　싹　낙　　　　네
　　　　내　눈　　　니
　새　네　　　　낙
　　　지　엽

　　어　허
　　　별
　　　써


마음은 언제나
청춘인데
한 일 없는데
애들밖에
키운 일 없는데

꿈인가 ?
생신가 ?

# 제7부 생과 사

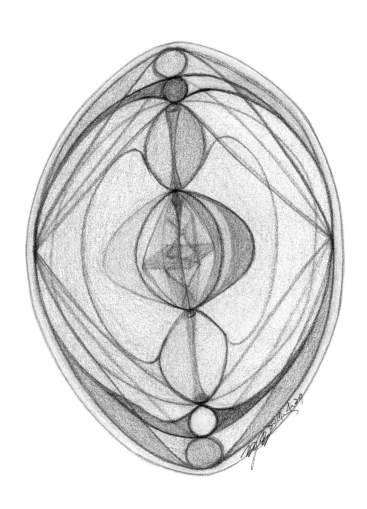

# 생과 사 · 1

부드러운 것은
살아 숨쉬며
영혼의 노래 부르고
딱딱한 것은
영혼이 벗어나 말없는
허공의 티끌
나부끼는
현실


# 생과 사 · 2

그대 육신의 우주
변하여 가는
과거와 미래

그대 참 자아(自我)는
변함없는 자유이거늘
오감의 감옥에 갇혀
보이지 않는
진실은

그대 상념의 미망에 빠져
허우적거리는
생과 사

*오감: 시각, 청각, 미각, 후각, 촉각을 의미함

# 생과 사 · 3

우리의 본성은
우주 속 빛(진리)으로 하나이며
그 하나는
하늘
땅
인간의 되고
끝없이
하늘과 땅 사이 잉태되어
수많은 형상으로 생하는
움직이지 못해 벗어 놓은 형체들
땅
하늘(공간)에 흩어지고
본성은 상념으로 남아
시공 없는 공간을 오가다
또 다시 잉태되는 영혼
오감으로 알 수 없다 하여
죽었다 말하는
육체의
그대 기억은 어디를 달리나


# 생과 사 · 4

새싹이 돋아
풀이 되었다고
근본이
풀이 아니며
모습이 풀이다

살아 움직이는 모든 형상의
근본이
형상으로 변하는

오감 속 헤매는
생과 사
깜박 졸다 바라본
봄날
고양이의 꿈이다


## 생과 사 · 5

그대 가졌던 상념에 얽매여
진아(眞我)를 칭칭 동여맨
육신의 의복
하나에 못 드는 상념의
연쇄적 반응 의식
망이 되어
걸리고
그 상념의 의식으로 형성된
형상 또 다시 나타나는
미궁에 빠졌구나


## 생과 사 · 6

그대
태어나고 죽어 가는 길은
어디 있느냐

그대 주인공은
언제나 그 모습 그대로
우주 의식
진리(빛) 그 자체다

그대
의복(육신)을 갈아입었다고
태어났다 하고
육신(의복)을 벗었다 하여
죽었다 돌아갔다 하는

그대
오감 속에 묻혀
상념의 줄 끊지 않았다 하여
오감의 의복(육신)을 벗을 그대는
누구인가


## 생 과 사 · 7

태어나고 죽는
벗고 입는 의복(육체)의 형체가
변할 뿐
그대는 그대로이다

천당과 지옥
상념의 의식을 밟으며
오는 그림자는 누구의 그림자이며
실상인가
허상인가

그대
한 생각 몰두하다가
꼬리에 꼬리를 물고
일어서는 연쇄적 반응 형태들이
고해(苦海)를 만들고
파도를 만들지만
그 역시 바닷물 아닌가


## 생과 사·8

보석은
흙 속에 묻혀 있을 때
진정한 보석이다
밖으로 드러남에 보석은
보석이 아닌
가치로 평가되는
물질 만능의 시대
정과 사랑을 그리워하다가
물질의 희소가치가 낮아질 때
정신이 꽃을 피우고
영혼은 성장하여 열매 맺는 마음
비워질수록 넓어져
생사 없는 자신의
참 자아를 보게 되고
세계는 하나 속에 녹아든다

# 생과 사 · 9

이승과 저승
건너가는 육체는 성전(聖殿)의 뗏목이며
먼저 간 깨달은 스승님들의
맑은 진리의 말씀은
노가 되어 저어 가는
현실의 바다
우주의 세계를 보지 못하게 하는
벽은 시공이며
단순 의식이나 자아의식이 그 틀이다
시공을 벗어나 활동할 수 있는
영혼의 의식이 깨어
우주의식에 올라서서
모두 다 내려 보지 못함은
빛, 마음의 시야가 오감에 가려
안개 자욱하니
더 없이 마음의 거울 닦아, 진아(眞我)
아니 투명 유리병 깨트려
하나이며 전체인 영원한 진리 그 속에서
해와 같은 온기 퍼져야 한다


# 생과 사 · 10

우주 공간에 흩어져 있는
만법(萬法)의 진리
모여서 뭉친 형상이
스스로 움직이거나 자랄 때
생명체

우주 만법의 진리
뭉쳐 이루어진 형상 스스로
움직이지 못하고 성장 못할 때
물질의 형태 남았다 흩어지는
우주 불변의 진리

움직이고 성장하는 물체
그 속에 깃든
진리의 덩어리
우주 공간에 흩어지면
죽었다 돌아갔다 말하는 우리들의
생과 사

모였다 흩어졌다 하는 만법의
진리 속 상념은
진리에 영혼 묶는 잠재의식
이승과 저승에서 주변 환경을 만든다

만든 환경의 상념 의식 홀연히
흩어지지 못하게 하는 한 생각
공간에 머물다가 또 다른 탄생 낳는
생과 사


## 생과 사 · 11

텅 빈 듯한 공간
헤아릴 수 없이 많이 흩어져 있는
생명의 근원
티끌

하나하나 모여서
형상 나타나고
나타난 형상 그 중심에서
끌어당기는 힘
저마다 있어

만유인력과 원심력
서로 서로 작용하는
스스로의 힘
마음에 있다는 생각에
대자유로부터 구속 받으며
공존의 질서 만들며 산다

살아가는
형상의 생명체
질량 보존의 법칙과 같이
생명의 근원
티끌로 흩어져 돌아가는 길

길 모퉁이
버리지 못한 테두리의 앙금
마음에 남겨진 상념 의식은
영혼이 되어
본래로 돌아가지 못하고
서로 같은 의식의 영혼끼리 터전을 만든다

만든 터전의 낮은 의식은
유기체에 붙어
노리개 삼는가 하면
스스로의 의식보다 더 높은 차원의
의식을 그리워하는가 하면

신으로 받들고
신으로 추앙 받는 그들 또한
버리지 못한 앙금 버리고
상념 없는 티끌로
흩어지기를 바라는 근원은
지구로부터 하나이며
우주 전체로부터 하나이다

마음에서 헤아리는 티끌은
줄었다 늘었다 하며
상대성 이론처럼
공존하는 듯 보이는 그들 또한
하나 속에 전체이며
전체 속에 하나이다


## 생과 사 · 12

태어나고 죽는 듯싶어
면면히 살펴보니
미망에 가리웠던 가리우지 않았던
참 나는 생사 없이 여여(如如)한 것을
왜 그리도 생사에 얽매여
오감이 전부인 양 헤맸더냐
태어났나 싶으면 죽었고
죽었나 싶으면 태어나 있는
참 나에 있어
한쪽 문이 열리면
한쪽 문이 닫히는 것과 같은 것을
그대가 늘 살아 있다고 느끼는
순간 순간 면면히 살펴보면

찰나 찰나 현실은 과거로 흐르고
다가온 미래를 맞아 현실인 듯싶으나
그 또한 과거로 흐르는
과거, 현재, 미래, 어느 것 하나
잡을 수 없는 시공(時空) 속에서
태어나고 죽는 것을 수없이 반복하면서
현실을 맞이하는 듯싶으나
그 현실 또한 머무름 없이
흐르는 물처럼 흐르고 있는 것을
물이 바다에 이르듯
그대가 진여(眞如)의 자리에 들 때까지
생사는 끊임없이 이어지리라
그대가 참 자아(自我)를 어렴풋이 알게 되면
생사가 따로 없음을 알뿐더러
그 속에 머무를 때
그대 끝없이 이어지는
생사(윤회의 틀)로부터 벗어날 수 있으리라


## 죽은 자를 위한 기도 왜 필요한가

죽으면 모든 것이 끝난다는 생각에 돌아가신 분들의 영혼 등한시
하고 스스로의 영혼 구제하지 아니하며 자신의 육체를 위한 생활
쫓다 보니. 사악한 정신에 궁핍한 영혼은 죽음으로 영계에 가야
하거늘 제 갈 길 모르고 허공을 떠도는 이들이 천지 허공에 가득
하니. 이들을 어찌 할꼬?

산 사람에게 영향을 주지 않고 천지 허공에 그냥 머물러 있으면
큰 문제 아니겠지만 그들에겐 그럴 수 없는 것을 그들에게도 삶의
터전이 필요하기에 현실에 머물러 있을 곳이 어디인가?

그곳이 우리의 몸이요.

사회요. 우주이니. 이 일을 어찌 할고?

그들을 위해 기도해야 한다.

그들을 위하여 기도하는 것이 자신과 가족, 이웃과 사회, 전 인류를 구할 것이며 지옥에서 고통 받는 영혼들과 허공을 떠도는 영혼들과 친분 있고 의식에 맞는 사람에 달라붙은 죽은 영혼에 시달리는 산 사람들을 구하고 떠도는 영혼이 많음으로 갈 곳 찾는 그들이 산 사람의 몸 속에 숨어들어 둥지 튼 한 몸으로 시기와 질투과한 욕심을 내, 산 사람의 의지와 관계없이 행해지나니. 행하고 후회하고 회개한들 뭣하리.

맨 처음은 내 의지가 아니지만 자신의 의지로 바꿔 가는 육체가 다할 때까지 그러할 것을 우리는 끊임없이 우리가 알고 있는 한, 죽은 자의 영혼을 구하고 자신을 구하고 조상을 구하고 가족과 이웃, 사회, 전 인류를 구하는 깨달음을 향한 기도 수행 정진을 끊임없이 해야 한다.

자신이 깨달은 만큼 그 정도에 맞는 죽은 영혼이 오나니.

그들을 구해야 높아가는 영혼의 수행, 영혼이 높아 갈수록 죽은 영혼들 더욱 많이 오고 구함으로 얻고 얻음으로 구하는 그러므로 함께 하는 천국, 극락은 열릴 것이다.

검은 물에 맑은 물이 있어 섞으면 같이 흐려지는 것이 육신의 세계지만 혼탁하고 사악한 검은 의식의 영혼에 맑고 깨끗한 순수의 의식이 영혼에 있으면 마치 어둠 속에 불빛이 있는 것과 같이 그 주변의 영혼들이 맑고 깨끗하게 밝아져 스스로 빛을 발하는 발광의 영혼으로 성장하나니. 이것이 영혼들의 세계이니.

살아있는 우리는 끊임없이 기도 수행 정진하여 자신의 영혼을 밝히고 그 빛을 강하게 하는가 하면 죽은 자의 영혼을 구하고 산 자의 영혼을 밝히는 산 자든 죽은 자든 그 자가 육체를 가지고 어떠하든 했든 그들의 영혼을 사랑하고 그들의 영혼을 일깨우기 위해서 산 자에게 영혼의 떨림을 주고 죽은 자에게 깨달음의 기도로 그들을 밝혀야 한다.

이러할진대 죽은 자든 산 자든 영혼을 구하는 영혼의 떨림 있는 기도해야지 않겠는가.

그러기에 죽은 자를 위한 기도가 절실하다.

　육체가 있으니 영혼이 있는지 모르고 육신을 버리니 영혼이 살아 있음이라. 육과 영이 함께 하거늘, 육신을 벗고서야 영혼을 아는 그 때는 늦으리니. 죽어서 산 자의 염력을 바라지 말고 살아서 영혼을 알고 수행 기도 정진하여 자신과 그 외 모든 이들을 구하자. 맑고 깨끗한 영혼을 위한 참다운 삶을 살자.

　모든 죽은 자의 영혼이 자리 잡으면 모든 산 자의 영혼이 자리 잡고 모든 산 자의 영혼이 밝으면 모든 죽은 자의 영혼이 밝아 천국과 지옥, 생사가 따로 없구나.


## 죽은 자를 위한 기도 왜 필요하고
### 기도 수행 정진해야 하는가

　석가모니 부처님 예수그리스도……그 외, 본 성품의 진리를 깨닫고
진리 안에서 진리를 행할 수 있는 성현은 제사가 필요 없다.
왜냐하면 그분들은 진리 안에서 필요하다고 느끼는 것들을 만들어 취하거나 진리 그 자체로 머물러 있기 때문이다.

　그 외 자신의 본 성품이 진리인 줄 모르고 나, 너, 우리, 천당, 지옥이라는 생각을 의식적이든 무의식적이든 가지고 돌아간 사람들은 제사가 필요하다.

　왜냐하면 그 사람들은 진리 안에서 필요하다고 느끼는 것들을 만들어 취하지 못하고 먹을 음식을 찾는가 하면 옷을 찾고 쉴 곳을 찾는가 하면 친구를 찾기 때문이다.

　이러하니 육체의 몸을 가지고 살아 있는 우리는 돌아가신 조상의 편안함을 위하여 최소한 3대나 4대까지는 제사를 지내야 하며 때로는 옷가지도 그분들 앞으로 내드려야 하는가 하면 돌아가신 분들의 곡식 창고를 채워 주기 위하여 불우한 이웃과 나누고 베풀어 보시 공덕을 쌓고 사회에 많은 이들에게 공익되는 일을 함으로 저

사 후의 세계에 계신 조상들이, 후손들이 현실 세계에서 남을 위해 베푼 많은 보시 공덕들을 받나니.

이 보시 공덕이 살아서는 돌아가신 조상을 위하고 죽어서는 자신의 편안한 의식주 생활의 기틀이니 남을 해하지 말고 공동 의식으로 살아갈 일이다.

제사를 지내지 않음으로 춥고 배고픔 떨고 있는 조상의 불편한 심기가 살아 있는 후손에게 그대로 전달되어 후손들이 하는 일들이 잘 안되는가 하면 식구 중에 누군가 몸이 아프고 이해 못할 일들이 다반사로 일어날 것이다.

유일신을 믿는 이들이 조상을 업신여기고 돌아가신 분들의 곡식 창고를 채워 주기 위하여 불우한 이웃과 나누고 베풀어 보시 공덕을 쌓고 사회에 많은 이들에게 공익되는 일을 함으로 저 사후의 세계에 계신 조상들이, 후손들이 현실 세계에서 남을 위해 베푼 많은 보시 공덕들을 받나니.

이 보시 공덕이 살아서는 돌아가신 조상을 위하고 죽어서는 자신의 편안한 의식주 생활의 기틀이니. 남을 해하지 말고 공동 의식으로 살아갈 일이다.

제사를 지내지 않음으로 춥고 배고픔에 떨고 있는 조상의 불편한 심기가 살아 있는 후손에게 그대로 전달되어 후손들이 하는 일들이 잘 안되는가 하면 식구 중에 누군가 몸이 아프고 이해 못할 일들이 다반사로 일어날 것이다.

유일신을 믿는 이들이 조상을 업신여기고 돌아가신 조상신을 배척한다면 그 분들의 조상은 설 곳이 없어 스스로 어떠한 공덕을 쌓지 않았다면 그들의 조상은 구천을 헤맬 것이며 중음신의 괴로움을 살아 있는 후손이 함께 할 것이다.

돌아가신 조상님들과 살아 있는 우리들과 그 관계는 자신 주변에서 일어나는 모든 공사가 3대 7의 밀접한 관계가 있으니. 돌아가신 근친의 사람들을 위하여 최소한의 기원을 해야 한다.

죽어서든 살아서든 진리를 알고 진리 안에서 편안할 수 있을 때까지 기도 수행 정진하는 이것이 스스로 자신의 영혼을 구하는 길이며 죽은 자를 위한 기도이고 천도식이고 부처님이 바라는 바요.

예수님이 바라는 바요. 모든 종교의 교주가 바라는 가르침이다.

왜곡하지 말자. 왜곡하지 말자.

깨달음을 설파한 많은 성현들의 가르침 죽어서든 살아서든 우리 모두는 함께 하나니.

죽은 자는 산 자를 산 자는 죽은 자를 위한 진리의 본 성품을 위하여 서로가 서로를 가르침의 길로 이끌어야 한다.

그러하니 산 자는 어떤 종교를 믿던 그 종교로부터의 가르침을 바탕으로 기도 수행 정진해야 하는가 하면 죽은 자를 위한 기도 또한 해야 한다.

그러므로 죽은 자 산 자 모두가 언제나 함께 하는 자연의 섭리도 아닌 진리도 아닌 본 성품에 이름하리라.


## 죽음의 길 어떻게 잘 갈 것인가


육체를 떠난 영혼이 갈 곳 모르면 저승에 가지 못하고 이승을 헤매나니. 죽음, 육체를 벗어 버린 영혼이 가야할 곳과 가는 길을 안다면 우리는 죽음에 임했을 때 자신의 영혼, 육체를 벗은 자신이 보다 좋은 곳으로 갈 수 있는가 하면 좋은 곳에 태어날 수도 있으리니. 우리는 최소한 죽음의 길을 알아야 한다.

그러므로 그 길 잘 갈 수 있다.

자연사보다 질병과 문명으로 인한 예기치 못한 죽음의 길이 더 많으니 우리는 자기 자신의 영계에서의 생활을 위하여 너 나 없이 알아야 한다. 죽음의 길

육체로부터 영혼이 분리될 때 영혼은 단전을 중심으로 척추, 등줄기를 타고 올라 백회, 정수리로 나오나니. 기도 수행 정진한 이들이나 나올 법한 길이니. 자신이 부족하나마 이 길을 알고 있음으로 죽음 직전에 의식적으로 타고 올라도 된다.

이도 저도 모르는 이들이 죽음을 맞이하면 영혼이 육체를 빠져나올 때 아무 곳이나 빠져나오기 좋은 부분으로 나오나니. 영혼이 빠져나오는 그곳에 따라 그 길 또한 다르니. 육체와 영혼이 분리

될 때 조심스럽다.

육체를 벗어난 영혼이 육체 주변을 서성이든가 위에 머물러 자신의 육체를 바라봄으로 느끼나니. 평소에 영혼을 믿고 기도 수행 정진한 이라면 쉽게 영혼의 세계에 가겠지만 그렇지 못하면 예기치 못한 죽음 앞에 떠난 육체는 육체고 자신이 그 모습 그대로 있으니. 죽은 지도 모르고 평소대로 활동함으로 영계에 가지 못하고 현실 세계에서 알고 지냈던 인연들을 찾아다니며 이승을 헤매다 늦게야 알지만 이미 때는 늦는다.

그러므로 저승에 있어야 할 자신이 이승의 인연들에 붙어살자니. 자신이 괴롭고 아무 것도 모르는 육체를 가진 인연 있는 이들이 괴로우니. 현실 세계 이유 없는 병도 많구나.

예기치 않는 갑작스런 죽음이 아니라면 육체를 빠져 나오려는 그 때쯤이면 이미 영계에서 자신의 영혼을 안내할 안내자가 와서 빠져 나오기를 기다리며 자신과의 대화를 할 것이며 이때 안내자는 오래 전에 알고 지냈던 분들의 모습이나 이미 이 세상 사람이 아닌 영계의 영혼이다.

이들이 영계로 자신을 이끌고 가나 그들과 같은 의식인 줄 알라. 그러므로 그들이 살고 있는 영계로 가리라.

영계로 가는 길에서 그 가는 길목마다 많은 시험들이 그대를 기다리니. 그대 마음의 의식과 무의식 평소의 습관 등을 시험하는 것이다. 그 시험 잘 통과해 가고 가야 좋은 곳에 이르려니 평소 좋은 생각 속 우주 의식을 가질 일이며 무한한 사랑과 자비에 좋은 습관을 가질 일이다.

가는 길목 어귀마다의 시험에 평소 의식대로 습관대로 한다면 그대 의식에 습관에 맞는 일을 하는 곳에 머무르니. 그곳이 어떤 곳이든 그대는 그 삶을 살아야 한다.

그대 살아가려는 그 삶의 윤회의 쳇바퀴이려니 그대 그 삶이 좋아 머물렀지만 그대 의식과 습관 평소의 언행에 과보를 받는 것이니 그 모습이 그대가 보기에 똑 같을지 모르지만 인간이 보기에 그 모습의 형상은 천차만별이구나.

그러면 이러한 시험의 알 수 없는 종착지는 어디인가?

에덴의 동산, 하나님 나라, 부처님 나라, 모든 천상 중 최상의 한 곳으로 가는 길, 그 길 어귀마다 숱한 시험이 그대를 기다린다. 그러기에 많은 이들이 기도 수행 정진하는 것이며 많은 성현들이 많은 가르침의 말씀을 하신 것이다.

많은 성현들의 가르침, 경전, 성경, 코란…… 이외 많은 말씀들은 죽음의 길에서의 실험을 잘 통과할 수 있도록 가르침을 펴신 것이다. 그러므로 우리는 믿고 따르고 행동하고 본받으며 육체를 떠난 영혼이 영계에 들어갈 때 길목 어귀마다 시험하는 시험들을 잘 통과할 수 있다.

경전, 성경……그 외 많은 말씀들 다 기억하지 못할 뿐 아니라 믿고 따르고 행동하지 못한다면 최소한 그분들이 말씀하신 계명(誡命)만이라도 가슴 속 깊이 새겨두고 죽음의 길에 들어 영계로 갈 때 시험할 때마다 그 계를 지킬 일이다. 그러므로 최소한 천상이 하나된 자리에 들지 못할지라도 그 근처까지는 가리라.

죽음의 길 잘 가는 것은 성현들의 가르침과 계율 얼마나 굳게 믿고 따르고 행동했느냐에 따라 다르다.

그 첫째가 기도 수행 정진으로 인한 스스로의 우주적 의식의 마음이요. 그 둘째가 성현들의 가르침에 대한 믿음 정도의 의식적 마음이요. 그 셋째가 계율을 지키려는 마음이려니.

그대 마음 속 어느 것 하나 갖고 있지 않다면 최소한 그 어느 분의 계율일지라도 가슴 속 깊이 새겨 두고 살아갈 일이다.

예견된 죽음보다 더 갑작스런 죽음이 많은 요즈음, 그러므로 그대는 죽음의 길에서 시험에 들 때 계율과 말씀대로 한다면 잘 갈 수 있으리니.

죽음의 길 잘 가려면 평소 마음을 길로 믿음을 발로 끊임없는 계율의 풍성한 열매 맺을 일이다. 이것들이 그대 영문(靈門)에 들어가는 길목마다의 시험을 잘 통과 시키려니.

한 귀로 듣고 한 귀로 흘리지 않기를 바랄 뿐이다.

산 자와 죽은 자를 위하여

# 임종할 때 · 1

눈앞에 있는 곳은 보아도 멀리 있는 곳은 볼 수 없는 것과 같이 죽음 직전에 우리는 영혼의 세계를 본다. 그래서 죽음 직전의 사람들은 다른 영혼들과 대화를 한다. 우리는 그의 말이 헛소리라 말하지만 죽음을 이끄는 사자와 대화를 한다.

죽음의 사자는 죽어가는 사람과 전혀 모르는 사람이 아니고 잘 아는 친족 관계나 친구들이 보통이다. 그래서 한 가정의 제사를 보면 비슷비슷한 시기에 몰려 있는 것을 볼 수 있다.

죽음의 사자가 죽음 직전의 사람과 전혀 모르는 사람이라면 죽음이 무서워 몸서리치다가 육체를 빠져 나온 영혼은 생면부지의 사자를 보고 도망을 친다. 그러므로 영혼의 세계에 들지 못하고 떠돌아다니는 귀신이 된다.

살아서 수행 기도를 많이 한 사람들은 기도 수행 중에 경험한 자신의 의식과 무의식으로 누가 이끌지 않아도 자신의 의식으로 영계에 간다.

엄밀히 따지면 영혼의 세계에 가는 것은 육체를 가지고 살아 있는 동안의 어떤 종교를 믿던 간 종교적 의식에 따라 믿음 없는 이는 자신의 평소 활동적 의식에 따라 영혼의 세계에 간다.

더 엄밀히 따지면 영혼의 세계에 가는 것은 마음이라는 텅 빈 허공의 테두리 에너지 안에 어떤 의식과 무의식이 한 덩어리가 되어 죽음을 맞이하느냐에 따라 그 의식이 그리는 영혼의 세계에 간다.


# 임종할 때 · 2

죽음 직전에 있는 사람이나 그 같은 사람과 같이 있는 사람은 그를 위해 말할지어다.

현실의 세계에 살아오면서 가졌던 원한, 이해관계, 애욕, 애정의 이 세상 모든 근심 걱정의 집착을 잊어버리고 인연의 끈 모두 풀

어 놓아 현실의 세계에 걸릴 것 하나 없는 가볍고 홀가분한 마음
으로 죽음을 맞이하기를……

그러므로 종교를 믿든 믿지 않았든 죽음에 임하는 그 마음의 의
식이 가벼워 영혼의 세계에 가더라도 좋은 곳에 임하리니.

이승에서의 인연의 끈 다 풀지 못하면 죽어서도 영혼의 세계에
쉽게 들지 못하고 그 의식 속에 남아 있는 이승에 대한 인연의 집
착으로 이승을 기웃거린다. 기웃거리다가 인연 있는 이를 만나면
달라붙거나 숨어들어 함께 하는 그러므로 그 영혼의 고통까지 함
께 하리니.

인연 있는 어떤 이의 임종시 그대 같이 있다면 이승과 저승의 갈
림길에서 헤매이는 그의 영혼을 위해서 기도하는 것도 좋지만 그
보다 더 좋은 것은 일체의 모든 형상들의 모습이 마음 안에서 만
들어 내는 것이려니. 육체를 가지고 살아오는 동안에 있었던 좋은
생각에 좋은 세상을 생각하고 나쁜 생각은 일체 하지 마라 하고,
남을 탓하기보다 자신의 잘못으로 알고 그들을 자비와 사랑으로
감싸라 말하라. 그리하면 그 어떤 곳보다 좋은 곳에 임하리니.


# 임종할 때 · 3


평소의, 죽음 직전의 생각과 의지가 영혼의 세계에서 어떤 작용을
일으키고 그 영혼 또한 마음이라는 텅 빈 허공의 울타리 안의 생각
과 의지에 따라 영혼이 가는 수많은 천당과 지옥을 말하고 그 마음
이 갖고 있는 의식과 무의식에 일체 형상이 나타나고 사라지니.

마음 안에서 작용하는 법이 일체 만물의 근원이니. 어떤 형상이
나타나든 그대 마음에서 일어난 줄을 알고 마음을 추스릴 일이다.
아무런 생각도 의지도 없다면 좋으련만 그렇지 못하면 의식적이라
도 좋은 생각을 하도록 할 일이다.

마음법이 일체법이니. 모든 자연의 순리나 진리라 생각하는 모든
것과 그대 의식주 문제까지도 그러하니. 마음 안에서 생각하고 구
하면 얻을 것이다.

육체가 없는 영계의 생활은 그대 마음이라는 나라는 타인이라는 천당과 지옥이라는 모든 형상이 그대 있다고 없다고 하는 가운데 있으리니.

테두리 없는 텅 빈 허공의 진실이 모든 작용을 일으키는 줄 알고 그 묘함을 관찰하다 보면 묘함 속에 있는지 없는지조차 모르리.


## 죽은 자를 위하여 기도할 때

맑고 깨끗한 몸과 마음을 가지고 온 힘, 온 정성을 다한 일념으로 기도하라. 마음의 문을 활짝 열고...

죽은 자가 기도하는 사람의 마음을 쉽게 이해하여 탐욕스런, 집착하는, 어리석은 마음을 버리고 스스로 생각을 바꾸고 마음을 바꾸도록 마음의 안팎 없이 작용하는 마음과 마음 안에서 작용하는 티끌의 한 생각 한 생각, 한 생각이 만들어 가는 변화의 모습과 형상들 그 형상들 속에 묶여 활동하는 영혼의 세계를 기도하면서 이야기해 주어. 기도 받는 죽은 영혼이 흔들리고 마음이 흔들리어 생각이 바뀌고 생각이 바뀌어 깨닫게 해야 한다.

이것이 죽은 자를 위한 참다운 기도법이다.

영혼이 어떤 마음에 어떤 생각을 가지고 있느냐에 따라 변하는 영혼의 세계 속 본래의 모습을 이야기해 주고, 육체를 가지고 살았던 시간 속 이해관계, 원한관계의 얽히고설킨 집착의 과보를 버리도록 해야 한다. 이해시켜야 한다. 깨닫게 해야 한다

그러므로 죽은 자 스스로 벗어날 수가 있다.

죽은 자의 집착이 너무 강해 전혀 통하지 않는다 하여도 기도하는 자의 마음이 간절한 일념이면 기도하는 자의 마음이 강하든 약하든 에너지 파장이 그대로 전달되어 죽은 자의 마음을 흔들 것이니. 온 힘 온 정성을 다한 간절한 일념으로 기도할 일이다.

무당이 하는 것은 달래거나 쫓는 것이지. 깨닫게 하는 것이 아니며 각각의 종교에서 하는 기도는 각 종교의 교주와 그 제자들의 힘을 빌리는 것이며 예수, 석가의 말씀을 읽어 주는 기도는 깨우

치도록 가르치는 기도이고 하나님이나 부처님을 부르는 기도는 본성인 자신의 주(主)를 부름으로 안팎이 하나 되게 하는 기도이다.

현실 세계는 살아 있는 자들의 노력이 칠, 죽은 자들의 힘이 삼으로 십의 완성 속 서로 작용하며 살아가는 세계다.

자신들을 위해 칠을 쓰고 죽은 자를 위해 삼을 쓴다면 죽은 자나 산 자에게 살기 좋은 세상일 게다.

어찌 죽은 자들을 가벼이 하겠는가?

죽은 조상이 괴로우면 살아 있는 후손 괴롭고 죽은 조상이 즐거우면 살아 있는 후손 또한 행복하나니. 어찌 돌아가신 조상을 가벼이 보리요.

돌아가신 조상을 하나님, 부처님 대하 듯하고 살아 있는 모든 이들 또한 그리한다면 삶과 죽음이 따로 없고 지옥과 천당이 따로 없으며 서방정토가 어디며 에덴동산이 어디랴.

기도 수행 정진하여 깨달음으로 자신의 영혼을 구하고 자신의 조상 중 위로 삼대 아래로 삼대를 구하는가 하면 주변 사람들 역시도 구하나니.

우리 사회가 깨달음의 사회로 나아가야 한다.

자신이 깨달음을 향해 나아감으로 깨달은 정도에 따라 마(魔)가 있으나 그 마구니는 어느 땐가 자신과 인연이 있던 영혼으로 구제받기 위해서 찾아오니. 도가 높을수록 마가 성하고 그들의 영혼을 구해야 계속 올라가나니. 구하라. 구하는 것이 죽은 자를 위한 기도이고 자신의 주(主)를 찾는 수행이며 이것이 또한 죽은 자를 위하여 기도할 때이다.

# 죽은 자를 위한 기도
## -문상 갔을 때

### 첫째 날 방문시

ㅇㅇㅇ여(돌아가신 분의 호칭을 부른다),

지금 당신은 당신의 육체를 떠나서 당신의 육체와 가족과 친지 그 외 알고 지냈던 친분 있는 이들과 나를 바라보고 있지요.

그러나 나와 당신 가족과 친지 육체를 가지고 있는 모든 우리는 당신 모습을 보지도 당신 말을 알아듣지도 못한다오.

그러니 가족에 대한 애정 어린 근심 걱정과 주변 사람으로 인한 원한, 이해관계를 모두 잊고 가벼운 마음으로 영계에 가기를 바라오. 당신이 육체로부터 떨어져 나온 순간부터의 하루는 눈부시도록 파란 빛줄기가 당신을 비출 것이요. 당신 영혼의 의식과 육체의 행적에 따라 그 빛줄기는 맑은 허공에서 먹구름까지 비춰오는 밝기는 다르지만 먹구름 벗어나 맑은 허공 이르면 그 빛 비출 것이요.

당신이 먹구름 속에 있어 한 치 앞을 분간할 수 없으면 세상 온갖 번뇌에서 먹구름까지 당신 잘못인 줄 알고 그 잘못을 뉘우치소서. 그럼으로써 먹구름은 흔적도 없이 사라지고 맑고 깨끗한 허공에 있는가 하면 그 빛 그대로 볼 수 있으리니. 지금도 비추고 있지요 그러니 이 세상 모든 일 잊고 그 빛줄기 따라가오. 당신이 육체로부터 떠나온 시간의 하루 해가 다 갈수록 그 빛은 흐려지려니 그 빛 흐려지면 영혼의 세계에 가는 당신의 위치가 낮아지려니. 당신의 죄가 너무 많으면 그 빛 두려워 피하겠지만 무서워하거나 피하지 말고 서둘러 가시오. 이곳에서 생기는 일 걱정하지 말고 처음 당신이 파란 빛줄기를 보고 따라가면 전체가 하나 하나가 전체된 자리. 하나님, 부처님 나라에 갈 것이나 그렇지 않으면 서둘러 가오 그 빛 무서워 말고.

### 둘째 날 방문시

ㅇㅇㅇ여,

첫날 당신이 보았던 파란 빛줄기는 사라지고 이제는 눈부신 은백의 빛줄기가 당신을 비출 것이요. 지금도 늦지 않았오. 이 세상 모든 근심 걱정과 원한, 이해관계, 애욕과 애정을 잊고 눈부신 은백의 빛줄기 따라가오.

그 빛줄기 따라가면 많은 성현들이 계신 곳으로 가려니 무슨 미련이 남아 영계로 못 가고 당신은 지금도 왜 이곳에서 서성거리시는가. 누구 하나 당신을 보지도 듣지도 못하는데 이제는 당신이 아무리 발버둥쳐도 살아날 수 없는 육체를 벗어 버린 영혼이라오, 그러니 당신이 죽은지를 알고 영계로 가소서. 흐려져 가는 은백의 빛줄기 사라지기 전에 지금도 늦지 않았오. 서둘러 서둘러요.

## 셋째 날 방문시

○○○여.

이제는 파란 빛도 사라지고 은백의 빛마저 사라졌소. 지금도 황갈색의 빛줄기가 당신을 비출 것이오. 지금이라도 이 세상 모든 일들을 잊고 옷 갈아입듯이 한 생을 반성하며 작은 것 속에 큰 것이 담겨 있고 큰 것이 작은 것의 부분들임을 생각하며 가소. 그나마 그 빛 따라가면 천궁의 인간으로는 가려니 가오.

당신이 이 세상 잘 살았더라도 마냥 기회를 잃으면 되돌아 어느 땐가 오려니 아니 더 미덕한 굴레로 떨어지려니. 어서 가소 영혼의 세계로 이 세상에서 육체에 걸려 못 다한 진리의 오묘함을 누려 보소. 지금도 이 세상에 미련이 남아 살아 있는 사람 주변을 서성인다면 당신이 믿든 종교의 가르침 잃지 마소. 최소한 종교 교주의 계명이라도 잃지 마소.

당신이 누군가에 끌려갈 때 시험할 때마다 그 시험들을 통과할 수 있는 열쇠이려니 잊지 말고 꼭 기억하소. 부디 좋은 곳으로 가기 바라오. 당신이 지금 보고 있는 모든 형상들은 평소 당신 의식이 가지고 있던 것들이 표면화된 것으로 어떤 생각을 하느냐에 따라 형상들은 변할 것이요. 당신의 생각이나 의식을 영혼의 사랑으로 하고 사랑의 정도를 무한한 한량없는 사랑과 자비로 이끌면 이끈 만큼 그대 영혼은 성장하려니. 그러한 마음 속 영혼을 가지고 가소. 당신 힘으로 부족하면 내 의식의 힘까지 가져가시오. 내 힘 당신이 필요로 하면 주려니. 당신 힘이든 하나님, 부처님, 예수, 석가…… 힘이든 미약한 내 의식의 힘이든 당신 영혼이 빛으로 가시는 길 더하여서 부디 좋은 곳으로 가소서.

천궁에 가소서.


# 죽은 자를 위한 기도
### -제사를 지낼 때

0 0 0(제사 지내는 분의 호칭을 부른다),

그간 어떻게 지내셨나요.

우리는 잘 지내고 있으니 걱정하지 마세요

(영혼을 보는 사람이라면 영혼이 와서 음식을 먹으며 하는 이야기나 그들의 표정을 보아서 자신들의 앞일을 알 수 있으나 그렇지 못한 우리로는 단순한 제사 정도로 기일을 기억하는 정도랄까)

0 0 0여, 언제까지 인간의 굴레를 벗지 못하고 춥다, 배고프다 하며 인간의 일에 관계하리요. 당신이 지금 맛있게 음식을 잡수시지만 인간인 내가 보기에 전혀 잡수시는 게 없습니다.

이는 무엇을 말하는가 하면 지금 당신이 잡수신다고 하는 것은 육체의 인간일 때 육체를 유지하기 위해 음식을 먹음으로 그 진기를 취하고 나머지를 배출하는 것이지만 영혼인 당신이 먹는 것은 진기만 먹는 것이기에 인간인 내가 보기에 음식은 아무런 변화가 없답니다. 다만 그 맛이 진기로 인하여 조금은 아니 정확히 3분의 1은 진기가 빠졌지만 이러할진대 춥다 배고프다 하는 것은 인간의 생각을 아직도 버리지 못하고 영혼으로 취할 줄 모르기 때문입니다. 영혼으로 음식과 옷을 취하는 쉬운 방법이 있으니. 그 취하는 방법은 당신의 의식을 집중하여 먹고자 하는 것의 시작과 끝을 단시간에 이끌어 내는 자연의 법칙, 아니 진리의 법을 이용하면 된다오. 예를 들어 사과가 먹고 싶으면 사과나무이 성장과 꽃 피고 열매 맺는 것을 의식적으로 진행시키는 것이라오, 짧은 시간에 그러므로 열매는 취하는 것입니다.

 생겨라 하면 생기는 것은 의식의 집중입니다.

 모든 음식을 이런 방법으로 취하면 되지만 더 쉽고 간편한 방법이 있으니. 그것은 모든 진리의 생명의 에너지는 우주에 두루 꽉차 있어 당신이 그 자체인 줄을 알면 안팎이 따로 없으니. 취하고 얻을 것이 없고 그 자체 생명으로 하나님, 부처님의 상태로 그들과 같은 행동을 할 수 있으려니. 자신의 영혼이 평소 갖고 있었던 의식과 무의식의 테두리에 자신이 자신을 묶어 놓은 생각이라는 것 때문에 안 되는 것이니. 자신이라는 영혼이 생각의 의식, 무의식인 것까지 버리고 나면 순수의 본바탕 진리의 생명의 불이나 하나님의 길로 들어서 그분들과 같은 행동을 할 수 있으려니. 마음이라는 텅 빈 허공의 생명의 에너지에 녹아든 생각으로 만들어진 의식과 무의식으로 수많은 형상을 만들어 행동하는 것이니. 그대 마음으로 만들어 놓은 형상과 수많은 것들의 변화를 마음 바꿔가며 그 변화를 관찰해서 본래의 마음 생명을 깨달아 그 자리로 갈 일이다.

 이 자리를 깨닫지 못하고 영혼으로 있는 이상 당신은 영혼 성장을 위한 인큐베이터에서 시작도 끝도 없이 이어져 자라야 합니다.

 그곳 그분들의 무한한 사랑과 자비 속에서 그분들의 이끌림에 의해서 그분들이 어마하게 큰 듯하지만 작은 것이 모인 큰 것이니. 작은 당신의 영혼 역시도 큰 분의 일부분이니. 당신 영혼의 실체 생명의 진리의 에너지, 의식, 무의식이라 하는 것 역시 마음 안에 수많은 티끌이 모였다 흩어졌다 하는 작용인 줄 알고 그 자체로 벗어나면 은백의 빛으로 빛나고 은백의 빛 넘어 파아란 빛이 빛나고 그 파아란 빛마저 벗으면 작은 당신의 영혼은 흔적도 없고 진리의 생명의 에너지로 한량없는 하나님, 부처님이 됩니다.

 부디 텅 빈 허공의 일부분을 소유하고 있는 그대 영혼의 테두리 마음 속 의식과 무의식을 벗고 수많은 티끌을 소유한 마음에 하나의 티끌까지 벗어 놓고 하나님, 부처님의 마음을 가지고 일부분이면서 전체가 되십시오.

# 죽은 자를 위한 기도
## -성묘 갔을 때

○ ○ ○ 여,

여기는 당신이 머물 집이 아니라오.

당신은 지금 이곳에 머물러 있어서는 안되오.

영혼의 세계에 가든가 천국이나 극락으로 갔어야 하오.

하물며 여기에 머물러 있음은 아직도 당신의 실체를 깨닫지 못했기 때문이오. 지금도 늦지 않았으니 당신 본래의 성품을 깨닫고 본 성품의 자리로 가기 바라오. 현재 당신의 모습은 육체를 가졌을 때와 다르지 않지만 육체를 가진 우리는 당신을 영혼 또는 귀신이라고 말한다오.

본래 당신은 부처님, 하느님의 성품과 같이 고귀한 성품으로 그 분들과 같이 있어야 함에도 그러하지 못하는 것은 당신의 마음 속에 나 너 우리 타인이라고 분별하는 생각들로 집착이 강해진 의식과 무의식이 함께 하니. 본래의 성품에 녹아든 이들로 수많은 형상과 형상을 만드나니. 당신 마음의 변화에 따라 나타나는 생각이 형상을 면밀히 관찰하여 의식과 무의식 생각이 끊어진 자리를 알고 그곳에 가시오 그 가시는 길이 부분으로 전체를 이루고 전체가 부분일지니. 그곳이 당신이 회귀해야 할 마지막 진정한 고향인 줄 알고 가시오. 내 기원하는 생력의 힘 더하며 가시오.

아무리 깨우쳐 주려고 내 생력의 힘까지 다 하여도 당신이 받아들이지 않고 깨우치지 않는다면 아무런 필요가 없소.

내 기원하는 생력의 힘 다함보다 더 당신의 한 생각 바꿈이 당신에게 엄청난 주변의 변화를 일으키려니. 생각을 바꿔 가며 깨달으소서.

당신이 육체를 가지고 행하던 것과는 다르게 실천에 어려움이 많을 것이나 끊임없이 행하면 되리요. 다른 몸에 붙어 행하려 한다면 본래의 몸 주인이 괴로울 뿐만 아니라 당신에게도 아무런 도움이 되지 않나니. 붙은 몸으로부터 하루 빨리 빠져 나와 다음 생을 기약하며 새로운 몸 받기를 기원하소서. 부디 참된 진리를 깨달아 본연의 진리로 회귀하기를 간곡히 바랍니다.

# 죽은 자를 위한 기도
## ―평상시

ㅇ ㅇ ㅇ여,

지금 당신은 어디에서 무엇을 하며 어느 곳을 헤매고 계신 가요. 내 말이 들리거든 나에게 와서 내 말 좀 들어 보소.

당신은 본래 성품이 고귀한 부처님이며 하나님과 같은 성 품으로 석가나 예수, 공자……성현들과 같이 있어야 함에도 저마 다 그러하지 못하고 수많은 지옥과 천당에서 헤매고 영혼의 세계 에 가지 못하고 인간 세계에 머물러 떠도는 영혼으로 있으니. 의 식적으로 당신과 주변을 어떻게 대하며 행했느냐에 따라 당신 영 혼과 주변이 맑고 흐리고 어두워 칠흑의 어둠 속에 있는가 하면 밝은 대낮 같은 곳에 있고 수많은 사람들로부터 괴로움 당하는가 하면 활력이 넘치는 곳에 있기도 하오.

지금 당신은 어디에 있소.

있는 그곳으로 더 좋은 곳에 가려거든 당신의 본래 성품을 알고 석가, 예수, 공자……수많은 성현들이 생각하고 행동했던 것과 같 이 너 나 없는 우주 만물이 하나, 한 몸 한 형제라는 인식 아래 모든 잘못은 내 탓으로 돌리고 우주 모든 만물을 타인이기라기보 다 나인 줄 알고 내 몸 같이 무한한 자비와 사랑을 베풀면 그 인 식이나 베풂 정도, 생각과 행동에 따라 당신이 있는 그곳이 바뀌 나니. 한 생각 한 생각 바뀌가며 깨달으소서.

당신의 본래 성품이 고귀한 부처님이고 하나님인가 하면 진실법 계의 진리, 그 자체 실체인 줄을 깨닫고 석가, 예수…… 성현들이 행했던 것처럼 생각하고 행동하소서.

그러므로 좋은 곳에 임하시어. 윤회의 고통으로부터 벗어나소서.

육체가 없는 당신의 영혼으로 해도해도 어려우면 육체의 몸을 다 시 받기를 소원하고 육체의 몸을 받아 깨달을 것을 기원하소서.

그러므로 이 땅에 다시와 당신과 당신 주변에 헤매는 영혼을 구 하고 이승과 저승이 없는 천당과 지옥 없는 극락정토, 에덴의 동산을 가꾸소서. 여러 생 동안 살아오면서 가졌던 육체로 인한 습관을 버리고...

## 죽은 자를 위한 기도
### -어떤 경우에도

사람들마다 어떤 생각 속 의식을 가지고 어떤 원한, 애욕, 애정의 이해관계 속에 어떠한 삶을 살았느냐에 따라 어떻게 죽음을 맞이했느냐에 따라 죽은 자를 위한 기도 방법이 조금씩 다르다.

일일이 다 나열하고 싶지만 한계를 느끼며 너무나 광범위해서 부족한 나로서는 역부족인 듯싶고 현재 써 놓은 죽은 자를 위한 기도란 글도 부족함이 너무나 많은 듯싶어 불만족스럽다.

어느 땐가 또 다시 생각이 닿으면 쓸지 모르지만 현재로서는 일일이 나열하는 듯한 생각이 들어 이쯤에서 멈춘다.

죽은 자를 위한 기도는 어떤 원한, 애욕, 애정의 이해관계 속 집착을 버리지 못하고 그 의식 그대로 가지고 갔던 어떤 삶을 살다가 갔던 간에 죽은 자를 위한 기도 방법은 육체를 가지고 살았던 순간까지의 얽히고설킨 원한, 애욕, 애정의, 이해관계 속 죽음의 순간까지 죽은 자의 생각 속에 있는 집착을 벗어 놓도록 이해시키고 화해시키고 나아가 어둠 속에 헤매는 영혼을 구하여 본래의 성품을 찾도록 살아 있는 사람이 기원을 보내는 것이다.

죽은 자가 잘 알아듣고 생각을 바꾸고 의식을 바꾸도록 하는가 하면 자신이 가야할 길을 알려 주고 본 성품을 찾도록 본래의 성품에 대하여 공부시키는 것이다.

아무리 좋은 성품을 향한 말과 글이라도 죽은 자가 전혀 알아듣지 못하면 좋은 에너지에 염은 받을지 몰라도 스스로 깨달아 성품을 알지 못하나니. 죽은 자가 쉽게 알아듣고 스스로 생각을 바꾸어 깨달아 본래의 성품을 찾게 하는 기도가 진정한 죽은 자를 위한 기도다. 그러니 산 자는 죽은 자를 위한 기도를 할 때 자신의 깨달음이 성품에 있지 못하면 이미 깨달아 말씀하신 성현들의 진리의 말씀을 아니면, 모든 죽은 자에 맞는 내용을 읽어 알려 주던가 아니면 모든 죽은 자와 산 자를 구하겠다는 염원을 가지신 깨달음에 있는, 있던 분의 명호를 불러 그분의 무한한 자비와 사랑의 품 속에 들게 하는 것이다.

어느 방법이 최상이라 할 수 없겠지만 최상 중에 최상은 깨달음의 공부를 시켜 어둠에서 밝음으로 밝음에서 스스로 깨달음에 이르게 하는 것이니. 어떤 영혼이 산 자에 붙어살던 영혼의 세계에 들지 못하고 허공을 헤매든 영혼의 세계에서 수많은 지옥 어느 곳에 머물러 있든, 있든 그곳으로부터 염을 보내는가 하면 불러 모시고 끊임없는 깨달음의 공부를 시켜야 한다.

죽은 자가 깨닫고 산 자가 깨달으니

이승과 저승이 따로 없고 서방정토가 어디며 에덴동산이 어디랴.

■ 맺는말 ■

진리란, 어떤 책이나 글, 말로써 찾을 수 있는 것이 아니다. 다만 진리를 향한 책이나 글, 말들은 깨달은 분들이 나름대로 진리 속에서 살면서 진리와 부딪히고 진리가 변화하는 오묘함을 바라보면서 일상 우리들이 쉽게 잃어버리고 잊어버린 것들과 일상에 쫓겨 생활하다 보니 미처 생각이 미치지 않은 진리의 부분, 또는 눈으로 식별하기 좋아하는 우리들이, 눈이 아닌 마음으로 조금이나마 진리를 알고, 생각이라도 진리에 접근할 수 있도록 말이나 글로써 진리를 표현하지만 결국 표현 자체가 진리일 수는 없다. 혹, 진리의 입장에서 보면 진리일 수는 있다. 예를 들면, 바닷물이 진리라 하면 바닷물 속에 사는 것을 통털어 무엇이라 하고 물고기는 바닷물을 바닷물이라 할까?

물고기는 바닷물을 떠나서 살 수 있을까?

이와 같이 우주 전체가 진리이며 우주 만물이 진리 속에 있다. 물고기가 바닷물을 떠나서 살 수 없듯이 우리 역시도 진리 속 진리로 있으면서 진리인 줄 모르고, 진리는 멀리 다른 세상에 있는 듯 생각하지만 우리와 진리는 늘 함께 공존한다.

진리를 떠나서는 살 수가 없다. 이렇듯 진리는 우리 몸 안팎으로 가득 차 있다.

본성, 불성, 유일신, 하나님, 신성, 주인공… 말과 글, 의식과 무의식의 끝간데, 모든 것이 끊어진 곳에 또아리를 틀고 있다.

진리는 자신의 의식과 무의식, 모든 것을 여의지 않고 밖에서 찾아 헤맨다고 찾을 수 있는 것이 아니라, 자신을 올바로 보며 의식을 여의고 가슴 속 깊이 감추어진 무의식까지 여의었을 때 자신의 내부로부터 그 실마리를 찾을 수 있다.

자신의 내부로부터 진리를 찾기 위해서는 자신을 올바로 바라볼 수 있는 방법을 알아야 한다. 올바로 봐야 한다.

자신의 내부에서 진리를 찾는 방법에 있어서 부족하나마 스스로 행해 감을 서술하고 명상을 쫓아간 부분들을 글로 옮기는데 있어 진실을 다 했다고 생각한다.

앉으나 서나, 어딜 가나 오나, 누우나 잠자나, 한 생각 쫓아가기를 숱한 세월, 1995년 초여름, 어느 날, 차를 몰고 골목길 둔덕을 막 지날 때 '덜커덩 꽝' 하는 차 소리에 눈을 뜨고 있음에도 한 번 더 눈을 떴다.

일체에 웃을 수밖에 없었다.

너무도 어이없어 자신도 모르게

주변이 떠나갈 듯

웃음밖에 나오지 않았다.


그래서 얼마 동안은 그 순간을 생각만 해도 절로 웃음이 터져 나왔다.

몇 날 며칠을 실성한 사람처럼 혼자 웃었다.

그렇게 찾고 찾았던 것이 내 주변에 늘 함께 하고 있었다니, 정말 어이가 없었다.

손 안에 쥐고 있는 것을, 내가 그인 줄, 내가 가지고 있는 줄을 모르고, 손을 펴 볼 생각은 않고……

돌고 돌아 결국 내 안에서 찾은 꼴이었다.

업은 아이를 찾아 헤맨 꼴이었다.

자신을 바로 보기 위해서 꾸준히 힘쓰고 노력하여 익을 대로 익은 봉숭아 씨앗 주머니처럼 수행자가 수행의 경지가 높아져 우주의식에 다다르면, 봉숭아 씨앗 주머니가 외부의 사소한 건드림에도 터지듯, 우주의 유형, 무형의 모든 소리가 '우주와 내가 하나되는' 공명 현상을 일으켜, 허공과 하늘이 무너지고 수행자 자신의 맑고 깨끗한 거울마저 깨지는가 하면 눈이 떠 있는데도 눈이 한번 더 번쩍 뜨이고, 번쩍 뜨이는 순간, 진실 허공을 보고, 진실 허공을 보는 순간, 진실 허공과 하나로 있는 상태의 경험을 체험하게 하는 역할을 해 준다.

부처님이나 하나님을 올바로 보기 위해서는 밖에서 찾고 구하지 마라.

바닷물 속 물고기와 같이, 우주 속 우주 만물과 같이, 그분들은 이미 당신의 안팎에 있어, 당신의 가슴 속 깊이 후미진 곳, 그 어떤 것에도 당신 영혼이 흔들리지 않을 곳에 계시나니, 당신 내부 깊숙이 들어가 너 나 없이 만나기 바란다.

그분들을 만나기 위하여 노력하는 이들을 위하여 조금이나마 도움이 될까 싶어 스스로 행하고 느껴 간 순간들을 글로 옮긴 것을 '빛으로 가는 길' 이란 제목으로 책을 묶고 부제를 '생의 의문에서 해탈까지' 라고 했다.

부처님, 하나님, 진리를 찾고 구하는 이들을 위하여 조금이라도 도움이 됐으면 싶고, 전혀 찾고 구하지 않는 이들도 이 글들을 접하고서 찾고 구한다면 이 글을 쓴 칠통은 보람을 느낄 것이다.

이 책의 글들이 전부가 아니라, 어느 일부분도 제대로 섭렵하지 못한 글일진대 스스로 읽고 나름대로 뭔가 의문을 갖게 되고, 뭔가를 생각하게 했다면 그것은 당신의 영혼이 순수하고 맑고 깨끗하기 때문이다.

아무쪼록 당신은 이제 이 책을 읽지 않은 사람들보다 뭔가 달라도 달라져야 하고, 일반적 의식에서 영혼적 의식으로, 영혼적 의식에서 우주적 의식으로 성장했으면 싶다.

삼라만상이 언제나 당신의 품 안에 있어,
하나님과 부처님 늘 함께 하고
날마다 좋은 날
복된 날 되기를 기원한다.

이 책에 있는 모든 글들은 지금으로부터 3년 전에 쓰여진 글들로 한데 묶어 구석에 박혀 있던 것인데, 여러 사람들의 권고와 도서출판 오감도의 도움으로 세상에 모습을 드러내 빛을 보게 되어 기쁘기 한량없다.

출판에 도움을 주신 분들께 감사드린다.

2000년 初夏

漆 通

# 제8부 한 통 속

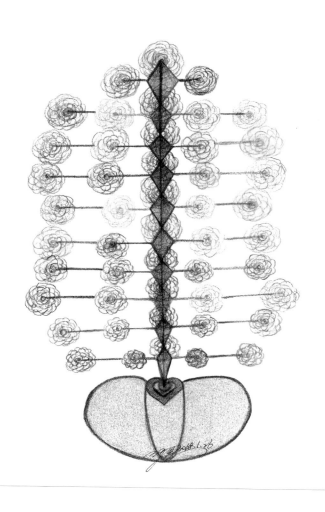

## 오케스트라처럼 살아볼까?

네가 나로 살다가
35살에
내가 너로 사는구나

네가 살아온 날들 보다
살아갈 날들이 더 많은
나의 울타리 너

너의 요구를 다 들어주기엔
너무 많아

나로 살으려는 나는
네가 있어
너와의 마찰은 끊임없고

끊임없는 마찰을
이제는, 두 줄의 현에서
한 소리를 자아내는
오케스트라처럼 살아볼까 !

\* 확철대오하고 나와 본성의 사이에서, 현실에서 조화를 이루며 살아가
겠다는 생각에 쓴 글이다.

# 당신을 기다립니다

그리워하거나
사랑하지도 않지만
언젠가 한 번은 찾아 올 당신을
기다립니다

낮에는 낮빛으로
밤에는 칠흑으로
서성이는 당신이
소리없이 다가와 감싸안을 그날을
기다립니다

당신이 감싸 안는 그날
즐거움에 춤추고 노래 부르며
고통의 바다를 건너

오랜 생 동안 살았으되
시작도 끝도 없는
한 걸음도 오고 간 곳 없는
본래의

맑은 수정빛 같은 곳을 지나
은백색으로 빛나는 곳도 지나
파란빛이 빛나는 곳으로

시작도 끝도 없이
가늠할 수 없이
한량없게
나는 있으리

## 예전엔 몰랐어요

당신을 찾아 헤맬 때는 몰랐어요
당신을 찾아 만났을 때
그때 비로소
당신이 내게 있어
얼마나 소중한지를 알았어요

늘 함께 있으면서도
당신을 찾아 몸부림치던 숱한 날들이
지금에 생각하니 기쁨이었습니다

예전엔 몰랐어요
당신은 나와 인연이 없어
손이 닿지 않는 저 멀리 있는지 알았는데
만나 보니
당신이 내게 있어
주인이고 내가 객인 지를

내가 생각하고 행동하는 모든 것들이
당신의 뜰 안에서 노닌다는 것을
예전엔 몰랐어요

당신과 나는 한 몸인데
당신 없이 어찌 내가 있으리요

이제는 알아요
당신이 있음으로 내가 있고
내가 있음으로 당신이 있다는 것을
당신과 나는 떼어 놀래야 놀 수 없다는 것도

# 불 이 (不 二)

본성(本性) = 마음(心) = 진실허공
그 무엇이라 해도 맞지 않는 것을
어떤 이는 진리라 했고
어떤 이는 생명이라 했네

본성(本性) = 진리(眞理) = 생명(生命)
본성으로 하나요
진리로 하나요
생명으로 하나요

하나는 하나요
둘은 둘이요
셋은 셋이요
...

하나는 하나요
둘은 하나요
셋은 하나요
...


# 허공과 나그네

당신을 향한 사랑은
믿음이 피워낸
생명으로
말씀이 진리
텅 빈 허공이었습니다

당신은 텅 빈 허공
진리고 생명
시시때때로 전해주는
유형, 무형의 말씀은
태양처럼

내 안의 나와
빛나고

뜻 모를 소유 의식 쫓아
채우고 채우는 사랑은
차라리 아픔이었고
이별이었습니다

당신은 허공
나는 나그네


## 나는 당신이었습니다

너무나 사모했기에
사랑했기에
당신을 처음 본 순간부터
나는 당신이었습니다

당신으로 살아가려는 나에게는
육체의 감옥에 갇힌
티끌을 소유하려는 의식의 은백홀였습니다

부딪히고 부딪치는
양지와 음지에서

당신의 언행을 생각하며
당신이 되려하지만
속으로 결정체 만드는 몸부림이었습니다

나이기 전에 당신이었고
당신이기 전에 나였습니다

나 이대로 당신인 것을
당신을 쫓아 닮으려는 몸부림은
이미 당신이 아닌 나인 것을
당신으로 착각한 바람의 장난이었습니다

허공에 바람이 부니
나무는 숲을 이루고
나는 흐르고 흐르는 물이어라


## 탄식(歎息)

언어 이전의 한 구절 수많은 성인도 전하지 못했거늘 언어 이전
을 분별하여 천하 사람의 혀를 꼼짝 못하게 한다 해도 하늘을 덮
지 못하고 땅도 싣지 못하며 허공도 덮어씌우지 못하고 해와 달도
비추지 못하네.


## 견해를 내지마라

그릇에 물이 가득하니 물은 흐르고 칠통(漆桶)의 소굴엔 이무기
가 버티고 있어 넘쳐나기만 하네.
어느 세월에 백치의 바보가 되어 통(桶)에서 통(通)하리

## 칠통을 살펴라

풀이 우거졌는데 꽃을 말하니.
진흙탕 속 흙을 씻고 눈 속에 티끌이니 귓속에 흙이로다.
낱낱이 살펴보라. 비어진 것 무엇이고 가득 찬 것 무엇인가?
용(龍)이 나타난나 싶었더니 굴 속 입구 이무기도 아닌 뱀이 똬
리를 틀고 앉아구나.
이미 용(龍)도 여의주도 없으니 남의 굴 속 틀어막고 여의주 훔
칠 생각 말고 그대 굴 속 여의주를 찾으소서.


## 산은 높고 물은 깊다

물이 흐르니 바다에 이르고 바람 부니 낙엽이 휩쓸린다.
산은 높고 물은 깊다.
범은 산에 의지하여 포효하고 용은 물을 만나 승천한다.
날아간 화살의 길은 분명한데 날아온 화살은 과녁을 뚫지 못했네


## 말해 보라

온 곳 없는데 갈 곳 있으랴
(어디서) 왔는가?
(지금 어디에) 있는가?
너의 이름은 무엇이냐?
(본래 이름이) 있던가?
(어디로)가는가?

수 만년이 한 생각이고 한 생각이 수 만년이다
말하기 이전에 있다. 어떻게 찾아야 할까

찾아보라.
법신의 부처님이 계시고 하나님이 계시고
너와 내가 있는 곳


## 금강반야(金剛般若)

모든 것에는 제자리가 있는데 그것을 반야(般若)라 하고 그 본체는 너무나 견고하여 금강(金剛)이라 이름하니. 그 어떤 사물도 이를 파괴하지 못하고 기능은 날카로워 모든 사물을 자른다. 산(五蘊)을 노리면 산이 꺾이고 바다(苦海)를 노리면 바다가 고갈된다.

금강반야(金剛般若)는 태양처럼 언제나 빛나고 알음알이 완전히 사라져 홀홀 벗고 텅 비어 밝음 속 어둠 있고 어둠 속 밝음이 있다.

살피기만 한다면 누군들 이를 보지 못하랴. 본래 갖추고 있는 밝음 홀로 빛나니.

남에게 구할 것 없다. 네 가슴 속 네 영혼이 닿지 않는 후미진 곳, 항상 변함없는 광명 그 자체다

사람마다 본래면목 "금강반야" 한 권의 경전이 있어 항상 이 경전을 굴린다. 이 경전은 영험하고 너무나 오묘함 속에 있어 개개인 자신들이 가진지를 모른다.

이 경전에는 아상(我相), 인상(人相), 수자상(壽者相), 중생상(衆生相)도 없다. 금강반야는 그저 붙여본 이름일 뿐, 이름하여 무엇이라고 해도 맞지 않는다.

오온(五蘊)이 모두가 허망한 것인 줄 안다면 바로 금강반야를 보리라.


\* 오온이란: 색(色), 수(受), 상(想), 행(行), 식(識)을 말함

## 현실 세계가

생로병사의 현실 세계가 그대로 해탈문이고 부처님들의 열반문이다.
서 있는 곳이 진여문이고 가는 곳이 열반로이다.
법은 없는 법이고 없는 법도 법이라.
불법문엔 문이 따로 없다
한 생각 끊으니 홀연히 본래의 모습 살아나서 사물의 깨달음 또렷하다


## 금강 찾는 길

금강 캐러 이산 저산 찾아봐도 8만 4천리 밖이니 곡괭이질 헛손
질이고 금강 찾아오라 소리 듣고 그 산 속에 들어 캐어 봐도 찾기
가 어렵도다.
자기 자신의 마음 속에 들어 일심 곡괭이질하면 1미터도 파기 전
에 금강이 빛을 발하리.
요즘 사람들 이것에 힘 안 쓰고 자태만 뽐내려 말들만 무성하니
이가 잘못인 줄 모르는구나.
어느 세월에 금강석 찾아 천지를 쳐부수고 허공에 꽃을 피워 향
기 천지를 덮을고


## 나는 가리

육신의 어느 한 부분이 썩어 들어가도 아픔을 느끼지 않는 영혼
이 심오한 세상으로 나는 가리
육신이 뿌리내린 실오라기 하나라도 닿아 있으면 끊으리다.
땅이 꺼지고 하늘이 무너져 내리는 환희 안으로 삭이며 나는 가리
날고 싶으면 날 수 있고 머무르고 싶으면 머무를 수 있는 곳으로
인도하는 이 없어도 빛으로 나는 가 있으리

## 모순에 의한 모순

인간은 죽기 위하여 태어났다.

동물적 육신의 의복을 입고 영혼의 순수 하나만으로 많은 사물이 허물을 유혹하는 사슬인 줄 알면서도 뿌리치지 못하는 만남과 헤어짐의 그늘에서 의복을 치장하는 노력에 순수의 영혼은 혼탁해지고 그 의미마저 희미한 기억 속으로 빠져드는 현실, 억만년 동안 육신을 소유할 것처럼 사물 소유 욕심 부질없는 것이라 여기며 자연으로 돌아가고 싶어도 못 가는 마음은 순수 파괴의 멍에인가

진실은 멍에 씌어져 사라져 졌다고 말하기엔 순수는 내 속에서 의식하던 못하던 많은 것들을 포용하고 있다    99. 3. 9


## 주객일체

나가 경계이고 경계가 나이다
나가 없으면 경계가 없고 경계가 없으면 나가 없다
어찌 한 몸 가운데 나가 있고 경계가 없을 수 있으며 경계가 있고 나가 없을 수 있으랴
무엇이 나이고 무엇이 경계인고
나를 알면 경계를 알고 경계를 알면 나를 알리라
그러면 나가 있다 없다 경계가 있다 없다를 떠나 있으리
                    이하
              한 생각마저 끊은
                 무념 무답의
                    침묵          99년 04월 08일

# 여기 나는 있는데 누구인가 ?

또한 의식의 크기는 ?

청정 영혼의 크기는 ?


나의 몸은 우주요. 지구요. 대지요. 흙이요. 티끌이요. 먼지요.

나의 마음은 허공이요. 법이요. 진리요. 해요. 달이요. 별이요. 우주 인생의 근본이요. 만유 생성의 주인이요.

나의 무의식은 우주요. 은하계요. 태양계요. 별이요. 해요. 달이요. 지구요. 기운 덩어리요. 관습이며 습관이고 전통이고 습기요.

나의 의식은 우주 근본이요. 우주 만물의 생성이요. 허공의 그림자요. 별그림자요. 해그림자요. 달그림자요. 티끌그림자요. 지구의 온갖 형상이요.

나의 기운은 우주의 기운이요. 은하계의 기운이요. 태양계의 기운이요. 지구의 기운이요. 천지의 기운이요.

나의 눈은 법이요. 진리요. 허공이요. 빛이요. 신통묘함이요.

나의 팔은 법이요. 진리요. 빛이요. 바람이요. 마음의 변화요. 기운의 움직임이요. 신통묘함이요.

나의 다리는 법이요. 진리요. 빛이요. 바람이요. 마음의 변하요. 기운의 움직임이요. 신통묘함이요

나의 행동은 법의 나타남이요. 진리의 드러남이요. 햇살이요. 기운의 움직임이요. 마음의 나타남이요. 신통묘함이요.

나의 생각은 우주 인생의 근본이요. 우주 만유 생성의 주인이요. 우주에 있는 온갖 유무의 형상이요.

나의 피는 우주의 기운이요. 습기요. 물이요.

나의 힘줄은 우주의 기운이요. 별이요. 은하계요. 태양계요. 달이요. 지구요. 산맥이요. 산과 들이요. 우주에 있는 온갖 형상이요.

나의 소리는 우주의 인생이요. 우주 만유의 생성이요. 우주의 파장이요. 우주의 변화요. 은하계의 변화요. 태양계의 변화요. 지구의 공전이요. 낮과 밤이요. 법이요. 진리요. 생명이요. 바람이요. 울림이요.

나의 영혼은 우주의 기운 덩어리에, 은하계의 기운덩어리에, 태

양계의 기운 덩어리에, 지구의 기운 덩어리에, 천지의 기운 덩어리에, 나라고 하는 울타리 쳐놓은 마음 안에   빛+의식+무의식+생각이 한데 어우러져 테두리 덩어리를 형성하고 있는 기운 덩어리  나는 무엇으로 연유할까? 나는 어디에 있고 어디로 가는가? 나는 무엇으로 지어졌나? 나는 누구인가?

이 수없는 영혼과 의식의 크기에서 나의 의식은 나만을 생각하는가? 나와 내 주변만 생각하는가? 나와 지구를 생각하는가? 나와 우주를 생각하는가? 무생(無生)에 나와 우주가 있는가?

  밤은 어둡고 낮은 밝다
  새는 날으나 그 흔적이 없고
  그림자 물에 있어도 흔적이 없다
  물은 멈춰있고 형상은 흐른다
  한 파도가 이니 만파도가 따라온다
  어흠! 꽝                          99. 04. 17


## 한 생각

  한 생각 생기면 천지가 생기고 한 생각 없어지면 천지가 없어진다
  한 생각 생멸(生滅)은 하늘과 땅 사이 해와 달 같고 부처와 중생 사이에 있다


## 번뇌 망상

물은 물결을 여의지 않고 물결은 물을 여의지 않는다.
물이란 생각 속에서 물의 그림자 만들어지고 물이 난다
사람은 생각이 있으나 각자(覺者)는 생각이 없다
한 생각에 부처가 나고 죽는다  99. 04. 20

## 우리 모두 언젠가는

새알은 알로 생을 마감하기도 하지만 대부분은 껍질을 깨고 나온다. 껍질을 깨고 나온 새는 땅에 발을 딛고 있기도 하고 허공에 의지하여 있기도 하다가 어느 날 허공을 난다
한 번 날기 시작한 새는 땅에 있으면서도 땅에 의지하지 않고 허공에 있으면서도 허공(空)에 의지하지 않는다.
허공(空)을 나는 새는 허공(空)에 있으면서 떨어지지 않고 허공(空)에 머물러 있지도 않는다.
각자, 보살도 이와 같다  99. 07. 29


## 물

한 바가지의 물을 뿌렸다.
물은 흩어져 땅에 떨어지고 제각각 하나의 이름을 가졌다.
그의 이름을 불러 줌으로 하나의 세상이 되었다.
물과 물이 만나 물이 되어 또 다른 하나의 이름을 가졌다.
불리지는 이름은 제각각이지만 이름이 있기 전에 물이었다.
물은 물줄기가 되고 냇물이 되고 냇물은 강이 되고 강은 바다가 되었다.
바다라고 말하기 전에 물이었고 물이라고 말하기 전에 바다였다
너와 나, 우리는 이와 같다        99. 09. 17 630

## 인과(因果)

봄으로 인하여 여름이 있고 여름 있어 가을 있고 가을 있어 겨울
있으며 겨울로 인하여 봄이 있다
앉으면 서고 섰으면 눕고 누우면 반드시 일어난다.
내가 착하게 하면 남도 착하게 하고 내가 미워하면 남도 미워한다.
콩 심으면 콩 나고 팥 심으면 팥 나는 것과 같이 인(因)을 지으
면 반드시 과(果)를 받는다.  99. 10. 01 430


## 종말 ?

누가 나에게 물었다
" 미래를 볼 줄 아세요. "  ' 왜 '
" 미래를 볼 줄 알면 뭣 좀 물어 보려고요 "
' 맑고 깨끗한 거울이 있어야 비춰볼 수 있는 것 아닌가? 나에게
는 미래를 비춰볼 거울이 없는데 . . . 무엇이 알고 싶은데? '
" 종말에 대하여 말들이 많은데 종말은 진짜로 있는지 알고 싶어
서요. 종말은 있어요? "
' 종말이라? 생사가 둘이 아니다 '
 물은 자가 내 얼굴만 처다보기에
' 숲 속의 원숭이가 이 나뭇가지에서 저 나뭇가지를 잡는 것과
같고 이 나무에서 저 나무를 잡는 것과 같다 '
 그래도 모른다는 눈치였다
' 새가 어떤 산 어떤 나무에 둥지 틀고 살다가 산불이 났다. 그
새는 다른 곳으로 가서 둥지를 틀고 살 것이다. 그리고 많은 세월
이 흐른 후 산불 났던 산에 잡초가 무성하고 나무들이 자라면 새
는 또 다시 날아와 둥지를 틀고 산다 '
 옆에 있는 사람이 한 마디 거든다.
" 그렇게 이야기해서 알아들을 수 있을까요? 일반적인 사람들의

사고로 말해 줘야지요. "

나는 질문한 사람에게 물었다

' 네 몸이 아프면 몸은 어떤 반응을 보이지? '

" 괴롭지요 "

' 괴롭기만 해? '

" 몸에서 열이 나고 힘이 빠지는 것 같고 유난히 아픈 곳에 열이 더 많은 것 같아요 "

' 그래 그것은 네 몸 스스로 치유하려는 자정능력 때문이란다. 지구도 유기체다 유기체인 만큼 자정능력이 있지. 그래서 지구도 견디다 견디다 못하면 네 몸이 고열을 발생하는 것처럼 용트림을 하지 그러므로 과거 지구가 빙하기 ... 및 ... 여러 단계를 거쳐 오늘에 이른 것처럼 수천 년 뒤에 또 그런 현상이 일어날 것이다. 용트림하는 과정에서 살아남는 것은 살아남고 사라질 것들은 사라질 것이며 지구가 태초에 그랬던 것처럼 다시 시작할 것이다. 이때 인간은 멸종이라기보다는 아주 극소수만이 살아남아 원시 시대로 다시 시작하게 될 것이다 '

" 그러면 종말 아닙니까? "

' 그래 네 몸이 네 육체가 너라고 인식하고 육체가 사라지면 모든 것이 끝이라고 생각한다면 종말이겠지. 그러나 너는 생각해 보아라. 너의 조상 중 죽지 않은 분이 몇 명이나 있나. 네 위로 3대 조상까지는 살아 계실지 모르지만 그 위 조상님들은 다 돌아가시지 않았니. 오늘에 네가 이어오지 않니. 이를 종말이라 할 수 있을까? '

" 종말이 아닙니다. "

' 왜 지금은 종말이 아니지. 이 몸이 육체가 나라고 인식한다면 이미 죽음으로써 종말 아닌가? '

" 아닙니다. 저는 영혼(業, 카르마)을 믿습니다. "

' 그래 네가 영혼을 믿는다. 그렇다면 처음 대답으로 돌아가서 다시 한 번 더 생각해 보아라. 네가 맨 처음 종말은 있습니까? 물었지 내가 뭐라고 대답했는가? '

" 생사가 둘이 아니라 했습니다 "

' 그럼 생사가 둘이 아니라 한 대답을 이해하느냐? '

" 예 "

' 그 뒤에 한 말들은 무엇을 이야기함이었더냐. '

" 저를 더 확연히 알게 하기 위함이었습니다. "

' 그럼 이번에는 내가 너에게 물음아 종말이 있느냐? '

" 없습니다. "

' 이제야 말귀를 알아들었구나. ' 99 . 7 . 8

## 언어와 침묵

법(法)이라 하나 법이 아니고 법이 아니라 하나 법이다. 법도, 법
아님도 없다.

말하는 것은 말없는 것을 밝힘이고 말없는 것은 말 있는 일을 밝
힌 것이다.

침묵할 때가 말하는 것이며 말할 때가 침묵한 것이다.

부처와 중생, 유일신 하나님과 예수 자식 따로 없이, 높고 낮음
없이 삼세(三世), 날마다 손잡고 함께 있구나. 삼세 없이 한 몸이
구나. 어찌 너만 아니랴. 온 천지 광명이 빛난다

너는 이곳을 벗어나 언제부터 굴속에 들어 살림살이하였는가?

한량없는 괜한 사람 하늘에 오줌 누니 맑은 바람 늠름하다

2000. 05. 28

## 한 통속 (이럴 때)

마음이 괴롭고 답답할 때

괴롭고 답답한 곳을 가만히 바라보고 있으면 괴롭게 하는, 답답
하게 했던, 응어리가 느낌으로 다가와 보이면 '네가 나의 육체를
괴롭혔구나' 하면 사라져 마음이 편안해 지고

살면서 시련이 왔을 때

시련을 생각하고 시련 속에 들어 '네가 없었다면 내 어찌 즐거움

을 알까? 네가 있기에 나는 행복과 즐거움을 안다. 행복과 즐거움을 알기에 너를 아는 것이다. 네가 없었다면 내 어찌 한 평생 무슨 낙으로 살았을까? 살까? 지금 이 시련이 있기에 사는 살아가는 재미가 있는 것 아닌가? 네가 없었다면 이생이 얼마나 무미건조할 것인가?' 이러다보면 시련이 시련이 아니라 시련도 하나의 행복과 즐거움이 되고 이생을 살아가는 하나의 도구에 불과하여 그 자체를 즐기게 된다.

정(精) 속 상심 있고 상심 속 정이 있네
사랑 속 미움이 있고 미움 속 사랑이 있네
행복에 슬픔 있고 슬픔에 행복 있네
슬픔을 아는 사람 행복을 알고  행복을 아는 사람 슬픔을 아네
본디 한 마음에서 났다가 한 마음에서 사라지 누나  2000. 08. 02


## 영혼의 세계에도 남녀의 구별은 있다.

"영혼에 있어 영혼의 세계에 있어 남녀의 구별을 하셨는데 어느 종교에서는 영혼의 세계에서의 영혼은 남녀의 구별이 없다는데 남녀의 구별을 하시는 동기가 어디에 있으며 님의 말씀처럼 남녀의 구별이 있다면  왜 그 종교에서는 영혼의 세계에서의 영혼은 남녀의 구별이 없다 하는지 소상히 밝혀 가르쳐 주시겠습니까?"

현재의 육체를 '나'라고 하고 있는 자기 자신 안에 또 다른 자기 자신이 있어 자신 안에 있는 또 다른 자신을 영혼이라 할 것입니다. 그럼 먼저 '나'라고 할 영혼이 자기 자신에게 있어 어떤 것을 나의 영혼이라고 할지 영혼이라는 것을 찾아보면 모든 형태의 형상에 있어 '나'라고 하는 육체(물질)가 사라진 '나'를 찾으면 이 '나'를 영혼이라 할 것입니다. 그럼 우선 '나'를 철저하게 분석하고 분해해 볼까요?

'나'라고 했을 때 '나'라고 할 수 있는 '나'를 이루고 것들을 찾아 보면 물질(육체), 빛, 기운(기운 속에는 온, 냉이 있고), 무의식, 의식, 생각, 듣고, 보고, 느끼고, 냄새 맡고, 행동하는 이 모든 것들이 한데, 하나로 어우러져 있는 현재의 나를 '나'라고 할 수 있을 것입니다. 물론 물질의 육체를 이루고 있는, 형성하고 있는 것들이 많이 있고 이 육체(물질)를 지탱하기 위해 뼈, 물, ....이 있지만 여기서는 단순히 육체로 표현하여 한정합니다. 육체를 하고 있는 현재의 '나'에서 육체 즉 물질이 없다면 무엇이 남습니까?

육체가 없는 육체가 사라진 '나'를 영혼이라 할 수 있을 것입니다. 그럼 육체가 사라진 나는 무엇이 한데 어우러져 있습니까?

그것은 내적으로 기운, 무의식, 의식, 생각이 한데 어우러져 하나의 덩어리로 되어 있고 이 덩어리는 밖을 향하게 하는가 하면 밖에 것이 안으로 들어왔다 나갔다 하게 하는 보고, 듣고, 냄새 맡고, 느끼고, 행동하는 것들이 있습니다. 이들 각각은 덩어리에 있어 덩어리를 이루는 테두리 곳곳 밖에서 안으로 통하는, 안에서 밖으로 통하는 문(門)이라 할 것입니다. 어느 때는 안의 것들이 밖으로 밖에 것이 안으로 들어왔다 나갔다 하며 그러면서 작용을 할 것입니다. 이 작용들이 육체를 가지고 있을 때는 언행으로 표출되고 물질과 물질에서의 작용이 되지만 육체를 벗어난 이것들에 있어서는 이것들을 총칭하여 하나의 영혼이라 할 것이며 흔히 우리가 죽었다고 말하는 육체를 벗은 상태는 영혼에 있어서는 영혼의 작용일 것입니다. 이 영혼의 작용은 영혼의 삶이라 할 것입니다. 그럼 왜 우리는 영혼을 보지 못하고 영혼의 말을 알아듣지 못하는가? 그것은 육체에 갇혀 있는 것과 육체를 벗은 영혼이 가지고 있는 파장이 다르기 때문에 못 보고 못 알아듣는 것입니다.

그럼 한 마디로 자기 자신에게 있어 어떤 것들이 자신의 영혼이라 할 수 있는가? 그것은 자기 자신이 가지고 있는 늘 함께 하는 밝음의 밝히는 각의 빛과 기운(온기와 냉기), 무의식과 의식, 생각이 기운 속에 녹아들어 섞이고 섞여 하나로 어우러져 한 덩어리를 이루고 있는 것을 영혼이라 할 것입니다. 중앙 핵에 밝음의 밝히는 각의 빛이 있고 이것을 시방(十方)으로 무의식 의식, 생각이 한데

섞여 감싸고 있습니다. 태풍의 눈을 생각하면 이해가 빠를 것입니다. 태풍의 눈은 적막이 흐르는 고요함이지만 태풍의 눈 주변은 수많은 것들이 뒤섞여 흐릅니다. 여기서 태풍의 눈을 반야(般若), 본성, 각...이라 할 것이며 태풍의 눈 주변에 뒤섞여 흐르는 태풍은 무의식과 의식, 생각이 기운과 함께 한데 어우러져 주변에 있는 것들을 삼키던가 섞이며 흘러갑니다. 이와 같이 우리에게 있어서도 마찬가지입니다. 이제는 본성을 쌓고 있는 무의식과 의식, 생각을 아는 것, 식(識)이라고 표현하며 말을 이어갈 것이니. 식(識)이라 지칭하면 아는 것을 말하는구나 생각하기 바랍니다. 그리고 식(識)은 업의 인연이 뭉쳐진 것이라고 생각하십시오. 즉 식(識)이라면 무의식과 의식, 생각, 이 모든 것들이 함께 작용하는 것으로 인식하기를 바랍니다. 그럼 맨 처음 본성의 밝음과 밝히는 각의 빛에서 한 생각 밝다는 또는 여기 보다 저기가 더 밝다는 밝음과 어둠에서부터 간격이 벌어져 공간이 되고 공간이 이루어지며 공간과 공간 사이 한 생각이 티끌이 되어 이 한 티끌 한 티끌이 수많은 티끌을 만들고 밝은 빛과 티끌 사이 그림자가 생기고 이 그림자가 자신의 언행으로 착각하여 식(識)이 되고 이 식(識)은 또다시 새로운 식(識)을 만들어 식(識)이 되고 맨 처음 한 생각에서 이어져 온 식(識)이 바로 현재 자기 자신을 이루고 있는 영혼입니다.

그럼 영혼들에게 있어 영혼들의 세계는 어떻게 형성되고 있겠습니까? 그것은 식(識)과 식(識)들 간의 세계입니다. 다시 말해서 생각의 세계이고 의식의 세계이며 인식하고 있는 아는 것, 앎으로 인한 세계인 것입니다. 그럼 영계에서의 생활은 어떻게 무엇으로 이뤄지겠습니까? 그것은 자기 자신이 알고 있는 인식하고 있는 식(識)으로 인한, 앎으로 인한 생활이 바로 영혼의 생활인 것입니다.

물질세계의 현상계에서는 님이 어디를 가려면 가려고 하는 곳까지 물질의 육체를 옮겨야 할 것입니다. 그러나 영혼의 세계에서는 알고 있는 식에 의해 가고자 하는 곳을 생각하면 바로 생각한 그곳에 도착하여 있습니다. 예를 들어 님이 꿈을 꿀 때 꿈속에서 많은 말과 행동들을 하지만 현실로 돌아와 보면 자신의 안에서 행해진 일이기에 기억은 하면서도 육체는 그대로 있을 것입니다. 즉

꿈속에서 행하는 것과 같이 꿈과 마찬가지로 이루어지는 세계가
바로 영혼의 세계입니다.

 님이 꾸는 꿈은 무엇으로 생기는 꾸는 것입니까? 그것은 님이 인
식한 생각한 의식의 무의식의 세계 속에서 이루어집니다. 이제는
님이 질문하신 영혼에서의 남녀의 구분이 없는 것으로 보는 관점
과  남녀의 구별을 하는 두 관점 사이를 설명하리니. 잘 듣고 더
이상 의문이 없기를 바랍니다. 영혼을 단순히 생각과 의식 무의식
으로 인한 앎, 아는 것(識)으로 보면 영혼은 그냥 영혼으로 존재
할 것입니다.

 단순히 이런 관점으로 영혼을 보면 영혼은 전체가 하나라고 할
수도 있을 것입니다. 그러나 영혼은 전체가 하나로 하나의 영혼이
아니라 형태의 형상 개개가 가지고 있는 무의식에 따라, 의식에
따라, 생각에 따라, 기운에 따라, 본성의 빛의 밝기에 따라, 이들
이 전체가 아니면 어느 일부분들이 한데 어우러져 하나가 되어
서로 섞이고 섞인 정도의 차이에 따라 서로 다른 영혼을 형성하
니. 어떤 형태의 형상을 하고 있었던 영혼은 하나같이 다르다할
것입니다. 하나같이 서로 다른 영혼이고 영혼 개개인에 음양(동양
적 사고로)의 정도에 따라 음이 강하고 양이 강할 수는 있지만 남
녀를 구별할 성별이 없으니. 남녀의 구별이 없다고 할 수도 있을
것입니다. 그러나 여기서 한 단계 더 깊이 들어가 살펴보면 업의
인연, 무의식, 의식, 생각, 아는 것(識)이 영혼이라고 하였습니다.

 님이 어여쁜 여인을 생각하던가. 또는 연인과 사랑하는 생각을
하면  자기 자신도 모르게 액이 흘러나옵니다. 생각하는 것만으로
액이 흘러나오는 것은 님의 기억 속에 영혼을 이루고 있는 무의
식, 의식 속에, 알고 있는 앎, 아는 것(識)으로 인하여 생기는 나
는 것입니다. 그럼 몸 육체를 가지고 있을 때의 남자는 여자를 생
각하고 여자는 남자를 생각하고 인식할 것입니다. 이러한 인식 속
에 있는 것을 어찌 남녀의 구별이 없다할 수 있겠습니다. 그리고
육체를 가지고 있을 때 남녀로 만나 남녀의 정(精)을 쌓았을 텐데
그 쌓은 정(精)이 님의 무의식, 의식, 생각 속에 녹아 있지 않습니
까? 녹아 있는 만큼 그 사람과 그 영혼과의 인연의 업은 깊다할

것입니다. 여기서 자기 자신이 윤회의 굴레를 벗지 못하고 윤회속에 있는 이유는 무엇입니까? 바로 님이 가지고 있는 업(카르마)때문입니다. 업이 무엇입니까? 님이 가지고 있는 무의식, 의식, 생각이 본성의 빛 기운 속에 녹아 있는 것이 업입니다.

그럼 업은 어떻게 형성합니까? 본성의 밝음 밝히는 각의 빛의 한 생각을 시발점으로 해서 님이 부딪치고 부딪히면서 발생한 모든 것들로부터 생각하고 행동하고 말하는 과정에서 하나씩, 하나씩... 이것들이 본성의 각, 신령스런 기운 속에 녹아들어 의식이 되고 무의식이 되어 업을 이루고 이 업이 인연을 만드는 것입니다.

이러한데 어찌 남녀의 구별이 없다할 것입니까?

물론 생각이 가볍고, 의식, 무의식이 가벼워, 식(識)이 맑아 원만한 각을 이루었다면 어느 정도는 남녀의 구별에 있어 자유롭다할 것입니다. 그러나 원만한 각을 이루었다고 하여 암수로 인식한 식이 완연히 떠나 있다면 모를까. 식이 조금이라도 남아 있다면 그 식으로 하여 남녀의 구별을 할 것이며 빛의 세계에 들어 빛의 세계에 있다할지라도 티끌의 식(識)이 남아 있다면 남녀의 구별이 있을 것입니다.

영혼의 세계에서는 이러하고 영혼의 세계를 떠나 어떤 형태의 형상의 몸을 받을 때 자신이 알고 있는 남녀를 아는 것(識)에 따라 몸을 받는 암수의 구별이 있고 식(識)이 맑아 남녀의 구별에 자유롭다면 선택하여 암수를 선택하여 남녀를 선택하여 태어날 수도 있습니다.

암수의 구별 남녀로 태어나는 것은 영혼이 남자의 식(識)이 강하다면 여자를 사랑하고 남자를 미워하는 생각을 지어서 태(胎)에 들어 태어날 때 부모 될 이들의 교합의 사랑에 있어서 남자를 보지 못하고 또는 남자가 떠날 갈 것을 기다렸다가 내가 저 여인과 관계하리라는 생각을 합니다. 이와 같이 생각할 때 음욕심이 불꽃같이 치성하여 그 욕심에 가리어 남자가 있는 것을 보지 못하고 여자만 있는 것으로 보고 자기 자신이 교합함을 보며 부모 될 남녀가 서로 교합하여 정수가 나오는 것을 자기의 액으로 알아 좋은 생각 내므로 무거워져서 어미될 여인의 태장에 가운데에 들어가

오른 옆구리에서 어미를 꿇어앉고 잉태됩니다.

영혼이 여자의 식(識)이 강하다면 남자를 사랑하고 여자를 미워하는 생각을 지어서 태에 들어 태어날 때 부모 될 이들의 사랑에 있어 남자가 떠나가기 이전에 아비될 자와의 식으로 인한 사랑으로 마치 부모 될 이들의 사랑이 자신의 사랑으로 착각하여 액을 흘리는 듯 부모 될 사랑의 액속에 녹아들어 어미의 자궁 옆구리에서 어미를 등지고 꿇어앉아 잉태됩니다. 또는 전생에 남자이면서 전생의 삶에서 여자를 싫어하고 남자를 좋아한 영혼과 전생에 여자였으면서도 전생을 살아가는 중에 남자를 싫어하고 여자를 좋아한 영혼이라면 위에서 설명한 것과는 반대의 경우로 잉태에 있어 남녀의 성별이 바꾸어 태어나는 경우도 있습니다.

이는 일반적인 중음신 및 영혼들에 대한 이야기이고 식(識)이 맑아 깨달음을 얻었던 이들에 있어 태에서의 태어남은 식이 맑고 엷어 정으로 인한 것으로 태어나기도 하지만 선택하여 태어나기도 한다. 그리고 천상에서의 약속으로 암수, 남녀를 선택하여 환생하기도 한다. 그리고 잉태의 태에 들어감에 있어서도 어떤 인연을 만나기 위해 바로 들어가 잉태되기도 하지만 오랜 시간 또는 오랜 기간 기다렸다가 잉태하기도 한다. 이는 너무도 변화무쌍하여 다 알기가 어렵습니다.

영혼에게 환생의 잉태를 남녀의 구별로 설명하다 보니. 이 설명을 단순히 받아드려 부모와의 깊은 식(識)의 인연에 대한 것을 잊을까 두렵습니다. 부모와의 업으로 인한 인연의 깊이는 매우 깊어 선택하는 선택되어지는 것이며 영혼이 태어난 누군가를 쫓아 선택하는 경우도 있지만……영혼이 잉태되어 태어남에 있어 부모의 정혈(精血)이 엉켜 서로 화합할지라도 그 자식 될 영혼의 아는 식(識)이 아비와 어미의 아는 식(識)으로 인연이 화합되지 아니하면 잉태되지 못합니다. 무명을 끊지 못하고 탐애(貪愛)를 버리지 못하며 업을 짓는 것을 쉬지 못하기 때문에 무명으로 인한 탐애와 지은 업으로 말미암아 태장의 몸을 받습니다. 몸을 받을 때, 영혼이 가지고 있는 업은 밭이 되고, 아는 식(識)은 종자가 되며 연애, 남녀 간의 정을 통하는 사랑은 빗물이 되어 몸을 받아 태어나는 것입니다. 부모 될 자와 자식될 자의 인연이 화합하여 태어남으로 부모와의 깊은 인연을 가지며 몸을 받음으로 부모와의 자식 간에 예절로써 부모와 자식의 천륜을 정한 것입니다.

이제 질문에 없는 조금 색다른 영혼의 다른 면에 대하여 말을 할까요. 영혼에 혼탁이 있고 음양이 있고 습기가 있고 무게가 있습니다. 혼탁에 따라 습기가 있고 습기에 따라 음양이 있고 음양의 습기에 혼탁이 어우러져 무게가 있습니다. 무게에 따라 가는 곳 도달하는 곳이 천차만별입니다. 무거운 영혼은 하늘이라고 이름하는 곳에 높이 오르지 못하고 무거운 만큼 밑으로 가라앉을 것입니다. 영혼이 가벼우면 가벼운 만큼 높이 오를 것입니다. 그리고 영혼을 이루는 아는 식(識)에 따라 몸을 가질 때 형태의 형상이 다릅니다. 2000. 9. 5


## 크게 한 번 눈뜨고

날 밝아 눈뜨니 바람 불고 물은 흐른다.
크게 눈 한 번 뜨니 천지가 광명이다.
꿈결에 눈 못 뜨고 허둥대는 눈 푸른 납자들아 !
세상 사람들아 !
살아오는 동안 무엇을 보았느냐 ?
건졌느냐 ?
볼 것 무엇이고 건질 것 무엇인고
있다 하니 없고 없다 하니 있는 이 묘한 도리를 이름하여 무엇이라 할 수 없는 이것을 너희는 아느냐
이것은 태초부터 있었고 지금도 있으며 너희의 존재와 관계없이 영원할 것이다.

# 어찌 비교 생각할 것인가?

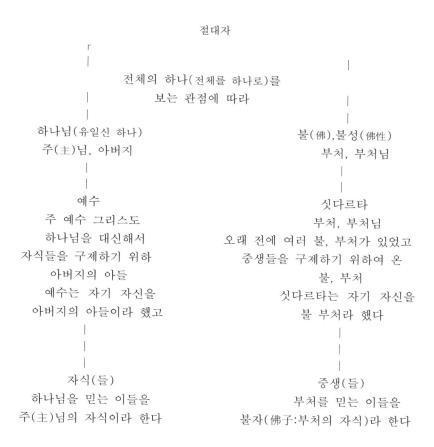

절대자

전체의 하나(전체를 하나로)를
보는 관점에 따라

하나님(유일신 하나)
주(主)님, 아버지

불(佛),불성(佛性)
부처, 부처님

예수
주 예수 그리스도
하나님을 대신해서
자식들을 구제하기 위하
아버지의 아들
예수는 자기 자신을
아버지의 아들이라 했고

싯다르타
부처, 부처님
오래 전에 여러 불, 부처가 있었고
중생들을 구제하기 위하여 온
불, 부처
싯다르타는 자기 자신을
불 부처라 했다

자식(들)
하나님을 믿는 이들을
주(主)님의 자식이라 한다

중생(들)
부처를 믿는 이들을
불자(佛子:부처의 자식)라 한다

이 두 분 각자의 말씀을
어찌 비교 검토 생각해야 하는가?
같은 점, 유사점은 없는가?
전혀 서로 다른 말씀들을 하고 있는 것인가?
똑같은 어떤 하나를 두고서 바라보고
그것을 어떻게 생각하는 지
관점의 차이는
아닐까?        2000. 9. 13

# 들숨과 날숨을 통하여 오온을 알다

계속 들숨과 날숨의 호흡을 관하다. 생각이 일어 자기 자신의 영혼을 알고 영혼은 '기운 덩어리 속에 빛 + 무의식 + 의식 +생각이구나'를 인식하고 계속 호흡을 관하다 보면 자연스럽게 자신의 내부로부터 또다시 생각이 일어난다.

'나는 기운과 빛 + 무의식 + 의식이 = 나이구나'

이들을 '나'라고 할진데, 기운을... 빛을.... 무의식을.... 의식을 '나'라 할 것인가?

이들을 '나'라고 하기에는 '나'라고 하는 육체가 있고, '나'라고 하는 내 안팎의 모든 것들을 느끼고 받아드리는 내가 있고, '나'라고 생각하는 내가 있는가 하면 안팎의 모든 것들을 느끼고 받아드리고 생각하는 내가 있고 느끼고 받아드려 생각하고 행동하는 내가 있다.

내가 내 안팎의 모든 것들을 느끼고 받아드려 생각하고 행동하는 것은 내가 알고 있는 범위 내에서, 인식하고 있는 만큼 그 안에서 생각하고 생각한 것을 언행으로 나타나는구나.

그럼 내가 알고 있는, 인식하고 있는 것은 나를 이루고 있는 의식이고 무의식, 잠재의식 속에 있는 것들이리라.

다시 한 번 가만히 생각해 보자

이 몸이 '나'라고 하고 '나'로 인식했을 때에, 누군가가 나에게 말을 하거나 행동을 보일 때에, 이 몸이 이 몸 주변의 모든 것들을 받아드리고 인식하는 것은 내 안의 '나'라고 인식한 것들로 인한 것이리라.

그럼 내 안에서 '나'라고 인식한 것들은 무엇인가?

그것은 다름 아닌 '나'라고 하는 생각이고 내 의식이며 잠재의식 무의식이구나.

나는 밖에 모든 것들을 어떻게 받아드리고 생각하고 행동하는가?

나를 둘러 싼 밖의 작용들이 어떻게 내 안에, 나에게 닿아서 내 안에서 어떤 순서로 작용하여 밖으로 표출되는가?

깊게 명상에 들어 하나 하나를 관찰해 본다.

누가 나에게 말할 때에.....나는 귀로 듣는다. 귀로 듣고 내 안에서 작용을 일으킨다. 귀를 통하여 머리로 전달되어 머리 뇌에서 판단하는가? 귀를 통하여 듣고 머리 뇌를 통해 가슴으로 전달되어 판단하는가? 귀를 통하여 듣지만 가슴으로 먼저 받아드려 판단하는가?

내가 무엇을 보았을 때에.....나는 눈으로 본다. 눈으로 보고 내 안의 작용을 일으킨다. 눈을 통하여 머리로 전달되어 머리 뇌에서 판단하는가? 눈을 통하여 보고 머리 뇌를 통해 가슴으로 전달되어 판단하는가? 눈을 통하여 보지만 가슴으로 먼저 받아드려 판단하는가?

내가 냄새를 맡을 때에..... 나는 냄새를 맡는다. 코로 냄새를 맡고 내 안의 작용을 일으킨다. 코를 통하여 냄새 맡고 머리로 전달되어 머리 뇌에서 판단하는가? 코를 통하여 냄새 맡고 머리 뇌-가슴으로 전달되어 판단하는가? 코를 통하여 냄새 맡지만 가슴으로 먼저 받아드려 판단하는가?

내가 맛을 느끼고 알 때에.... 나는 맛을 안다. 혀로 맛을 알고 내 안의 작용을 일으킨다. 혀를 통하여 맛을 알고 머리로 전달되어 머리 뇌에서 판단하는가? 혀를 통하여 맛을 알고 머리 뇌-가슴으로 전달되어 판단하는가? 혀를 통하여 맛을 알지만 가슴으로 먼저 받아드려 판단하는가?

내가 몸으로 통하여 촉감을 알 때에.... 나는 몸의 접촉을 안다
몸의 피부가 접촉을 할 때에 내 안의 작용을 일으킨다.
피부가 접촉할 때에 머리로 전달되어 머리 뇌에서 판단하는가?
피부가 접촉할 때에 머리 뇌-가슴으로 전달되어 판단하는가?
피부가 접촉할 때를 알지만 가슴으로 먼저 받아드려 판단하는가?
이들 각자는 개별적으로 작용하는가?
한데 어우러져 작용하는가?
각자 개별적으로 작용한다면 눈으로 본다고 할 때에 보는 것이 따로 있어 본다고 할진데, 보는 주체가 있어야 할 것이다
그럼 눈이라 할 것인가?
눈이라 한다면 죽은 사람도 눈은 있을 것인 즉 왜 보지 못하는가? 그리고 밝은 것을 볼 적에 어두운 것은 보지 못하고 어둔 것을 볼 적에 밝은 것을 보지 못하는가?
또 눈을 감았을 때 눈은 보지 못하지만 어둡다 하는 것은 무엇으

로 인하여 보는 것인가?

이는 보는 것으로 인하여 업식이 작용을 일으키기 때문이다

듣을 때에... 맛을 알 때에....냄새 맡을 때에....피부로 느낄 때에....듣고, 맛을 보고, 냄새 맡고, 접촉할 때에 이들 역시도 각자로 끝나야 할 것이다. 그러나 이들 중 어느 하나가 작용하면 전체가 아니면 어느 다른 것들이 함께 작용을 나타내니

이는 왜 일까?

식(識)의 업, 의식, 무의식, 잠재의식으로.....?

이들 각자는 개별적으로 작용하는 듯하지만 개별적으로 작용하는 것이 아니라 전체가 하나처럼 작용하기 때문이다. 이러한 작용은 지금이 아니라 전부터 알고 있었던 것들과 함께....

다시 말해서 이들 전부는 전생에서부터 이어온 영혼 '나'와 한데 어우러져 작용하기 때문이다. 이들 중 어느 하나를 떼어놓고는 생각할 수 없다.

이 몸을 받기 전에 '나'라는 영혼의 생활을 생각해 보자.

이 육체가 없는 생활이 곧 영혼의 생활이라 할 것이다.

육체가 없음을 뿐, 기운 속 빛과 무의식, 의식이 한데 어우러져 느끼고 생각하고 행동하는 것이 영혼의 삶이다.

내가 잠을 잘 때 꿈을 꾸지만 육체는 모른다. 꿈속에서 육체는 없는데도 살아 있는 것과 똑같이 생시와 같다.

이는 육체를 벗고 영혼의 세계에 들어 영혼이 활동하는 생활하는 영혼의 삶의 한 단면이다.

그러니 영혼의 삶은 수(受), 상(相), 행(行), 식(識)의 작용이고

이들의 집합체라면 집합 덩어리라면 이 육체를 가진 나는 이 육체 안에 영혼이 육체와 함께 하나로 한데 어우러져 삶을 영유하니. 색(육체, 色), 수, 상, 행, 식, 오온 이 모두가 한데 어우러져 작용하는 삶이고 이 전체의 집합이 덩어리가 현재의 '나'라 할 것이다 2000. 9. 24

# 날숨과 들숨을 통하여 6근과 6처를 알다

 생각이 일어날 때는 생각을 쫓아 생각을 정리해 가고 생각이 일어
나지 않을 때에는 계속해서 호흡 들숨과 날숨을 관찰한다. 이런 가운
데 또 생각이 일면 일어나는 생각을 시작으로 생각을 정리해 간다.
 이 몸을 이루고 있는 오온 색, 수, 상, 행, 식은 어떤 전달 체계
를 거쳐 어디서 어떻게 작용을 일으키며 나타나는가?
 보면 보는 눈으로 통하여 머리 뇌로 - 뇌 머리에서 - 가슴(마
음)으로, 가슴(마음)에서 작용을 일으켜 가슴(마음)에서 - 머리로
- 머리에서 몸짓으로 나타난다.
들으면 듣는 귀를 통하여 머리, 뇌로 - 뇌 머리에서 - 가슴(마
음)으로, 가슴(마음)에서 작용을 일으켜 가슴(마음)에서 - 머리로
- 머리에서 몸짓으로 나타난다.
 냄새 맡는 것 역시.... 맛을 아는 것 역시.....몸에 닿아 느끼는 것
역시....행동하는 것 역시....이 모든 작용은 밖에서 안으로 들어와
작용하는데 맨 처음 시발점은 6곳에서 시발점인 6곳을 통하여....
 그래서 시발점 6곳은 뿌리 근(根)를 써서 6근이라 하는구나.
 이 6근을 통하여 들어오니 들어오는 통로 안팎의 연결 통로로 6
처라 하는구나. 6근 중에 한 근 한 근이 하나의 시발점이 되어 시
발점을 통하여 연결 통로로 머리 뇌에 전달되고 뇌에 전달된 것은
가슴(마음)으로 전달되어 가슴(마음)에서 작용, 판단하여 뇌에 머
리에 전달하여 밖으로 표출되는구나.
 안에서 밖으로 표출되는 나타나는 것을 보면 가슴(마음)에서 작
용하여- 머리, 뇌에 판단 생각하고 - 전달 통로를 통하여 밖으로
표출되는구나.  2000. 9. 24

# 6근 6처 오온의 공(空)함을 알다

호흡을 관하는 가운데 생각이 일어. 이 몸은 언젠가는 죽어 사대 (四大:지수화풍)로 돌아갈...흩어질 것이며 육체를 떠나 '나'라는 내 영혼 덩어리는 영혼의 세계에 갈 것이다. 이 영혼 덩어리 기운 속 빛과 무의식, 의식, 생각을 가지고......

그러니 이 몸을 위하여 너무 집착할 필요가 없다. 사실 나는 이 몸을 유지하기 위하여 얼마나 많은 것들을 소유하려 했고 소유하고 있는가? 이 몸이 사라지면 아무 필요 없는 것들을 위하여....

소유하려는 과정에서....소유한 것으로 인하여 나는 또 얼마나 고통과 괴로움 겪고 잠시나마 행복에 빠지기도 하고 또다시 고통과 괴로움을 겪어 왔는가?

또 이 몸이 편안하기 위하여.... 내가 편안하기 위하여 얼마나 많은 사람들과 이해타산을 따져야 했고 그런 가운데 나도 모르게 남에게 피해 아니 피해를 주었을까?

또한 이 육체의 쾌락을 위하여......

일백년을 살까 말까한 이 육체를 위하여.....

이 얼마나 어리석은 짓이었는가?

나는 눈을 지그시 감고 생각해 본다. 생각에 잠긴다.

내가 보지 못한다면 그곳에는 무엇이 있는가? 볼 것이 있는가? 볼 대상이 있는가? 보지 못하는데 볼 것이 있는가? 볼 것이 없는데 보고 일으킬 생각이 있는가? 보고 부딪쳐 일으킬 생각이 없으니 나는 보지 못하는 것으로 인하여 보는 주객이 없이 안팎이 하나로 공(空)하구나.

내가 냄새를 전혀 맡지 못한다면 그곳에는 무엇이 있는가? 냄새 맡을 것이 있는가? 냄새 맡을 대상이 있는가? 냄새를 맡지 못하는데 향기가 있는가? 냄새를 전혀 맡지 못하니 향기로 인하여 일으킬 생각이 있는가? 냄새로 인한 향기로 부딪쳐 일으킬 생각이 없으니. 나는 냄새 맡지 못하는 것으로 인하여 냄새 맡는 주객이 없이 안팎이 하나로 공(空)하여 같구나.

내가 듣지 못한다면 그곳에는 무엇이 있는가? 들을 것이 곳이 있는가? 들을 대상이 있는가? 듣지 못하는데 들은 것에 부딪쳐 일으킬 생각이 있는가? 듣는 것으로 부딪쳐 일으킬 생각이 없으니. 나는 듣지 못하는 것으로 인하여 듣는 주객이 없이 안팎이 하나로 공(空)하구나.

내가 혀로 맛을 알지 못한다면 그곳에는 무엇이 있는가? 몸을 통하여 접촉하여 부딪친 것을 전혀 느끼지 못한다면 그곳에 무슨 감각이 있겠는가?

눈을 감고 나를 지그시 바라보고 있으니. 나의 육체가 없다. 육체가 없으니 육체로 인하여 부딪치고 부딪혀 주고받을....그러므로 행할 것이 없다.

내가 지금 이렇게 생각하고 있는 것은 내가 알고 있는 것을 기초로 해서 생각해 가는 것이다. 그리고 생각은 내가 알고 있는 것을 벗어나 생각하는 것은 아니다. 생각한다는 것은 내가 알고 있는 범위 내에서 생각하여 어떤 생각을 만들어 생각을 짓고 생각을 통하여 지었던 가졌던 생각을 없애기도 한다. 생각은 내가 알고 있는 것으로 인하여 생겨나는 것이다. 내가 모르는 것은 전혀 생각하지도 못한다. 이렇듯 내가 아는 것이 전혀 없다면 아는 것이 전혀 없는 것에 곳에 생각이 있겠는가? 아는 것이 없으니 생각이 없고 생각이 끊어진 곳에 무엇이 있는가? 아무 것도 없다.

생각이 끊어진, 아는 것이 없는 내 안을 보고 밖을 보아도 아무 것도 없다. 내 안팎이 텅 빈 상태로 그저 깜깜한 어둠이다. 그저 공(空)할 뿐이다. 공허할 뿐이다

* 이런 수행 과정 중에 운전 시 염주를 돌리다가 염주가 끊어져 염주알이 운전석 발아래 나뒹굴었다. 염주가 끊어졌을 때 나는 머리가 멍했다. 머리를 무엇인가로 맞은 듯.....멍했다가 보다 '반야바라밀다'를 염하며 돌리다가 '반야바라밀다'란 생각이 끊어졌다

잠시 후 나는 생각했다. 수없이 얽혀 있는 것 중 어느 것 하나라도 제대로 끊으면 전체가 끊어진다는 것을.....그리고 생각했다 한 생각이 바뀌면.....한 생각에 부처가 나고 중생이 있다는 것을.....

* 이런 수행 과정에 있을 때 누가 말하길 경전을 읽어본 일이 있느냐 묻기에 읽어 본 일이 없다고 대답했더니. 경전을 읽어 보라 했고 읽어보

기 싫으면 몇 자 안되는 '반야심경'만이라도 한번 읽고 해석해 보라며 자기 자신은 몇 자 안되는 '반야심경'을 해석하고 이해하는데 6개월이 걸렸다면서 권하는 것이었다. 그의 말대로 해석 이해해 보기로 결심하고 반야심경을 구하여 해석하기로 했다.

우선 한문의 의미를 알기 위해 옥편을 뒤져 한문의 의미를 하나하나 찾고, 찾고 나서 해석해 나가기 시작했다.

해석을 시작하자마자 '五蘊皆空'에서 머리를 무엇인가에 맞은 듯 멍했다. 그리고 한참 만에 정신을 가다듬고 '空'과 '般若'를 생각했고 '空'에 '度一切苦厄'에 생각이 미쳤고 '是諸法空相'이 확연했다.

'是諸法空相'에 '般若'가 비교 검토되었으며 '空'속 '般若'가 不生不滅 不垢不淨 不增不感이란 것이 확연히 와 닿았다. 그리고 나서 일사천리로 반야심경을 해석 이해하게 되었다. 시간으로 본다면 24시간 안에 이루어진 일이었다.　　2000. 10. 1

## 호흡을 통하여 마음을 알다

호흡을 통하여 들숨과 날숨을 관하는 가운데 생각이 일어. 들숨을 통하여 밖에 것이 안으로 들어오고 날숨을 통하여 안에 것이 밖으로 나가는구나. 무엇이 들어오고 나가는가? 공기가 들어오고 공기가 나가는구나. 공기(空氣)가 들어오니 내가 살고 공기가 나가니 내가 죽는다. 6근 6처 오온이 공(空)한 아무 것도 없는 내 안팎으로 공기 홀로 오간다. 호흡을 통하여 들어왔다가 나가는 공기는 내 안의 공기와 밖의 공기가 다르지 않고 같다.

6근 6처 오온이 공(空)한 텅 빈 내 몸 안에 밖에 텅 빈 공기가 내 몸이라는 이 육체를 통하여, 육체 안팎이 텅 빈 가운데 공기, 기운이 이 육체 안에 가득 있으니 들어왔다. 육체 안에 가득한 것이 밖에 있으니 나갔다하는구나. 이 육체가 있어서 그렇지 이 육체가 없다면 안팎이 공기(空氣)로 하나구나. 기(氣)로 하나구나. 텅 빈 허공(虛空)이구나. 아아! 허공을 이 몸 나의 육체로 가둬놓은 육체 안의 허공을 마음이라고 이름하였구나. 내 마음이라 하였구나. 내 마음의 변화가 바로 허공 안에 있는 우주 만물의 변화였구나. 허공에 있는 우주 만물의 변화가 내 마음의 변화였구나.

그래서 옛 선사는 "흔들리는 깃발을 보고 질문했을 때의 대답을 깃발이 흔들리는 것이 아니라 네 마음이 흔들리는 것이다"라고 말씀 하셨구나.

단순히 허공(虛空)인가? 허공은 단순히 허공이 아니라 기운으로 가득 차 있다. 그럼 기운(氣運)인가" 기운은 기(氣)의 움직임 흐름이다. 그럼 기(氣)인가? 기라고 말하기에는 기(氣)로 드러나게 하는 것이 있을 것이다. 기로 드러나게 하는 것은 무엇인가?

드러난다는 것은 밝은 것을 근본으로 비추어 드러난다. 그렇다 드러나게 하는 밝은 것, 이는 빛이다. 아! 그 옛날 석가모니 부처님께서 보리수 아래서 새벽 별을 보고 깨쳤다는 것이 새벽 별의 별빛 빛이었구나. 그러나 나는 인식한 것이지 깨달음을 얻은 것은 아니었다.

* 이런 수행 과정에 있을 때의 일이다. 평소 운전을 하며 염주를 돌리고 돌리며 차 앞을 응시 똑바로 쳐다보기를 잘했었다. (수행의 응시법에 대하여는 나중에 설명하기로 하고) 차 앞을 쳐다봤다기보다는 허공을 응시했고 앞 차 뒤쪽 유리에 비춘 태양을 응시했었다. 그날도 어느 때와 같이 물건을 배달 갔었다. 물건을 가지고 갔는데 사람이 없어 차에서 기다리기가 뭐해서 차에서 내려 그 집 대문 앞 계단에 앉아 허공을 바라보았다. 허공을 단순히 바라본 것이 아니라 허공을 응시하고 있었다. 얼마의 시간이 경과했을까? 허공 안에 있는 것들이 확연히 보였다. 허공은 단순히 빈 허공이 아니었다. 꽉 들어 찬 허공이었다. 빈 듯한 허공 안에 헤아릴 수 없는 빛의 알갱이들이 움직이고 있었고 빛의 알갱이들이 움직일 때마다 빛의 알갱이의 움직임을 따라 파문이 일었다. 빛의 알갱이 주변에 일어나는 파문은 마치 젤이나 액체, 물 속에 살아 있는 생명체가 움직이면 그 움직이는 것을 따라 그 주변이 움직이는 것을 중심으로 원을 그리는 듯 파문이 일었다.

그리고 빛의 알갱이는 서로 부딪치는 일없이 젤, 액체의 파문으로 서로를 밀고 당기고 그리고 사라지고 생기고 빛의 알갱이 사이사이에는 늘 원 같은 파문이 있었다. 어느 일정 한도의 간격을 두고

그 움직임은 너무도 자유로웠고 그 자유로움을 따라 파문을 일으켰다. 나는 이것이 무엇일까 하여 입으로 불어 보았다. 나의 입김에 전혀 영향

을 받지 않았다. 그래서 이번에는 손으로 저어보았다.

손으로 저어도 전혀 영향을 받지 않았다 이때 비로소 나는 허공의 실상 진실허공을 알게 되었다.

이때의 일을 "꿈.5"란 제목에 소제목 "은백의 발광체 이 뭣고"로 하여 이때의 경험을 이미 글로 옮겨 세상에 내 놓았다. 지금 쓴 이 글과는 다르게.....“마음"이란 제목의 글이 있다. 한 번 읽어보는 것도 좋으리라. 2000. 10. 1

# 인연법(因緣法)과 윤회를 알다

호흡을 통하여 들숨과 날숨을 관하는 가운데 이제는 호흡을 따라 생각이 일지 않고 호흡을 통하여 마음 홀로 들어왔다 나갔다 한다. 이런 가운데 또다시 생각이 일어 아무 것도 없는 텅 빈 허공, 진실허공을 이 몸, 육체의 물질로 가둬놓고 진실허공이 편안하기 위하여 숨을 쉬는구나. 숨이 들어오고 숨이 나가는구나

들숨이 길고 날숨이 짧으면 혼미하고 들숨이 짧고 날숨이 길면 편안하나 너무 길면 이 또한 혼미하구나. 들숨과 날숨이 이 몸을 통하여 원활하게 이루어 질 때 비로소 마음이 편안하구나.

편안한 마음의 이 몸 육체 안의 내 마음이란 진실허공은 이 몸 육체로 가둬놓기 이전에도 있었고 지금도 있고 앞으로도 계속 존재할 것이다. 이 진실허공 속에 언제부터 진실허공이 있었는지 모르지만 호흡은 끊임없이 들어오고 나간다. 끊임없이 들어오고 나가는 진실허공 속에서 호흡만을 보니. 호흡은 어디까지가 들어오는 것이고 어디까지가 나가는 것인지 알 수는 없지만 호흡은 계속 이어지고 있구나.

들숨이 없으면 날숨도 없으련만 들숨이 있으니 날숨이 있는 것이구나. 들숨이 근본 원인이 되어 날숨의 결과를 낳았구나. 육체의 호흡을 통하여 들어오는 들숨은 진실허공 속 그 어느 곳에도 머물 곳 없으니 숨은 날숨으로 나가게 해야 하는 것이구나.

들숨이 인(因)이 되고 날숨이 연(緣)이 되어 들숨과 날숨의 인과

연이 서로 화합하여 호흡이 이루어지는구나. 이루어지는 호흡, 들숨과 날숨의 행(行)이 있고 행으로 인하여 아는 것(識)이 있고, 아는 것, *식(識, 업식)으로 인하여 이 몸을 받고 이 몸으로 인하여 이 몸 안의 진실허공과 밖의 진실허공을 오가는 육문(五門)이 있고 육문을 통하여 의식과 무의식, 잠재의식이 있고 이 몸을 통하여 느끼고 받아드리고 사랑하고 취하여 의식과 무의식, 잠재의식이 있어 이들로 인하여 이 몸이 있고 이 몸이 있음으로 이 몸에 걸려 무명이 생기고 무명으로 인하여 생사윤회에 있었구나.

* 행(行)으로 인하여 식(識)이 생기고, 식으로 인하여 생각과 의식이 생기고, 생각과 의식의 습(習)으로 인하여 무의식 잠재의식이 생기고 생긴 것으로 인하여 연(緣)의 결과를 낳는다.
이 인연을 다 끊지 못하여 인연을 만나고 헤어지고 만나고 헤어지는 사이 또 인연을 만들어 이렇듯 잠재의식의, 무의식의, 의식의, 인연의, 업식의, 식의 굴레 안에서 만나고 헤어지기는 것이 마치 수레 안에서 체바퀴 돌 듯 하는구나. 수레 안에서 체바퀴 돌 듯 하는 이것을 윤회(輪廻)라 하고 윤회의 근본은 아는 것, 식(識)에 있으며 아는 것 식을 벗어남으로 윤회를 벗어났다 할 것이구나  2000. 10. 8


# 중도를 알다

들숨과 날숨을 관하는 가운데 호흡을 통하여 마음 홀로 오간다. 마음 홀로 오간다기보다 아무런 생각이 없다. 호흡을 통하여 공기가 들어오고 나가는 것만을 관찰한다.
들어오고 나가는 공기를 관찰하다가 또다시 생각이 일어난다.
마음 안에 있는 업식을 어떻게 하면 완전히 끊을 수 있을까?
마음을 그치면.....? 마음이 그치기를 바란다면 숨을 끊어야한다
숨을 끊는다고 마음이란 그릇 안에 있는 업식이 사라지는가? 끊어지는가? 숨을 끊는다고 업식이 사라지는 것이 아니다. 숨을 끊음으로 육체와의 인연은 끊을 수 있을지 몰라도 업식은 사라지지 않아 육체가 사라진 영혼으로 영혼의 세계에 든다.

그럼 어떤 인연으로 마음의 업식을 그칠 수가 있을까?

호흡을 따라 한 호흡에 생사가 있고 호흡을 따라 마음이 남에 생하고 마음이 멸함에 멸한다. 마음이 없으면 들어오고 나가는 것은 있을 수가 없다. 이때 나는 순간적으로 깨달음을 표시하는 동그란 원의 일원상이 떠올랐다. 이 육체와 진실허공 사이 이 육체가 진실허공을 두고 일원상을 그리고 있었다.

일원상에 있어서 육체는 원의 테두리가 되어 이 육체 안의 진실허공을 마음이라 하니. 마음이라 할 것도 없구나. 마음이라 하니 몸이 있고 마음이 없으니 몸이 없다. 마음 없는 곳에 식(識)이 있다할 수 있는가? 없다할 수 있는가? 있는가 하고 보면 진실허공 속 아는 것, 식은 없고 없는가 하고 보면 식이 있다. 이들은 진실허공 속에서 생겨났다가 없어지고 없어졌다가 생겨난다. 진실허공 속 생겨남도 없고 없어짐도 없다. 더러움도 깨끗함도 없고 늘어나거나 줄어들지도 않는 진실허공 속 식을 있다하겠는가? 없다하겠는가? 식을 떠나 있다하겠는가? 무엇이라고 이름 붙일 수도 없는 곳에......

식은 식 그 자체로 영원하지도 무상하지도 않고 여여(如如)하다. 이 물질의 육체, 오온과 육근, 육처, 육식 역시도 영원과 무상 사이 무엇이라 이름 붙일 수 없이 여여하다. 자아니 무아니, 마음이 있다 없다. 어떤 형상의 형태를 가지고 있지도 않고 보이지도 않으며 나타나지도 않고 인식될 수 없이 그 무엇이라고 이름 붙일 수도 없이 여여하다. 이 모두는 공(空)한 성질이 있어 모든 것을 공(空)하게 하는 것은 아니나 존재 그 자체가 본래 여여하여 공(空)한 것이다.

무아(無我)니, 무상(無相)이니 하는 것이 있어 그것이 존재하는 것을 무아, 무상으로 만드는 것이 아니라 존재 그 자체가 본래 여여하여 아(我), 상(相)이 없는 것이다. 다만 붙여진 이름이 그러할 뿐 이름이 만드는 것이 아니다.

* 중용(中庸)은 살아가는 삶에 있어서의 지혜라면 중도(中道)는 본성에 있어서의, 진리에, 법에 있어서의,.....지혜다.
* 중도란? 어떤 것에 있어 그 속에 들어 그것과 하나가 되어 마치 물결

을 타는 사람과 같이 어디에도 걸리지 않고 주어진 인연을 살리는 것이며 함께 하는 것이다. 선과 악 사이, 기쁨과 괴로움 사이, 어느 한 극단으로 떨어지는 것이 아니라 어디에도 끌리지 않고 함께 하는 것이다.

6근과 6처, 오온, 아(我)와 무아(無我), 무념(無念), 무상(無相), 공(空).... 그 어느 것에도 치우치지 않으며 그들 속에 들어,  들어 선 그것과 하나가 되는 것이다. 한 마디로 중도란 있는 그대로 여여한 것으로 도(道)의 행이며 깨달음의 행(行)이라 할 것이다.   2000. 10. 8

# 만물의 본성이 빛 자체임을 알다

들숨과 날숨을 계속 관하고 때에 따라서는 배가 나왔다 들어갔다 하는 것을 관하는 이런 과정에서 눈은 앞을 응시하고 있었다.

응시하고 있는 눈이 한 번 더 떠지는 것 같더니 주변의 수많은 사물들이 뚜렷하게 보이는가 싶더니. 겹쳐 보이고 겹쳐 혼미한가 싶으니 흐려 형체를 알아볼 수 없도록 아른거리며 흩어졌다가 모여들더니 흩어져서는 알아볼 수 없는 수많은 얼굴의 사람들이 스치는가 싶더니 사라지고 가슴으로부터 은백의 빛 흐릿하게 퍼져 나왔다가 들어가고 나왔다가 들어가기를 수차례, 빛은 점점 강하게 밝아져 사방을 하얗게 밝히는가 싶더니. 온 천지가 은백색으로 빛나고 은백색으로 가득하였다

은백색으로 가득한 그곳 상념의 의식뿐만이 아니라 나까지 사라지고 없었으며 은백의 빛만이 가득하였다. 나는 빛이 되어 빛을 바라보고 있었다. 빛이 빛 속에 있는 것이었다. 나는 빛을 떠나 있는 것도 아니었고 빛 속에 빛으로 있으면서 나를 망각한 것도 아니었다. 빛으로 빛 속에서 빛을 인식하고 있었다. 누군가 흔드는 소리에 정신을 차리고 보니 변한 것은 아무 것도 없이 그냥 그대로 있었다. 지금 이때의 이 경험의 시간이 얼마 정도였는지는 모르지만, 이 날 이후 어느 수행자에게 이때의 경험을 말하니 깨달음을 얻으셨군요 하셨다. 그러나 나는 그때 이 말을 듣고 깨달음은 무슨 깨달음? 그러면서 빛을 보고 빛 속에 든 순간을 깨달음이

라고 생각하지 않았다. 일체의 빛은 보았지만.....지금 역시도 이 생각에는 변함이 없다. 본성을 본 것이지 진리, 법을 본 것은 아니었다. 이 경험을 한 후 지금 생각해 보면 약 8-9개월이 지난 어느 날 운전 중에 눈을 뜨고 있음에도 또다시 한 번 더 눈을 뜨며 공명현상을 일으켜 일체법의 흐르고 변하는 진리를 보고 너무나 어이없어 박장대소하며 웃었던 그 순간이 진정한 깨달음이라고 생각한다.

이 둘 사이 의식을 나름대로 테스트 해 보면 빛을 보고 빛 속에 든 그때가 의식으로 600헬츠를 나타내고 오도송을 읊던 그때가 의식으로 620헬츠로 나타난다. 오도송의 글을 테스트 해 보면 그 글 역시 글의 의식이 620헬츠다.

나는 누구에게 수행법을 배운 것이 아니기에 여러 가지 방법을 스스로 모색하며 수행해 왔다. 그때그때 나의 처한 상황에 따라 응시하거나 관하거나 화두를 참구하거나 눈을 감고 내면을 관하거나, 단전호흡을 한다거나 배를 들어왔다 나갔다 하는 것을 관한다거나, 호흡을 관한다거나 몸의 변화를 관찰한다거나.....참으로 많은 방법으로 수행하여 왔다. 방법들이 오른 지 그른 지도 모르고...... 2000. 10. 8


# 오념처(五念處)

## 오념처(五念處) =사념처(四念處)+대광념처(大光念處)

사념처에 대한 질문에 대답을 해놓고 사념처가 무엇인지를 알아보니 사념처란 身念處. 受念處, 心念處, 法念處를 말하는 것으로 자기 자신의 호흡을 통하여, 즉 숨의 출입을 통해서 깨달음이 이루어지게 하는 방법으로 호흡관 수행이라 할 것이다

### 신념처(身念處)
이는 자기 자신에게 있어서 호흡의 집중만이 아니라 호흡과 마음

이 온 몸에 미치게 하는 수행으로 몸의 부정함을 깨달아서 알게 하는 관법, 호흡법의 수행의 기본이라 할 것이다. 다시 말해서 호흡을 통하여 호흡의 길고 짧음을 깨달아 알고 호흡을 따라 마음이 같이 따라 오가며 온 몸을 각지하고 온 몸을 자각하다 보니 의식적으로 호흡을 한다. 의식적으로 호흡하다 보니. 자연 들숨과 날숨의 길고 짧음을 아는 동시에 몸도 각지하고 있다. 이때에는 마음이 호흡을 떠나지 않고 몸도 떠나 있지 않으니. 호흡과 마음 몸이 하나가 된다. 이제 온 몸에 마음이 머물러서 몸의 각 부위를 따라서 마음이 따른다. 마음이 몸의 각 부위를 따르다 보니 마음이 몸과 같이 있으려고 하는 수행 정진이 있고 수행 정진함으로 몸에 대한 올바른 지식이 얻어져서 몸에 대한 신체에 대한 부정함을 알게 되고 몸에 부정함을 앎으로 몸이 생하고 멸하는 것을 두루 생각하게 되고 몸으로 인한 생멸을 생각함으로 몸에 대한 집착이 없어지고 탐욕과 근심이 끊어진다. 몸의 부정함을 올바로 알았기 때문이다.

즉 나라고 인식해온 자신의 몸이 지, 수, 화, 풍, 4대로 이루어진지 확연히 알고 이 몸이 내가 아니라 몸 속에 있는 '나' 나의 몸이다. 이 몸의 주체(주인공)인 참된 '나' 나는 호흡을 통하여 들어왔다 나갔다하는 식(識)이다. 입출식(入出識)을 하는 것은 몸 안에 있는 참된 나인 것이다. 호흡 자체가 나인 것이다.

그러다 보니 호흡을 통한 들숨과 날숨은 참된 나의 삶이다. 그러므로 들숨과 날숨에 생멸하고 한 호흡에 생사가 있다. 따라서 생멸은 상호 부정이 아닌 상호 의존 관계에 있다. 여기서 영혼이 이것이구나 하고 영혼을 확연히 알아야 잡아야 합니다.

## 수념처(受念處)

이는 우리 몸에 있어서 마음에 있어서의 감수작용으로 인한 기쁨과 즐거움, 감수작용에 따라서 들숨과 날숨을 같이하여 감수작용을 깨달아서 있는 그대로 받아드리는 것이다. 우리에게 있어서 감수작용을 하는 것은 무엇인가 6근이다. 6근으로 인하여 마음속에 감수작용이 받아드려졌을 때 마음속의 감수작용 그대로가 숨의 출입에 따라 받아드려지면 감수작용으로 인한 기쁨, 즐거움이란 즐거움도 아니고 기쁨도 아니라는 것을 알게 된다. 이를 알게 됨으로 모든 감수작용을 감수되는 그대로 받아들이면서 호흡같이 행해지고 행해지는 사이 그 받아들여진 것이 고요한 마음에 비친 직관의 힘에 의해서 받아들여진다. 그러므로 감수작용으로 인하여 받아드려진 느껴진 그대로가 아닌 것으로 확연히 알게 되니. 탐착하지 않게 된다. 탐착하지 않으니. 감수작용 그대로의 느낌이다. 그대로의 느낌은 이미 항상 흔들리지 않는 고요함이고 집착되어 있던 마음이 한결같은 마음으로 바뀐다. 감수작용으로 받아들여지는 모든 작용이 감수작용이면서 절대적인 감수작용인 것이 된다. 즉 감수작용을 받아들임 속에 있는 받아들임이라고 할 수 있을 것이다. 감수작용을 부정하고 다른 것을 얻는 것이 아니라 감수작용 그 자리에서 바뀐다. 이때 6근을 확연히 안다할 것이다. 6근을 확연히 앎으로 감수작용의 수(受)는 수이면서 세간의 수가 아니라 출세간의 수다. 속(俗)의 수이면서 진(眞)의 수이다. 속의 수가 진의 수로 바뀌었으니 어찌 탐욕과 근심이 있으랴. 기쁨이 기쁨이고 즐거움이 즐거움이면서 감수작용(기쁨과 즐거움)에 탐착하지 않고 그것이 없어진다고 근심하지 않는다. 탐착하지 않고 근심하지 않는 것은 호흡이 들어오고 나가는 것에 따라서 그러한 마음의 작용이 있기 때문이다. 이때 비로소 6근의 실체에 대한 올바른 앎이 있고 한결같은 수행 정진이 있으며, 6근의 공(空)한 사실을 알고 5온으로 인한 인연법을 생각하는 생각이 있게 된다. 그리고 오온이 공하다는 사실을 확연히 안다.

### 심념처(心念處)

이는 자기 자신의 마음에 있어서 마음을 따라서 관하는 것을 말한다. 마음은 항상 움직이면서 변하는 것이니 무상한 것이다. 마치 숨이 들어오고 나가는 것과 같이 항상 움직이면서 생멸을 되풀이하는 것이 마음이다. 마음의 실상을 호흡을 통해서 아는 것이다. 마음과 호흡이 하나된 세계에서⋯⋯ 신념처 말미에서 말한 것처럼 "이 몸이 내가 아니라 몸 속에 있는 '나' 나의 몸이다. 이 몸의 주체(주인공)인 참된 '나' 나는 호흡을 통하여 들어왔다 나갔다하는 식(識)이다. 입출식(入出識)을 하는 것은 몸 안에 있는 참된 나인 것이다. 호흡 자체가 나인 것이다."

수념처 말미에서 "오온이 공(空)하다는 사실을 확연히 안다" 이 제는 호흡이 오가고 호흡을 따라 마음이 오가고 마음 홀로 오간 다. 마음은 볼 수도 없고 감촉할 수도 없지만 마음은 분명 움직이고 있다. 호흡의 무상함을 알면 마음의 무상함도 알게 된다. 마음이 호흡이고 호흡이 마음이다. 호흡은 무엇의 출입인가? 몸 속으로 공기의 입출이 호흡이다. 그럼 호흡 자체는 무엇인가? 공기(氣)인 것이다. 공기는 무엇으로 꽉 들어찬 것인가?

단순히 기운(氣運)인가 하면 기(氣)이고 기인가 하면 그 속에 빛으로 가득 차 빛으로 작용하는 많은 것들이 있다. 이렇듯 마음에 있어서 마음을 따라서 마음을 관하는 수행 정진이 있고 마음에 대한 올바른 앎이 있어 마음의 실체를 확연히 알고 우주 만물의 모든 작용이 마음의 작용인 줄을 알고 일체유심조를 확연히 안다 하겠다. 그리고 진공묘유를 안다. 이때가 혜오다. 그래도 세간에 있어서의 탐욕과 근심을 떠나 생각함이 있게 된다. 여기 생각하는 것은 한 소식 진리를 생각하고 법을 생각한다.

### 법념처(法念處)

이는 모든 사물이 실체가 없다는 것을 관하여 아는 것이다. 어떤 형태의 형상으로 나타나는 작용으로 보면 무상이고 그 본체 근본을 보면 무아다. 무상이고 무아인 모든 법은 결국 열반으로 해탈로 가는 것이다. 여기서 혜오가 있고 한 소식이 있다. 한 소식하고 법 즉 진리를 확연히 보고는 자기 자신이 법이고 진리인 줄을 안다. 이는 공(空)이다. 즉 다시 말해서 진리 자체 법이다.

그럼 법이란 무엇인가?

법이란 한 마디로 진리를 말하는 것입니다. 그러니 법이란 진리가 변화하는..... 본성이 변화하는..... 방법 및 도리, 작용, 규칙을 법이라 말한다. 법에는 성(性)이 있고, 용(用)이 있고, 의(義)가 있다. 법성이란 법 그대로 실현되는 경지로 법의 모든 변화가 있고 법용이란 법 그대로 인연 따라 나타났다가 사라지고 법의란 업에 따라 형태의 형상으로 나타나는 것이다. 다시 말해서 涅槃靜寂, 諸行無常, 諸法無我, 一切皆苦, 이들 전체가 하나로 어우러져 무아로서의 이 모든 법이 세간의 이룸으로써 세속의 법으로 있는 것이다. 있는 그대로 인 것이다. 그러니 수행자에게 있어 법은 마지막 귀결처가 된다하겠다. 또한 이 법을 벗어나 있다면 한 소식 한 사람이 아닐 것이고 한 소식 한 사람이 법을 진리를 설하지 않고 진리를 법을 벗어나 설한다면 사((邪)되다 할 것이다.

즉 사념처는 수행자가 의지하여 닦아 가는 것을 말하는가 하면 닦아 가는 과정을 설명한 것이기도 하다 하겠다.

　　..........

　　..........

본인의 알음알이로는 사념처 끝 부분에 **대광념처(大光念處)**를 포함시켜야 더 옳지 않을까? 싶다.......

그래서 몇 마디 더 하고 넘어갈까? 한다.

그것은 수행자가 깨달음을 얻어 법념처에 이르게 되면 涅槃靜寂, 諸行無常, 諸法無我, 一切皆苦, 이들 전체가 하나로 서로 공존(共存)과 상생(相生)하며 법에 머무는 수행자가 있는가 하면 법념처에서도 한결같은 수행 정진이 있는 수행자가 있다.

수행 정진하는 수행자는 늘 법을 생각하는 가운데 생각이 있게 되는데 이때 생각하는 생각이 본성의 빛이다. 그리고는 수행 정진하여 본성의 빛에 든다. 본성의 빛에 들어서는 그 빛을 더욱 밝게 해가며 빛으로 도량(道場)을 펼친다.

펼쳐진 빛의 도량은 수행 정진해 갈수록 더욱 넓게 펼쳐진다. 본인은 이 빛의 세계를 대광념처(大光念處)라고 칭하고 싶고 사념처 마지막에 넣어 오념처라 말하고 싶다.

그러니 본인이 말하는 오념처란?

身念處. 受念處, 心念處, 法念處, 大光念處라 할 것이다.

　　2001. 7. 09이전에 쓰다

## 바람이 전하는 말

천지(天地) 기운은 네 기운이고 네 기운은 천지 기운이다
 천지 생명(氣)에너지는 네 생명(氣)에너지이고 네 생명에너지는
천지 생명에너지이다.
 천지 변화무쌍한 것은 천지 마음이고 네 변화무쌍한 것은 네 마
음이다.
 네 마음의 변화가 천지의 변화이고 천지의 변화가 네 마음이다.
 천지 마음이 네 마음이고 네 마음이 천지 마음이다.
 천지 호흡이 네 호흡이고 네 호흡이 천지 호흡이다.
 천지와 너는 따로 있는 것이 아니라 천지가 너이고 네가 천지이다.
 네 마음의 본성(本性) 보려면 밝은 태양을 똑바로 보아라.
 그러면 네 본성을 보리라.    2001. 03. 06.


## 현상의 침묵

하늘에 땅이 있고
 땅에 허공이 있으니
 하늘 땅 허공에 상(相)이 없으리
 일물(一物)이 무일물(無一物)이고
 무일물(無一物)이 일물(一物)이되
 일불승(一佛乘) 중도(中道)로
 빛(光)에 기(氣)이고
 끈과 끈으로 이어진 하늘망의 파동
 그 요동치는 끈들의 교향악
 기운(氣運)이 전하는 바람(風)은
 현상계(現想界)이다    2002. 3. 23.

# 물질 속 본질은 비물질로 성상일여(性相一如)로다

물질은 물질로 존재하는 것만이 아니라 물질과 비물질 한 몸으로
존재하고 상생 존재할 때 생(生)했다 하고 서로 분리될 때 멸(滅)
했다 한다.
물질은 물질로 상(相)을 갖고 물질을 더하여 소유 변화하며 생멸
(生滅)하고 비물질은 비물질로 상(相)을 갖고 비물질을 더하고 덜
며 영생(永生)한다.
상(相)은 물질과 비물질 동전의 양면 오가게 하는 연결 끈으로
물질은 땅이 있어 땅에 있고 비물질은 하늘이 있어 허공에 있다
물질은 물질을 탐하고 비물질은 비물질을 탐하나 보이니 물질의
상(相)이고 보이지 않으니 비물질의 상(相)이다
상(相)에 성(性) 있고 성(性)에 상(相) 있으니
성상일여(性相一如)로 관(觀)이로다    2002 .3. 23.


## 연생(緣生). 연멸(緣滅)

아는 것,
식(識)을 바라보는
곳(見處), 이곳저곳 옮겨 연생(緣生)하니
육도 윤회의 생사 속
무명으로 상념체 생(生)하여 물질을 입고
물질(色)과 비물질(精神)이 하나로
금생(今生)의 삶을 사니
생로병사가 있다

아는 것,
식(識)을 관(觀)하여
연멸(緣滅)하니 죽음 없고

죽음 없으니 생 없고 생 없으니 죽음 없는
있는 그대로의 법(法)
지혜가 밝아
밝은 빛으로
무위(無爲)의 도(道)이다

연생(緣生)은 순관(順觀)에 있고
연멸(緣滅)은 역관(逆觀)에 있다

저마다 생연(生緣)이 있는데
그대의 생연(生緣)은 어디에 있는가?

악! (큰소리로...)   2002.  4.  17.


## 불랙홀의 생멸로 별과 행성이 생멸한다.

 불랙홀은 진실허공 속 공간(허공)을 말한다. 여기서 진실허공을
살펴보자. 진실허공 속 수많은 알갱이의 빛이 있고 끈끈한 액체
같은 물 같은 것이... (이해를 돕기 위한 표현으로....진실 허공의 공간
을 하나의 사각형으로 절단하여 보았을 때, 절단한 사각형 안에 물이 가
득 하고 그 물 속에 빛이 수없이 많다고 생각하고 이 사면체 가득 담겨진
물 속에 수많은 빛을 본다고 생각하며 아래 글을 상상하라.)
 빛이 스스로 움직이고 움직이는 움직임은 빛으로 정점으로 물에
파문이 일고 물에 파문은 빛을 정중앙에 두고 정점 하나의 원으로
파문이 일고...수많은 빛들이 빛을 중심으로 원의 파문이 이니. 빛
으로 일어나는 파문과 파문이 부딪쳐 부딪치고는 다시 파문의 시
발점... 빛의 원점으로 파문이 되돌아와 사라지고...그러면서 시방
으로 서로 밀어내고 당기고...그러므로 빛과 빛의 틈의 공간이 아
주 조금씩 조금씩 벌어지고...(우주의 팽창)...사방팔방 시방에서 파
문이 일며 파문과 파문이 부딪치며...부딪치고 부딪치는 사이 아주

조그만 진실허공에 공간이 생기고(불랙홀)....진실허공 속 공간 즉 불랙홀이 생기고...생긴 불랙홀...진실허공 속 공간은...진실허공이란 물 속 공간으로...물이 급회전.. 물이 회오리치며 빨려 들어가며... (이해를 돕기 위하여 물에 비유하고 있지만 물 속 공간을 만들며 물 속 공간 회오리..물의 급회전으로 공간이 생기는 것은...물이 어느 곳 인가로 빨려 들어갈 때 빠져나갈 때 빨려드는 빠져나가는 속도에 따라 그 변화가 다르지만 진실허공 속 허공 불랙홀 경우는...별이나 행성의 자전과 공전의...허공 속 진실허공의 자전과 공전의 작고 큼에 따라...생기는 불랙홀은 다르다. )

물기둥의 공간이 생겼다 사라지듯...공간 속 우주 속 블랙홀 또한 그러하다. 물기둥의 크기 깊이에 따라 이곳에 저곳으로 옮겨지는 곳 속도에 따라 회전수가 다르고...주변 빨려 들어가는 것들의 속도가 다르듯...빨려 들어가는 것에 의하여... 공간이동...차원이동...압축..폭발...별의 생성... 별의 소멸..... 우주의 진실허공에 수많은 빛으로 또 행성과 행성 행성과 별에... 자전과 공전에...작고 크고에 따라 진실허공에 공간이 생겼다가 사라지는.....불랙홀...작고 크고...회전 속도가 다르고....이 생겼다가 사라지는 불랙홀은 순간적으로....태양계 안에서도 자전과 공전을 하는 가운데...사방 팔방 시방에서 파문이 일며 파문과 파문이 부딪치며...부딪치고 부딪치는 사이 조그만 진실허공에 공간이 생기고(불랙홀)...사라지고...태양계와 은하계...은하계와 은하계 밖의...사방 팔방 시방에서 파문이 일며 파문과 파문이 부딪치며...부딪치고 부딪치는 사이 진실허공에 공간이 생기고(불랙홀)...사라지고...이 생겼다가 사라지는 불랙홀은 공간에서는 찰나에서 순간으로...점점 넓은 공간의 우주로 나아갈수록(태양계에서..은하계...안에서 밖으로...) 엷음에서 깊음으로, 분간하기 어려운 작은 것에서 커지는, 존속 시간이 점점 길어지고...일어나는 생기는 곳이 늘 같은 것이 아니라 생길 때마다 다르다.

존속 시간이 길면 길수록 인간의 시간으로 관찰자에 따라 영원성을 가진 듯하나 그 존속 생멸의 시간이 다를 뿐 생한 것은 반듯이 멸한다.

불랙홀은 은하계 밖에 안에 있는 것만이 아니라 태양계에도 있고...지금 우리가 살고 있는 이 허공 안에서도 있다. 다만 너무 찰나 순간적으로 일어나고 사라지기에 님의 눈앞 허공에서 찰나적으로 생겼다가 사라지기고 너무 작고 엷기에 못 보고 못 느낄 뿐이다. 이 불랙홀의 엷고 깊고, 작고 크고, 존속 시간에 따라...이곳에서 저곳 순간적 차원의 변화도 다르다 할 것이다. 그리고 이 불랙홀에 의하여...우주에 별과 행성이...생성과 소멸을 하고 변화한다. 불랙홀에 의하여 별이 생성되었다가 소멸되면서 행성이 되기도 하지만 다시 블랙홀이 되기도 한다.  2002. 4. 20. 22:10

## 본성에서 자성경계의 업과 그 인연의 파노라마

마음이 곧 빛입니다. 본성 자성의 빛에 업(카르마)이 경계를 이루니 그 경계 안 빛과 업(카르마, 티끌)이 작용 대응하여 빛으로 티끌(업)을 밝힌 것이 밖으로 표출되니 무의식 잠재의식 의식으로 인한 오온과 빛과 서로 작용하여 안의 마음 작용이 밖으로 표출되니 언행으로 드러나는 것입니다.

이는 본성 자성이 여여한 가운데 빛으로 항시 늘 비추는 가운데 업이 그 경계를 이루니 밖으로부터의 파장 울림 ...떨림이 자성경계의 테두리 업에 와 닿으니 서로 대응하여 만나니 드러나고 드러나 나타나니. 이를 인연이라 하는 것입니다.

이는 개개인 빛의 본성, 자성을 둘러쌓고 있는 업, 자성 경계, 그 하나 하나의 각기 서로 다른 파장 울림...의 크고 작은 주기를 가지고 퍼지는 물결 같은 파도 같은 ....안으로부터의 대상 즉 업 오온이 본성 자성의 빛 그 테두리(울타리, 경계) 자성경계를 늘상 항시 비추고 있는 가운데, 업 오온이 안의 대상 자체로 또는 밖의 대상으로부터 안의 대상이 작용하는 끊임없이 움직임 업과 오온 틈 사이사이를 뚫고 퍼져나가는 빛과 업으로 인한 울림 파장...가 퍼지는 가운데, 밖의 대상 각 개개 자체들로부터 역시 울림 파장...퍼지는...이들이 각기 다르게 무주공산에 퍼지는 가운데 서로 서로 교차되니. 수많은 각기 다른 형태의 형상과 업식으로 있는 중음신 영혼이라는 이들까지도 모두 다 이러하니. 이러한 파장 울림으로...허공 가득 하늘 가득 ...이것들이 얽기 설기 망을 이루니. 이 망을 하늘망이라 인트라망이라 이름하고 이 하늘망 인트라망을 이루는 각기 서로 다른 파장 울림..끼리 만나는 교차점, 그 매듭 대응점마다 인연이 드러나는 곳이고 인연 있는 것이며 이 교차의 매듭 지점이 인연이고 그 매듭 지점과 매듭 지점을 연결하는 것은 각기 서로 다른 업으로 인한 자성경계로의 파장 울림..물결의 주기가 그 끈이 되고, 이 끈이 업의 실타래이고 그 매듭 점 하나의 유형 무형의 상이 있고 그 상으로 너와 나 우리 우주의 삼라만상이 있고 이는 업의 인연으로 나타난 드러남이로다.

파노라마 친다. 육도 윤회의 수레바퀴 안에 자성 경계 업들이, 고해(苦海)의 바다에서 하늘망 인트라망으로 각기 다른 파장 울림.. 진동이 서로 서로 부딪쳐 고해의 바다에 물결이 되고 파도가 되고 포말 물거품이 나고, 그 속에서 물결에 파도에 물거품에 침몰되기도 하고 빠지기도 하고, 그러면서 또다시 각기 서로 다른 업의 작용을 일으키고 크고 작은 주기의 파장 울림...파도 진동이... 또 일고..이렇게 육도 윤회하는 가운데, 일반인들은 사람과 사람 사이, 사물과 사물, 대상과 대상 사이 상대방의 파장 ... 파문이 되어 날아오는 것에 상대적으로 대응하기를 자신의 업 오온이 시시각각 움직여 작용하니. 그 작용의 드러남이 시시각각 상대적 대응하니. 밖의 대상 상대방으로부터 날아온 것은 하나의 일 사건이나 그 일 사건에 대응하는 상대적 대응점은 스스로 마음작용을 일으킬 때마다 할 때마다 즉 마음을 바꿀 때마다 이쪽저쪽...보는 쪽을 따라 본성의 빛과 경계(업, 테두리, 울타리)의 틈이 드러나 더욱 밝게 드러나니. 밝게 드러난 곳으로부터 상대적 대응하니. 즉 업 오온을 시시각각 움직인 만큼 그 상대적 대응점이 많아 수없이 많아 하나의 일 사건이 변화무쌍한 듯 보이고 또는 생각 들고, 이는 꼬리에 꼬리를 물고 일어나거나 드러나 불안 초조 ...불안전하다 하며 "인간은 불안전한 인간이다" 말들을 한다.

이러한 사람들 중 종교를 믿고 또는 종교를 바탕으로 수행을 한다. 인간의 불안전함 속에서 완전함을 향하여....완전함을 찾아....

빛으로 가는 길 위의 수행자 각각의 수행의 정도 경지에 맞게 보고 말하니. 그것이 나오는 자리가 그 수행자의 경지이되 업이 인연을 떠나 있는 것이 아니라 인연의 업 안에서 언행에서부터 생각 의식 잠재의식 무의식 제 8아뢰아식까지, 수행자가 수행하고 있는 것 처 업의 수행으로 관하고 있는 것이 나타나고 드러나나, 이것이 인연을 떠나서 나는 것이 아니라 업을 씨앗으로 그 싹이 돋으니. 싹이 인연인 줄 알고 그 인연의 뿌리를 찾아 수행자 연기를 보고 역관하고 깨달은 자 업을 떠나 무생(無生)에 있으되 육체와의 인연으로 인한 육체를 이루는 수많은 생명체, 그 생명체들의 업의 인연들이 우주 가득 파노라마처럼 물결 파장 울림...진동하는 보는 것 곳 처에 따라 그 인연들을 나타나고 드러나니.
너무도 인간적인 면을 드러내고 또는 의식에서 잠재의식에서...제8아뢰아식에서 본성에서 보는 곳 처에 따라 드러내니. 이를 두고 믿는 이 믿지 않는 이에 따라 그 상대적 대응 또한 천차만별이로다.  2002. 9. 7


# 0은 (공무유)

空(공)인가 하니 無(무)이고 무(無)인가 하니 공(空)이로다.
空(공)에 無(무)하니 有(유)하고 유(有)에 공(空)하니 무(無)하며
無(무)에 有(유)하니 空(공)이구나.  2002. 11. 12


# 0은 (이원론)

너는 안과 밖이 있다. 너로 인하여 안팎이 구별되어 있다.

너는 너로서 나는 나로서
저마다 자성의 빛을 발한다.   2002. 11. 12


## 0은 (윤회)

시작인가 하면 끝이고 끝인가 하면 시작이다.
시작도 없고 끝도 없이 돌고 돈다. 수레바퀴처럼.... 2002. 11. 12


## 0은 (고향이다)

시작의 출발점이다. 어디로 가든
사방 팔방 시방
더하고 빼고 빼고 더하며 돌아다녀도
어느 땐가 귀향해야할 고향이다.   2002. 11. 12


## 0은 (그 이름들...)

영이라고도 읽고
원
동그라미
고리
원형
원상
무
공이라고도 읽는다.
참으로 많은 이름들로 불리어진다.
때에 따라

뜻
의미
용도
상에 따라서.....  2002. 11. 12


## 진공묘유(眞空妙有)

0 = 0 이고
0 = 1,
0 > 1,
0 < 1,
0 ≥1,
0 ≤1이다

1+1=0 이고
1+1=1,
1+1=2,
1+1=∝ 이다

1+1. 2. 3..... ∝ =0 이고
1+1. 2. 3..... ∝ =1
1+1. 2. 3..... ∝ =2. 3. 4.....∝
1+1. 2. 3..... ∝ =∝이다.                    2002. 11. 12


## 0은 (무유)

없는 가운데 있다.
無에 有하다 하니

무엇이 없는 가운데 있고

있는 가운데 없다.
有에 無하다 하니
무엇이 없는 가운데 있는가?  2002. 11. 12


## 중도(中道)

양면으로 보아지는...행해지는....이분법에서의 언행을
어느 한 쪽 a={ 1, 2, 3, 4, 5, 6 }이고
다른 한 쪽 b={ 0, 2, 4, 6, 8, 10}일 때
중용(中庸)은 a∩b ={2, 4, 6}이라 할 수 있고
중도(中道)는 a∪b ={0, 1, 2, 3, 4, 5, 6, 8, 10}라 할 수 있고
a, b 각각일 수도 있고 a, b 각각이 아닐 수도 있으며
a, b를 벗어나 있는 전체일 수도... 전체가 아닐 수도 있고
전체 속 a, b 전체일 수도 ...전체가 아닐 수도 있고
전체 속 a, b를 이루는 속성일 수도...아닐 수도 있다.

중용(中庸)이 양중음(陽中陰), 음중양, 선중악(善中惡), 악중선,
상중하(上中下), 하중상....에서 흐르고 흐르는 속 중(中)으로의
흐름이고 머무름이라면
중도(中道)는 전체인가 하면 부분이고 부분인가 하면 전체이며
하나인가 하면 둘이고 둘인가 하면 하나이며 있는가 하면 없고 없
는가 하면 있는 중용의 길인가 하면 길 없는 길이고 길 없는 길인
가 하면 길 있는 길이며 행하되 행함 없는 놓아버림이고 놓아버렸
으되 드러남이다.
 우주의 삼라만상이 이루어진 속성인가 하면 모든 종교를 이루는
속성이고 종교가 하나같이 말하는 속성이며 너 나 우리를 이루는
속성이고 너 나 우리들이 하나같이 언행(言行)하는 속성이며 그
속성으로부터 드러난 언행들 그 언행(言行)을 행했음에도 어느 것

하나 내가 행함이 없는 놓아버림, 그 본성의 속성으로 여여(如如)
하되 흐르고 흐르는 속 드러나는 여래(如來)의 언행(言行)이... 언
행을... 중도(中道)라 하는 것이다. 2002. 12. 4


## 대사일번(大死一番)

오르고 오른
벼랑 끝
낭떠러지
한발 내딛어
대사일번(大死一番)하니

천지(天地)가 무너지고
무너진 천지 속
실성한 듯
대소(大笑)하고

절대무(絶對無)가 몸을 털고 일어서
생(生)하니 유(有)하고
유(有)하니 무(無)하구나

말함에 말함 없고
말하지 않음에 말함 있으니
유(有)가 무(無)고 무(無)가 유(有)니
유무(有無)가 없더라.

## 어용(御用)에 체(體)가 숨었어라

체(體)에 용(用)이
세상과 내통하여
용(用)의 몸으로 놀다보니
체(體)를 망각하게 되고
망각한 체를 통해 나타난
어용(御用)이 체(體)인 듯
본연의 체가 어용에 가렸으니
어용을 거둬
어용 속 체가 드러나니
온 천지 광명이구나


## 본디 마음은 무량광(無量光)

오고감 없는 세월 속
마음 청정 오고감 없는 것은
본디 만유(萬有) 본성이고
세상이라 명명(命名)한 울타리
흐르는 시공(時空)을 세월이라 이름하니
명명(命名)한 서로의 약속을 지키고 살아가니
하루...한달...새해라 하고
마음을 새롭게 한다하나
본디 마음은
무량광(無量光)으로
새롭게 할 것이 없고
이르지 않고 닿지 않는 곳 없이
밝고 원만한 빛이더라

# 뜬눈을 또 한 번 뜨니

천지가 광명 광명이로다.

세상 등진 곳 없이
흐르지 않는 곳 없이
꽃 한 송이
피어

천지 광명
광명이로다

현실이 꿈이고
꿈이 현실이었던
천지가 무너지는 소리도 그쳤다.
뜬 눈을 또 한 번 뜨니

광명 속
세월은
한 점 티끌이고

우주는
있는 그대로 진리이고
나는
진리 속 진리이더라.  2003. 3. 3.

## 갈잡(渴雜)은...


육체를 가졌던
유체를 가지지 않았던
살아 있으니

살기 위하여
살아가기 위하여
살아있기 때문에
갈잡(渴雜)에 있지만

타인 또는,
본인의 뜻과 의지에
뜻과 의지와는 상관없이
업에, 업의 인연에
있게 되었지만

육도 윤회
업의 인연이 파노라마 치는
"지금 여기"가 어디이든

하심(下心) 속 겸손하면
겸손 속 상서로움이 있게 된다.

* 於尊先謙(어존선겸), 渴雜成祥(갈잡성상)을 접하고 나서   2003. 5. 19

## 좌선입정(坐禪入定)

푸르름 짙게
비 오는 날
수신(修身)
꽃비로 내리고
꽃비 머금은
수신(修身)
날씨와 관계없이
안팎으로 청정하다.
춘하추동
맑고 흐리고 비 오고
수신할 때마다
허공 가득
꽃비 내리고
흘러내리는
꽃비
수신할 때마다
폭포수이어라.          2003. 5. 25


## 백팔번뇌

자기 자신을 속이지 않을 때
번뇌는 없다
나를 속이는 순간부터
번뇌는 시작된다.          2003. 7. 6

# 좋은 질문은 좋은 답변보다 위대하다

무엇을 하든 하고자 하는 것에 대한 스스로이든 타인이든 의심과 의문이 없다면 어찌될까? 스스로에게 또는 타인에게 의심과 의문이 생각하게 하고 일어난 생각은 꼬리에 꼬리로 물며 머리 속을 맴돈다.

좋은 의심과 의문은 좋은 질문 하나를 낳고 좋은 질문 하나는 좋은 답변 하나로 의심, 의문을 단박에 해소한다.

단박에 해소할 좋은 질문 없이 단박에 해소할 좋은 답변이 있을 수 없고 좋은 질문 없는 좋은 답변은 있을 수 없으니 좋은 질문은 좋은 답변보다 더 위대하다

좋은 질문은 답변하는 사람에게 좋은 생각을 하게하고 미쳐 생각지 못한 생각을 하게 하여 지혜를 샘솟게 하고 세상을 씻기고 밝혀 어둠으로부터 깨어나게 하며 멈춰 있는 일없이 흐르게 한다.

좋은 질문은 본인을 보다 좋은 생각 의식으로 깨어나게 하고 본인을 보다 빠르게 의심과 의문을 해소하게 하고 단박에 해결 해소하게도 하며 좋은 질문에 좋은 답변은 너와 나 우리를 깨어나게 한다.    2003. 8. 2


# 내 안에서 광활한 우주가 있다.

이 글을 쓸까 말까 망설이다가 기억 내지는 벗어나기 위해 버리기 위해서 이 글을 쓴다.

몸이 소우주란 얘기를 많이 들었지만 내 안에서 광활한 우주가 있는 듯 광활한 우주가 보인다. (광활한 허공 속 수많은 별들이 있는 듯하여 우주란 용어를 사용했음.)

8월 3일 도반 산행에서 산 기운 받기 및 산 기운을 끌어다가 수행하기 및 수행처 좋게 만들기를 알려주고 나서 나는 태양의 기운 받기를 했다. 걸으면서 하루에 20-30분가량 했다.

태양의 기운 받기를 하기 시작한지 얼마지 않아 태양과 같은 기운으로 형태의 형상은 하고 있지 않지만 태양과 양립하여 있는 보이지 않는 곳으로 태양과 같은 기운이 있는 곳의 기운이 내 몸 안으로 들어옴과 함께 태양이 들어오다 다 들어오지 못하고 백회에 걸려 들어오던 태양이 마치 방광처럼 머리 뒤쪽에서 주변을 밝게 비추고 있는 것 같은 형상이 심안(心眼)과 영안(靈眼)으로 보이더니만 단전으로 빨아드려 단전을 감아 돌림으로 태양이 몸 안으로 해서 단전에 들어와서 사라졌다. 이날이 8월 12일, 이날이후 은하계의 기운 받기를 하고 있는데 몸 안을 바라보고 몸 밖의 태양을 바라보고 몸 안을 바라보며 태양을 인식하며 찾아보면 몸 안에 하단전에 아주 작게 태양과 태양계가 보이고 주변으로 수많은 별들이 보이고 은하계인 듯 수많은 별들이 구름처럼 여기저기에 흩어져 있다.
 내 몸을 테두리해서 내 몸 안은 텅 비었고 텅 빈 허공에 태양계(이는 분명한 것 같으나)와 수많은 별들이(은하계인 듯) 헤아릴 수 없이 많은 별들이 산재해 있다.
 (이 글을 쓰면서 내 안을 바라보면...) 유성도 보이고...태양계 같은 곳도....태양계 같은 곳이 양다리 위에 양쪽에 있고 단전의 태양계 있는 평면으로 볼 때 우측에도 하나 있고 대각선으로 해서 왼쪽 가슴 쪽으로 하나 있고 목 부분에도...머리 부분에도... 있다.
 마치 내 안에서 광활한 우주가 있는 듯하다.
 광활한 우주가 보인다. (심안(心眼)으로 영안(靈眼)으로 봤을 때...)
 몸 안 이곳 저곳을 살펴보아도 시작과 끝을 알 수 없다.
 몸의 테두리도 사라지는 듯하다.
 믿거나 말거나 이지만 이런 얘기를 들어보지도 그 어느 책에서 읽어 본 일이 없는지라. 지금 경험한 상황 외에 뭐라고 할 말이 특히 없다.
 다만 밀려오는 생각이 있는데 그것은 앞으로 내 안의 우주를 밝디 밝게 밝혀야 한다는 것이다. 2003. 8. 14

## 어! 몸 안에서 인당으로 나네

오늘 아침 좌선 중에 주변 사람들을 인식하여 밝히며 기운과 생명에너지를 보내는데 전에는 누군가에게 심생기를 보낼 때에 백회로 받아서 인당으로 밝게 비추며 보냈었는데 오늘은 (내 안에서 우주가 보인 이후) 몸 안에서 머리 위 올라와 인당으로 밝게 비추며 보내진다.

처음은 장심과 장심으로 그 다음은 백회와 장심으로 그 다음은 백회와 가슴 장심으로 그 다음은 인식하여 바라보고 인당으로 그 다음은 그냥 바라봄과 함께 백회와 인당으로 오늘은 살펴봄의 인식에 몸 안에서 인당으로 밝게 비추며 보내진다.

"그것을 우리가 볼 수 있도록 해 줄 수 있습니까?"

묻는다면 '없다' 할 것이며 그럼 어찌 압니까?

묻는다면 '할 말이 없다.'

어찌 그렇게 됩니까? 묻는다면 '하심 속, 상구보리 하화중생하며 수행 정진하라 할뿐이다'          2003. 8. 15


## "지금 여기"를 인식한다.

해 뜨면 달 지고 달 지면 해가 뜬다.
뜨는 해, 지는 달은 어제의 해인가 달인가?
어제의 해, 달이 아닌 오늘의 해이고 달인가?
또 내일의 해와 달은 오늘과 전혀 다른 해와 달일까?
어제가 있어 오늘이 있고 오늘이 있어 내일이 있는
시작도 끝도 없이 돌고 도는 육도 윤회 속
지금의 "나는" 전생의 "나"와 무관한가?
지금의 "나는" 내생의 "나"와 무관할까?
이 몸을 토대로 지금 인식하는 "나는" 과거와 "나"와 미래의 "나"와 같은 존재인가? 서로 다른 존재인가? 어떤 관계가 있는가?

과거 현재 미래 사이 어떤 관계가 있기에 과거 미래의 "나" "나를"인식하지 못하고 현재의 "나" 이 몸만을 인식하며 "지금 여기"에 있는가?　2003. 8. 21

## 주체의 속성 본성은?

나는 언제나 과거의 내가 아니고 미래의 나도 아니다. 오직 현재라고 하는 지금 여기에 존재해 있을 뿐이다. 과거의 나는 현재의 내가 아니고 현재의 나는 미래의 내가 아니다. 나는 과거로부터 와서 현재 있고 현재를 거슬러 올라감으로 미래의 현재 오늘, 지금 여기에 있다.

과거의 존재 나는 지금 인식하는 나인가? 내가 아닌 다른 나인가?

현재 지금 여기에 있는 나는 미래에 인식할 나인가? 미래에 인식할 또 다른 나인가? 과거 현재 미래의 나는 서로 다른 개체의 주체로의 나인가? 서로 같은 주체의 나인가?

다르다면 무엇으로 다르고 같다면 무엇으로 같은가? 다르다고 인식하는 것은 무엇이고 같다고 인식하는 것은 무엇인가? 이 주체는 무엇인가?

"나"를 이루고 있는 "나"를 이루게 하고 있는 존재적 인식의 주체가 무엇이기에 서로 다르게 또는 서로 같게 인식하게 하는가? 인식하게 하는 것의 원인은 무엇이고 무엇이 인식의 주체인가? 인식의 주체 근원은 무엇인가?

인식하는 주체의 근원이 어떠하기에 근원에 무엇이 근원에 어떤 속성이 있기에 본성의 속성이 어떻기에 그러할꼬?　2003. 8. 21

# 태풍의 눈

세상은 있는 그대로 반야(般若)이고 세상사는 태풍이다.

태풍 속에서 살아가는 우리는 저마다 업의 파노라마를 일으키며 태풍 속에 있으나 우리들 저마다의 마음속에 태풍의 눈이 있고 반야(般若)가 있으니.

"나"라고 하는 "나"에 있어

어느 어떤 것이 태풍이고 어떤 것을 태풍의 눈이라 할 수 있고 반야(般若)라 할까?

태풍의 눈에 있어 태풍의 눈 주변의 태풍 자체는 "나"에 있어 가아(假我)이고 가아(假我)라 이름한 태풍 속 태풍의 눈은 반야 진아(眞我)라 할 것이다.

가아(假我)는 태풍으로 업식(業識)의 "나"이고 진아(眞我)는 태풍의 눈 본래의 모습...본성 주인공 반야의 "나"이다.

관하고 관찰하여 자신을 바로 보라.

자신에게 어떤 것이 태풍이고 태풍의 눈은 어디에 있는지.

조견(照見)하라.　　2003. 9. 16


# 이분법 이전의 자리가 궁극의 자리???

궁극의 자리는 허공에 없는 곳 없이 두루 꽉 차 있고 모든 생각과 언어가 끊어진 자리이고 깨달음의 자리이고 부처 이전에도 있었고 유일신 하나님이라고 하기 이전에도 있었고 지금도 있으며 앞으로도 있을 것이나 석가모니 부처님도 궁극의 자리를 말하지 못했고 예수도...역대 수많은 조사도...선사도 ... 언어로 전하질 못했지요.

그럼에도 언어를 빌려서 말하지 않고는 눈밝은 이가 아니면 감도 잡지 못하니 언어를 빌려서 말함으로 어긋나는지 알면서 말을 하는 것이지요.

허공 중에 궁극의 자리가 있고 우주 안에 궁극의 자리가 있으니 허공 속 진실허공을 알고 허공의 마음을 알면 우주 속 우주 안의 의식을 알고 우주의 마음을 알면 가늠해 볼 수는 있을 것이지요.

이 글을 읽으며 전한 것 없이 전해지고 있으니. 전한 것 없이 전해진 것이 궁극의 자리를 변화하게 하고 흐르게 하는 것이지요.

궁극의 자리는 절대자라 해도 맞지 않고 빛이라 해도 맞지를 않고 일체지라 해도 맞지를 않고 유일신 하나님, 부처...그 외 수많은 종교의 최고의 신이라 해도 맞지를 않고 깨달음의 자리라 해도 맞지를 않고 모든 생각과 언어가 끊어진 자리라 해도 맞지를 않습니다.

궁극의 자리는 이 세상 모든 언어를 삼키고 우주를 삼키고 허공의 삼킨 자리가 바로 궁극의 자리라 할 것입니다.

사랑과 자비라고 하는 것을 넘어선 앞에서 지칭한 모든 분들을 넘어선 곳에 무엇이 있는 것이 아니라 이미 있으되 가려져 있는 것이지요.

무엇에 "나"에 ...."나"를 확연히 알면 "나"를 확연히 아는 자리가 바로 궁극의 자리이니 "나"를 확연히 아는 자 이미 궁극의 자리를 알았다 할 것입니다.

이미 이 글로 궁극의 자리를 전한 것 없이 전하고 보여 주고 있으니 그대는 보았는가요?...    2003. 10. 15


# 되돌아보자.

명상 수행 정진한다고 하면서 습관적으로 명상 수행 정진하는 것은 아닌가. 그러다 보니 의식의 변화 몸의 변화 없이 마음은 선정에 들지 못하고 불안 초조 ... 흔들리고 있는 것은 아닌가.

일상적 사회생활을 하다가도 명상 수행 정진하면 마음은 조용히 선정에 들어 편안해야 하고 불안 초조한 생각은 사라지고 의식은 깨어나야 한다.

의식이 깨어나고 있는가? 마음이 편안해지고 있는가? 생각 의식

집중 몰입이 점점 잘되고 있는가?

 명상 수행 정진한다고 하면서 습관처럼 하다보니. 명상 수행 정진에 변화가 없다면 명상 수행 정진의 무기(無記)에 빠진 것이니 처음 명상 수행 정진하고자 했던 뜻과 의지를 되새겨라

 그러면 명상 수행 정진의 싹은 새롭게 피어날 것이다.2003. 10. 21


## 영원한 것과 영원하지 않은 것

나에게 영원한 것은 무엇이고 영원하지 않은 것은 무엇인가?
이름 있는 것은 생멸이 있고 생멸이 있는 것은 영원하지 못하다.
영원한 것은 이름에 있지 않다.
변화하는 것은 생멸한다.
몸이 없는데 안(眼),이(耳),설(舌),신(身),의(意)가 있겠는가?
색(色),성(聲),향(香),미(味),촉(觸),법(法)이 있겠는가?
6근과 6경 12처 무엇이 입출입하는가?     2003. 10. 21


## 입출입하는 것 무엇인가?

몸은 자기가 살고 있는 집, 다니는 회사, 가게, 자동차, …
문이 있는 곳은 어디든 입출입한다.
대도무문(大道無門)의 허공도 육체를 경계의 담으로 일주문을 입출입한다.
네 영혼이 네 몸 안에서 밖으로 밖에서 안으로 통하는 곳,
6근과 6경 12처가 있다.
12처로 네 안의 무엇이 입출입하는가?
입출입하는 것 무엇인가?     2003. 10. 21

# 선정에 들어 네 안을 보라.

 물결이 잔잔할 때는 달 그림자가 밝게 비추는 것처럼 마음 고요
히 하고 선정에 들어 마음의 바다를 바라보면 본성이 밝게 비추는
것을 볼 수 있다.
 마음이 혼란하고 생각이 많으면 물결이 일면 달빛이 흔들리는 것
처럼 밝게 비추는 본성을 볼 수가 없다.
 마음을 고요히 하고 네 안으로 보라.          2003. 10. 21


# 생각은 마음을 마음은 행동을 비춘다.

 밖에서 12처로 온 것에 대응(부딪쳐)하여 안에서 작용하여 일어
나는 생각은 마음을 비추고 마음은 행동을 비춘다.
 늘 머리 속에 어떤 생각이 떠올랐나 살피고 살핀 생각을 바로 잡
아서 맑고 밝은 행동하는 것이 중요하다.  2003. 10. 21


# 이 세상에서 최고 무서운 것은...

 이 세상에 최고 무서운 것은 사람이다. 그 중에서도 최고 무서운
것은 자기 자신이다. 자기 자신이 운명 숙명의 원인이고 업으로
일어나는 파노라마를 보고 불안 초조 풍랑이 최고의 적이다.
자기 자신을 불안 초조...평안 안락하게 하는 것은 남이 아니라 바
로 자기 자신이다.
 성공과 실패, 행함과 행하지 못함에 대하여 책망할 사람은 자기
자신 외에는 없다.
 최고 무서운 것은 네 밖에 있는 것이 아니라 이미 네가 알고 있
는 것의 상(相)으로부터 네 안에서 파노라마처럼 일어나는 업(業)
이란 식(識)의 풍랑이다.  2003. 10. 21.

# 생사(生死)불이(不二)

우리들이 무서워하고 두려워하는 것은 물질의 몸에 대한 집착 때문이며 "나"라는 몸이 죽으면 모든 것이 끝난다는 생각으로 인한 죽음 때문이다.

죽음이 곧 태어남이고 태어남이 곧 죽음인지를 알고 생사가 둘이 아님을 확연히 알면 무서움이나 두려움은 사라진다. 2003. 10. 21

# 이것이 만법이다

처음은 몸을 생각하고 건강을 생각 "나"를 생각하고

"나"를 인식하고 "나"를 바라보고 주관의 "나"를 객관의 "나"로 바라보고

"나"를 벗어나 "나"를 보고 "나, 너, 우리"를 벗어나 "나, 너, 우리"를 보고

지구를 생각 인식하고 지구 속 "나"를 보고 지구를 벗어나 지구의 "나"를 보고 인식하고

태양계를 생각 인식하고 태양계 속 지구를 생각 "나"를 보고 인식하고 태양계를 벗어나 태양계의 "나"를 보고 인식하고

은하계를 생각 인식하고 은하계 속 "나"를 보고 인식하고 은하계를 벗어나 우주를 생각 우주 속의 "나"를 보고 인식하고

우주 전체의 하나 속 은하계를 생각하고 태양계를 생각하고 지구를 생각 나 너 우리를 생각하고

전체의 하나 우주란 허공 속 그 어느 것에도 의존 의탁하지 않고 스스로 존재해 있는 우주의 허공 속, 수많은 존재를 생각 인식하고 "나"로 돌아와 "나"의 생명력과 존재력을 생각 인식하고

부처와 불(佛)을 생각하고 유일신 하나님을 생각 주(主)를 생각 인식하고 우주의 허공 속, 우주 전체로의 하나인 주(主), 우주 삼라만상의 주인을 생각 인식하고 우주 만법의 주인공을 생각하고

그의 생명과 영혼을 생각 인식하고

빅뱅 이전의 최초를 생각하고 최초라고 말하기 이전의 태초를 생각하고 절대자라 이름한 이름의 뜻을 생각 인식하고 생명과 영혼을 생각 인식하고

가늠할 수 없는 절대자!

오직 하나가 분리 분열되기 시작하게 된 이유와 원인을 생각인식하고

생각 인식한 절대자란 이름을 따라 생명과 영혼을 인식하고 절대자의 생명 영혼을 대 폭발(빅뱅)을 일으키고 빅뱅으로 혼란 혼돈한 상태를 생각 인식하고 혼란 혼돈의 시대가 지나고 안정되어 가는 상태를 생각 인식하고

안정된 상태의 우주, 우주란 허공 속 수많은 별과 행성이 허공에 스스로 존재하는 것을 생각 인식하고 수많은 별과 행성이 우주란 이름의 전체의 하나 속에 스스로 움직이고 존재하는 것을 생각 인식하고

"나"로 돌아와 "나"를 보고 전체 속 "나"를 보고 "나"에서 "전체" 우주를 보고 "우주" 전체에서 나를 보고 수많은 별과 행성을 보고 스스로 존재하되 의존 의탁하지 않고 존재하는 생명과 영혼을 생각 인식한다.

너는 누구냐?

너는 네 안에서 누구를 보았느냐?

이름이 그러할 뿐 이름에 있지 않다.

너는 누구냐?        2003. 10. 25


# 네 안의 빛을 인식하라.

밝음은 빛이다. 낮은 태양이 밝히고 밤은 달이 밝히고 어두운 방은 전등이 밝히고 어두운 밤하늘은 별이 밝힌다.

네 안은 밝음인가? 어둠인가?

밝음만 어둠만 있는가?

밝음과 어둠이 같이 있는가?

네 안에 어둠이 있다면 어두울 적에는 어둠을 보지 못할 것이나 너는 어둠을 보고 밝음을 본다.

네 안에 밝음이 있다면 밝을 적에는 밝음을 보지 못할 것이나 너는 밝음을 보고 어둠을 본다.

너는 밝힌다. 네 뜻과 의지를...언행을...

어둠으로 밝히는가? 밝음으로 밝히는가?

네 안에 무엇이 있어 네 안에서 밝혀 밖으로 드러내는가?

너의 주인공은 밖에 있는 것이 아니라 네 안에 있다.

빛은 전류로 밝히고 전류는 빛으로 밝힌다. 네 신경조직의 움직임의 자극은 전류다.

네 안에 무엇이 밝히는가? 밝히는 것, 그것 네가 아닌가?

석가모니부처님이 보리수 아래에서 새벽 별을 보고 빛을 보고 인식 하나되어 깨달음을 얻은 것처럼 네 안의 빛을 인식하라.

2003. 10. 25




## 수행 선행 공덕을 쌓으라


수행 선행 공덕을 쌓지 않고 행복을 소비하는 것은 재산을 만들지 않고 소비하는 것과 다름이 없다.

비록 천상에 태어났다 하더라도 수행 선행 공덕이 다하면 악업의 업보를 받나니 행복하다고 마냥 행복할 일도 아니고 불행하다고 괴로워할 일도 아니다.

행복이 다하면 불행이 오고 불행이 다하면 행복이 찾아오게 마련이니. 행복 속에서도 수행 선행 공덕을 쌓고 불행 속에서도 수행 선행 공덕을 쌓으라.

행복 속에서 불행을 보고 평상심을 잊지 말고 불행 속에서 행복을 보고 평상심을 잊지 않고 수행 선행 공덕을 행하라.

수행 선행 공덕 중 최고의 공덕은 자비의 보시이며 보시 중에 최고의 보시는 무주상보시이고 그 중에 최고는 법(法)보시이다.
2003. 10. 25


## 행복은...

많은 사람들이 다른 사람보다 많이 갖기를 원하고 남보다 월등히 뛰어나기를 바라나 행복이란 남과 비교해서 행복할 수가 없다.

스스로 만족하고 아래를 보고 비교한다면 모를까?

그러나 많은 사람들이 가진 것 보다 더 많이 갖기를 바라고 남보다 더 나은 점만을 추구한다면 영원히 행복하지 못할 것이다.

왜냐하면 누구든 다른 사람보다 한두 가지는 나은 점이 있지만 모든 것에 있어 전부 다 남보다 뛰어날 수 없기 때문이다.

그러므로 행복이란 주어지는 일에 최선을 다하며 일하는 속에서 일하는 즐거움을 느끼고 일함으로 따라오는 얻게 되는 것을 갖게 됨에 만족하고 갖고 있는 것으로 처해 있는 자신과 환경과 가족 주변을 사랑하며 남과 비교하지 않고 스스로 만족할 때 행복하다 하겠다. 2003. 10. 27


## 수행의 경지는

얻고 싶은 수행의 경지가 어떤 수행자에게 있다면 그 수행자가 말하는 수행의 경지만을 보지 말고 그 수행자가 그 수행의 경지에 오르기 위하여 명상 수행 정진한 것을 보고 그 수행자가 명상 수행 정진한 만큼 그대도 명상 수행 정진하라!

수행의 경지는 명상 수행 정진의 대가 없이 얻을 수는 없는 일이다. 다른 수행자가 일심 일념으로 수행하여 얻은 수행의 경지를 어찌 팔짱만 끼고 읽는 것만으로 듣고 바라보는 것만으로 얻을 수 있겠는가? 일심 일념의 명상 수행 정진만이 그대의 수행의 경지를 높여줄 것이다.

수행의 경지는 말이나 글에 있지 않다.

수행으로 깨어난 의식의 행에 있다. 2003. 10. 27


## 경책(警責)하며 수행해야 한다.

수행으로 깨어난 의식 수행의 경지는 샘물과 같이 안으로부터 솟아난다. 수행의 경지를 높이고 의식이 깨어나려면 자기 내부의 샘을 파야 한다. 밖에서 구할수록 혼란하여 수행이 미진해 지고 심지가 약해질 뿐이다.

수행을 인도하는 힘을 강하게 하려면 스스로 수행하는 수행의 뜻과 의지를 확고히 하고 가끔씩 되새김질하여 경책(警責)하며 수행해야 한다.

수행하는 수행의 뜻과 의지만이 자기를 바로잡아 준다는 것을 잊어서는 아니 된다.  2003. 10. 27


## 자등명(自燈明) 찾아

마음을 고요하고 편안하게 하고 좌선하여 앉는다. 좌선한 몸이 편안하고 안정적이게 한다.

눈을 감고 마음의 눈으로 체기권(體氣圈)을 인식하고 인식한 체기권을 하단전과 가슴(중단전) 목 부분까지 해서 닭이 알을 품기 좋은 집이 되도록 만든다.

그리고 닭이 알을 품듯 심생기(心生氣)로 가슴(중단전)을 품고 가슴을 주시 직시한다. 주시 직시하면서 어둔 가슴(중단전)을 심생기의 압력으로 파헤친다.

심생기의 압력으로 파헤쳐는 어둠 속을 고양이가 쥐 잡듯이 파헤쳐지는 곳에 무엇이 있는 지. 파헤쳐지는 것을 따라 도망가는 것이 없는지. 도망가는 것 하나라도 놓칠세라. 주도면밀하게 주시 직시해야한다.

심생기의 압력이 강하면 강할수록 파헤쳐지는 것은 강할 것이며 강한 만큼 더 집중 몰입하여 관하고 관찰하고 조견(照見)해야 한다.

그리고 알을 깨고 나오듯 밝아 오는 미명의 밝음을 보고 미명의 밝음이 더욱 밝아지도록 주시 직시하며 파헤쳐야 한다.

알의 껍질을 벗기듯 미명을 벗기고 은백색의 빛이 보이고 자등명의 빛이 환하게 드러날 때까지 밝혀 자등명 홀로 밝히도록 한다.
2003. 10. 31


# 인중천지일(人中天地一)

네 안에 하늘이 있고 땅이 있다.
너에게 있어 너의 무엇이 하늘이고 땅인가?
인중천지일(人中天地一)
이미 너는 천지(天地)와 하나로 있다.
네 안으로 하나로 있고 네 밖으로 하나로 있다. 2003. 10. 31


# 천지인(天地人)

하늘(天)에 땅(地)이 있고 땅에 사람(人)이 있다.
하늘(天), 땅(地), 사람(人)
생겨남의 순서를 생각해 보라.
무엇이 선후인가?
하늘이 먼저인가? 땅이 먼저인가? 네가 먼저인가?
너와 하늘과 땅

무엇이 서로 다르고 무엇이 서로 같은가?

너를 보며 하늘을 보고 땅을 보고 하늘을 보며, 땅을 보고 너를 보고 땅을 보며 하늘과 너를 본다.

너는 무엇을 보고 무엇을 보는가?

천중지인일(天中地人一)이니 지중천인일(地中天人一)이고 인중천지일(人中天地一)이다 2003. 10. 31


## 본심본(本心本) 견(見)

네 본래 마음의 근본 보려면
자동차 유리창에 비친
태양의 밝은 빛 올바로 보라.
바라본 그것이 본심본(本心本)과 같나니 2003. 10. 31


## 이름할 이름이 없다

우주 만물의 모든 것, 그 자체 속에는 하늘과 땅이 있고 하늘과 땅이 생기기 이전부터 존재한 것이 있다. 그 존재의 속성을 본성이라고들 이름한다. 그것은 형상의 형태가 없다.

저에게 그것의 다른 이름을 말하라면 궁극의 자리, 반야, 진리, 절대자, 불, 하나님....유일신, 성령, 불성, 법성 본성, 신성, 속성...이라 이름할 것이며 그것은 어디에나 없는 곳 없이 있고 두루 해 있고 특별한 것이 아니라 보편적으로 존재하는 것이라고 말할 것이다.

이는 시작도 끝도 없고 상하 좌우 팔방 시방이 없다 하겠다.
2003. 10. 31

# 하심(下心) 겸손하라

수행하는 데에는 겸손하고 하심(下心)하는 것 보다 더 깨달음의 토대가 되는 것은 없다.

하심하라!

깨달음을 얻는 그날까지 겸손하라.

진실로 겸손한 하심이 마음을 편안하게 넓혀주어 수행이 원만하게 이루어진데 바탕이 되게 한다.

깨달음을 얻은 또는 깨달음을 얻지 않은 수행자여!

하심하라!

진실로 겸손하라!

그렇지 않으면 정법(正法)도 사법(邪法)이 되기 쉬우나 하심 겸손하면 사법도 정법이 되기 때문이다.

정법과 사법이 모두 다 어떤 수행자에게 정법이 되고 정법도 어떤 수행자에게 사법이 되는 것은 오직 한 소식 깨달음만을 지향하며 맑음 마음으로 수행하느냐?

깨달음 보다 드러나는 모습의 행을 지향하며 자기를 들어내고 알리는 물든 마음으로 수행을 하느냐?

이렇듯 같은 길을 가면서도 서로 다른 마음으로 길을 걷기 때문이다.

하심 겸손하라!

그리고 한 소식 깨달음을 위하여 정진하라.

물든 마음이 아닌 물들지 않은 마음으로 맑고 밝은 빛으로 가라.

2003. 11. 3


# 정법과 사법은 마음에 있다

선악은 행실에 있지 것이 아니라 마음에 있다. 이와 같이 정법과 사법도 마음에 있다.

정법을 듣고 맑은 마음 물들지 않은 마음을 일으킬 때 정법이 되고 탁한 마음 물든 마음을 일으킬 때 사법이 되고 사법을 듣고, 맑은 마음 물들지 않은 마음을 일으킬 때 정법이 되고 탁한 마음 물든 마음을 일으킬 때 사법이 된다.

정법과 사법은 말하는 사람의 맑고 탁한 물들지 않는 물든 마음에서 나서 정법과 사법을 듣는 사람의 마음에서 맑고 탁한 물들지 않는 물든 ...어떤 마음을 일으키느냐에 따라 정법이 정법이 되기도 하고 정법이 사법이 되기도 하고 사법이 정법이 되기도 하고 사법이 사법이 되기도 한다.

이렇듯 탁하거나 물든 마음에서 나면 사법이고 맑고 물들지 않은 마음에서 나면 정법이다. 이는 네 마음 내 마음 우리의 마음이 아닌 부딪쳐 작용을 일으키는 "나"라고 하는 내 마음의 작용에 있다 하겠다.

비록 맑고 물들지 않은 일 행 가르침이라도 이를 자랑하면 맑고 물들지 않은 것이 되지 못되고 비록 탁하고 물든 일 행 가르침이라도 이를 고치면 탁하고 물든 것이 아니다.

수행자가 가장 조심 경계 삼가야 할 것은 수행의 경지가 높다는 수행하여 얻었다는 안다는 것, 아는 것, 식으로의 이기에 찬 아집과 교만한 성품이며 마음 가득 잘 키워 한 소식 깨달음의 꽃 피워야 하는 것은 하심과 겸손한 성품이다.

그러면서 주춧돌 같은 초발심 부동의 큰 원력의 뜻과 의지를 지닌다면 비로소 올바른 수행자라 할 것이다.  2003. 11. 3


## 할 말이 없고 밝힐 것이 없다

무엇을 해야 할지 모르겠다. 살아 있으니 살아갈 뿐이며 말하지 않으면 소통이 되지 않으니 말을 하고 물으니 대답한다.

전할 것이 없다. 전할 것이 없으니 말할 것도 없다. 할 말 없는데 말하려고 하니 살필 수밖에 없다.

살피려하니 ...할 때, 보이는 것(곳, 사람)을 먼저 살피게 된다.

보이지 않는데 살피려고 하지 않는다. 보이지 않는데도 살피는 것은 보이지 않는 것에 장애 내지는 걸림이 있기 때문이다. 장애와 걸림이 없다면 살피지 않는다.

살핌은 장애와 걸림의 막힘을 통함에 두기 위해서 보고 살피고 통함에 두고는 침묵 또는 말을 하는 것이다.

할 말이 없다. 밝힐 것이 없다.  2003. 11. 7

## 장애와 걸림이 밝히고 살피게 한다

소경은 보려고 해도 보지 못하나 본다고 하여 전부를 볼 수 있는 것도 아니고 살핀다고 하여 전부를 살필 수 있는 것도 아니다.

바라보는 곳(것)만을 보고, 보고 싶은 것(곳)만을 보고 살필 수 있는 것(곳)을 살피고, 살피고 싶은 곳(것)을 살피는 것과 같이 장애에 걸려 있어야한다. 수행에 장애 없고 걸림 없다면 무엇을 보고 무엇을 밝히고 살필 수 있을까?

이는 수행자가 수행하는데 꼭 필요한 것이다. 장애와 걸림이 있어야 장애와 걸림을 보고 살피며 나아가게 된다.

이미 통함에 이는 수행자라 할지라도 장애 없고 걸림 없다면 밝혀 말할 것이 없고 밝혀 놓을 것이 없게 된다.

그러나 장애와 걸림이 있다면 밝힐 것이다.

통함에 있는 눈 밝은 이의 전할 것 없는 것을 전하여 듣고자 한다면 묻고 질문하라. 그러므로 장애와 걸림을 만들어 주어라.

묻고 질문하는 것이야말로 전할 것 없는 것을 전하여 들을 수 있는 최상의 방법이고 장애와 걸림이 수행자를 올바로 수행해 가게 하는 최고 최상의 수행방법이다.

수행자여!

장애와 걸림이 없다면 무엇으로 수행할 것인가?

장애와 걸림이 없다면 수행이 이루어지지 않으니 장애와 걸림을 만들어라.  2003. 11. 7

## 장애와 걸림을 만들어라

장애와 걸림이 있다고 다 수행하는 것은 아니다. 장애와 걸림을 제거하고 넘어 서려고 할 때 장애와 걸림으로 수행이 이루어진다 장애와 걸림을 해결하고자 하는 마음이 간절 애절함이 크면 클수록 더욱 더 수행의 경지는 일취월장할 것이다. 2003. 11. 7

## 수행자여! 수행의 경지를 체크 점검하라

수행자여!
무조건 좌선 참선 명상수행해서는 아니 된다.
무엇을 위하여 좌선 참선 명상수행하고 있는지 명확하고도 확연히 알아야 한다. 그리고 수행하며 꼼꼼히 점검하라.
어디까지 밝혀왔고 밝힌 것을 어디까지 확연히 아는지 체크 점검하라. 그러면 무엇을 밝히지 못했는지를 알게 되고 무엇에 어떤 것에 장애와 걸림이 있는지 알게 된다. 그래서 지금 어디 어느 것을 밝혀야 하는지 스스로 인식하고 아직 밝히지 못한 부분의 장애와 걸림으로부터 좌선 참선 명상 수행을 통하여 직시 주시하여 모르는 것을 밝히고 살피며 밝혀나가야 한다.
수행자여!
지금 무엇을 수행하고 있는지
빛에 이르는 깨달음의 계단 어디를 오르는지
오르는 계단 수행의 경지
수행의 경지로 오르는 계단 중 어느 계단에 서서
서 있는 계단의 장애와 걸림을 가지고 있는지 알아야 한다.
그래야만 무엇을 수행해야 할지를 알고 원만하게 수행해 갈 수가 있으니
가끔은 자신의 수행의 경지를 체크 점검하라.  2003. 11. 7

# 그대는 어디를 봅니까?

그대는 그대의 삶을 봅니다.

하루를 보기도 하고 일주일 한달 일년..10년 , 30년 50년 100년 200년...을 봅니다.

그대는 지금 어디를 보고 있습니까?

흐름을 보고 있습니까?

흐름 속 정지된 상태를 봅니까?

흐름 속 정지될 때를 봅니까?

어린 시절을 봅니까?

학창시절,...청년시절을...장년시절을,....노년기를 봅니까?

그대는 그대의 삶 어디를 봅니까?

태어나서 죽는 순간까지를 봅니까?

태어나기 이전과 죽은 이후를 봅니까?

하루살이는 하루가 인생의 전부이고 한해살이는 한해가 인생이고 두해살이는 두 해가 인생의 전부입니다.

그대는 그대의 삶과 인생을 봅니다.

어느 삶을 봅니까?

육신의 삶과 인생을 봅니까?

영혼의 삶과 인생을 봅니까?

업식의 육도 윤회의 삶과 인생을 봅니까?

육도 윤회를 벗어난 삶과 인생을 봅니까?

우주 전체가 하나로 있는 우주 속에서 그대는 그대라고 인식하는 범위의 공간을 어디까지 포괄적으로 생각 인식 의식하고 그대의 삶과 인생을 봅니까?

우주는 쉬지 않고 성주괴공합니다.

성주괴공하는 우주 속에 있는 그대는 우주의 흐름 속 어느 흐름의 변화를 보고 그대를 보고 변화를 보고 흐름을 보며 그대를 보고 있습니까?

흐름의 변화 속 그대를 보고 그대를 설명함은 인연과 연기를 보는 것 아닌가?

인연과 연기를 접어두고 성주괴공(成主壞空)하는 우주 전체를 볼 때에 우주 속에서 그대를 무엇을 보고 무엇을 말할 것인가?
2003. 11. 10


## 지혜는 앎으로 밝히는 것이다

앎에는 두 가지 앎이 있다.

하나는 지식이 되어 업이 되는 앎이고 하나는 지혜가 되어 업을 놓게 되는 앎이다. 이 두 가지 앎은 체험과 경험을 통해서 쌓기도 하고 깨어나기도 한다.

산다고 하는 인생이란 흐르고 흐르는 흐름 속에서 부딪침의 경험과 체험을 통하여 없던 것을 가짐으로 지식을 쌓아가며 뽐내는 이가 있고 부딪침의 경험과 체험을 통하여 자기 자신도 모르게 가지고 있던 안으로부터의 고정된 인식이 변화하여 인식이 변화됨으로 가지고 있던 고정의 인식 의식을 놓아버림으로 깨어나는 이가 있다.

이렇듯 작은 지식이 쌓이고 쌓여 앎으로의 무명을 더욱 깊게 하고 흔히 깨달았다고 하는 작은 인식의 변화가 모이고 모여서 큰 대각 정각의 깨달음을 얻는다.

인생이란 삶을 살아가면서 경험과 체험을 통하여 일반인은 지식을 쌓고 지혜를 얻기도 하지만 수행자는 경험과 체험을 통하여 놓아버림으로 지혜가 더욱 더 밝아져 결국에는 깨달음을 얻는다 할 것이다.

지식은 앎을 쌓는 것이고 지혜는 앎으로 밝히는 것이다.

쌓는 것 업이고 밝히는 것 업이다.

지혜는 밝히는 것이다. 본성이 밝아지며 밖으로부터 부딪쳐 오는 것을 참견이 드러내며 밝히는 것이다. 2003. 11. 11

# 보고 싶은 것만을 보는 것처럼

소경이 아닌 이상 우리는 상하좌우 팔방 시방 어디든 보려고 하고 시선을 돌리면 볼 수가 있다. 무엇이든 볼 수 있음에도 우리는 자기가 보고 싶은 것만을 선별하여 본다.

오고 가며 살아가는 사는 삶, 인생의 흐름에 비껴가는 수많은 밖의 대상들이 스치고 지나가고, 지나가고 스치며 보고 싶은 것만을 보며 체험과 경험을 한다.

우리는 본다고 하나보는 것은 눈이 보는 것이 아니라 본성이 비추는 것이다. 눈이란 손전등의 빛을 비춤으로 눈으로 본다한다.

보고 싶은 것을 볼 때에 하나라도 놓칠까 자세하게 보고 관찰하는 것처럼 수행하고 있는 수행의 대상을 보고 관찰하고 성찰하라.

처음은 수행의 대상이 보이지 않아 관찰 성찰할 수 없을지라도 계속적으로 집중 몰입 관하여 바라볼 때에 바라보는 것을 따라 의식이 마음이 따라가고 마음을 따라 견이 드러나고 견을 따라 참견이 밝게 드러나며 무명 속에 있던 관찰하는 대상이 환하고 맑게 밝아져 올 것이다.

수행하는데 밝혀야할 수많은 대상들이 있다. 그 대상 전부다 볼 수도 없고 밝힐 수도 없다. 보고 싶은 것을 볼 때에 그 어느 것보다 더 자세하게 보는 것처럼 초발심의 대상을 보라.

밝히고 싶은, 보고 싶은, 알고 싶은 궁금한 대상을 끊임없이 관하고 관찰하여 그 대상의 실상 실체를 확연히 밝혀라. 밝힌 하나는 전체로 통하고 전체가 하나로 흐르는 흐름 속 수많은 매듭의 대상 전체를 하나로 뚫고 면면히 흐르고 있기 때문이다. 2003. 11. 11.

# 모든 행위의 중심에는 내가 있다

자기가 하는 모든 언행, 행위는 남을 위하는 듯 봉사니 사랑이니 자비니 누군가를 위해서 행한다고들 말하지만 행하는 모든 것들을 엄밀히 관찰해 보면 생각과 의식 무의식 잠재의식의 만족과 마음의 충만함, 업의 필요충분조건에 의한 시절인연과 과보 인과 연에 의하여 "나"라고 인식 의식한 "나" 자기 자신을 위해서 하지 않는 행위가 단 하나도 없다고 해도 틀리지 않을 정도로 자기 자신이라고 인식하고 있는 "나"를 위해서 하는 것이다.

어디를 가고 오고 머무르고...행주좌와 어묵동정 만나고 헤어지고 관계를 유지하는 것 역시도 자기 자신 "나"를 위해서 하는 것이다

그것이 업의 나를 위한 것이든 업이 다한 나를 위한 것이든, 자기 자신이 현재 지금 인식하고 있는 "나" 나의 만족과 필요충분조건, 업에 의한 연기의 인연에 의하여 물든 마음이면 물든 마음에서 맑고 물들지 않은 마음이면 맑고 물들지 않은 마음에서 끊임없이 행하며 사는 살아가는 삶은 타인을 위한 봉사 사랑 자비가 아니라 자기 자신 "나"를 위하여 행하며 사는 것이다.

모든 행위의 중심에 모든 것의 중심에는 내가 있다. 수행 역시도 누구를 위해서 하는 것이 아니다. 자기 자신을 위해서 하는 것이다. 그리고 수행의 중심에는 언제나 내가 있다.  2003. 11. 20


# 인생이란 과연 무엇인가

인생은 어디서 어디를 어떻게 보느냐에 따라 그 차이가 크다
그대는 어디서 어디를 보고 업의 파노라마가 끊임없는 윤회의 바다에서 인생의 삶을 어떻게 대응 대처하며 살아가는가?
인생이란 윤회란 강물의 흐름에서 인간이란 몸을 배로 마음을 노로 강물의 흐름을 따라 배를 저어 가는 것이다.

인생이란 윤회의 정류장이며 간이역이다.
인생이란 영혼(의식)성장의 인큐베이터로 도량(道場)이다.
인생이란 태어나 죽는 것이다.
인생이란 고(苦)이다.
인생이란 생로병사(生老病死)이다.
인생이란 희로애락(喜怒哀樂)이다.

아주 짧은 찰나를 보면 늘 켜져 있는 듯한 전등불이 켜졌다 꺼졌다하는 것을 보는 것처럼 "나"는 없고 업의 파노라마를 보고 순간의 초 분 시간 하루...를 보면 "나"에 빠져 욕심으로 인한 희로애락에 있게 되어 탐욕과 유희를 즐기고 한달 일년 10년 100년...을 보면 육체의 "나"를 위한 희로애락에 삼독의 탐욕이 극성을 부린다.

100년...이상을 보면 육체의 "나"를 벗어나 영혼의 나를 인식하고 선업 공덕을 쌓던지 업의 소멸을 쫓는다.　2003. 11. 27


## 의식 차이의 인생


인간이란 시공(時空)에서 "나"로 걸리어 "나"의 뜻과 의지로 헤엄쳐 가는 그 의식 인식 생각으로 흘러가는 삶에서 어디를 보고 어디서 헤매고 있는가?

어디를 벗어나 어디를 걷는가?

찰나를 보면..."내가" 없고 순간을 보면... "생겨났다 없어졌다" 하고 분, 시간, 하루, 일년을 보면..."희로애락"이 많이 있고 "생로병사"가 가끔 있고, 10년, 20년을 보면..."희로애락"이 희미해지고 "생로병사"가 뚜렷해지고 100년, 200년을 보면... "생사"가 있고 "영혼"이 있다. 1000년 ...만년 ...억년...에서 보면..."나"는 없고 "영혼"이 있고 "업"이 있다.

너는 어디서 인생을 보고 삶을 보고 살아가는가? 2003. 11. 27

# 그대 어디서 보고 사는가

본성을 보는가?
본성에서 윤회를 보는가?
윤회에서 인간을 보는가?
인간으로 윤회를 보는가?
윤회 속 인간의 생사를 보는가?
인생에서 생로병사를 보는가?
생로병사에서 삶을 보는가?
삶에서 희로애락을 보는가?
본성, 육도 윤회, 인생, 삶, 소년기, 청년기, 장년기, 노년기...
10년, ..5년...1년..한달.. 일주일,... 하루...시간...분..순간..찰나의 흐
르고 흐르는 성주괴공 속 어디를 인식 생각하고 살아가는가? 흘러
가는가?
그대 깨어 있는 곳, 어디고 어디에서 성주괴공 속 어디를 보고,
그대 의식 영혼은 어디에 있는가? 어딜 노닐어
그대 인간의 몸을 받은 삶 속에서 무엇을 위하여 어디를 보고 지
향하고 있는가? 걸어가는가?
그대 시선 머무른 곳 어디이고 노니는 곳 어디인가? 2003. 11. 27


# 이것이 인생이다

우리가 흔히 누구의, 네. 내... 인생이라고 말할 때 인생은 이 세
상에 저마다 태어나서 죽음에 이르기까지 또는 지금 현재까지 우
주가 성주괴공하는 속 몸을 받아 저마다 태어난 몸으로 시공(時
空)에 걸리고 걸린 시공의 몸으로 성주괴공하며 흐르는 허공 속,
시공의 시간이 흐르고 흐르는 시간 속 세월 그 세월 속 몸을 배로
마음을 노로 저어 건너가는 흐름의 강물, 그 진리의 바다에서 파
도로 출렁이는 업의 파노라마 속에서 부딪치고 부딪히며 흐름의

강물을 따라 흐르는 흐름 속 부딪치고 부딪힌 흔적의 생채기를 보듬고 보듬은 저마다의 생채기를 인생이라고 한다.

즉 시간적 흐름을 두고 그 흐름에서 드러나 있는 흔적을 말하거나 살아온 날들의 잊혀지지 않는 기억들을 통 털어 인생이라고 한다.

그러므로 누구 네 내... 인생이라 하면 지칭한 사람(것)이 태어나서 현재까지 또는 죽음을 맞이할 때까지 어린 시절, 학창시절, 소년기, 청년기, 장년기, 노년기...지나온 시공의 흐름 속 걸림과 장애, 희로애락, 고(苦), 생로병사...살아온 이야기 흘러온 이야기가 인생이다.

이런 관계로 지나온 살아온 날들은 짧게만 느껴지고 기다리는 시간은 길게 또는 지루하게 까마득하게 느껴진다. 이는 저마다 살아온 날들 속 기억되고 추억되어진 한 컷 한 컷의 영상화된 추억의 기억의 사진들이 전부 모여져서 모여진 전부가 시간적 흐름의 순서적으로 놓여지고, 이 놓여진 전부를 하나의 인생이라 하고 인생인 추억의 기억의 사진들을 모아 모아서 추억과 기억이 없는 빈틈 없는 시간의 흐름은 허공으로 사라지고 모아진 추억 기억의 영상들만 되돌아보게 되니. 영사기처럼 보는 과정에서 되돌려 짧은 시간에 보다보니 살아온 날들은 짧고 인생은 화살과 같고 눈 깜짝할 사이에 있다 하는 것이다.

기다리는 시간 예정되어 있는 시간은 흐름의 시간 그 시간의 흐름이 빈틈없이 다가오기에 어느 하나 건너뛸 시공간 없이 가득 채워 밟아 흘러 가야하기에 기다리는 시간 다가오는 시간은 멀기만 하고 멀리만 느껴지나 멀리만 느껴지는 시간 역시도 지나고 나면 추억이나 기억이 없는 흐름 속 시공간은 사라져 순간이고 눈 깜박할 사이에 있게 된다.

이렇게 흘러왔듯 또 흘러간다. 우주가 성주괴공하는 속 흘러가는 강물의 흐름에 따라 배를 저어 내려간다.

그대는 강물의 흐름을 따라 배를 저어 계속 강물을 따라 흐를 것인가? 뭍으로 나올 것인가? 강을 건너 언덕에 이를 것인가?

2003. 11. 27

# 강 언덕에 있는 사람은 저마다 소리 질렀다

"급한 물살을 타고 기분 좋게 내려가는 것을 멈춰라. 하류는 물살이 세고 소용돌이가 일고 악어와 무서운 악마(惡魔)가 바위 동굴에서 기다리고 있다. 그대로 흘러가면 죽고 만다."

그러니 강에서 빨리 나와라. 뭍으로 빨리 올라와라. 피안의 언덕을 넘어가라. 강 언덕에 있는 사람은 저마다 소리 질렀다.

여기서 [강물의 흐름]이란 업으로의 윤회 삶을 말하고 [기분 좋게 흘러 내려간다]함은 삼독으로 인한 애욕(愛慾)의 생활과 자신의 열정(熱情)에 몸을 맡기는 것을 말하며 [물살이 세다]함은 노여움과 괴로움의 생활을 말하며 [소용돌이]는 욕락(慾樂)을 말하며 [악어와 무서움 악마가 사는 동굴]이란 죄로 망해 버리는 생활, 지옥을 말하며 [언덕에 선 사람]이란 부처님, 각자(覺者),... 선지식들을 말한다. 2003. 11. 27


## 길들이며 가야한다

윤회란 강물의 흐름을 따라 흘러가는 것에 익숙해져 이제는 배멀미도 하지 않고 뱃놀이에 빠져 세월 가는지 모르고 강물을 따라 흐르며 즐겨 노는 이가 너무 많음에도 우리는 깨어나 노를 움켜쥐고 뭍을 향해 언덕을 향해 노를 저어가고 있다.

힘겨움에 노를 놓고도 싶고 흘러가는 대로 흐름에 맡겨두고 싶고 때로는 남들과 다름없이 흥겹게 놀고도 싶고, 젖고 젖어도 제자리인 듯 물살은 거세고 여기 저기 소용돌이가 인다.

익숙해져 있는 습관과 습벽 자기 자신도 모르게 이미 "내"가 된 "나"라고 하는 "나"를 어찌 한 번에 벗어날까? 익숙하지도 않은 노 젓는 행으로...

그래도 의식은 깨어 뭍에 언덕에 이르고 말겠다는 굳은 의지와 뜻을 가지고 어디로 흘러갈지 모르는 배를 어디로 갈지 날뜀지 모르는 마음이란 소의 고삐를 힘껏 움켜주고 이미 "자기화"된 "나" 자기 자신의 업(業) 식(識)이 흘러가는 흐름의 습관과 습벽을 거스르고 뭍 언덕을 행해 스스로 가도록 끊임없이 마음이란 소를 길들이며 가야한다.

강물의 흐름을 따라 흘러가게 해서는 아니 된다. 마음 흐르는 대로 흘러 가게해서도 아니 된다. 2003. 12. 3


## 어찌해야 여여(如如)할까?

비워야 한다.
비우지 않고 채울 수 없다.
채우고 비우고 비우고 채워야한다.
무엇을 비우고 채우고 채우고 비울 것인가?
안팎이 서로 다른 일원상
안의 대상과 밖의 대상
안팎으로 다른 것 무엇이고 같은 것 무엇인가?
안팎이 서로 같고 다르고 떠나서 전체가 여여하기 위해서는 어찌 해야 하는가?    2003. 12. 16


## 하늘을 보고 땅을 보고 생각하라

땅을 보고 아무 것도 없는 땅위에 집이 생겨나고 없어지는 것을 보고 하늘을 보고 생각하라.
그리고 "나"라고 하는 "나"를 이루고 있는 집을 보라.
그리고 산산이 분해하라. 분해할 수 없을 때까지 분해하라.
그리고 인연이 되어 집을 이룬 업의 덩어리를 온 곳으로 되돌려라.
그리고 모든 것을 되돌린 텅 빈 허공 무엇이 있는지 보라.
2003. 12. 16

# 흘러 지나가지 않는 것은 단 하나도 없다

허공(하늘)에 의지처가 있는가 ?

하늘(허공)에 무엇이 생겨나고 없어지는가?

허공(하늘)이 땅을 의지처로 삼으니

의지처 땅을 바탕으로 온갖 사물이 생겨났다 없어졌다 하나 흘러 지나가지 않는 것이 단 하나도 없이 잘도 흘러간다.

각기 서로 다른 인생도 자연의 온갖 산물도 봄 여름 가을 겨울 없이 지나간다.

지나가는 것은 의지처 땅으로 있는 것이 아니라 허공(하늘)의 흐름에 따라 흘러가는 것이다.

흘러가는 하늘(허공)의 흐름이 그대 마음 안에서의 뜻과 의지로 이루어지는지를 확연히 아는 순간 자등명(自燈明) 자성불(自性佛) 되어 온 천지 광명을 비추기 시작할 것이다.  2003. 12. 16


# 이 큰 하나를 그대는 무엇이라 할꼬

모든 것은 한 순간 찰나도 멈춰 있는 일없이 지나간다.

산도 들도 시내도 지나가는 것이다. 각기 서로 다른 인생도 자연의 온갖 산물도 봄 여름 가을 겨울 없이 지나가는 것이다.

이 지나가는 것은 허공에서 이루어지고 하늘에서 이루어진다.

허공에서 이루어지는 것은 하늘에서 이루어지는 것이고 하늘에서 이루어지는 것은 허공에서 이루어지는 것이다.

대기권 안과 밖, 대기권 안팎의 허공과 하늘이 그 이름이 다를 뿐 같은 것을 두고 말함에 각기 서로 다른 인생과 자연의 온갖 산물이 봄 여름 가을 겨울 없이 생 소멸하며 지나가는 것은 허공 안의 뜻이고 의지이며 하늘 안의 뜻이고 의지이나 허공 안에서의 인(因)과 연(緣)에 의하여 오가며 흘러가는 것이다.

오가며 흘러가는 허공 안의 변화가 너무도 변화무쌍하여 허공 속

묘함을 드러내니 이를 진공묘유(眞空妙有)라 하나 허공 속 허공 안 진실허공의 속성이고 허공이라고 하나 허공의 다른 이름 하늘, 그 하늘 안에서 이루어지니 하늘의 속성이며 하늘의 속성은 하늘이라고 이름한 하늘의 혼(魂)이며 영(靈)이다.

허공 전체가 하늘 전체가 우주 전체가 가늠할 수 없는 큰 하나이다. 이 큰 하나를 그대는 이름하여 무엇이라고 할 것이며 이 큰 하나 속 흐름의 변화를 그대는 무엇이라 할 것인가?  2003. 12. 16

## 깨달은 자는

깨달은 자에게
뜻과 의지가 있다면 반야(般若)에 있고
마음은 진공(眞空)에 있으며
생활은 묘유(妙有)의 생활을 하고
행(行)은 중도(中道)에 있다.        2003. 12. 18

## 만일 내일 죽는다면

만 일 내일 죽는다면 오늘 그대는 무엇을 하고 싶은가?
하고 싶은 것이 있다면 내일로 미루지 말고 오늘 하고 싶은 그 일을 하라.
만일 내일 그대가 죽는다면 죽음을 위해 오늘 무엇을 하겠는가?
하고 싶은 것이 있다면 내일로 미루지 말고 지금 하고 싶은 그 일을 하라.
만일 내일 죽는다면 그대는 오늘 무엇을 할 것인가?
곰곰이 생각하라.
그리고 오는데 순서 있어도 가는데 순서 없는 죽음이 호시탐탐 노리고 있는 예상치 않는 죽음 앞에서 당당하고도 후회 없는 죽음을 맞이하기 위하여 오늘 지금을 살아라. 2003. 12. 25

# 참 자아는 무엇인가

　자기 자신이라고 생각하는 것이 자기가 아니라 반성하게 하고 참회하게 하는 물든지 않음 마음과 사고(思考)가 확연하게 드러나도록 하는 비춤의 밝음과 쉼 없이 노력하게 하는 속성과 그 속성으로 살아 있는 살아 있게 하는 생명의 근원이 참된 자기 자신이다. 참 자아는 무엇인가? 2003. 12. 31

## 배워온 모든 것을 잊어버려야 진실을 알게 된다

　우리는 어릴 때부터 이 세상을 살기 위하여 살아가기 위하여 서로 쉽게 이해하고 소통을 원활하게 하기 위하여 명명(命名)되어진 언어의 약속 그 약속된 언어를 배우며 살아 왔다.
　그리고 그 약속된 언어를 배우고 익히고 배우고 익힌 것을 사용하며 편리하게 살아가고 있다.
　그럼에도 우리는 이 세상을 편안하게 살아가기 위하여 배우고 익힌 약속된 언어들의 고정관념에 빠져 진실한 참모습을 보지 못하고 언어들에 놀아나고 있다.
　수행자가 참모습 진실을 알기 위해서는 나를 올바로 보아야 하듯 언어 역시도 언어가 말하고 있는 것을 올바로 볼 줄 알아야 한다.
　똑같은 것을 말하고 표현하고 있음에도 단어 몇 개 또는 말만 조금만 바꾸어 놓아도 생소하게 받아드려 전혀 모르는 이들이 많은 것을 보면 살아가기 위하여 배우고 익힌 언어들까지도 전체가 하나로 통하는 길로 가는 길을 막고 있다.
　이는 알고 있는 배워온 모든 것을 내려놓고 잊어야 내려놓고 잊은 만큼 통함 속 통함을 보고 배우고 익혀온 것들이 많으면 많은 만큼 알고 있는 것들의 막힌 속에서 막힘을 보는 것이다.
　살기 위하여 배우고 익혀온 언어에 걸리지 말고 통하여 보라.
　그리고 자기 자신을 관(觀)하고 관찰 성찰하여 밝힘에 있어도 자기 자신 안에 있는 대상들 그 명명(命名)되어진 약속된 언어들에 빠지지 말고 올바로 보고 관하여 관찰하고 성찰해야 한다.
2004. 1. 5

## 안으로부터 자성불 하나님... 신을 현현하게 해야한다

자기 집에 칠보의 금은보화를 두고 금은보화를 찾으러 다니는 사람 남의 문전으로 구걸하러 다니는 사람이 있다면 어떤 생각이 들며 어떤 말을 해 주고 싶은가?
이것이 남의 일이 아니고 바로 우리들 자신의 일이다.
자기에게 이미 있는 것을 돌아보지 못하고 자기 자신에게 이미 있는 것을 찾지 못하고 밖으로만 찾아 헤매고 다니며 남이 안으로부터 현현(顯現)하여 드러내 보이는 것을 부러워하며 자기 자신 안으로부터 현현하지 못한 것을 자기 자신에게는 없다고 생각하고 남이 가지고 있는 것이 본인에게 전이 내지는 동화되기를 바라며 자신에게 있는 것을 찾을 생각은 않고서 쫓아다니며 부러워한다.
본래 우주의 삼라만상뿐만 아니라 모든 사람의 근본 성품에는 그 어느 것에도 의탁 의존하지 않고 스스로의 생명과 영혼을 가진 전지전능한 존재자인 절대자가 밝디 밝은 빛을 드러내고 있다.
자성불(自性佛)이 있다. 자등명(自燈明)이 있다.
유일신 하나님이 있다.
이미 모든 사람에게 있는 절대자 자성불 자등명 하나님 신성 신...의 특성과 특색을 발휘하며 이 세상을 살아나갈 수 있는 힘과 능력이 있다.
그 힘과 능력은 우리 각자의 몸 속 깊이 숨어 있는데
그 힘과 능력의 특성과 특색이 밖으로 드러나도록 할 생각은 않고 남이 명상 수행을 통하여
밖으로 드러낸 힘과 능력 특성과 특색만 바라보고 남을 부러워하며 스스로 한탄하는 것은 어리석은 일이다.
모든 사람의 몸 속 깊이 숨어 있는 절대자 자성불 자등명 하나님

신성 신...을 명상 수행을 통하여 심생기로 자기 자신의 몸 속을 파고 파헤치면 파낸 만큼 절대자 자성불 자등명 하나님 신성 신...의 힘과 능력 특성과 특색이 밖으로 현현(顯現)하게 되니. 자기 자신의 업으로 또는 공업으로 인한 불리한 환경만을 생각하고 비관하거나 좌절 절망하지 말고 자기 자신 몸 속 깊이 있는 절대자 자성불 자등명 하나님 신성 신...이라 이름한 이들로부터 스스로 눈을 뜨고 친견하고는 자기 자신 안에서 밖으로 드러나도록 해야 한다.

그러기 위해서는 우리가 무엇보다 먼저 해야 할 일은 자기 자신을 찾는 것이다.

자기 자신을 찾아 "자기 자신이 누구인가?"

자기 자신의 실체를 아는 것이다.

누구나 자기 자신의 몸 속을 파면 팔수록 자기 자신 안에 있는 칠보의 금은보화가 무수하게 나오고 판만큼 절대자 자성불 자등명 하나님 신성 신...의 힘과 능력 특성과 특색이 현현하지만 스스로의 노력과 인내가 부족하고 뜻과 의지가 약해서 파내는데 소홀하거나 파내지 않고 업이 무겁기 때문에 나는 안 된다 생각하며 실망하고 좌절하는 이들이 많으나 실망 좌절할 틈도 없이 일심 일념으로 명상 수행에 힘써야 한다.

그러면 힘쓴 만큼 절대자 자성불 자등명 하나님 신성 신...의 힘과 능력 특성과 특색이 자기 자신 안에서부터 밖으로 드러나 현현하게 되어 있다. 그런 만큼 쉼 없이 일심 일념으로 명상 수행해야 한다. 2004. 1. 8


# 어둔 길을 벗어나 밝은 길을 걸어야 한다

무익하고 악한 일을 하는 사람은 어둠 속에서는 잘 보고 잘 하나 밝은 햇빛 속에서는 보지 못하는 올빼미 같고 밝은 낮에는 자고 어둔 밤에만 활동하는 박쥐와도 같아 욕심과 아만 자만 집착으로 시시비비 할 때에는 날 푸른 칼날처럼 언설(言說)이 날카로운 듯 참견을 드러낸 듯 하지만 눈 밝은 이와 마주치거나 지혜나 진리의 빛에 마주칠 때는 눈이 보이지 않게 되어 얼버무리거나 독설하기가 일쑤다.

그럼에도 어둠 속에서 잘 보고 잘 하는 것만을 보고 밝은 지혜나 진리의 빛을 마주쳤을 때 밝음을 보지 못하고 밝음을 등지는 것을 보고도 얄팍한 지혜나 진리의 감언이설에 빠져드는 것은 우리가 어둠 속에서 밝음을 보지 못하고 어둠을 보고 있기 때문이며 어둠 속에서 밝음을 등지고 서서 물든 마음을 가지고 어둠 속 밝은 길로 나아가려고 하기 때문이다.

유익하고 착한 일을 하는 사람은 어둠 속에서는 보지 못하나 밝은 햇볕이 있는 밝은 대낮에 잘 보고 잘하며 욕심과 아만 자만으로 시시비비하지 않고 참견을 드러내며 막상 눈 밝은 이와 마주치거나 지혜나 진리의 빛에 마주칠 때마다 환희심을 일으키며 스스로 깨어 자각하고 어둠 속에서 밝음을 보고 물든 마음 조금이라도 더 물들지 않은 마음으로 하여 어둠을 등지고 밝음으로 걸어 나오게 되어 어둔 길을 벗어나 밝은 길을 걷게 되고 얼마지 않아 밝은 길 빛으로 가는 길을 걷게 된다.  2004. 1. 9


# 그대 지금 서서 바라보는 곳 어디인가?

그대는 지금, 어둠 속에서 밝음을 등지고 밝음을 보는가?
어둠 속에 어둠을 등지고 밝음을 보는가?
물든 마음을 가지고 어둠 속 밝은 길을 찾는가?
물들지 않은 마음을 쫓아 어둠 속 밝은 길을 찾는가?
밝음을 등지고 어둠 속에서 밝음을 보려는 사람은 마음이 닫혀 있는 사람이고 어둠을 등지고 밝음을 보려는 사람은 비록 어둠 속에 있을지라도 마음이 열려 있는 사람이다.
그대 지금, 어둠 속에서 어둠을 등지고 밝음을 본다고 하면서 밝음을 등지고 어둠 속 밝음을 보고 있는 것은 아닌가?  2004. 1. 9

# 마음작용을 따라 드러내는 자등명을 밝혀가야 한다

악과 인연을 맺던, 선과 인연을 맺던, 악업을 짓든 선업을 짓든 모든 것은 오직 마음에 달려 있다.

마음으로 인한 생각과 의식 뜻과 의지가 어느 곳을 향하여 있느냐에 따라 자등명은 마음이 향한 쪽을 향하여 손전등을 비추듯 비추고 마음에 어떤 생각 의식 뜻과 의지를 가지고 있느냐에 따라 가지고 있는 뜻과 의지 의식과 생각을 따라 자성불이 들러난다.

자등명이 비춘다기보다는 항상 여여하게 자등명은 빛나고 있음에 업식이 자등명을 덮고 있어 평상시에는 드러나지 않다가 생각과 의식 뜻과 의지로 마음작용을 일으킬 때, 마음과 함께 업식도 작용하고 순간적 찰나적으로 작용하는 업식의 미세한 틈과 틈으로 업식에 덮여 있던 자등명의 빛이 드러남으로 생각과 의식 뜻과 의지의 마음작용과 업식 작용이 자등명이란 손전등으로 밝히는 것 같이 환하게 길이 드러나고 환하게 드러난 길을 따라 이루 헤아릴 수 없는 수많은 업식들이 마음이 하려고 하는 것을 따라 나서며 하려고 하는 것과 인연 깊은 순서대로 밀고 들어선다.

이와 같이 자등명과 업식 마음작용의 관계로 일으킨 생각을 하도록 자꾸만 충동질을 하는 것이다.

이렇듯 마음이 어떤 생각과 의지 뜻을 가지고 있느냐에 따라 마음이 지향하는 대로 마음을 쓰는 대로 어둠 속에서 빛을 등지고 어둠을 향하여 가기도 하고 어둠 속에서 어둠을 등지고 밝음 향하여 나오기도 하고 어둠 속에서 어둠과 밝음으로 오가기도 한다.

선을 향하든 악을 향하든 선과 악 관계없이 마음을 따라 자등명은 선악 분별없이 비춘다. 사방팔방 시방을 비추는 자등명은 선악 분별없이 늘 마음을 밝혀 마음을 따라 생각과 의식 뜻과 의지의 마음 작용이 나고 있음에 자등명을 찾아 가야함에도 마음 작용이 일어남이 자등명으로 인한 것인 줄 모르고 마음을 따라 드러나는 자등명을 밝혀 갈 생각은 않고, 탐진치 삼독에 빠져 이기와 욕심 욕망과 집착으로 분별하고 남과 비교하여 원망하고 자신의 허물을 보지 못하고, 허물을 가르쳐 주는 사람에게 신경질내며 성내고 비

방하고 남의 탓만 하거나 마음 가는 대로 행하면 천만년을 살아도 자성불을 밝힐 수가 없고 고(苦)를 벗어날 수가 없다.

그러므로 수행자는 이기로 인한 아만과 자만 명예와 지위를 멀리하고 욕심과 욕망으로부터 벗어나 늘 하심 겸손 속 방하착하고 역지사지하며 생각과 의식 뜻과 의지의 마음 작용이 일어나는 바로 뒤에서 모습을 감추고 마음작용이 일어나도록 하는 자등명을 밝혀가야 한다.

지금까지는 많은 이들이 마음작용만을 보고 마음작용을 찾아왔는데 앞으로는 마음작용을 따라 모습 드러내는 자등명을 보며 밝혀가야 한다. 2004. 1. 19


# 일원상을 관하고 성찰하여 본성의 속성을 보자

여기 하나의 동그라미가 있습니다.

일원상을 동그라미로 표현하는 것은 원만하고 원만하여 더 이상 원만할 수 없다는 의미로 동그라미로 표현합니다.

동그라미는 하나의 선으로 모나 각이 없이 최대한 원만하게 그려 시작과 끝이 맞닿아 처음 그릴 때에는 처음과 끝이 있으나 서로 연결되어 처음과 끝이 없이 하나의 원이 그려진 뒤에는 처음도 없고 끝도 없이 이어져 있습니다.

선을 따라가고 따라가면 흐르고 흐르며 돌고 돌뿐 끝이 없습니다.

그러나 전체가 하나로 이어진 듯한 선을 따라가고 따라가며 흐르고 흐르며 선을 면밀히 관하고 관찰하고 성찰해 보면 끊어짐 없이 전체가 하나로 이어진 듯했던 선은 수많은 점과 점이 만나고 만나서 하나의 선이 되고 있고 그 하나 하나는 점이 원만하고 원만하게 만나서 원 동그라미가 되고 있다는 것을 알 수 있을 것입니다.

이와 마찬가지로 "나"라고 하는 업 덩어리 그 업 덩어리 안에 있는 자등명은 스스로 발광을 하고 있고, 발광을 하고 있는 주변으로 업의 티끌이 업 덩어리 되어 "나"라고 하나 이 "나"라고 하는 "나는" 앞에서 일원상의 선처럼 전체가 하나로 이어져 있고 하나의 개체로 이루어진 듯하지만 이 "나"라고 하는 업 덩어리를 하나 하나 관하고 관찰하고 성찰하여 보면 "나"는 수많은 티끌의 업이 "나"를 이루고 있음을 알 수 있을 것입니다.

"나"를 이루는 업을 수많은 티끌이라고 하는 것은 업으로 "나"라 하나 "나"는 "나"라고 할 것이 없는 수많은 업들이 모여서 하나의 업 덩어리가 되어 나를 이루고 있고 나를 이루고 있는 나는 하나 하나에 집착하여 집착한 하나 하나가 집착함으로 서로 엉겨 붙어 뭉쳐져 있기에 그런 것입니다.

"나"를 면밀히 관하고 관찰하고 성찰해 보면 "나"는 업으로 이루어져 있고 업은 수많은 언행으로 인한 집착이 서로 엉겨 붙고 뭉쳐지고 모여서 세월 속 추억되고 기억되는 언행이 서로 이어져 나라고 하는 나에게 남겨 있는 것을 나라고 하는 것입니다.

흐르는 시간만큼 언행을 하여 왔지만 흐르는 시간만큼 전부를 다 기억하지 못하고 추억하지 못하고 기억하고 추억으로 간직한 자기 자신에 남겨진 언행을 저마다 내 인생이라 하고 ("이것이 인생이다" 란 글을 읽어서 좀 더 확연히 하시길 바랍니다.) 인생을 가지고 있는 그 자체를 두고 "나"라고 합니다. 바로 이것 자기 자신에게 업이 되는 것입니다.

물 흐르듯 흘러가는 성주괴공이란 세월 속에서 여여하게 흘러가지 못하고 끊임없이 흘러가는 중에 순간적으로 포착하여 추억하고 기억하고 기억해야한다고 잊어서는 안 된다고...스스로 집착하여 부여잡아서 ..또는 빈번히 이어지는 일로 습관화되어 흐르는 세월을 따라 흐르며 걷고 구르면서 걸은 만큼 구른 만큼 집착하게 된 언행 하나 하나가 업의 티끌이 되어 일원상을 이루는 선이 수많은 점과 점이 만나서 일원상이 된 것처럼 업의 티끌 하나 하나가 만나서 업 덩어리를 더하고 빼고 합니다.(다음 글에서 업 덩어리가 더해지고 빼지는 것은 밝힐 것이기에 여기서는 이 정도만 밝힙니다.)

"본생심 심생기 기생심"이란 글에서 밝힌 것처럼 본성 자체로 발광하고 발광하는 본성과 본성 주변에 본성의 속성이 있음으로 본성의 속성이 여여하니 주변에 있는 모든 것들은 여여하게 흐르고 본성의 속성이 집착하니 주변에 있는 모든 것(언행)이 응집되어 뭉쳐지고 뭉쳐지는 중앙에 이미 발광하는 본성이 있으니, 본성과 하나로 섞여 스스로 발광하지 못하고 발광하는 본성을 에워싸며 본성과 한 덩어리가 되어 웅집 뭉쳐지니 중앙에 발광하는 본성 자등명이 있게 되고 발광하는 본성 주변으로 업의 티끌들이 모여서 뭉쳐지니 속 깊은 곳에는 자등명의 본성이 있고 주변에 업의 티끌이 있어 발광의 본성과 업의 테두리가 하나의 덩어리로 업 덩어리라 하고 이를 저마다 "나"라고 하는 것입니다.

일원상, 동그라미 안은 본성 자체로 여여하고 발광의 본성이 있고 동그라미를 나타내는 선은 원만하고 원만하게 이루어진 원으로 업의 테두리를 이루어 나타내니 일원상 전체가 하나의 업 덩어리라 하고 "나"라고 하나 일원상의 테두리가 없으면 안팎 없이 여여하고 전체가 있는 그대로 여여하다 할 것입니다.

발광하는 본성과 업의 티끌을 하나 같이 꿰뚫어 연결하고 있는 것은 바로 본성의 속성입니다. 그래서 업식을 하나 하나 꿰뚫고 있는 것을 보거나 업식이 실려 가는 것을 보거나 알면 본성의 속성을 알 수 있는 것입니다.  2004. 1. 29


# 일원상을 통하여 주객을 인식하고 참나(主)를 알자

본성을 에워싸고 있는 것이 업(집착한 티끌)이고 업(티끌=언행의 순간적으로 포착된 영상)과 본성이 하나의 덩어리로 업 덩어리라 하고 이 업 덩어리가 상(相)을 가지고 이 상(相)은 저마다 유무형의 형상의 형태로 나타내고 형상의 형태로 나타난 저마다의 모습은 우주에 존재하는 저마다의 "나"이다.

이 "나는" 현재 "나"라고 하는 자기 자신이며 자기 자신과 업 본성을 하나의 그림으로 도식화한 것이 일원상이다.

일원상 자체는 "나"이고 일원상이 되도록 한 것은 동그라미를 그린 선이고 동그라미를 그린 선은 "나"에게 있어서는 업이고 안팎 없이 전체가 하나로 여여한 곳("지금 여기")에 선으로 동그라미를 그리니 (업으로 업의 테두리를 만드니) 동그라미를 그린 선으로 안과 밖이 구별되고 (업으로 테두리 만드니 업의 테두리 안과 밖이 구별되고) 동그라미 일원상으로 안팎이 구별되니. 안이 있고 밖이 있게 되었다. (업의 테두리로 안과 밖이 구별되니. 안을 주(主)라고 밖을 객(客)이라 한다.) 그리고 업으로 테두리 한 일원상 자체를 "나"라고 한다. "나"라고 하는 나의 업의 테두리로 이루는 일원상 자체는 "나"이고 하나의 일원상의 나(主)를 제외한 밖에 있는 일원상은 저마다 객(客) 너다.

동그라미를 그린 선이 없으면 안팎 없고 주객 없이 여여하고 "지금 여기" "있는 그대로" "나"이고 "주(主)"만이 있는 것과 같이 "나"라고 하는 일원상 업의 테두리가 없으면 안팎 없고 주객 없이 "있는 그대로" "지금 여기" 전체가 "주(主)" 아닌 것이 없고 "나" 아닌 것이 없고 오직 "나"뿐이다.

일원상을 이루는 선이 수많은 점의 연결이 선으로 일원상을 이룬 것처럼 본생심 이후부터 지금까지 업의 티끌 하나 하나는 본성의 속성에 의하여 본성에 달라붙고 엉켜 붙어 본성을 덮고 본성과 뒤섞여 있게 되고 본성을 덮은 업은 다른 것과 구별되는 업으로의 테두리가 되고 업의 테두리는 업 테두리 안에 그 어느 것에도 손길이 닿지 않는 깊고 깊은 곳에 본성을 간직한 체로 하나의 자성 경계 일원상이 되고 하나의 업 덩어리가 되어 저마다 나이고 너이고 우리고 우주의 삼라만상이다. 2004. 1. 31

## 일원상을 통하여 자등명을 보고 본성이 빛임을 알자

일원상을 통하여 업을 보고 업과 함께 한 본성을 하나의 업 덩어리를 "나"라 하고 이 "나는" 일원상으로 저마다의 자성경계를 드러낸 자성체이고 자성불임을 인식했을 것이다.

일원상의 테두리가 업이고 업이 일원상 안을 덮고 있으니 업으로 덮인 일원상은 칠통(漆桶)이다.

칠통(漆桶)이 자성경계로 "나"이고 업이 칠통이니 그(안의) 대상이 되고 자기 자신의 자성경계 밖의 수많은 자성경계의 자성체가 업의 칠통으로 밖의 대상이 된다.

수많은 자성경계의 자성체가 일원상의 형상의 형태를 하고 여기 저기 즐비하게 놓여 있다.

밖의 대상(다른 사람의 업이 인연이 되어)이 안의 대상(자기 자신의 업에 인연이 되어)에 부딪치니 부딪친 곳으로 자극 대응하니 안의 대상이 밖으로 드러난다.

즉 다른 사람이 자기 자신에게 말했을 때 말하는 것이 돌이 되어 날아와서는 자기 자신에게 업이 되어 있으면 즉 매듭져 걸려 있으면 날아오는 돌에 부딪쳐 그 흔적으로 대응을 한다. 이때 밖의 대상에 안의 대상이 자극하여 대응할 때 잘 관찰해 보라.

안의 대상, 즉 일원상의 테두리가 된 업이 12처(6근과 6경)을 통하여 밖의 자극에 대응할 때 일원상의 테두리를 덮고 있던 인연 있는 업이 자극을 받고 대응을 한다.

(여기서 업이 되고 아니 되고를 생각해야 하고 어떤 것이 업이 되어 일원상을 덮고 있는지를 생각 확인해야 한다.)

자극을 받으면 일원상 안에서는 자극 받는 곳을 참견이 드러내니 참견을 따라 업의 티끌이 드러나고 업의 티끌이 인연이 되어 나타난다. 업 스스로 나타나고 드러나는 것이 아니라 일원상 안에서 자극 받은 곳을 바라봄으로 자극 받아 대응하는 업식이 일원상 안에서 바라봄의 참견을 따라 드러나는 것이다.

일원상 안이 밝지도 어둡지도 않다면 일원상을 덮은 테두리 업은 일원상 안의 바라봄으로 드러날 수 있을까?

또는 일원상 안이 어두워서는 일원상을 덮고 있는 업을 드러나도록 할 수가 없다. 일원상 안이 스스로 존재하고 스스로 밝히는 빛이어야 일원상을 덮고 있는 업이 가만히 있을 때에는 업의 덮음으로 칠통(漆桶)이지만 업의 티끌이 인연이 닿아 자극을 받고 대응함으로 자극 대응함으로 업의 티끌이 움직일 때 움직임을 따라 일원상 안이 드러나며 밝히는 것이다.

무엇을? 업의 티끌을 밝히는 것이고 그리고 수많은 업의 티끌을 따라 티끌로 인한 일원상 안의 빛의 밝힘이 파노라마 치며 대응한다.

여기서 우리는 스스로의 일원상 업 덩어리를 통하여 일원상 안이 자기 자신의 본성임을 인식하고 일원상 안이 어둠우면 일원상의 업의 티끌이 드러날 수 없고 일원상 안이 밝음이고 빛이어야 업의 티끌이 드러날 수 있으니 일원상 안이 빛의 밝음인지를 인식하고, 이 밝음은 누가 밝혀주는 것이 아니라 일원상 안에서 늘 여여하게 스스로 존재하고 그 어느 것 어떤 것에도 의지 의존하지 않고 스스로 존재하는 자등명임을 인식하고 이 일원상 안의 자등명이 스스로 존재하려는 힘에 의하여 일원상을 덮은 업의 티끌이 존재하고 업의 티끌이 작용하여 묻어나고 나타나는 지를 알아야한다.

2004. 2. 3

## 일원상을 통하여 자성경계를 인식하자

일원상 안이 빛의 밝음이고 빛의 밝음이 그 어느 것 어떤 것도 의지 의존하지 않고 존재하는 것은 자등명 스스로 생명을 자기고 있고 스스로 밝히고 있음을 알아야한다.

그리고 일원상 안에 자등명 빛이 스스로 뭉쳐 있고 핵으로 존재하는 것은 자등명의 빛 스스로 뭉쳐져 있게 하는 밖에서 안으로 향한 압력이 있다.

자등명의 빛 스스로 끌어당기는 힘을 가지고 있다. 일종의 중력 같은 것이 자등명의 빛을 뭉쳐져 있게 하고 그 중력의 압력이 회귀본능을 가지고 주변의 티끌의 업을 끌어당기고 자등명의 빛을 덮게 한 것이다.

일원상 안에 자등명의 빛이 업 덩어리 일원상의 안이 본성이고 일원상의 안이 밝음의 빛 자등명이니. 본성은 자등명 빛이다.

본성이 자등명의 빛으로 뭉쳐져 있게 하고 그 어느 어떤 것에 의지 의존하지 않고 스스로 여여하게 존재하여 있게 하는 것은 본성의 속성이다.

본성의 속성이 본성을 자등명의 빛으로 스스로 존재하게 하고 여여하게 하나 집착함으로 본성의 속성이 업의 티끌을 끌어당겨 자등명의 빛을 덮게 하고 자등명의 빛을 덮게 했던 본성의 속성이 업의 티끌을 꿰뚫어 본성과 함께 한 덩어리로 있게 한 지를 알고 관성의 성질을 가지고 본성의 속성에 실려 옮겨져 윤회하는지를 알고 본성의 속성으로 끌어 앉고 있는 업을 내려놓아야 한다.

일원상을 덮고 있는 업을 내려놓음으로 업의 테두리가 흩어지고 업이 흩어진 곳으로부터 본성만이 드러나 자등명의 빛이 광체를 드러내며 주변을 밝힌다. 자등명의 빛 스스로 주변을 밝히며 그 경계를 드러내니 이것이 바로 자성경계라 할 것이다. 2004. 2. 3


## 깨달음의 일원상

일원상 자체로 자성경계를 드러내고
자등명의 빛이 광체를 드러내며 주변을 밝히니
본성은 여여하게 밝고
본성의 속성 또한 여여하니
자성경계가 있으되 안팎이 없다.
안팎이 없으되 육체가 있으니
이제 육체가 일원상의 테두리가 된다.
일원상 안으로는 본성 자체로 여여하고
육체가 그 일원상의 테두리를 하고 있다.  2004. 2. 3


## 일원상을 육체로 인식 관하고 관찰하자

육체(色)가 일원상의 테두리로 "나"라고 하는 성(城)이 있다.

성(城) 안에는 국토의 땅 마음이 있고 국토의 땅을 다스리는 왕 참 성품(본성)이 있고 왕 밑에는 4신하(受, 想, 行, 識)가 있다.

성(城)을 둘러싼 성곽(城郭)에는 성 안팎을 드나들 수 있는 다섯 문(門: 眼, 耳, 鼻, 舌, 意)이 있고 성밖을 향한 다섯 문(門: 聲(聽),香(嗅),味, 觸, 法(視): 다섯 감각)이 있다.

국토의 왕 참 성품은 4신하에 의하여 성 안팎으로 드러나고 성 주변의 일들이 다섯 성문을 통하여 들어오고 밖을 향해 있는 다섯 문을 통하여 들어와 4신하에게 전달되고 4신하에 의하여 왕에 전달된다.

국토의 왕 참 성품이 마음이란 국토의 땅 위에 군림하여 성품이 드러나면 왕이 있는 것이고 국토의 왕 참 성품이 마음이란 국토의 땅 위에 군림하지 못하고 4신하가 군림할 때 성품이 없으며 왕이 없는 것이다.

국토의 땅에 왕이 군림하여 왕이 드러나면 본 성품은 자성을 드러내며 광체를 발하는 깨달은 자이고 국토의 땅에 왕이 미(迷)하여 4신하가 군림할 때 본 성품에 자성의 광체가 미(迷)하여 중생(衆生)이라 할 것이다.

국토의 땅에 4신하가 군림할 때에 국토의 왕 본 성품을 보고 자성을 바로 보아 왕이 군림하게 되면 즉 깨치면(悟. 覺) 부처(佛)다.

국토의 왕 자성이 광체를 드러내 밝히면 자성불(自性佛)이 드러난 것이고 자성불이 드러난 것은 자비(慈悲)고 자비는 관음(觀音)이다

일원상을 통하여 처음은 일원상을 육체로 인식하여 관하고 관찰하고 성찰하고 두 번째는 육체를 벗은 영혼에서 일원상이 영혼으로 인식하여 관하고 관찰 성찰하고 세 번째는 업 덩어리에서 일원상을 업의 테두리로 인식하고 관 관찰 성찰하고 네 번째는 자성경계에서 일원상을 인식하고 관 관찰 성찰하고 다섯 번째는 육체로 일원상을 인식하되 안팎 없는 여여함 속 여래를 보라. 2004. 2. 4

* 「우리 모두는 깨달아 있다 다만 그 사실을 모르고 있을 뿐」이란 책이 있는 분들은 이 책에서 "본성, 하나님 부처님...보기를 원하는 이에게"란 글을 읽어 좀더 확연하기를 바랍니다.

# 참된 자유인

참된 자유인이란 밖으로부터 정해진 것이 아니라 자기 자신 안으로부터 집착으로 인한 업식의 막힘으로부터 놓아버림으로 본 성품이 드러나 통하여 있는 만큼 통함으로의 법과 율이 있고 규칙이 있어 본성의 법과 율의 규칙을 따라가는 데에 장애나 걸림이 없이 자유로울 때 이것이야말로 참된 자유이며 자유의 생활이라 할 것이다.

자유인이란 마음대로 행동하는 것이 아니고 마음대로 하는 것이 아니다. 자유인을 말하며 마음대로 원하는 대로 하는 것은 업식으로 혼란한 자기 마음을 무정부 상태의 혼란 속에 내 던지는 것과 같고 멋대로 달리는 말이나 소나 다름없다 할 것이다.

자유인의 행동의 원칙은 자성경계의 본성이 드러난 만큼의 본성으로부터의 법과 규칙에 있고 업식의 막힘에 있지 않고 업식의 정리에 있고 내려놓음에 있고 통함만큼 있되 안팎으로 장애 없고 걸림 없는 언행에 있다할 것이다. 2004. 2. 7


# 법신(法身)과 색신(色身)이 따로 있는가?

색신은 지수화풍 4대로 만들어진 이 몸이고 법신은 진리의 몸 마음이라 할 것이다.

색신 밖에 법신이 따로 있는가?

법신 밖에 색신이 따로 있는가?

색신을 통해 법신을 보고 법신을 통해 부처를 본다.

부처를 볼 때에 색신은 화신이 되고 화신을 볼 때에 색신에서 부처를 본다.

문) 부처와 법신, 색신 어떤 관계가 있을까요? 2004. 2. 7

# 그대 어찌 나를 보는가?

그대 지금 이 글을 볼 적에 나를 알면 나를 보려고 할 적에 나를 볼 것인 즉 그대를 둘러싸고 있는 방과 건물 산과 들... 수많은 것들을 넘어서서 어찌 천리 밖의 나를 보는가 ?

그대가 나를 볼 적에 색신과 법신 무엇을 보는가?

색신을 본다하면 천리 밖의 색신을 보는 것이며 이때 그대는 색신의 눈으로 보는가? 법신의 눈으로 보는가?

보는 성품이 따로 있어 보는가?

법신을 본다하면 천리 밖의 법신을 볼 적에 색신은 볼 수 없어야 하나 법신을 볼 적에도 색신을 보고 색신을 통하여 법신을 보니

색신과 법신 사이 어떤 관계가 있는가?

보는 성품이 따로 있어 보는가?

그곳에서 어찌 보고 나를 본다하는가? 2004 . 2. 9


# 화내는 원인을 찾아가 보면

어떤 의견(見)이나 판단을 상대방이 무시하거나 반대할 때 화를 낸다. 이는 자기 자신의 의견(見)이나 판단에 스스로 확신이 없기 때문에 자기가 알고 있다는 식(識) 업의 흔들림이 어둠 깊은 칠통 (漆桶) 속 더욱 거세게 흔들고 흔들리는 칠통 속 업(業), 식(識)이 작용하니 마음이 동(動)하여 마음작용이 생(生)하고 생(生)한 마음작용을 따라 언행으로 나타나니 화를 낸다할 것이다.

이와 같이 화를 내는 것은 참견에서의 진리가 아니고 법이 아니고 확신할 수 있는 지혜로부터의 부딪침이 아닌 확신 없고 믿음 없는 부딪침의 감정(업식의 작용)으로부터 화는 도래한다할 것이다. 화를 낸다는 것은 먼저 진아(眞我)로부터의 확신이 없는 가아(假我)로 자기 자신의 판단에 대한 믿음의 불확실한데서 나온 감정이고 상대방에 대한 믿음이 부족해서 나온 감정이고 안으로부터 밖

으로 드러남에 있어 상대방의 무시 또는 반대로 드러남이 통하여 밖으로 드러나 흩어지지 않고 안에 막혔을 때 통하여 흩어지지 못한 막힘으로부터 분출되어 나오는 감정이라 할 것이다.

이미 스스로 확연히 알고 있고 아주 사소한 조금의 의심도 없이 뚜렷하게 알고 있는 것에 대하여 그 누가 반대 의견(見)을 내며 틀렸다 하거나 무시하거나 또 다른 의견(見)을 내었다 하여 비방하며 화를 내는 사람은 없을 것이다. 화를 내기보다는 오히려 웃을 것이다.

왜! 웃게 되는가?

어이가 없어서 (자연) 웃게 되고 모르고 하는 소리인지를 알기에 웃게 되고 모르고 있는 것을 알려주는데도 다른 의견(견)을 내며 맞다하니. 상대방을 생각하면 안쓰럽고 답답하고 불쌍한 생각이 들게 된다.

왜!

이미 확연하게 알고 있는 것을 반대 의견(見)을 내며 아니다 틀렸다 무시한다고 해서 확연한 것에 대하여 더 이상 의심 없이 확고하여 흔들리지 않기 때문이다.

* 화가 났을 때 이 글을 읽고 그 원인과 이유를 관하여 보면 화가 나는 이유와 원인을 알 수 있지 않을까 싶어요. 무엇에 걸려 어느 곳에서 화가 났어요?   2004. 2. 14


## 집착과 방하착

집착(執着)은 자기가 집착하고 있는 것에 집착하는 타당성을 부여하며 울타리를 만들고 만들은 울타리 속에 자기 자신을 밀어 넣어 옭아매는 것이며 방하착(放下着)은 업의 굴레 속에 있는 자기 자신을 구제하는 것으로 자기 자신의 업을 끊고 울타리를 벗어나 여여한 진리로 나아가게 하는가 하면 자성(自性)이 드러나도록 하는 것이다.

집착은 점점 더 깊은 무명의 늪으로 빠져들게 하고 방하착은 점점 더 자성을 밝히며 업을 하나 하나 내려놓고 본성으로 회귀하게 한다. 본성으로 회귀하려는 본성의 속성에 의하여 집착은 생기고 집착으로 생긴 업을 본성의 속성으로 내려놓고 본성의 속성으로 방하착 한다.  2004. 2. 21


## 체(體)와 용(用)

체(體)는 용(用)에 있고 용(用)은 체(體)에 있다.
체(體)는 작용(作用)에 있든 체(體)에 있든 체(體)이고 용(用)은 작용(作用)에 있든 체(體)에 있든 용(用)이다.
체(體)는 작용(作用)에서도 체(體)이고 작용(作用)은 체(體)에서 도 작용(作用)이다.
체(體)는 그 자체로 체(體)이지만 용(用)은 작용(作用)으로 작용(作用)을 일으킨다.
여기서 체(體)는 모든 것의 근본(本), 만유본체(萬有本體)를 말하고 용(用)은 근본에서 작용(作用)하는 모든 것(삼라만상과 그 작용)을 말한다. 2004. 5. 22


## 이 생명력은 어떤 생명력인가?

이 몸에 의지 의탁하니 이 몸으로 인한 생사가 있고 이 몸으로 인한 생사를 여의고 생사일여(生死一如)를 보니 생사일여는 심식일여(心識一如)로 나타나고 심식일여는 식(識)으로 나타난다.
심식일여가 형태의 형상을 하니 생하고 형태의 형상이 멸하여 심식일여가 되니 영혼이라 이름한다.
이름이 영혼일 뿐 영혼이 아니다.
이름이 영혼인 영혼은 무엇을 영혼이라 하는가?

형태의 형상 없는 심식일여의 덩어리를 영혼이라 한다.

영혼이라 하니 심식(心識)을 떼어놓을 수가 없다.

식(識)이 있으니 심(心)이 있고 심이 있으니 식이 있다.

식이 없으니 심이 없고 심이 없으니 식이 없다.

식이 작용하니 마음 작용이라 하고 마음이 작용하니 식이 작용했다 한다. 식 없는 곳 작용이 있다면 무슨 작용이고 심 없는 곳 작용이 있다면 무슨 작용일꼬?

식 없고 마음 없는 곳 자성불(自性佛)이 있고 자등명(自燈明)이 있고 빛이 있다.

이 자성불이라 이름하고 자등명, 빛이라 이름한 것은 생명이 있다 스스로 그 어느 것에도 의지 의탁하지 않고 존재하는 생명이 있고 생명력이 있다.

이 생명력은 어떤 생명력이기에 지금의 그대가 있는가?

2004. 6. 9. 06:09 씀


# 빛이 말을 한다

살아 움직이는 것은 생명이 있고 생명력이 있다.

허공도 살아 움직인다.

살아 움직이는 허공 속 살아 움직이지 않는 것은 무엇인가?

태초에 어둠이 있었다는 말은 잘못된 것이다.

태초에 빛이 있었다.

그 빛이 한 생각 밝다는 어둠다는 생각으로 또는 뭉쳐지고 뭉쳐져서 더 이상 뭉쳐질 수 없는 최대한의 뭉쳐진 압력에 폭발을 일으키고 말았다.

태초의 하나가 대폭발하기 이전의 하나님 부처님이라고 이름하기 이전의 이전을 절대자라 이름하는 것처럼 하나님이고 부처님인 내가 빛이고 진리이고 새벽별을 보고 내가 누구 바로 빛이다.

이 빛이 자등명이고 자성불이다.

어찌 네 안에 있는 빛, 자등명, 자성불은 어떻게 어떤 연유로 말을 하는가?

네가 말을 한다 하나 말하는 주체를 찾아 들어가 보면 네 안에 이미 있는 하나님이 말을 하고 부처가 말을 한다.

네 안에 있는 하나님 부처님은 네 주(主)인 이고 그 주인의 실체는 빛이다. 무량광의 빛이 말을 한다.

어찌 말을 하는가?

어떤 빛은 말을 하고 어떤 빛은 항상 함에 있다.

살펴보라.

그리고 깨어나라

갈!                        2004. 6. 10. 06:18 쓰다


## 어느 것이 그대인가?

네가 누구냐 물으면 나는 000다라고 대답들을 한다.

그대가 나라고 할 때에 몸. 머리. 손발. 손가락. 발가락.. 어느 것이 나인가?

색(色)이 그대인가?

수, 상, 행, 식이 그대인가?

마음이 그대인가?

어느 것이 그대인가?   2004. 06. 14 01:46


## 마음의 거울

있는 그대로 마음은 드러내고 비추고 있다.

그대 마음의 거울에 무엇을 비추고 있나?

파노라마 치며 출렁이는 윤회의 굴레에서   2004. 6. 16. 00:54

# 그곳에 깨달음이 있다

지금 그대가 있는 그곳에 깨달음이 있다.
그대 있는 그곳 사방 팔방 시방이 깨달아 있다.
그대 그곳에서 무엇을 하고 보기에 깨달음을 얻지 못하는가?
자! 여기 깨달음이 있다.
무엇을 깨달을 것인가?
갈!
멀리서 찾지 마라
그대 지금 있는 눈을 뜨고 보고 귀를 열고 듣기만 하라.
그곳에 깨달음이 있으니.
꽝!                                    2004. 6. 24 00:57


Re:그곳에 깨달음이 있다
그 곳에 있다.
그 곳에 없다.
그곳 저곳 있다 없다.
깨달음......
내 안에 있으매 내 안에 머무름이라.


Re:Re:눈 뜬 봉사로다


두루하여 사방팔방 시방에 넘쳐나지도 부족하지도 않게 성주괴공
하고 있거늘 내 안에 있음은 무엇이고 내 안에 머무른 것은 무엇
인고? 머물러 있음은 상주처가 있는 것 상주처가 있다면 그것은
견처가 있는 것이지요.
뜬눈을 한 번 뜨고 안팎을 보세요.
안팎 없이 흐르고 변하며 상속에 상없음에 두루 해 있는 것이 무
엇인지?

## 견처를 따라 밝아온다

달은 하나인데..... 비추지 않은 곳 없이 온 천지 두루 비추고
저마다 있는 견처를 따라 그 밝음이 드러나네.
이와 같이 우리의 본성도 자신의 견처를 따라 드러나고 밝아온다.
그대 지금 어디를 보고 어디에 있는가?
그대 지금 어디에 걸려있는가?
무엇을 담고 있는가?                    2004. 6. 25 00:54


Re:견처를 따라 밝아온다.
밝음이 무엇이랴.
머무는 곳이 곧 밝음이며
머무는 곳 없음이 있음이며
머무는 곳 있음이 곧 없음이라
허상이어라..............


Re:Re:상이 있는 속 상 없음은
머물 곳 어디이고 머물지 않을 곳 어디인고
상을 따라 드러낸 상은 무엇이 부딪쳐 드러낸 상인고.?
상이 있되 상이 없음은 무엇이고 상이 없되 상이 드러나 있는 것
은 무엇인지요?
드러내어 상이 있되 드러낸 이는 상이 없고 드러내어 상이 없되
드러낸 이가 상을 가진 것은 왜 일까?
수행 정진을 위하여 도반들과 나누어라.
수행자가 수행한 것 수행의 경지를 드러내는 것이 자랑이거나 뽐
내는 것이 아니라면 더불어 나누는 것이 될 것이며 더불어 나누어
주기 위하여 수행한 것 수행의 경지를 드러내고 드러내면 더 이상
드러낼 것이 없게 되고 드러낼 것이 없게 되면 수행 정진을 통하
여 업을 파헤치는 일을 하게 될 것이다.
수행 정진을 통하여 경지가 올라서면 경지가 올라선 만큼 업의
티끌은 떨어져 무더기무더기 쌓여 안으로부터 많은 것(업의 생채

기)을 가지게 된다.

수행 정진을 통하여 일궈낸 업의 생채기를 버리지 아니하고 수해 정진하는 것은 일궈낸 것으로 더 이상 업을 일궈낼 수가 없어 이전에 일궈낸 업의 생채기로 수행이 지지부진하게 된다. 그러므로 수행 정진하여 일궈낸 업의 생채기 내지는 깨어난 것이 있다면 버리듯 안으로부터 업을 일궈낼 곳이 생기도록 일궈낸 업의 생채기를 청소하듯 수행 정진을 위하여 도반들과 나누어라.

그리고 수행 정진하라.

비어진 만큼 수행은 원만하게 이루어질 것이며

나눈 만큼 함께 하게 될 것이다. 2004. 7. 24


# 깨달음의 고지(高地)는

깨달음의 고지가 바로 저긴데 예서 말수는 없다.

고지는 말이 고지이지 고지가 아니다.

사방 팔방 시방 위아래 없이 바로 그대 옆에 있다.

그대와 함께 있다. 있는 모든 곳(것)에 있다.

깨달음의 본성은 그대 마음 작용하는 곳(것) 마음 작용을 일으키고 있다. 그대 한 생각 돌이키면 한 생각 돌이킨 곳(것)에 있고 뜬눈을 한 번 더 뜨면 한 번 더 눈 뜬 곳(것)에 있다.

보고 듣고 생각하는 곳(것) 마음 작용하는 곳(것) 깨달음이 있다. 우주 삼라만상 어느 것 어느 곳 깨달아 있지 않은 곳(것)이 없다. 깨달아 있는 것 곳에 멈춰 있는 것(곳) 없이 흘러가지 않는 것(곳)은 없다.

흐르고 흐르는 흐름의 흐름을 보지 말고 흐름의 속성 속 여여한 것(곳)을 보라.

그곳에 그것에 깨달음이 있다.

우주 삼라만상은 깨달아 있다.

그럼에도 깨달음에 있지 않은 것(곳)은 본성에 있지 않고 본성의 속성에 있지 않고 본성의 속성에 드러나는 드러남 속 흐름에 있고 상에 있고 형태의 형상에 있기 때문이다.
우리 너 내가 있는 속에 내가 있기 때문이다. 2004. 7. 17


## 본성은

어느 한 점, 한 곳, 빠짐없이 허공에 두루 해 있다.
우주에 가득 차 있다.
본성을 벗어나 있는 것은 그 어느 것(곳) 하나도 없이
빠짐없이 본성에 있고 본성 속에 있다.
본성은 머금지 않은 것이 없고 머금어 있지 않은 것이 없다
너도나도 우리도 우주 삼라만상 어느 것(곳)도 본성이 아닌 것이
없고 본성이 드러나 있지 않은 것이 없다.
지금 여기 있는 그대로
보면 보는 것(곳)에, 들으면 듣는 곳(것)에 절대자가 있고 본성이
있고 부처가 있고 하나님이 있고 우주 삼라만상이 있고 너와 나
우리가 있다.
그대 지금 무엇을 보고 듣고 있는가?   2004. 7. 17


## 절대자(絶對者)는 어디에 ?

절대자는 너 나 우리가 있는 곳(것)에 있고 우주 삼라만상이 있
는 것(곳)에 있고 하나님 부처님이 있는 곳(것)에 있다.
본성이 있는 곳(것)에 있다. 모든 것 곳에 절대자가 있다.
나 나 우리가 하나의 이름이듯 우주 삼라만상 저마다 이름이 있
는 것과 같이 하나님 부처님...주 부처 불성 법성 진리 본성이 하
나의 이름에 불과 하듯 절대자도 하나의 이름에 불과하다.
이름이 절대자일 뿐 절대자가 아니다. 2004. 7. 17

## 절대자라면 어찌해야할까?

그대는 어떤 이를 절대자라 생각하는가?
어떤 이를 절대자라 할 것인가?
절대자는 어떠해야 한다고 생각하는가?
절대자라면 절대자는 어떠해야 하며 어떤 이 절대자라 생각하는가? 그대가 생각하고 있는 절대자는 어떤 이인가?
살펴보고 어떤 이를 절대자라 할 것인지
도반 서로 간에 저마다 밝혀 토론해 보라. 2004. 7. 17


## 마음을 고요히 하지 않고서는

움직이는 씨앗은 싹을 띄울 수 없는 것처럼 마음을 고요히 하지 않고서는 마음을 알 수가 없다.
어느 것 하나 밝힐 수가 없다.
마음을 고요히 하고
닭이 알을 품듯
고양이가 쥐잡듯이
목마른 이 물 마쉬 듯
내 안을 살펴라. 화두를 참구하라   2004. 8. 7

Re:질문에...
합장하고, 위 내용의 고요함은 집중, 몰입을 의미하는 것인지요?

명상 좌선 하지 않는 사람에겐 명상 좌선을 말하는 것이고
명상 좌선하되 집중이 되지 않는 사람은 집중을 말하는 것이고
집중하되 몰입이 되지 않는 사람은 몰입을 말하는 것이고
몰입하되 선정에 들지 못하는 사람은 선정을 말하는 것입니다.
선정에 들되 견성성불 깨달음을 얻지 못한 사람은 견성성불 깨달

음을 얻어야 한다는 것입니다.

다시 말해서 지금 자기 자신이 어떤 상황에 있느냐에 따라 그 상황에서 마음이 흔들려서는 아니 되고 그 상황에서 마음작용을 고요히 하고 하려고 하는 것이 무엇이든 하고 있는 것(수행. 깨달음)이 무엇이든 생각과 의식 잠재의식 무의식 마음 작용을 쉬고 마음 안에서 닭이 알을 품 듯 고양이 쥐잡 듯 목마른 이 물 마쉬 듯 하려고 하는 것(수행. 깨달음) 하고 있는 것(수행. 깨달음)을 하여야 한다는 것입니다.


## 본래의 참 자아를 발현하라

누구나 할 것 없이 본래 참 자아는 절대자이다.

그 어느 누구에게도 의지 의존 의탁하지 않고 스스로 있는 전지전능한 진리이고 생명이다.

그대가 절대자라 의식 인식하고 그대 안으로부터 밖으로 발현하라. 그러면 절대자의 품성이 드러나고 뜻과 의지대로 이루어질 것이다.

누구나 할 것 없이 본래 참 자아는 부처고 하나님이며 여호와다. 부처를 믿는 이는 그대가 부처라 의식 인식하고 부처의 언행을 하라. 그러면 그대 안에서 있는 부처가 앞서간 부처와 같이 언행을 할 것이며 하나님을 믿는 이는 그대 안에 있는 하나님을 의식 인식하고 하나님의 언행을 하라. 그러면 그대 안에 있는 하나님이 하나님과 같이 의식 인식하며 하나님의 언행을 할 것이며 여호와 역시도 그러할 것이며 알라신도 그러할 것이다.

신(神)을 믿는 사람은 신을 믿는 만큼 그대 안에서 믿는 신만큼 의식 인식하면 의식 인식한 신만큼 드러날 것이다.

그대가 그대만을 인식 의식한다면 그대가 인식 의식한 만큼만 그대 안에서 언행이 이루어지고 행해지는 것과 같이 그대가 깨어 있는 만큼 인식 의식하고 행하는 것과 같이 그대 안의 본래의 참 자아를 인식 의식하고 본래의 참 자아를 발현하라.

그러하면 잠자고 있는 본래의 참 자아는 눈을 뜨고 밖으로 드러날 것이니. 잠자고 있는 참 자아를 깨워 참 자아를 인식 의식하고 발현하라.

누구나 할 것 없이 절대자이고 부처이며 하나님이고 여호와이며 신이고... 나이다.

누구나 저마다 "나"이며 이 나는 "나"일 뿐이다.

이름이 그러할 뿐 발현하면 된다.

발현한 결과에 집착하지 말고 발현하라.

발현하면서 본래 참 자아가 참 자아의 언행으로 드러나지 못하도록 하고 있는 참 자아를 싸고 있는 업을 밝혀라. 2004. 9. 20. 06:45


## 고향을 그리워하듯 영혼도 고향을 그리워한다

누구나 고향이 그리워 고향을 찾는다.

왜 그럴까?

우리는 언젠가는 온 곳으로 되돌아간다.

되돌아가지 않는 것이 없다.

집에서 나오면 집으로 돌아간다.

어머니 뱃속에서 나온 우리는 어디로 돌아갈 것인가?

어디로 돌아가야 바로 갈까?

추석 명절 많은 이들이 너 나 없이 육체의 고향 찾아가고 육체의 고향이 아닌 영혼의 고향은 어디일까?

육체가 육체의 고향을 그리워하듯 영혼은 영혼의 고향을 그리워하고 마음은 마음의 고향을 그리워한다.

집에는 문패가 있고 집에서 나오면 집으로 돌아간다.

문패는 지금의 네 이름이고 집은 네가 나라고 하는 육체이다.

영혼의 문패는 네 육체이고 집은 네 영혼이다.

네 영혼의 문패는 식이고 집은 본성이다.

누구나 그리워하는 고향 육체는 추석 명절을 맞이하여 육체의 고향을 찾아가는데... 어머니 뱃속에서 태어난 이후부터 죽음을 향하여 달리는 육체는 낡아만 가는데 육체를 벗어나 영혼으로 있을 너

의 영혼은 영혼의 고향을 떠나 온지 너무 오래되어 고향조차 잊어
버린 지금 영혼의 고향을 찾아 떠날 차비를 하는가?

영혼의 고향을 향해 떠나 있는가?

마음의 고향은..?

할!                              2004. 9. 26. 08:55


## 스스로 자문자답하며 깨어날 일이다

2004년이 시작인가 했는데 벌써 10월이다.

올 한 해 하고픈 일들은 제대로 하고 있는 것인지?

아무 생각 없이 살아온 것은 아닌지?

수행을 한답시고 허송세월을 보내고 있지는 않은지?

인생의 뒤안길을 뒤적일 때 2004년 한해가 아름다운 한해 보람
있는 한해라고 각인 될 정도로 보람 있고 뜻 있는 한 해를 보내고
있는가?

살아가는 동안 살아 있는 동안은 어느 해 어느 날 보람되지 않고
뜻 없는 해 날이야 없겠지만 그래도 지난 후에도 그런 한 날들이
되고 있는지?

시간 분 초...숱한 날들을 게으름 피우지는 않았는지?

스스로 자문자답하며 깨어날 일이다.

지금까지 무엇을 위해 살아왔고 무엇을 위하여 살아가고 있는지?
살아 있고 살아가고 있고 지금 여기를 떠나 있지 않아 뜻과 의지
는 머리 속에서만 공염불이 되지 않고 몸으로 마음으로 본성으로
부터 화하여 가을의 풍성함처럼 안으로부터 영글고 있는가?

한 해의 시작은 1월 1일이 아니고 한 달의 시작은 매달 1일이
아니고 지금 이 순간 마음을 다지고 새롭게 시작하는 그 순간이
하루의 시작이고 한 달의 시작이며 한해의 시작이다.

매일 매 시간 분 초...새로운 마음으로 어제의 내가 아닌 오늘의
나로 새롭게 오늘의 내가 아닌 지금의 나로 매 순간 순간  깨어서

육체가 살아 있는 동안 살아갈 일이다.

스스로에게는 엄격하게 그러나 다른 이들에게는 관대하고도 느슨하게 살아가고 있는가?

스스로에게는 관대하면서 혹여 타인에게는 엄격한 것은 아닌지.?

이 몸을 떠나가는 그날 후회 없이 한 생 잘 살고 간다고 말할 수 있는가?

1달이 시작되고 하루가 시작되고 매 시간 매 분 매 초 순간순간 시작되고 있다.

한쪽 문이 닫히면 한쪽 문이 열리고 한쪽 문이 열리면 한쪽 문이 닫히며 …. 늘 새롭게 시작되고 있다.

이렇듯 찰라찰라 새롭게 시작되는 속에서 그대는 무엇을 새롭게 하고 있는가?  2004. 10. 1. 04: 53


## 어찌 살면 후회 없는 삶을 살 수 있을까?

세월은 강물처럼 흘러가고 삶은 흐르는 강물 따라 흐르는 배처럼 떠내려간다.

무엇을 해야 어떤 것을 해야 어찌 해야 보람 있고 뜻 있게 살까?

무엇을 위해 살아 있고 무엇을 위하여 사는가?

할 !

안주하려고 하지 마라.

편안하게 머물 곳을 찾지 마라.

편안한 곳을 찾는 동안 인큐베이터 속 영혼은 세월을 허비하고 안주하는 순간 어긋난다.

우주가 성주괴공하는 속 있는 상태로의 안주는 안주함으로 걸림의 사주팔자를 낳고 숙명의 산을 만들고 운명의 골짜기를 만들어서 법과 진리로부터 멀어지게 한다.

거칠게 흐르는 강물을 거슬러 오르며 본래의 자리로 회귀하는 연어들처럼 성주괴공하는 법과 진리 속 세월이란 이름의 거센 강물이 흐를지라도 거친 강물을 헤치며 거슬러 오르는 연어들처럼 거슬러 올라가야 하다.

인연의 업이 파노라마 치는 지금 있는 그 자리에서 편안하게 안주할 곳을 찾지 말고 쉼 없이 인연의 업이 파노라마 치는 지금 있는 그 자리를 박차며 거슬러 올라가야 한다.

본래의 고향 마음의 고향에 돌아갈 때까지 안주하려고 하지 말고 쉼 없이 가야한다. 거친 물살을 거슬러 오르는 연어들처럼...

2004. 10. 3. 07: 31


## 지금 바로 하고 싶은 일을 하라

해가 떴다. 누구를 위하여...

저마다의 "나"를 위하여...

무엇을 할 것인가?는 그 누구로부터 있는 것이 아니라 바로 나, 자기 자신에게 달려있다.

무엇이든 하고 싶어야 하는 것처럼 마음을 바로 하고 바른 생각을 하고 바른 행동으로 지금 바로 하고 싶은 일을 하라.

저마다 자기 자신 스스로 부처가 되어서 하나님이 되어서 절대자가 되어서 자기 자신 안에 있는 이들 중, 되고 싶은 이가 되어서 밖으로 현현하게 하라.    2004. 10. 4. 08:54


## 익어서 결실을 맺어야 한다

한 해의 결실을 위하여 대 자연은 익어가고 있는데 나는 익어가고 있는가?

한 해 첫날 한 해 꿈꿔왔던 이루고자 했던 일들 하고자 했던 일들이 익어가고 있는가?

시작은 있고 끝이 없는 뜻과 의지를 두고 가고 있는가?

시작도 끝도 없는 것에 뜻과 의지를 두었는가?

시작이 있으며 끝이 있게 마련 그 끝은 새로운 시작을 의미하지만 그래도 시작한 일은 그것이 무엇이든 옳고 바르다면 끝을 맺어야 한다. 끝을 맺고 새롭게 시작되어야 한다.

새롭게 시작하기 위해서는 하고 있는 일 하던 일을 그만두고 하는 것이 아니라 익어서 결실을 맺어야 한다.

대 자연이 익어서는 이때에 나는 익어가고 있는가?

시작만 해 놓고 헤매는가?

아직도 풋풋한가?

풋풋하나마 익어가고 있는가?

익어간다면 얼마나 지금 익어가고 있으며 완연히 익기 위해서는 지금의 상황에서 어찌해야 할까?

대 자연이 결실을 맺듯 우리도 익어져서 결실을 맺어야 한다.

결실을 맺기 위해서 하고 있는 일 하고자 했던 일의 뜻과 의지를 더욱 굳건히 하고 더욱 더 정진하여야 한다.

게으르거나 소홀함 없이 치밀하고도 꼼꼼하게 한 발 한 걸음 나아가야 한다.

찬란한 본래의 빛 무량광에 이르러야 한다. 2005. 10. 5. 07:27


# 길

어제도 길을 걸었고 오늘도 길을 걸을 것이며 내일도 길을 걸을 것이다. 가고 싶은 곳을 향하여 하고 싶은 일을 위하여 뜻과 의지를 가지고 아무런 의지와 뜻도 없이 무의미하게 길을 걷는다.

끊임없이 걸어오고 걸어갈 오가는 수많은 길 생각의 길 마음의 길, 수행의 길…. 인생의 길을 얼마나 똑바로 곧바로 걸어왔을까?

쉬지 않고 걸어가야 할 인생의 길에서 걷다가 선택해야할 수많은 길 얼마나 어긋남 없이 걸어갈 수 있을까?

오늘도 길을 걷는다.

오가는 수많은 생각의 마음의 수행의 인생의 길을 걷는다.
걷고 있는 이 길이 얼마나 똑바로 곧바로 어긋남이 걷고 있는 것일까?
구름 한 점 없는 하늘은 말이 없다.
말 없는 하늘을 향해 오늘도 길 없는 길을 걷는다.
아무도 걷지 않은 오직 나만의 길을.....
얼마나 똑바로 곧바로 어긋남 없이 걷고 있는 것일까?
　2005. 10. 6. 08:02


## 살펴보라

어떻게? 어찌 살아야 인생을 잘 산다할 것인가?
인생엔 왕도가 없다.
저마다 자기 자신이 가지고 있는 업으로 인한 서로 다른 수많은 벽으로 만들어 놓은 인생의 길, 삶에서
어떻게? 어찌 살아야 잘 산다할 것인가?
삶의 뒤안길에서 바라보는 삶
어찌 잘 살 수 있을까?
잘 살아갈까나?
어떻게? 어찌 살아야 할꼬?
삶의 왕도는 저마다의 자기 자신에게 있다.
살펴보라
지금 여기서 "나는" 잘 살고 있는지?
잘 살아가고 있는지?
어떻게? 살아야 살아가야 좀 더 보람 있고 희망차게 행복하고 즐겁게 후회 없는 한 평생 잘 살아갈까나?
할 !　　　　　　　　　　　　　　2004. 10. 7. 12:03

# 어찌하면 바로 갈꼬?

이 세상은 창조자가 있어 만든 것이 아니다.

바로 "내가" 만든 것이다.

창조의 주체는 바로 "나"다.

내가 진아(眞我)일 때는 진아로 가아(假我)일 때는 가아로 뜻과 의지로 만들고 있다.

진아일 때는 순수란 뜻과 의지로 순수의 뜻과 의지라고 했으나 순수라고 말하기 이전의 대자유의 자유자재한 흐르고 변하는 변하고 흐르는 움직임이 순수의 뜻과 의지의 이름으로 만들어 왔고 지금은 자기 자신이 가지고 있는 뜻과 의지로 만들고 있다.

대자유의 자유자재한 움직임의 편안함을 위하여 순수란 뜻과 의지를 만들어 세상을 만들고 만든 세상에 침몰해서는 자유자재한 대 자유를 잃고 대 자유를 잃고는 순수의 뜻과 의지를 찾고 있다.

이와 마찬가지로 우리는 살기 위하여 좀 더 편안하게 살기 위하여 여러 가지를 만들어 놓고 만들어 놓은 것들의 노예가 되어 이제는 역으로 그것들 없이는 불편해 하고 만들어 놓은 것을 구하기 위하여 최선을 다한다.

그러다 보니 정말로 어떻게 어떤 것을 해야 하는지 모르고 자기 자신의 뜻과 의지로 만들어 놓은 것들에.... 세상에... 침몰 당하여 허우적거리고 있다.

허우적거리고 있는 것이 마치 삶을 사는 듯, 인생을 사는 듯, 옳고 바르게.... 이것이 저것이..옳고 그르다 말하지만 과연 그러한가?

이 세상을 내가 만들어 놓고 만들어 놓은 세상에 저마다의 이름을 상표처럼 붙여놓고 붙여 놓은 이름에 빠지고 만들어 놓은 것이 상이 있든 없든 상에 빠지고 형상에 빠져서는 형상을 쫓고 물질을 쫓는다.

형상(상)을 많이 가지고 물질을 많이 소유하는 것이 잘 먹고 잘 사는 것이... 상(형상)을 많이 가질 수 있는 상황의 상태가 물질을 많이 소유할 수 있는 상황의 상태가 과연 인생을...삶을.. 잘 사는 것일까?

우리는 너 나 없이 침몰 당해서 허우적거리고 있다.
자기 자신이 만들어 놓은 세상에 세상을 원활하게 돌아가게 해
놓은 물질에 ..형상에... 가야할 길을 잃은 체
어디로 가야할까?
어떻게 살아야 할까?
어찌하면 만들어 놓은 세상에 좀 더 편안하게 만들어 놓은 것들
에 침몰 당하여 그들의 노예가 되지 않고 올바로 한 평생 멋들어
지게 살까? 2005. 10. 8. 13:14


## 천상천하 유아독존의 나는

내 안에 내가 있고 내 밖에 내가 있어 두루 나 아닌 것이 없이
천상천하 유아독존이로다.
내 안에 네가 있고 네 안에 내가 있어 너 와 나 우리는 너의 나
로 나의 너로 천상천하 유아독존이로다.
내가 네 안에 네가 내 안에 너 나 없이 우리 모두가 하나로 있는
지를 알고 함께할 때에 천상천하 유아독존의 "나"를 보리라.
천상천하 유아독존의 나는 과거의 나였고 미래의 나이며 지금의
나이다.
나를 떠나 내가 있지 않고 나를 떠나 내가 있는 나는 누구인가?
나는 지금 여기에 있다.
천상천하 유아독존의 나는 지금 여기에 있다.
지금 여기를 떠나 나는 있지 않다.
과거에도 그랬고 미래에도 그럴 것이며 현재에도 그렇다.
언제나 나는 지금 여기에 있다.
천상천하 유아독존의 나는 지금 여기서 무엇을 하고 있는가?
무엇을 할 것인가?                    2005. 10. 9. 07:41

# 어디에 집착할 것인가?

나는 절대자만 있을 때도 있었고 태초에도 있었으며 부처님 하나님이라고 이름하기 이전에도 있었다.

우주가 창조되는 순간에도 우주가 혼돈기를 겪는 동안에도 나는 있었다.

우주가 혼돈기를 지나 안정적일 때도 있었고 우주가 성주괴공하기 이전에 있었으며 지구가 생기기 이전, 지구의 역사 이전에도 있었으며 우주와 지구와 그들의 역사와 나는 함께 해 왔다. 기억에는 없지만... 오랜 아주 오랜 전생을 가지고 흘러흘러 지금의 여기에 있다.

수행을 하다보면 짤막하게 자신의 전생을 볼 수도 기억할 수도 있다. 또한 누군가가 말해 주어서 알 수도 있다.

그러나 그것은 전생의 일들이다.

기억을 하던 하지 못하던 이미 지나간 일이고 흘러간 것이다.

그럼에도 지난 과거에 빠져 허우적거리는 경우들이 많다.

물론 과거로 해서 현재의 내가 있고 현재로 해서 미래가 있는 것은 사실이다. 그렇다고 너무 과거 집착하면 현재 지금의 생활이 불편하고 현재 지금에 너무 집착하면 미래가 불안하고 미래에 집착하면 현재 지금에 충실하지 못하게 된다.

그러므로 과거 현재 미래가 자기 자신 안에서 조화롭게 이루어져야 한다. 조화롭게 이루어져야 과거로 인하여 오늘에 있는 자기 자신에게 감사하며 오늘에 충실하게 되고 오늘에 충실해야 미래에 보다 더 낫은 삶을 누릴 수가 있다.

과거의 일들은 현재의 "나"로 만족하고 현재의 일들은 지금 있는 자리에서 자기 자신이 할 도리를 다하는 것이다.

현재 자기 자신이 있는 그 자리에서 그 위치가 어떠하든 최선을 다할 때에 미래는 밝고 희망 차 있다 할 것이다.

과거로 인한 현재에 만족하라 하니 육체의 쾌락, 욕망...탐진치.. 삼독에 빠지는 만족을 구하는 이들이 있을 것인즉 식으로 인한 삼독의 만족이 아닌 자기 자신 안으로부터 가슴 벅차오르는 뿌듯함과 만족을 말하는 것이다.

나는 지금 여기서 어떤 삶 어떤 인생을 살아야 할까?

나는 불생불멸 영원할 것이다.

다만, 자연이 봄 여름 가을 겨울 옷을 바꿔 입는 것처럼 육체의 옷을 바꿔 입을 뿐 상(相)으로 식(識)으로 바꿔 입을 뿐이지만 자기 자신이 기억을 다 하지 못해서 그렇지 우리 모두는 서로 다른 옷을 입고 제각각으로 살아가지만 자기 자신 안에는 이미 모두 다 하나로 꿰뚫고 있으니 전체를 하나로 꿰뚫고 있는 이것으로 나는 생명이며 진리고 빛이고 길이라 할 것이다.

하나님 부처님 절대자로 가는 길이고 본성의 빛 무량광이며 절대자의 영원한 생명이고 영원한 생명으로 인한 전지전능한 진리다.

나는 절대자로 저마다의 옷을 입고 저마다 제각각 살아가지만 절대자임에 분명하다.

이런 관계로 우주에 존재하는 그 어느 것 하나라도 자기 자신 스스로 "나" 아닌 것이 없고 우주에 존재하는 그 어느 것이든 하나님이 깃들어 있지 않은 것이 없고 부처가 아닌 것이 없이 모두 다 부처이고 있는 그대로 본성이다.

지금 여기에 있는 나는 누구인가?

내 옆에 주변에 있는 너는 누구인가?

식(識)으로 인한 상(相)을 여의고 상으로 인한 형태의 형상 옷을 벗었을 때에 우리 모두는 누구인가? 2004. 10. 15. 14:54


## 진리 속 바닷물고기


진리란 바다 에 사는 바닷물고기는 진리의 바닷물을 떠나 살 수도 없으며 한시도 진리의 바다를 떠나 있지 않고 진리의 물을 머금고 산다. 진리의 물을 먹으며 산다.

그럼에도 바닷물고기는 자기 자신이 바닷물고기인지는 아는데 자기 자신이 진리의 바다 속에서 살고 있으며 먹고 마시는 것이 진리의 바닷물인지 모르고 진리의 바닷물 한 모금을 마시기를 갈망한다. 진리의 물을 쉬지 않고 먹으면서도....

"나는" 진리의 바다 속 물고기로 진리 속에 내가 있는 있는지를 알면서 자기 자신을 감싸 안고 있는 진리를 보지 못하고 물고기인 자기 자신을 인식하면서도 진리의 바다를 보지 못하고 진리를 찾아 헤매고 있다.

물고기인 자기 자신을 바라볼 때에 진리의 바다는 보이지 않고 바닷물 역시도 보이지 않는다.

자기 자신을 바라보던 눈을 돌려 있는 그대로 바라만 보면 진리의 바다이고 떠 먹으니. 진리의 물 한 모금이다.

바다에 사는 모든 것들은 바다를 볼 때에 바다 아닌 것이 없이 바다다. 바다를 보는 것과 같이 진리에서 보면 진리 아닌 것이 없다

진리 속에 모든 것이 진리이다.

바다를 보되 바다 속에 사는 하나 하나의 명명의 이름들을 바라볼 때에는 명명의 이름들은 바다가 아니라 명명의 이름들이 된다.

명명의 이름들을 보되 바다를 볼 때에 명명의 이름들은 명명의 이름이 그러할 뿐 바다인지를 본다.

진리를 보되 진리 속에 있는 하나 하나의 명명의 이름들을 보고 그 이름들에 빠져 상을 볼 때에 진리를 보지 못하고 명칭의 이름과 상들 보되 명칭과 이름 상에 빠지지 않고 있는 그대로 볼 때에 너는 진리를 보리다.

바다는 바다라고 말하지 않았다.

물고기 역시도 물고기라고 말하지 않았다.

그럼에도 물고기 바다에 사는 것처럼 진리는 진리라 말하지 않았고 "나" 자기 자신도 "나" 자기 자신이 아니라 "나"라고 했을 때에 "나"로써 "자기 자신에 빠져 "나"라 하나 나는 내가 아니라 진리에 있는 "나"로 진리라 할 것이며 일체 법하면 일체법으로 역시 그러하고 깨달음이라 하면 깨달음으로 그러하다.

일체가 하나로의 깨달음이라면 그 속에 있는 모든 것은 깨달아 있고 일체가 불이라면 그 속에 있는 모든 것은 불 아닌 것이 없고 일체가 하나님이라면 그 속에 있는 모든 것은 하나님 아닌 것이 없이 하나님이리요.

진리의 물 한 모금 지금가지 바라보던 시선 경계를 넘어 눈을 돌

려 있는 그대로 보고 떠 먹으면 된다.

진리의 바다 속에 있으면서 왜 진리의 바닷물을 떠 먹지 못하는가? 먹기만 하면 된다.

할!                                    2004. 10. 19. 08:13

## 무엇을 마음에 품을 것인가?

마음에 품고 있으면 가슴이 무겁고 답답하고 마음에 품고 있던 말을 해버리면 무거웠던 가슴도 가벼워진다.

흔적 없는 마음이 어찌 이러할까?

무엇이 마음이기에 마음이 어떠하기에 이러할꼬?

마음은 개량하지 않는다.

마음은 비어 있는 듯 가득 차 있고 가득 차 있는 듯 비어 있다.

마음에 품으면 천 만근이고 놓아버리면 자취의 흔적이 없다.

마음에 품으니 짐 되고 놓으니 가득 차 있되 흔적이 없다.

무엇을 담고 놓을 것이며 놓되 무엇을 놓을 것인가?

담고 놓은 것 무엇인가?

짐은 짐이 아니되 짐이 되어 있고 내려놓되 내려놓음이 없는데 무겁고 가볍다. 기쁘고 슬프다.

어찌된 일인가?

무엇이 무거워하고 가벼워하며 기뻐하고 슬퍼하는가?

"나"에 무엇이?

나라할 것이 없고 마음이랄 것 없는 허공에 무엇이 ?

진실허공에 무슨 일인고?

허공이 무(無)하니 유(有)하고 유(有)하니 무(無)하다.

마음이 내가

마음은 마음이라 하지 않았다.

나 또한 나라고 하나 나를 찾으면 나랄 할 것이 없다.

나는 누구이며 내 마음은 어디에 있는가? 2004. 10. 21. 07:36

## 이를 이해하고 알아야 해오(解悟)할 수 있다

보고 있는 눈앞의 모든 것 허공과 형태의 형상에 어느 것 하나 깃들어 있지 않은 것 없이 모두 하나 같이 깃들어 있는 본성(체) 본성이 어떻게 하고 있기에 아무 것도 없는 듯한 허공에서 변화 무쌍하게 하나도 같음 없이 다르게 나타나고 표현되어도 전체의 하나 본성이 드러남에 보여줌에 하나를 표현함에 부족함이 없는 본성 본성은 허공을 떠나 있지 않고 허공에 있으며 있고 허공 속에 있는 형태의 형상 그 어느 것 하나 허공을 벗어나 있지 않고 허공이 깃들어 있고 허공 속에 있다. 허공 속에서 허공이 깃들어 있는 일체가 하나로 통하는 허공에 본성이 있다.

자! 눈앞에 보이는 허공 및 형태의 형상 모든 것이 "있는 그대로" "사실대로" 본성이라고 말한다.

가늠해 보라.

형태의 형상 속 무엇이 허공이고 본성인가를...? 적어도 이를 이해하고 알아야 해오(解悟)할 수 있다.

자! 무엇이 본성이고 전체가 하나로 통하는 것인가?

할!                                    2004. 11. 11. 08:20


## 행하라 그리고 이루어라

하루에도 몇 번씩 "깨어나야지" "수행해야지" "뭔가를 해야지..." 생각만 해서는 이루어 갈 수 없고 결심만 해서는 그 어느 것 하나 행할 수 있는 것이 아니고 행하여 갈 수 있는 것이 아니다.

"깨어나야지" 생각이 들면 생각이 나는 즉시 깨어나야 하고 "수행해야지" 생각이 들면 수행을 해야 하고 뭔가를 하고자 하는 생각이 들면 생각을 따라 마음을 움직이고 마음을 따라 몸을 움직여 행동으로 옮기며 이어가야 비로써 이루어질 수 있다.

하고자 하면서 생각만 결심만 하고 있는 것은 아닌지 만약에 그렇다면 오늘 아니 지금 이 시간부터는 생각이 일면 일어난 생각을 시작으로 행하라 그리고 이루어라.

본성은 회귀하려고 본성을 향하여 생각을 일으키고 업은 관성의 법칙에 의하여 굴러가려고 하다 보니 생각은 하면서도 결심은 하면서도 생각만 결심만 하며 행하지 못하는 핑계들이 많기도 하고 행하지 못하게 하는 일들이 많이 생기기도 한다.

그러나 행주좌와 어묵동정 행하려는 마음만 동하면 동하는 마음을 따라 행주좌와 어묵동정 어떤 상황에서도 행해질 수 있다.

중요한 것은 본성의 회귀본능을 따라 가느냐 업의 관성을 따라 가느냐에 따라 다르다 할 것이다.

지금 그대는 본성의 회귀본능을 향하여 있는가?

업의 관성의 굴레를 따라 가기 바쁜가?

몸은 업의 관성의 굴레에서 행하여지더라도 생각과 의식 마음은 업의 관성을 벗어나 마음의 빛을 밝히며 본성으로 회귀하여야 한다.   2004. 11. 23. 08:23


# 법륜은 쉬임없이 굴러간다

무생에서는 법륜이 굴러가고 생멸있는 곳에선 윤회의 수레바퀴가 굴러간다.

윤회의 수레바퀴는 법륜을 따라 굴러가되 생멸에 걸리어 윤회의 수레바퀴를 돌리고 윤회의 수레바퀴 속 법륜이 무생으로 굴러간다.

업이 있어 업을 보니 육도 윤회의 수레바퀴 속 법륜이 굴러가고 돌아가는 윤회의 수레바퀴 따라 업이 굴러가니 법륜은 드러나지 않고 업을 따라 가는 관성의 법칙에 생멸이 있고 생멸이 있으니 생로병사가 있고 생로병사가 있으니 희노애락이 있다.

윤회의 수레바퀴 속 법륜을 보고 법륜을 굴리니 무생에 있고 무생에 있으니 법륜이 굴러간다. 굴러가는 법륜을 따라 무생에 있으니 생멸이 없고 생멸이 없는 곳 법륜이 있다.

그대는 오늘도 쉬임없이 흘러가고 굴러간다.

흘러가고 굴러가는 지금 그대는 법륜을 따라 굴러가는 업의 수레 바퀴 속에서 업을 따라 굴려가는 관성의 법칙에 있는가?

관성의 법칙을 거슬러 올라 법륜을 굴리고 있는가?

법륜도 굴러가고 업으로 인한 윤회의 수레바퀴도 굴러간다.

법륜은 무생을 굴리며 업의 윤회 수레바퀴를 돌린다.

법륜을 따라 윤회의 수레바퀴가 돌아간다.

끊임없이 법륜이 돌아가듯 윤회의 수레바퀴도 법륜을 따라 돌아 간다. 윤회의 수레바퀴 속 법륜이 있고 법륜 속 윤회의 수레바퀴 가 있다.

지금 그대는 윤회의 수레바퀴 속 업의 관성을 따라 흘러 흘러가 는가? 법륜을 굴리며 흘러 흘러가는가?

업의 수레바퀴와 법륜은 동전의 앞뒷면과 같이 한 몸이 되어 쉬 임없이 굴러 흘러간다.

지금 그대는 한 몸 중 어느 면에 서서 생멸과 무생 무엇을 굴리 며 흘러가는가?　2004. 12. 10. 08:27


# 자연(自然)에 사계(四季)가 있는 것처럼
## 인간에게도 사계가 있다.

우리나라의 자연이 봄 여름 가을 겨울 사계(四季)를 가지고 순환 하듯 그 정도의 차이는 있을지라도 지구에 있는 나라라면 어느 나 라이든 사계를 가지고 순환하고 있다.

지구에 있는 모든 나라들이 사계를 가지고 순환하듯 지구 자체도 사계를 가지고 순환하고 있고 지구를 포함하여 태양계에 있는 모 든 행성들이 저마다 사계를 가지고 순환하고 있고 태양계의 행성 들이 저마다 사계를 가지고 순환하고 있는 가운데 태양계 자체가 하나로 사계를 가지고 순환하고 있고 태양계를 포함하여 은하계에 있는 모든 행성들이 저마다의 사계를 가지고 순환하고 있고 은하 계의 행성들이 저마다 사계를 가지고 순환하고 있으며 은하계 자체가 하나로 사계를 가지고 순환하고 있고 은하계를 포함하여 우주에 있는 모든 행성들이 저마다의 사계를 가지고 순환하고 있고 우주의 행성들이 저마다 사계를 가지고 순환하고 있으며 우주 자체가 하나로 사계를 가지고 순환하고 있다.

우주가 성주괴공하는 속 우주는 사계를 가지고 순환하고 있으며 우주가 성주괴공하는 사계 속 은하계가 사계를 가지고 순환하고 있고 은하계가 사계를 가지고 순환하는 가운데 태양계가 사계를 가지고 순환하고 있고 태양계가 사계를 가지고 순환하는 가운데 지구가 사계를 가지고 순환하고 있고 지구가 사계를 가지고 순환하는 가운데 각 나라들이 저마다 사계를 가지고 순환하고 있고 각 나라들이 사계를 가지고 순환하는 가운데 각 나라에 있는, 있는 것들은 저마다 사계를 가지고 순환하고 있고 그 속에 있는 인간들도 사계를 가지고 순환하고 있다. 여기서 사계는 봄 여름 가을 겨울만을 이르는 것이 아니라 일종의 주기라고 생각해도 된다.

우주는 이렇듯 성주괴공하고 있다.

인간 자체의 사계를 살펴보면 수명이 짧을 때에는 1-15세, 15-30세, 30-45세, 45-60세 수명이 좀 길어지니 1-20세, 20-40세, 40-60세, 60-80세 (수명이 더 길어지면 이는 또 바뀔 것이다) 죽음으로 한 생을 마감하며 또 다른 봄을 맞이하듯 육신의 옷을 갈아입는다. (물론 사람에 따라 다를 수 있다. 지구에 각 나라들이 사계가 다른 것처럼..)

이렇듯 인생 전체가 하나로 사계를 이루고 하나로 이루어진 듯한 사계의 인생 속 삶 자체를 살펴보면 삶 자체에도 사계가 있다.

저마다 서로 다르게 태어난 우주가 성주괴공하는 계절 속, 은하계 계절 속, 태양계의 계절 속, 지구의 계절 속, 태어난 나라의 계절 속, 나라 속, 서로 다른 시공간 속, 자기 자신이 가지고 있는 업에 의지하여 태어나서는 저마다의 업으로 인한 인연 안팎으로 파노라마 치는 주기 속, 태어난 곳의 태어난 나라의 태어난 지구에서... 저마다의 주기로 사계를 가지고 살아간다.

자연에 사계가 1년에 한 번씩 반복되며 이어지는 것처럼 우리 내 인생의 삶에 사계는 보통 12년에 한 번씩 반복되며 이어진다.

12년에 한 번씩 반복되어 이어지는 삶을 살펴보면 3년은 봄, 3년은 여름, 3년은 가을, 3년은 겨울,...또다시 봄 여름 가을 겨울...이렇듯 흘러 흘러서 인생의 사계를 다 보내고서는 이승에서는 죽음이고 다음생으로 이어지는 다음생에 새롭게 태어난다.

영혼에서 보면 육신의 옷을 갈아입는 것입니다.

여기서 나는 우주에 사계가 있고 인생에 사계가 있으며 삶에 사계가 있다는 것만을 말하려는 것이 아니다.

자기 자신을 되돌아보며 자기 자신을 살펴보고 성찰해서 지금 나는 내 삶의 사계 속 어느 계절에 속하고 어느 계절이니 어떻게 하는 것이 바람직한 것인가?를 살피고 좀 더 삶을 보람되고 인생을 보람되게 살기를 바라는 마음이다.

봄인 사람은 여름을 위하여 싹을 잘 자라도록 해야 할 것이며 여름인 사람은 결실이 잘 맺도록 해야 할 것이며 가을인 사람은 추수를 잘 하되 겨울 준비를 해야 할 것이며 겨울인 사람은 몸을 움츠리고 봄의 새싹을 위하여 준비해야 할 것이다.

물론 사람에 따라 준비하는 것이 다르고 하려고 하는 것이 다른 만큼 저마다 자기 자신이 해당하는 계절을 유효적절하게 맞이하고 보내며 행하고 행하며 준비해야 할 것이다.

맞이함과 행함 준비하는 것은 제각각이겠지만 봄에도 이른 봄이 있고 중간과 늦봄이 있고 여름 역시도 이른 여름과 중간과 늦여름도 있고 가을 겨울 역시도 그러할 것이고 봄과 여름이 겹쳐 넘어가는 경우도 있고 여름과 가을이, 가을과 겨울이, 겨울과 봄이 그럴 경우도 있을 것이다.

이는 이 상황에 맞게 자기 자신이 유효적절하게 맞이하고 보내며 행하고 행하며 준비해야 할 것이다.

현재 자기 자신의 삶 속에서 인생과 삶이 사계와 사계 속 서로 얽히고설켜 이루어지고 이루어지는 가운데 흘러가고 흘러가는 가운데 사계를 맞고 맞이하는 삶 속에서 일어나는 모든 일들 역시도 이 범주를 벗어나지 않을 것이다.

그대는 지금 인생의 어느 계절에 속하고 인생이란 삶 속 어느 계절에 속하는가?

그대가 속하는 계절 속 그대는 지금 무엇을 하고 있으며 무엇을 하려하고 있으며 무엇을 준비하고 있으며 무엇을 맞이하려 하는가? 맞이하려고 하는 그 무엇 속 이루어지는 수행은 어찌 행하고 이끌어 갈 것인가? 2004. 12. 16

인생의 사계는 그러한 이치를 설명한 것입니다. 인생이라 할 때 인생이란 언어에 빠져서도 인생을 볼 수 없고 사계에 빠져서도 사계를 올바르게 볼 수 없지요.

우주와 은하계, 태양계, 지구, 지구 안에 나라, 나라에서 시, 구, 동...속해 있는 "나" 이 "나"라고 하는 "나는" 내가 아니지요.

"나"는 "나"라 하나 "나"라할 것이 없지요.

그럼에도 "나"는 "나"라 하지요.

우리들은 자신을 나라고 하지만 부모님이 볼 때는 자식이고 조부모가 볼 때는 손자이며 형제가 볼 때는 형 동생이고 친구가 볼 때에는 또 다른 이름이 있겠지요.

어느 입장에서 보느냐에 따라 이름은 서로 다를지라도 나를 지칭하는데는 부족함이 없을 것입니다.

그리고 부르면 대답할 것입니다. 서로 다르게 부를지라도..

이는 왜 그렇습니까?

이와 마찬가지로 인생의 사계를 통하여 말을 했지만 사계는 사계로만 볼 수 있는 것이 아니지요. 그런 만큼 님이 아니라고 하면 아닐 수 있지요. 그리고 이러한 이치를 또 다른 언어로 사용할 수 있겠지요.

그러나 님이 있는 것은 분명한 사실인 것처럼 위에서 설명한 얽히고설켜 있는 이치는 분명한 사실이지요.

"나"는 내 마음의 작용에 영향을 받고 "나"는 내 주변의 작용에 영향을 받고 사회...나라..지구...태양계..은하계..우주의 영향을 받지요. 이렇게 서로 얽히고설켜 영향을 받고 주고 작은 것은 큰 것에 영향을 받지요.

님이 아무리 어찌 하려 해도 할 수 있는 것이 있는가 하면 없는 것이 이러한 작용에서 일어나지요.

이러한 작용은 "나"라고 하는 "나" 스스로에게는 개업(個業)의 영향을 받고 개업은 가족의 공업(共業) 영향을 받고 사회의 영향을 받고 나라...지구...태양계..은하계..우주의 영향을 받지요.

그러나 이것도 대한민국이란 나라만을 보면 님이 "나"라고 "나"는 없고 대한민국만이 있겠지요.

대한민국을 지구 밖에서 보면 대한민국은 없고 지구만이 있을 것입니다. 지구를 태양계에서 밖에서 보면 태양계만 있겠지요.

...은하계...우주에서 보면 님은 자취의 흔적도 없이 그저 우주만이 있을 뿐입니다. 그러나 그 우주도 이름이 우주일 뿐 우주가 아니지요. 이름이 우주일 뿐이지요.

님이 아무리 아니라 해도 대한민국에서 보면 대한민국은 대한민국이고 지구는 지구이며...우주는 우주이지요.

님이 어디를 보고 어느 견처에서 드러내느냐에 따라서 부모 자식 형제 자매...사회와 국가...태양계와 은하계 우주...하나님..부처님,...불성..법성...본성...절대자...각기 이름은 다르지만 가늠할 수없는 한 덩어리로 보면 하나에서 가늠할 수 없는 한 덩어리에서 어디를 보고 어느 것을 보고 작은 하나를 보면 그 하나 지칭했을 때에 그것은 가늠할 수 없는 하나이기도 하지만 작은 하나이기도 하지요.

이렇듯 인생의 사계란 언어 역시도 그러합니다.

다만 우주는 앞에서 말한 이치로 성주괴공하고 있고 성주괴공하는 우주 속 은하계 태양계 지구가 자전과 공전을 하고 있고 그 속에 인생도 있고 삶도 있으며 "나"도 있는 것이라 할 것입니다.

이러한 속에서 님이 무엇을 아니라고 해서 아닌 것은 무엇이고 또 달라질 것은 무엇이며 달라지지 않는 것은 무엇이겠습니까?

2004. 12. 17 15:11


# 하나 속 전체, 전체 속 하나

"몰라요"
모른다함은 모른다는 것을 아는 것이고 아는 것을 모르는 것이다.

모른다 하나 무엇을 모른다 하는가?

절대자, 본성에서 보면 모름은 절대자이고 본성이며

부처, 불성, 법성에서 보면 모르는 것은 부처고 모르는 것이 부처 불성 법성이라 할 것이다.

진리에서 보면 모르는 것은 진리고 모르는 것이 진리라 할 것이며 아는 것에서 보면 모르는 것을 아는 것이고 모르는 무명에서 보면 그저 무명(모를)일 뿐이다.

무명으로 모른다하데 모른다함은 모르는 것을 아는 것이니 알고 있는 모르는 것에서 진리를 보면 모르는 것이 진리이고 알고 있는 모르는 것에서 부처를 보면 모르는 것이 부처다.

절대자, 본성, 부처, 진리, 아는 것, 무명이...

몰라요" 속에 하나로 들어있으니

"몰라요"를 절대자에서 보면 "몰라요"는 절대자일 것이며 "몰라요"를 본성에서 보면 "몰라요"는 본성일 것이며 "몰라요"를 부처 또는 진리에서 보면 "몰라요"는 부처 또는 진리일 것이며 "몰라요"를 아는 것에서 보면 "몰라요"는 모르는 것 무명이고 "몰라요"를 무명에서 보면 "몰라요"는 모르는 것을 아는 것이다.

전체가 하나로 있되 전체의 하나는 수많은 하나로 있고 수많은 하나는 전체의 하나를 드러나 있다.

전체의 하나 속 수많은 하나 저마다는 저마다의 견처를 드러내고 저마다의 견처를 따라 밝게 드러나는 하나는 저마다의 하나이면서 전체의 하나로 하나 속 전체고 전체 속 하나다.

"몰라요" 무엇을 ?

악!                    2004. 12. 23


## 쉬임없이 수행하라

말로는 늘 수행한다고 하면서 어느 때는 열심히 하고 열심히 하다가 잘 되지 않는 듯싶으면 쉬고 그러다 또 수행하고 그러다 게으름도 피우고 그리고 열심히 수행들을 한다.

수행은 말로 하는 것이 아니고 수행의 행이 있어야 한다,

수행은 마치 부싯돌을 돌려 불을 지피는 것과 같고 지핀 불로 자기 자신을 이루고 있는 "나"라고 하는 칠통을 밝혀 들어가는 것과 같아 지속적으로 수행이 이루어지지 않고서는 불을 지필 수가 없으며 혹 불을 지펴 칠통을 살핀다 하여도 쉽게 칠통 전체를 살필 수가 없다. 칠통은 너무도 어둠이 깊어 지속적인 살핌이 아니면 살핀 연후라 하여도 또 칠통에 어두워져 철웅성과 같아 쉽게 칠통을 뚫기라 어렵다.

수행이 잘 된다고 하고 아니 된다고 쉬고 게으름을 피우면서 수행한다면 부싯돌을 돌려 불을 지피기도 전에 부싯돌을 놓고 불이 지펴지기를 바라는 것과 같고 부싯돌을 돌려 불을 지폈다 할지라도 불이 지속적으로 칠통을 살피지 않으니 불은 또 꺼질 것이고 불이 꺼지지 않았다 할지라도 살필 때만 잠깐 칠통을 살필 뿐, 칠통은 밝아진 부분 없이 전에 모습 그대로려니

수행력을 통하여 부싯돌을 돌려 불을 지피는 것에 혼신을 다해야 하고 불을 지펴서는 칠통 살피기를 게을리 해서는 아니 된다.

이런 관계로 수행자는 말로만 수행한다 해서도 아니 되고 수행하는 행이 있어야함은 물론 쉬임없이 꾸준히 수행해야 한다.

수행을 하다보면 수행이 잘 될 때도 있고 잘 되지 않을 때가 있으나 이는 수행이 잘 될 때는 걸어가면 살피는 과정이고 수행이 잘 되지 아니할 때에는 뛰어넘기 위한 계단 내지는 장애에 걸려 계단을 오르기 위해서 장애를 제거하기 위해서 수행하고 있는 수행력이 그것들과 맞서 있다고 생각하고 더욱 더 수행 정진하라. 그러는 사이 수행은 일취월장 이루어질 것이다. 2004. 12. 26. 09:05


# 본래 몸은 오고감이 없다

오고 가는 일없이 있는 그대로다
있는 그대로 두루 꽉 차 있어 오고 갈 틈이 없다.
틈 없이 두루 꽉 차 있어 움직이면 벗어난다.

있는 그대로 두루 꽉 차 있는 것(곳) 바라보니
있는 그대로 두루 꽉 차 흐르고 흐른다.
흐르고 흐르며 변하되 변한 것 없고 변한 것 없는 듯한 곳(것)
바라보니 흐르되 변하고 있고 변하고 있되 흐르고 있다.
잠시도 쉬임없이 흐르며 변하고 변하며 흐르고 있다.
흐르며 변하고 변하며 흐르는 곳(것) 바라보니 흘러가고 있다.
흘러가는 곳(것) 바라보니 오는 것도 없고 가는 것도 없이 흘러
가고 있다.
흐르고 변하며 변하고 흐르는 것(곳) 변한 것 없이 잠시도 멈춰
있는 일 없이 흐르데 한쪽에 공간, 한쪽에 시간을 두니 간과 간
사이 시공이 생기고 시공이 생기니 흐름 속 세월이 생기고 세월이
있으니 걸림이 생기고 걸림이 생기니 생멸이 있고 생멸이 있으니
오고감이 있다.
오고가는 걸림 속 생사가 있고 생사 속 생로병사가 있고 희노애
락이 있다.
본래몸은 있는 그대로 두루 꽉 차 있어 틈 없이 흐르고 변하고
변하고 흐르나 본래몸이 흐르고 변하고 변하며 흐르는 사이 생사
에 걸리고 로병에 걸리고 세월에 걸리고 시공에 걸리어 네가 있되
너는 본래 한몸 가운데 있어 한몸이되 한몸인지 모르고 바퀴돌 듯
하는구나.  2005. 1. 1. 10:50


## 본성의 속성을 통하여 방하착하라

집착이 되고 방하착이 되지 않는 것은? 집착하려고 하지 않아도
집착이 되고 방하착하려고 해도 방하착이 되지 않는 것은 본성의
속성 때문이다.
많고 많은 본성의 속성 중에 본성이 본성 주변에 있는 것들을 자
기 자신 본성으로 끌어당기려는 힘에 의하여 집착하려고 하지 않
아도 의식하고 인식하면 집착하게 되고 방하착하려고 해도 방하착
이 되지 않는 것이다.

위에서 본성이 끌어당기는 힘이라 했으나 힘은 본성이 가지고 있는 자력으로 중력이나 만유인력과 같은 것으로 존재하는 모든 것들이 저마다 가지고 있는 자력이기도 하며 이 자력 때문에 모든 것들은 저마다 스스로 생명을 가지고 스스로 존재하고 다른 것들과 공존하며 윤회하지요.

놓는다 놓는다 해서 놓아지는 것이 아니라 놓는 행이 있어야 방하착할 수 있다. 놓는 행은 의식하고 인식함으로 본성의 속성으로부터 집착되어지고 방하착하게 되니 말로만 놓는 것이 아니라 끌어당기는 본성의 속성의 힘을 통하여 놓아야할 것입니다.

집착은 의식하고 인식함으로 의식하고 인식하는 힘에 끌려 집착되어지지만 방하착은 본성의 속성의 힘에 끌려 본성에 붙어있는 만큼 본성의 속성 힘을 강하게 하여 달라붙어 있는 집착된 것들을 파헤치고 느슨하게 함으로 놓을 수가 있다.

그런 만큼 방하착은 그냥 되는 것이 아니라 인과 연으로 당기고 미는 사이에 놓아지기도 하고 본성의 속성의 힘을 강하게 하여 느슨하게 하여 본성의 속성의 힘의 테두리 두 넓게 하여 자유롭게 놓아두는 것이다. 즉 집착으로 마음에 담겨진 마음의 배(그릇)를 크게 하는 것이다. 그럼으로 마음의 그릇에 당겨진 집착된 업들을 마음의 그릇의 크기만큼 놓아버리는 것이다.

이런 관계로 자성경계의 일원상의 크기에 따라 집착된 업들은 방하착이 다르게 나타나고 자성경계의 일원상이 없는 깨달은 분들에게 있어서는 전체가 막힘없는 그릇인 만큼 업이 전체에 흩어져 있게 되고 그럼으로 업이 있고 없고를 떠나 있게 되는 것이지 업이 없어지는 것이 아니다.

이런 관계로 놓는 방법 방하착에 있어서는 인연이 다하여 인과 연으로 놓는 일과 자기 자신 마음의 그릇을 지금보다 크게 하여 업의 활동이 느슨한 만큼 놓아버리는 것이다.

자기 자신이 가지고 있는 본성의 자성경계의 일원상이 테두리되어 이 테두리를 우리는 마음이라 하고 마음이란 그릇에 의식하고 인식한 수많은 업을 담고 있는 것이다.

마음을 가지고 있되 마음을 놓아야 방하착할 수 있는 있는 것도 이러한 연유에서 마음을 놓아라 하는 것이다. 이는 그냥 놓을 수 있는 것이 아니고 놓는 행을 통하여 놓을 수 있다.

놓은 행은 본성의 속성에 있는 만큼 본성의 속성을 통하여 방하착하라. 2005. 1.2 08: 35


## 이렇게 깨어 마음을 다스려라

자기 자신 밖의 일에 끄달리며 살지 말고 안에서 일어나는 일에 집중하며 사는 사람이 되라

지금 하고 있는 수행을 한시도 잊지 말고 생각 의식 인식하고 행하는 사람이 되라

세상의 숲 속을 헤치며 살지 말고 자기 자신 안의 숲 속을 헤치며 살되 편안하고 자연스럽게 오고 가는 세상의 일에 흡족해 하며 세상의 숲 속을 사는 사람이 되라.

혼자서 거리를 거닐 때, 서서 또는 앉아서 누군가 무엇을 기다릴 때 침묵하고 있을 때, 누워있거나 앉아있을 때, 말하거나 침묵할 때 늘 하고 있는 수행을 잠시도 쉬지 않고 행하는 사람이 되라.

깨어서 행주좌와 어묵동정 행하고 있는 수행을 하되 앉아 좌선하며 오래 눕지 않는 사람이 되라.

물들고 오염된 것을 멀리하는 가운데 일어나는 물든 마음을 늘 떨치고 일어나 물들지 않은 마음을 쫓아 본성으로 회귀하는 고행을 즐기는 사람이 되라.

자기 자신 안에 있는 빛을 밝히고 본성을 드러나게 하여 깨달음을 얻어 윤회의 고리를 끊고 말겠다는 마음을 한시도 잊지 말고 깨어서 그대 마음을 스스로 다스리며 가는 사람이 되라

수행하는 사람은 자기 자신을 잘 다스리는 사람이어야 한다.

이렇게 깨어 마음을 잘 다스리며 가라. 가는 일없이 깨어서 가라. 그리고 바로보라. 2005. 1. 4 08:40

# 마음에 바람이

마음에 바람이 일면 티끌은 운무(雲舞)되어 무명(無明) 번뇌(煩惱)를 이루고 마음에 바람이 자면 왕의 국토는 저절로 태평하리다.

마음에 바람은 스스로 몸을 나투지 못하지만 대상을 통하여 작용을 일으키며 몸을 드러내고 드러낸 바람은 작용이란 이름에 묻혀 마음작용이 된다.

자취의 흔적도 없는 마음은 작용을 통하여 마음이 드러나게 하고 드러난 마음에 마음작용을 일으키는 바람은 어디서 와서 어디로 가는가?

흔적의 자취도 없이 생멸하는 바람은 마음작용을 일으켜 생멸하게 하고 생멸하는 고통 속 희노애락을 일으키는 바람 일고 자는 마음에...

무엇이 바람입니까?

마음은 바람은 마음이라고 바람이라고 하지 않았지만 바람이 불면 바람이 분다 하고 마음에 바람이 불면 마음작용이 있다한다.

마음에 바람이 있으면 마음작용이 있다 하고 마음에 바람이 없으면 마음작용이 없다 한다.

대상 없는 곳 바람은 바람이 아니고 마음은 마음이 아니다

무엇이 마음이기에 마음 속 바람이 불고 무엇이 바람이기에 마음작용을 일으켜 마음이 있게 하는가? 2005. 1. 6 07:46


# 이와 같이 도(道)를 이루었다

삼세(三世)의 모든 부처님들과 불보살님들 모든 조사와 선지식들이 도(道)를 이루었을 때에 누구나 할 것 없이 모든 분들이 하나같이 오온(五蘊: 색수상행식)이 모두 공(空)한 지를 확연히 비추어 알고 일체의 고통과 번뇌 액난으로부터 벗어나 도(道)를 이루었다.

이 몸 이 육체는 물질로 살아서는 "나"이고 "나"라 하나 죽어서

는 색(色: 물질)은 지(地),수(水),화(火),풍(風) 4대로 흩어진다.

 살았을 때와 죽어서 그 흩어짐을 보면 이러하다.

 살아서는 뼈와 살(육체)이지만 죽고 나면 땅(地氣)으로 돌아가고 살아서는 몸 안에 흐르는 피(血氣)이지만 죽어서는 물(水氣)로 돌아가며 살아서는 몸 안에 공기이지만 죽고 나면 바람(風氣)으로 돌아가고 살아서는 몸을 따뜻하게 하는 맥박이고 온기(溫氣)지만 죽고 나면 화(火氣)로 돌아간다.

 정신이니 영혼이니 하는 수상행식(受想行識)도 마찬가지다. 수(受)는 감수작용이고 상(想)은 상상작용이며 행(行)은 의지작용이고 식(識)은 분별작용이다.

 안이비설신의, 눈(眼)이 색(色,물질)을 보고 귀(耳)가 소리를 듣고 코(鼻)가 냄새 맡고 혀(舌)가 맛을 보고 몸(身)이 촉감하고 뜻(意)으로 생각을 받아들여 즐겁다 괴롭다 괴로운 것도 즐거운 것도 아니라는 고(苦)와 락(樂), 사(捨:마음이 평온하고 집착이 없는 상태)를 형성하는 것이 수(受)의 감수작용을 일으키고 수의 감수작용은 안이비설신의(6受)로 제각각 또는 서로 뒤엉켜 또는 얽히고설켜 일어나고 이렇듯 6상(6想=안이비설신의로 인한 각각의 想) 6행(6行=안이비설신의로 인한 각각의 行) 6식(6識=안이비설신의로 인한 각각의 識)의 행이 연이어 일어나는 것이 마치 4대(지수화풍)의 동화작용에 의하여 전기불이 켜져 있기 위하여 수없이 많이 켜졌다 꺼졌다 하는 것과 같이 감수작용이 있으면 상상작용이 일어나고 상상작용이 일어나면 의지작용이 일어나며 의지작용이 일어나면 분별작용이 나타난다.

 수상행식(受想行識) 어느 것 하나도 홀로 있어 스스로 존재하여 나타나는 것 없이 모여지면 있는 것 같이 나타나고 흩어지면 그 자취의 흔적도 없이 공(空)하다.

 수상행식 4온이 공한지를 모르고 4온을 엮어 "나"라 하고 이 4온을 영혼이니 업덩어리니 하며 4온으로 "내가" 살아갈 집을 형성하고 4온으로 "내가" 의지할 덩어리를 형성해 "내 마음"이라 하나 엮어진 4온을 하나 하나 풀어 놓으면 이것이랄 것 하나 없이 모두가 공(空)하다.

4온이 공(空)한데 4온 있다한들 공(空)하지 않을리 없고 공(空)한 곳에 "나"도 없고 "내 마음"도 없으며 영혼이니 업이랄 것도 없고 4온으로 인한 고통과 번뇌도 없게 되고 걸릴 것이 없게 되니 걸림 없는 곳 무엇에 걸리어 고통과 번뇌가 있겠는가?

공(空)에 상이 있는가? 고통 있겠는가? 액난이 있겠는가?

번뇌가 있겠는가?

공한 4온과 색, 5온이 모두 공(空)한데 무엇에 걸리어 도(道)를 이루지 못하는가?

5온이 공하니 걸릴 것 없이 자유자재한 공(空)한 곳이고 공한 곳 5온이 공한데 무엇에 걸리어 자유자재하지 못하는가? 2005. 1. 10.

오온이 모두 공함을 증득하면 법공을 확연히 안 것인지요? 법공을 알아도 또 나아가야 하는 길은 어디인지요? 삶의 업에 매이지 않는다고 하나 끝없이 펼쳐지는 이 삶은 무엇인지요? 맘에 와서 닿는 글을 보면서도 맘에 한 가닥 의문이 생깁니다. 우문에 답해 주시면 고맙겠습니다..()


쉽게 놓치기 쉬운 아주 좋은 질문에 감사합니다.

"반야심경"에서 공(空)을 의식 또는 인식, 증득하고는 스스로 깨달음을 얻었다고 하는 분들도 나오고 또는 자신은 도(道)를 증득하였다 하는 분들도 이 공(空)에서 오도송을 읊는 이들도 간혹들 있지요. 저는 이 공(空)을 증득함으로 비로서 도(道)의 길에 접어들었다 할 것입니다. 다시 말해서 오온(五蘊)이 공(空)함을 증득하지 못하고는 도(道)를 이루어갈 수 없다 하여도 틀리지 않다 할 것입니다. 그런 만큼 도(道)를 이루기 위해서는 오온이 모두 공함을 필히 증득해야 하고 도(道)를 이루는데 첫 관문이라 할 것입니다.

이러하니 님이 질문하신 "오온이 모두 공함을 증득하면 법공을 확연히 안 것인지요?"는 아닙니다. 오온이 모두 공함을 증득하였다 하여 법공을 확연히 안다 할 수 없으나 근기에 따라 그럴 수도 있다 하겠으나 유(有: 五蘊)에서 무(無:空)를 안다고 하여 무(無:空)를 앎과 같이 무(無:空)에 있는 유(有:법공)를 확연히 안다고 할 수 있는 이 찾아보기 쉽지 않다 하겠습니다.

유(有:五蘊)에서 무(無:空)를 알아다 하여 무(無:空)에서의 유(有:法)를 안다 할 수 없으며 무(無:空)에서 유(有:法)를 알았다 하여 유(有:法)에서 무(無:法空)안다 할 수 없을 것입니다.

"법공을 알아도 또 나아가야 하는 길은 어디인지요?"

(* 법공(法空)은 법도 법이 아닌 것을 아는 것을 말합니다.)

이런 속 법공(法空)을 알았다 하면 법(法)도 법(法)이 아니고 법(法)이 아님도 법(法)이니 법념처(法念處)에 있다 하겠으나 제가 오념처(五念處)에서 밝혔듯이 대광념처(大光念處:=無量光)로 나아가야 한다 하겠습니다.

5념처와 대광념처은 어디까지나 본인의 사견임을 밝혀드립니다. 대광념처에 대해서 알고 싶다면 "오념처"란 글을 읽어보시길 바랍니다.

"삶의 업에 매이지 않는다고 하나 끝없이 펼쳐지는 이 삶은 무엇인지요?"

대광념처에 있는 분으로는 5념처가 전체를 꿰뚫고 있을 것이며 법념처에 있는 분이라면 4념처 전체를 꿰뚫고 있을 것입니다.

삶의 업에 매이지 않는다 하나 삶의 업이 있는 그대로 법이고 진리이지 진리나 법을 떠나 있는 것이 아니니 진리와 법에 의하여 이루어지는 만큼 삶의 업에 매이지는 것이 아니라 삶의 업에 매이지 않고 삶의 업에서 진리와 법을 본다 할 것입니다.

끝없이 펼쳐지는 이 삶을 모르는 이들은 꿈을 꾸는 것과 같고 꿈속의 일로 허망하다 하겠으나 진리와 법에서 보면 끝없이 펼쳐지는 이 삶은 있는 그대로 진리 속 법의 삶이고 업의 삶이라 하나 업의 삶이 아닌 인과 연으로 이어지는 연기법의 삶이고 진리며 법이고 법이며 진리로 무량광이라 하겠습니다.

이러한 관계로 모든 것은 있는 그대로 드러내고 있다 하겠으나 보는 사람이 어디서 보느냐에 따라서 진리나 법을 보지 못한 이들의 입장에서는 법이나 진리를 알기 전에는 법과 진리로 드러난 것들이 꿈을 꾸는 것과 같고 꿈 속의 일로 허망하다 하겠으나 업이 되고 아니 되고를 알면 삶이 업으로 이루어지는지를 알고 인연을 알면 업의 인연으로 이루어지는 를 알고 연기의 인연법을 알면 연기의 인연법에 의하여 생멸하는지를 알고 진리를 알면 진리 속에서 인과 연에 의하여 진리로 생멸하는지를 알고 법을 알면 법 속에서 인과 연의 법에 의하여 무생하는지를 알고 무량광을 알면 무생하는 법이 무량광으로 드러나 있는지를 알게 되니. 끝없이 펼쳐지는 이 삶은 있는 그대로 진리고 법이고 무량광으로 바라봄으로 바라보는 순간 드러난다 할 것입니다. 2005. 1. 11. 09:45

## 부처님의 삶은?

부처님의 삶을 살려면 부처님처럼 보고 부처님처럼 생각하고 부처님처럼 말하고 부처님처럼 행동하라.

부처님처럼 보면 보이는 모든 것이 법과 진리가 아닌 것이 없어 진리 속 진리로 편안할 것이며 부처님처럼 생각하면 법과 진리 속 무생에서 생각하되 생각함이 없게 되고 부처님처럼 말하면 구업(口業)이 없게 되고, 부처님처럼 행동하면 행하되 행함이 없게 되고 행함으로 얽매임이 없는데 업이 있을까?

행하되 행함이 없고 8만 4천 법문을 했음에도 단 한 마디도 말함이 없다.

어떤 마음이 부처님 마음일까?

부처님은 어디에 있을까? 2005. 1. 13. 08:52

## "있는 그대로 본다는 것"은 어떻게 보는 것입니까?

있는 그대로 본다는 것은 어떻게 보는 것입니까?

본래 집도 없고 자동차도 없으나 집도 있고 자동차도 있지 않습니까? 우주는 그 자체로 우주이고 우주 안에 있는(존재하는) 모든 것은 있는 그대로 전체가 하나의 우주이나 하나의 우주 속 우주를 이루고 있는 모든 것들 하나 하나를 살펴보면 그 하나 하나는 저마다 크고 작은 자성경계를 가지고 크고 작은 저마다의 자성경계를 저마다의 "나"라고 하고 "나"라고 하는 자성경계로 저마다의 "나" 자기 자신을 나타내고 나타낸 모습 모양으로 드러내는 가운데 저마다의 크고 작은 자성경계로 저마다의 크고 작은 자성경계를 보지요.

그러므로 크고 작은 저마다의 자성경계의 "나"의 모양과 모습의 상(相)을 보고 이루 헤아릴 수 없는 형상의 형태를 보고 저마다 자성경계 속에서 자성경계로 부딪쳐 오는 만큼의 분별을 가지고 저마다의 크고 작은 자성경계를 볼 뿐, 크고 작은 저마다의 자성경계를 보면서 우주 자체를 보지 못하고 자성경계 속 형태의 형상을 보고 저마다의 경계로 경계를 보는 것을 두고 왜 있는 그대로 보지 못하는가 하는 것이지요.

그럼 "'있는 그대로' 본다는 것은 어떻게 보는 것인가?"

그것은 우주 속에 있는 크고 작은 저마다의 자성경계의 "나". "나"라고 하는 저마다의 형태의 형상을 보면서도 보고 있는 크고 작은 저마다의 형태의 형상 속에서 우주를 보는 것이 "있는 그대로" 보는 것이라 할 것입니다.

그럼 어떻게 저마다의 형태의 형상 속에서 우주를 보라는 것인가?

그것은 가늠할 수 없는 하나의 우주, 그 우주 안에 있는 모든 형태의 형상과 우주를 이루고 있는 유형무형의 상(相)들이 성주괴공 속 법과 진리, 인과 연에 의하여 생멸하며 생멸하는 가운데 모든 형태의 형상이 변하지만 그 변하는 생멸 속 변하지 않는 생멸하지 않는 것을 보는 것입니다.

여기서 우주를 본다고 했으나 가늠할 수 없는 우주 전체의 형태의 형상 자체를 보는 것이 아니라 우주라고 하는 우주 속 성주괴공하고 있는 체(體)를 보고 우주를 이루고 있는 우주 속 우주의 근본과 성질 속성을 보는 것입니다.

즉 "있는 그대로" 본다는 것은 어떻게 보는 것인가?"하면 성주괴공 속 법과 진리, 연기법에 의하여 생멸하는 저마다의 형태의 형상 속 유형무형의 상(相)속에서 상(相)을 보지 아니하고 즉 상

(相)을 여의고 어느 것 어디를 보거나 법과 진리 인과 연으로 나타나는 유형무형의 상(相)을 떠나 "우주 자체" "있는 그대로" 우주를 이루는 우주의 성질 속성 근본, 우주의 본 성품 보는 것을 일러서 "있는 그대로" 본다 할 것입니다.

여기서 우주라 했으나 우주도 하나의 이름이고 가늠할 수 없는 전체의 하나를 말하나 그것도 하나의 이름이고 가늠하는 것으로 경계고 경계에 하나의 이름을 명명하니 저마다의 이름을 가졌다. 우주라 하나 이름이 우주고 우주로 하나의 경계를 말하고 있으나 경계가 있고 없고를 떠나 있는 그대로이며 가늠할 수 전체의 하나라 하나 그것도 하나의 경계로 가늠한 것이지 있는 그대로라 할 것입니다.

본성이니 부처니 불이니...말하지만 이도 이름이 그러하고 경계로 드러난 것이 그러할 뿐, 이름이 있고 없고 경계가 있고 없고를 떠나 그 자체를 보면 있는 그대로 본성이고 부처며... 불(佛)이라 할 것입니다.

"있는 그대로"를 본다는 것은 경계를 가지고 있는 저마다의 이름을 하고 있는 것을 볼 적에 알고 있는 것, 아는 것, 식(識)으로 아는 것, 식, 알고 있는 것으로 경계를 삼고 삼은 경계를 가지고 경계 속에서 경계를 가지고 드러나 있는 형태의 형상, 유형무형의 상(相)을 이름지어진 이름으로 저마다 보니. 그 경계에 빠져 저마다 하나의 이름을 가지고 하나의 이름 속 아는 것 식 알고 있는 것으로 바라보는 것을 삼아 사는 것으로 바라보는 것이 경계로 나타나니. 바라보되 바라보이는 것의 이름에 빠지지 말고 알고 있는 것 아는 것 식에 빠지지 말고 바라보이는 것의 이름을 잊고 바라보이는 것에 대하여 "내가" 알고 있는 것 아는 것 식을 잊고 여의고 바라볼 때는 "있는 그대로" 본다 할 것이며 이름이 있으되 이름으로 한정 경계를 가지지 않고 보여지는 것을 보고 "내가" 알고 있는 것, 아는 것, 식(識: 업식)으로 자성경계를 갖지 않고 자성경계 없이 저마다 보여지는 대로 경계 없이 바라보는 것을 "있는 그대로" 본다고 할 것입니다.

본래 집도 없고 자동차도 없으나 집도 있고 자동차도 있지 않습니까? 그러니 이름이 집이고 자동차이고 집이 하나의 경계이고 자동차가 하나의 경계일 뿐, 집도 집이 아니고 자동자도 자동차가 아니지요. 집이라 하나 집을 볼 적에 집이란 이름을 여의고 님이 알고 있는 집을 잊고 바라봤을 때 그것은 집이 아니고 그 자체일 것입니다. 그 자체라 하나 이도 말이 그러할 뿐, 가늠할 수 없는 전체의 하나이고 전체의 하나라 하나 전체의 하나가 아니고 바라보는 것과 바라보이는 자체가 전체의 하나를 이루는 것이나 이도 말이 전체를 이루는 것이지 그 자체로 본 성품이고 법이고 진리며 인과 연으로 나타난 생멸의 형상이라 할 것입니다.

우주 자체는 가늠할 수 없는 전체의 하나는 있는 그대로 본성이고 법이고 진리이지만 바라보는 "내가" 경계를 가지고 알고 있는 것 아는 것 식을 가지고 그 안에서 그것을 알고 있는 것 아는 것 식으로 인식하고 바라보니. 바라보는 "나"와 바라보이는 것이 아는 것이 식으로 저마다의 경계를 가지니. "나"라고 하는 자성경계와 저마다의 자성경계가 들어나니 들어나는 것으로 저마다 바라보니. 이런 것이 집이라고 하는 아는 것으로 알고 있는 것으로 식으로 이런 것이 자동차라고 하는 아는 것 알고 있는 것 식으로 집이 있고 자동차가 있고 집이 보이고 자동차가 보이는 것으로 바라보는 것에 경계와 경계로 드러난다 할 것이며 바라보이는 것으로 경계와 경계가 있다 하겠습니다.

우주는 우주 자체로 여여하고 가늠할 수 없는 전체의 하나는 하나로 여여하나 "내가" 있음으로 "나"를 경계로 내가 알고 있는 것 아는 것 식으로 저마다 경계를 두고 바라보니. 저마다 크고 작은 경계를 가지고 자성경계로 자신의 형태의 형상으로 드러나지만 "나"가 없다면 "나"로 인한 경계가 없고 나로 바라보이는 것들이 경계를 갖지 않으니 경계가 없을 것이며 경계가 없으니 있는 자체일 것입니다.

그러니 있는 그대로 본다는 것은 "나"라고 할 것이 없는 무아(無我) 속 마음이랄 것도 없는 무심(無心)에서 바라볼 때 나도 없고 너도 없으며 우주 삼라만상 모두 다 있고 없고를 떠나 있는 그대로 이고 이 상태에서 보는 것을 있는 그대로 본다 할 것입니다.

그래서 일원상을 자성경계라 하고 일원상을 테두리를 마음이라 하고 일원상 안의 작용을 마음작용이라 하지요.

그리고 이 일원상 자성경계를 있고 없고 일원상 안팎이 없는 자성경계라고 하는 일원상이 깨져 없을 때에 돈오의 깨달음을 얻었다 하는 것입니다.

"나"라고 하는 자성경계의 일원상이 없이 바라보이는 것 역시 저마다 크고 작은 일원상 없이 바라볼 때 있는 그대로 본다 할 것입니다.

여기 0, 0 두 개의 일원상이 있습니다.

하나의 일원상 0 안에서 밖을 볼 적에 0의 테두리를 통하여 보는 것이고 0안에서 보던 것을 여의고 0의 테두리 없는 아무 것도 없는 상태에서 0을 볼 적에 0이 있는 것을 본다면  0의 테두리 경계를 보는 것이고 0의 테두리 없는 경계 없는 자체를 본다면 0 없는 속 0이 없는 것을 보니. 이도 저도 아무 것도 없이 본래 있는 그대로 이고 0이 없는 상태에서 0이 없는 것을 볼 적에 있는 그대로 본다 할 것입니다.

그리고 0이 없는 상태에서 0이 있는 것을 볼 적에 통함에서 통함을 통하여 막힌 것을 본다 할 것이며 0이 없는 상태에서 0이 있되 0이 없는 상태를 볼 적에 통함에서 통함을 통하여 막힘을 통하여 본다 할 것입니다.

본래 아무 것도 없는 것에 본성의 속성에 의하여 0이 생긴 것은 상(相)으로 상을 가지고 상은 저마다 가지고 있는 업으로 나타내고 저마다 업은 저마다 서로 다른 나타낸 형태의 형상을 나타내고 업식으로 나타낸 저마다 형태의 형상은 인과 연에 따라 생멸하지요.

인과 연을 따라 생멸하는 저마다의 형태의 형상 이름들이 그러한 것처럼 그러한 이름을 보면 이름이 그러할 뿐, 그것이 아니고 그러한 속 인과 연이 있고 인과 연 속 생멸하고 생멸하는 속 법과 진리가 있고 법과 진리 속 불성이고 불이 있으며 본성의 속성이 있고 본성이 있으나 이름이 그러할 뿐 본래가 아닌 만큼 집과 자동차 역시도 이름이 집이고 자동차이지만 집은 집을 떠나 따로이 집이 있는 것이 아니고 집은 있는 그대로 집이고 자동차 역시 있는 그대로 자동차라 할 것입니다.

그 어떤 것이든 (즉 집. 자동차...법과 진리, 불성, 불, 주인공, 마음, 본
성..이) 전체 속에 하나로 있고 하나 속 전체로 있지요.

모든 것은 있는 그대로 하나이지 둘이 아닙니다.

불이(不二)입니다.

어떤 형태의 형상이든 바라보이는 것 바라보는 자체가 있는 그대
로 명명한 이름이고 명명한 이름을 떠나 따로이 있지 않고 있는
그대로의 자체에 있다 할 것입니다.

그러므로 어떤 이름이든 이름을 지칭하여 이름을 볼 때에는 그 자
체에서 "있는 그대로"를 통하여 지칭한 이름을 보아야할 것입니다.

즉 우리가 집이라 하나 집에는 인과 연이 있고 법과 진리가 있으
며 불성, 불, 하나님, 부처, 주인공, 우주, 허공, 본성....이 각각의
이름을 하고 있으나 이 전체의 이름은 각기 다르지만 전체가 하나
이든 한 덩어리로 되어 있지요.

그런 관계로 집을 볼 적에 어떤 이들은 집에서 집을 보고 어떤
이들은 각종 재료를 볼 것이며 어떤 이들은 집을 통하여 자기 자
신이 알고 있는 아는 것 식을 가지고 있는 견처를 통하여 인연을
보고 법, 진리, 불성, 불, 하나님, 부처, 주인공, 우주, 허공, 본성...
을 집이란 이름의 집을 보면서 저마다 볼 것입니다.

그런 만큼 "있는 그대로 "본다는 것은 보고 있는 자체로 보고 있
는 것을 통하여 지칭하여 이름한 것을 보는 것을 말합니다.

예를 들어 여기 집이 있어 집을 볼 적에 이름하여 집을 보면서
집을 말할 때 집을 보는 것이고 집을 보면서 이름하여 인연을 말
할 때 이름이 집인 것에서 인연법을 보는 것이고 집인 것을 보면
서 법과 진리를 말할 때 이름이 집인 집을 보지 않고 거기서 법과
진리를 보고불이나 불성을 말할 때에 불과 불성을 보고 이렇듯 불
이(不二)인 전체 속 하나 그 하나 속 전체에서 각기 서로 다른 이
름을 말할 때 보고 있는 바라보이는 것 자체에서 즉 있는 그대로
의 상황 상태에서 각기 서로 다른 이름으로 지칭하는 것을 이름에
빠지지 않고 알고 있는 아는 것 식에 빠지지 않고 바라볼 때에 "
있는 그대로" 본다 할 것입니다.

제가 말하는 이 역시도 말이 있는 그대로 보는 것을 말하고 있을 뿐, 있는 그대로 보는 것이 아니고 말이 이름이 있는 그대로 보는 것이라 할 것이나 있는 그대로 보는 것을 떠나 따로이 있는 그대로를 보는 것이 없다 할 것이니. 바라보는 자체가 있는 그대로 바라보는 것이라 할 것입니다.

바라보고 있는 그대로 집은 집이고 법은 법이고 진리는 진리며 부처는 부처고 본성은 본성이다.... 라는 것을 볼 적에 있는 그대로 본다할 것입니다. 2005. 1. 14


## 행한 행에 스스로 갇힌다

어느 버릇으로 행하고 있는가요?

우리는 우리 스스로가 행한 행에 스스로 갇힌다.

행하되 행함으로부터 갇히지 않도록 행할 것이며 행하되 행함 없이 행하도록 행할 것이다.

자신이 알든 모르든 자신을 속이며 행할 때 남을 속이며 행할 때 습의 나쁜 버릇 속 행하는 행함으로부터 걸리고 갇히게 되어 행하면 행하는 대로 행하는 행에 갇히게 되고, 자신이 알든 모르든 자신을 속이지 않고 행할 때 남을 속이지 않고 행할 때 바른 버릇 속 즐겁고 행복한 행을 행하면 행하되 행함으로부터 걸리지 않고 행하되 행함 없이 즐겁고 행복하며 여여하다.

지금 그대는 행하되 어느 버릇 속 행하고 있는가요?

2005. 3. 3. 07:56

# 왜 보지 못하고 헤매는 것일까?


우주는 우주 자체로 본성이고 우주 만물은 본성 속에 있다.

우주 속에 있는 지구는 있는 그대로 본성이고 이름이 지구며 지구 속에 있는 우리는 있는 그대로 지구며 본성이다.

수행한다고 하면서 본성을 찾는 본성 속에서 본성을 찾는 것은 무엇 때문에 보지 못하고 찾아 헤매는 것일까?

본성이 본성 속에서 본성을 찾는다 하니 무슨 일이지요?

본성은 무량광이고 우주가 있는 그대로 본성 아닌 것이 없으니

우주는 있는 그대로 천지 광명이다.

천지 광명 속 광명을 보지 못하는 것은 무엇에 가려 있기 때문일까요.?

"나"라고 하는 "나"는 인간이란 형태의 형상을 하고 있다.

이 형태의 형상을 우리는 인간이라 하고 이 인간이란 테두리로 들어난 0 이란 모습의 인간상에 하나의 물건에 상표 같은 이름이 있고 가족 간에 이름이 있고... 인간이란 물건 속에 느끼고 생각하고 행동하고 의식하는 것이 있고 느끼고 생각하고 행동하고 의식하게 하는 아는 것 식(識)이 있고 아는 것 식이 서로 얽히고설켜 있게 하는 본성의 속성이 있고 이 본성의 속성에 의하여 집착함으로 끌어당겨서 한 덩어리가 되게 하고 이 덩어리는 연기의 인연법에 의하여 생멸하고 생멸하는 덩어리 속 법과 진리가 있고 법과 진리 속 안팎 없이 하나로 통해져 있는 안팎 없이 하나로 통하게 하는 본성의 속성이 있고 본성과 본성의 속성이 분리되는 이분법적 논리 이전의 본성의 속성 속 본성이 있고 본성이라고 이름하기 이전의 절대자가 있다.

전체 속 하나로 하나 속 전체에서 그대는 어디에 점을 찍고 어디를 보고 어디에서 살아가는가? 2005. 3. 16. 08:51

# 어찌하면 망념과 집착 없이 살 수 있을까요?

망념과 집착이 생기는 것을 살펴보면 사람의 마음에 있는 무명과 탐애에서 생긴다. 어찌하면 망념과 집착 없이 살 수 있을까요?

본래 모든 것(사물)에는 차별이 없으나 무시(無始)이래로 이분법적 논리 그 논리의 분별로 무명이 생하고 무명이 생함으로 차별이 생기고 차별이 생함으로 망념과 집착이 생한 것이다.

망념과 집착은 무명와 탐애가 작용하기 때문이며 무명과 탐애는 차별과 분별이 작용하기 때문이며 차별과 분별은 "나"라고 하는 자아에 집착하여 자아의 포로가 되기 때문이다.

자아의 포로가 되는 것은 생명 때문이다.

이렇듯 무시이래로 망념과 집착 속 살아가고 살아지는 것은 그 근본에 생명이 있기 때문이다. 이 생명은 무시이래도 있었고 지금도 있으며 앞으로도 있을 것이다.

이 생명은 유일신 하나님 부처라고 이름하기 이전의 본성에 있고 본성이라고 이름하기 이전의 절대자에 있으며 생명의 근원은 유일신이라고 이름하기 이전에 있고 불성이라고 이름하기 이전에 있으며 본성의 속성이라고 이름하기 이전 절대자 그 어느 것에도 의지 의존 의탁하지 않고 스스로 존재하려고 하는 힘에 있다.

그럼 어찌하면 망념과 집착 없이 살 수 있을까?

그것은 차별 분별하지 않고 있는 그대로 보고 듣고 있는 그대로 사는 것이다.

있는 그대로 산다는 것은 차별 분별없이 생명의 근원으로 사는 것이며 생명의 근원으로 사는 것은 절대자로 사는 것이다.

우리 모두의 생명 그 근원에는 절대자가 있다

이 절대자의 생명을 "나"라고 하니 이 "나"는 본성이 있고 진여가 있으며 유일신 하나님이 있고 불성이 있으며 법성이 있고 진리가 있으며 무명이 있고 분별 차별이 있으며 탐욕이 있고 집착이 있으며 업이 있고 식이 있으며 의식이 있고 생각이 있어 이것들로 인하여 서로 둘러싸이고 쌓여서 섞이고 뒤섞여서 한 덩어리가 되어 지금의 "내가" 있다. 2005. 3. 18. 08:36

# 본성의 뜻은 어디에 있는가?

본성과 본성의 속성이 드러난 뜻이 있다면 그 뜻은 무엇일까요?
드러나게 된 뜻과 의미는 어디에 있고 그 도리는 무엇일까요?
 뜻없이 본성과 본성의 속성이 드러났다면 그 도리는 무엇이고
어디에 있을까요?
 교(敎)도 좋고 선(禪)도 좋습니다.
 살피고 살펴보고 일러보세요.

 한 생각 일으키니 중생이 나고 한 생각 돌이키니 부처가 난다.
부처와 중생 사이 한 생각이 있고 한 생각 사이 본성과 본성의 속
성이 있어. 본성은 말이 없고 본성의 속성은 드러나 우주 삼라만
상이 있고 너와 내가 있구나.
 할!            2005. 4. 12.


# 자신의 것이 아닌 것을 하나하나 버려가며
## 진정한 나를 찾아라

 우리는 너 나 할 것 없이 "나" "내 것"이라고들 말을 한다.
 "나"라고 하는 "나"를 살펴보면 "나는" 색(色:물질)과 수(受:감각)
과 상(想:생각)과 행(行:의지작용)과 식(識:의식) 오온(五蘊)이 한 덩
어리로 뭉쳐져 이 몸 동아리와 몸 동아리 속에서 일어나고 있는
모든 것을 통 털어서 "나"라고 하고 있다.
 이 "나"라고 하고 있는 것들을 우리는 "내것"이라고들 한다.
 즉 '이것은 내 몸이다' '이것은 내 생각이다' 그런가 하면 "나"라
고 말하고 있는 내 몸과 몸안에서 일어나는 모든 작용이 "나"라고
말하고 있는 것의 테두리 안에 작용이 밖으로 드러나는 것을 일러
이를 "내 마음"이라고 "내 마음작용"이라고들 말을 한다.
 그러니 "내 마음" "내 마음작용"은 "나"라고 하는 인식하고 있는

오온(五蘊: 색 수 상 행 식)의 모든 작용을 일러서 내 마음 내 마음 작용이라고 말하고 있는 것이다.

즉 "내 마음" "내 마음작용"은 "나"라고 인식하고 있는 육체(색:色) 안에서 작용하고 있는 수(受:감각작용), 상(想:생각,상상작용), 행(行: 행동의 의지작용), 식(識:의식, 무의식, 잠재의식 작용)의 모든 작용을 일러서 내 마음 또는 내 마음작용이라고 말하고 있는 것이다.

그리고 육체(색:色) 안에서 작용하고 있는 수(受:감각작용), 상(想: 생각,상상작용), 행(行:행동의 의지작용), 식(識:의식, 무의식, 잠재의 식 작용)의 모든 작용을 일러서 '이것은 내 것이다' '이것은 나다' '이것은 내 마음이다' 라고 생각하고 생각하며 이것들에 빠져 허우적거리거나 이것들에 집착함으로 올바른 생각을 잃거나 올바른 견해를 가지지 못하고 이것들로 인하여 고(苦)를 당하고 "내 것"을 잃을까 두려움에 떤다.

그러나 올바로 수행하는 수행자는 이 다섯 가지 오온(五蘊: 색 수 상 행 식)이 내가 아닌지를 알고 내 것이 아닌지를 알고 이것들을 생각하거나 집착하지 않고 또한 그것들이 어떤 변화나 작용을 일으켜도 그것에 빠지거나 집착하지 않음으로 그것들로 인하여 올바른 생각을 잃거나 올바른 견해를 잃지 않음으로 그것들로부터 고(苦)를 당하거나 집착하는 일없이 "내 것"을 잃을까 두려움에 떨지 않는 정심(正心) 속 올바른 생각을 하고 정사(正思) 속 올바른 말을 하며 정언(正言) 속 올바른 행동을 하고 정행(正行) 속 언제나 편안한 마음을 가지고 정견(正見)을 가지고 수행해 간다할 것입니다.

그러니 올바로 수행해 가기 위해서는 무엇보다 먼저 "나" "내 것"이라는 것을 하나 하나 버려가며 진정한 나를 찾아가는 것이야말로 올바로 수행해 가는 것이다 할 것입니다.

그런 만큼 깨달음을 향해 수행하다고 수행하는 수행자는 무엇보다 먼저 "나" "내 것"이라고 했던 것들을 수행을 통하여 "나" "내 것"이 아닌 것을 하나 하나 버려야 한다.

물질(색:色)이 "나" "내 것"인 것이 어느 것 하나라도 있는가?

없다. 있다면 있는 그것이 무엇이지 살펴보고 그것이 나라할 수 있고 내것이라 할 수 있는지 살펴보고 나라할 수 없고 내 것이라고 할 수 없다면 버려라. 즉 물질(색:色)을 버려라

버리라 했으나 버리는 것은 그것이 "나" "내것"이 아닌지를 확연히 알고 인식하고 놓아버리라는 것이다.

여기서 잠깐 물질을 살펴보면 물질은 4대(지수화풍)로 이루어졌다. 어떤 큰스님이 말을 하듯 4대로 이루어졌으니 인간이고 인간이 아니려면 4대로 이루어지지 않았어야 함이 아니라 물질은 유무정을 떠나 4대로 이루어져 있고 4대가 어떻게 이루어졌느냐에 따라 4대가 각각 어느 정도의 차이로 이루어졌느냐에 따라 나타난 물질이 다르다 할 것이다.

그러니 물질이 나, 내 것이 아니라는 것을 알기 위해서는 물질은 4대로 이루어져 있고 4대의 집합체가 물질인지를 알아야한다. 그러므로 물질이 내가 아니고 내것이 아닌지를 인식 의식하게 된다. 물질의 육체를 통하여 육체 안팎을 연결하는 연결통로를 통하여 일어나는 감각(오감) 역시도 나, 내 것이 아닌 것을 알고 감각을 인식하고 의식하되 집착으로부터 놓아버려야 한다.

생각은 어떠한가?

육체(색:물질)가 가지고 있는 안(眼)이(耳)비(鼻)설(舌)신(身)을 통하여 육체(색:물질:내 몸) 밖에 것이 내 몸 안으로 들어와서 식(의식:무의식 잠재의식)에 닿음으로 닿음과 함께 일어나는 생각 역시도 나, 내 것이 아니다. 생각을 인식하고 의식하되 집착으로부터 놓아버려야 한다.

의지작용(意志作用)은 어떠한가?

식(識:아는 것 알고 있는: 의식 무의식 잠재의식)의 작용이 뜻과 의지 생각이 그래서 그렇지 그것을 나, 내 것이랄 것이 있는가? 의지작용을 인식하고 의식하되 의지작용을 집착으로부터 놓아버려야 한다.

의식은 어떠한가?

안이비설신을 통하여 내 몸이라고 했던 육체 안으로 들어와서 나라고 하는 내 안에서 아는 것으로 알고 있는 것이 의식이다. 아는 것 알고 있는 것을 나라고 내 것이라고 할 수 있을까?

의식작용을 인식하고 의식하되 의식작용을 집착으로부터 놓아버려야 한다.

이렇듯 나, 내 것이라고 했던 오온을 인식하고 의식하되 놓아버리는 것이 되고 내 몸이라고 하는 내 육체를 테두리로 하고 있는 내 마음, 그 내 마음밭에 시도 때도 없이 자라는 것들을 놓아버리게 되는 것이다. 그것들을 놓아버림으로 마음은 평안함 속 기쁨을 누릴 것이다

자! 마음은 무엇인가?

"나" "내 것"이 아니란 것은 또 무엇인가?

'이것이 전에는 내 것이었는데 이제는 내 것이 아니다. 다시 내 소유로 만들 수는 없을까? 더 많이 소유할 수는 없을까?

이렇듯 우리는 내것을 만드는 것에 희망을 가지고 내 것이라고 여겨던 것들을 잃음으로 절망하고 희망과 절망 속 내 것을 만들기 위해서 우리는 힘쓰고 노력하며 시간 가는 줄 모르고 인생이 흘러가는지 모르고 노력하고 힘써서 이루어지면 기뻐하고 이루어지지 않으면 슬퍼하고 탄식하며 가슴을 치고 운다.

실체도 없는 "나"에 집착하면 항상 근심과 고통이 생기는 법이다. 내가 있다면 내 것이 있을 것이고 내 것이 있다면 내가 있을 것이다. 그러나 나와 내 것을 어디서도 찾을 수 없다. "나" "내 것"이랄 것이 하나도 없다. 나와 내 것을 어디서도 찾을 수 없다. 이렇듯 올바른 수행자 올바로 수행해 가는 수행자는 "나" "내 것"이라고 인식하고 있는 것을 하나하나 파헤쳐서 "나" "내 것"이 아닌 것을 하나하나 버려가며 "나"라고 할 수 있는 것을 찾아가는 것이다. 그러므로 진정한 나를 찾는 것이다.

나를 찾아가면서 나 아닌 것을 버린 만큼 놓아버린 만큼 물질과 분별을 싫어하고 욕망을 버리고 해탈하는 것이다. 2005. 4. 16. 10:06

# 무엇이 삶이지?

우리는 무엇인가에 의지 의존 의탁하여 살아가는 것 같지만 그 누구도 그 어느 것에도 의지 의존 의탁하지 않고 스스로 살아간다.

스스로 살아가면서 끊임없는 변화와 서로 다른 것들과 더불어 살아간다. 내가 내 안의 변화와 서로 다른 것들과 내 밖의 변화와 서로 다른 것들과 함께 살아간다.

무엇이 살아가는 것인가?

내가? 내 안의 내가 내 안의 무엇이 사는 것을 삶이라 하는가?

산다고 하나 사는 것은 변화와 서로 다른 것들 속을 흘러가는 것이다. 흘러가는 것을 삶이라 말한다.

그럼 삶이라 말하는 삶은 무엇인지?

삶은 강물과 같이 흘러가고 있고 흘러가는 강물은 끊임없이 변화하고 끊임없는 변화를 뚫고 끊임없는 변화 속 서로 다른 것들을 스쳐 지나간다.

스쳐 지나면서 세월은 가고 세월이 흐르면서 삶은 이루어지고 삶이 이루어지면 인생은 간다.

변화 하지 않고 서로 다르지 않는 삶의 실체는 어디에 있고 이름하여 무엇이라 할까? 2005. 3. 27 09:07


# 변화 속에 다른 것에 내가 있을 뿐이다

좋고 나쁜 일도 없고 성공과 실패도 없으며 삶과 죽음도 없다

다만 변화만이 있을 뿐이고, 좋고 나쁜 것도 없고 옳고 그른 것도 없으며 바쁘고 한가한 일도 없다. 다만 다른 것이 있을 뿐이다.

성주괴공 속 변하고 변화하는 서로 다른 것이 흘러가는 진리의 바다에서 바람이 되는 것 바람처럼 흘러가는 것 바람처럼 살려면 어찌해야 할까? 어찌하면 될까? 2005. 3. 26. 08:49

# 공부를 하되 공부한 것을 버려가면서 하는 것이다

　공부는 스스로 하는 것이다. 스스로 공부하여 하나하나 알아가는 과정에서 공부한 것을 담아두고서는 새로운 것을 담을 수가 없고 공부한 것을 버리지 않고 가지고 있기만 해서는 마음의 그릇에 생각에 의식에 담겨져 있어서 이를 버리지 않고서는 새로운 공부를 하기가 쉽지 않다.

　담겨져 있는 것으로 인하여 풍유로움을 느끼거나 스스로 공부된 듯 자기 자신의 울타리 안에 갇혀 있게 되어 자기 자신이 최고인 양 안주하기 쉽고 새로운 것을 향한 인식의 깨달음과 진리 탐구를 향한 발걸음이 더디고 돈오의 깨달음 및 진리에 갈증이 나지 않는다.

　이런 관계로 공부를 하되 공부한 것을 버리듯 도반들과 나누면서 나눔과 함께 공부한 것을 버리고 버림과 함께 비워짐으로 갈증을 느끼고 갈증을 느낌으로 새로운 것을 찾고 새로운 것을 찾아 하나하나 밝혀가며 빛으로 가는 길 없는 길을 걸어가야 한다.

　세월이 흘러가듯 인생이 흘러가듯 삶이 살아지듯 정체됨 없이 수행의 공부됨도 흘러가야 한다.

　세월이 인생이 삶은 흘러가는데 흘러가는 마음의 그릇에 수행하여 공부한 것들을 담아 가지고 흘러간다면 진리의 바다를 흘러가는 마음의 그릇 돛단배는 흘러감에 어려움이 많고 마음의 그릇에 실려 있는 것으로 흘러 지나가며 바로 보이는 경치를 구경하지 못할 뿐 아니라 보이는 것으로 인하여 인식의 깨달음을 얻지 못하고 마음의 그릇에 실려 있는 것으로 노심초사 묶여서는 흘러가되 진정으로 흘러가는 것이 아니라 마음의 그릇에 담겨진 것이 어떻게 될까 버리지 못하고 움켜쥐느라 흘러가는지 모르고 흘러가되 주변의 아름다운 경치를 구경하지 못하는 것과 같이 수행의 진척 없이 공부는 이루어지지 않고 공부했다고 생각 되어지는 인식의 깨달음 알고 있는 식(識)으로 마음의 그릇에 애만 끓이다가 흘러가는지 모르게 흘러가고야 만다.

　그런 만큼 세월을 인생을 삶을 공부함으로 빛으로 가는 길 없는 길을 감에 있어 흘러가는 앞의 위로는 구하고 흘러온 아래로는 구한 것을 버리며 가야한다.

흘러온 아래로 구한 것을 버리기 위해서는 버리는 행이 있어야 한다. 버리는 행은 내 안에서 있는 것을 말이나 글로 표현하여 밖으로 끌어내는 것이다. 말이나 글로 표현하여 밖으로 끌어내는 행으로 이어져야 한다. 05. 4. 10. 07.03


## 생사는 둘이 아니다

내 몸을 이루고 있는 수많은 세포는 잠시도 멈춰 있는 일없이 찰나 찰나 쉬임없이 죽고 산다.

그럼에도 우리는 "나"라고 하는 육체의 형상만을 보며 생사를 말하고 삶과 죽음을 말하지만 엄밀히 보라보면 삶이 죽음이고 죽음이 삶이다.

죽었다 하나 무엇이 죽어서 죽었다하고 살았다 하나 무엇이 살아서 살았다하는가?

저쪽에서의 인연을 놓고 이쪽에서 인연을 맺으니 살았다하고 이쪽에서의 인연을 놓고 저쪽에서의 인연을 맺으니 죽었다한다.

생과 사를 경계로 하고 있는 문이 열리며 이쪽으로 오면 탄생이고 이쪽으로 와서 있으면 살아 있는 것이고 문이 열리고 저쪽으로 가면 이쪽에서는 죽었다 하나 저쪽에서는 새로운 탄생이다.

문을 두고 이곳과 저곳 이쪽과 저쪽을 넘나드는 것은 한 생각에 있고 한 생각은 경계에 있고 경계는 하나의 세상을 갖는다.

이 세상과 저 세상을 오가는 것을 영혼이라 하나 무엇이 그대의 영혼이며 이곳과 저곳 이쪽과 저쪽의 문과 문을 통하여 이 세상과 저 세상을 넘나드는 경계는 또 무엇인가?

전체는 하나 속에 있고 하나는 전체 속에 있다.

이쪽에서의 인연이 다하면 저쪽으로 저쪽에서의 인연이 다하면 또 다른 쪽으로.. 문을 열고 닫고 닫고 열며 옮겨 다니는 것이 마치 바퀴돌 듯 돌고 도는 듯하나 한 생각 한 생각 돌이킴으로 생각이 옮겨지는 것과 같이 옮겨져서 생사를 말하지만 전체의 하나에서 생각을 일으키며 한 생각 한 생각 수많은 경계를 만들어 놓고 경계와 경계를 넘나들며 옮겨지는 것을 두고 원래의 본향의 길을 잃고 길을 헤매기에 생사를 말하지만 전체의 하나에서 보면 이쪽에서의 인연을 다하고 저쪽의 인연을 맞이할 뿐, 이쪽과 저쪽의 문을 여닫을 뿐, 경계와 경계를 넘나들 뿐 생사는 둘이 아니다.

2005. 4. 21. 08:01


## 무엇을 갈고 닦을 것인가?

내 안에 하나님이 있고 부처가 있고 불성이 있다고 하여도 닦지 않으면 나타나지 않을 뿐 아니라 성불할 수 없고 성도할 수 없다. 갈고 닦아서 내 안의 부처 하나님 절대자가 현현할 때 비로써 그들의 이름의 상품이 될 수 있다.

갈고 닦는다?

무엇을 갈고 닦을 것인가?

그대는 지금 수행한다고 하면서 무엇을 갈고 닦는가?

2005. 4. 19. 08:27


## 본성의 성품은

이 성품은 그 어느 것에도 의지 의탁 의존하지 않고 스스로 존재하는 생명이고 영혼이며 그 무엇이라고 이름해도 맞지를 않고 그 무엇이라고 이름해도 이를 벗어나 있지를 않는다.

이 성품은 이 세상이 있기 이전에도 있었고 지금도 있으며 앞으로 있을 것이며 천지가 무너져도 이 성품은 무너지지 않고 홀로 있을 것입니다.

이 성품은 없는 곳 없이 두루해 있고 스며 있지 않는 곳 없이 두루 스며 있으며 형태의 형상 드러나 있는 그 어느 것이든 이 성품을 통하여 드러나 있지 않은 것이 없다. 그러나 있는 우주 삼라만상이 모두 다 이 성품의 드러남으로 드러나 있다.

이 성품은 네가 보고 듣고 말하고 느끼고 행동하는 것을 통하여 드러나고 네가 보고 듣고 말하고 느끼고 행동하는 것에 있다. 네가 보고 듣고 말하고 느끼고 행동하는 것이 무너져도 이 성품은 결코 무너지지 않는다.

이 성품이 무너지지 않음으로 우주 삼라만상이 오롯이 있게 되고 사대(四大)와 오온이 무너지지 않고 오롯이 있게 되고 사대가 무너져도 오온이 오롯이 있게 되고 사대 오온이 무너져도 오롯이 있게 되어 너와 나 우리가 있고 삼라만상이 있고 우주가 있게 된 것이다.

무엇이 무너지지 않는 이 성품이고 이 성품은 어디에 있는가?

할!　　2005. 4. 30. 08:36


## 밝혀보소서

누가 그대에게 묻습니다.
무엇이 업(業)입니까?
그리고 또 묻습니다.
무엇이 영혼(靈魂)입니까?
그리고 또 묻습니다.
영(靈)과 혼(魂)은 같습니까? 다릅니까?
다르다면 어떻게 다릅니까?
그리고 또 묻습니다.
영(靈)은 어디에 있고 혼(魂)은 어디에 있습니까?
그리고 또 묻습니다.
내 안에 하나님이 있고 부처가 있다고 하는데 내 안 어디에 있습니까?
그리고 또 묻습니다.
내 안에 본성이 있다고 하는데 본성은 내 안 어디 있습니까?
그리고 또 묻습니다.

그러면 나는 왜 보지 못하는 것입니까?
살펴보고 밝혀보소서 2005. 5. 16. 12:44


## 언제나 처음인 것처럼 행하라

살다보면 생채기가 묻어나지 않을 수 없다.

사는 만큼 생채기들이 쌓여간다.

그럼에도 생채기를 씻기우며 늘 처음인 것처럼 모든 일을 행한다면 굳이 힘내지 않아도 안으로 참된 힘이 솟는다.

아무 일도 없는 듯 늘 새롭게 처음인 것처럼 언제나 그렇게 한다는 것이 쉽지는 않다.

그래도 늘 언제나 처음인 것처럼 행동하고 생각한다면 생각으로 인한 고민이 없고 고민으로 인한 불안도 고통도 없이 있는 그대로 즐겁고 행복할 것이다.   2005. 5. 19.


## 어디에 있는가? 신(神)은

우리는 행복해하고 즐거워한다.

슬퍼하고 괴로워한다.

고통스러워한다.

누가 있어 그대에게 행복 즐거움 슬픔 괴로움 고통을 주는가?

보고 듣고 느끼고 생각하며 생각을 마음에 담고 마음이 행복해하고 즐거워하고 슬퍼하고 괴로워하고 고통스러워한다.

행복과 즐거움 슬픔과 괴로움 고통은 마음 밖에서 오는 것이 아니라 마음 안에서부터 일어나는 것이다.

우리가 무엇인가를 이룰 때 무엇인가가 이루어질 때 행하지 않고 이룰 수 있는 것은 단 하나도 없다. 이루고자 하는 것을 행해야지만 이룰 수 있다.

누가 있어서 그대로 하여금 행하게 해서 이루어지게 하고 이루어 낸 것이 아니라 그대가 행함으로 이루어지고 이루어낸 것이다.

그대가 이루고자 행하고 하는 것이 아무리 사소한 것일지라도 그 대 밖으로부터 행해져 이루어진 것은 단 하나도 없다.

그대가 행함으로 이루어지고 만들어지고 이루어낸 것이다.

그대가 행한다 하나 육체가 행하는 것이며 육체가 행한다하나 육 체가 행하도록 하는 것이 있으니 그것은 그대 밖에 있는 것이 아 니라 그대 안에 누가 무엇이 행하게 하는가?

살펴보라.

그대 밖에서 이루어지는 모든 것들은 이미 네 안에서 이루어진 연후에 점차적으로 네 밖으로 나타나 이루어지는 것이다.

이루어진 것 중에 그 어느 것 하나라도 그대 안에서 이루어지지 않은 것이 있는가 보라.

그대 안에서 이루어지지 않은 것은 단 하나도 없다.

그대 안에서 이루어져서 밖으로 나타난 것이다.

무엇이든 이루어주는 신(神)은 어디에 있는가?

그대를 보살펴주는 관세음보살은 어디에 있는가?

2005. 5. 20. 08:31


# 상처라고 말하지 마라

상처라고 생채기라 말하지 마라.

실패라고 좌절이라고 절망이라고 고통이라고 말하지 마라.

그렇게 되기까지 얼마나 많은 시간 그대에게 행복이고 즐거움이 었나를 생각해 보라.

비록 지금은 상처고 생채기며 실패고 좌절이며 절망이며 고통일 지 모르지만 한때는 그대의 뜨거운 열정이었고 희망이었으며 살아 있게 한 힘이었다.

열정을 다하여 꽃을 피우려고 올리던 꽃물이 눈물로 되돌아왔을 뿐이다. 다하지 않을 것 같았으면 시작도 하지 않았고 재가 되지 않을 것 같았으면 태우지도 않았다.

헤어질 줄 알기에 붙잡으려했고 끝날 줄 알기에 시작을 했다.

부서지지 않을 것 같았으면 시작도 하지 않았다.

죽을 것을 알기에 최선을 다했고 최선을 다하여 꽃을 피우려 했으며 꽃을 피우기 위하여 열정을 다한 것이다.

뜨겁게 사랑한 것이다.

상처 생채기 실패 좌절 절망... 고통이라고 말하지 마라.

지금 그대가 그것으로 힘들고 어려워서 그렇게 부르는 것이지

그것에 있는 동안 그것은 그대의 전부였으며 부드럽고 사랑스러운 행복이고 희망이었다. 다만 열정이 지나쳐 단 한 번의 사소한 일로 다시는 피어나지 못했을 뿐이다.

단 한 번의 사소한 일로 다시 피우지 못한 꽃의 많고 많은 시간속 눈물을 상처 생채기 실패 좌절 절망... 고통이라고 말하지 마라. 그것으로부터 지금의 그대가 있고 흘러가고 있으니

그것마저도 뜨겁게 사랑해야 할 일이다.

그리고 부딪쳐 오는 모든 것들을 언제나 처음인 것처럼 맞이하고 행하며 뜨겁게 사랑해야 한다. 2005. 5. 21. 13:08


## 긍정적으로 행하라

긍정적인 사고를 가지고 행해도 업 때문에 이루기가 쉽지 않다.

하물며 부정적인 생각을 가지고 행한다면 이는 마치 이루고자 하는 뜻과 의지가 없는 거나 다름없다. 그러니 매사에 긍정적인 마음을 가지고 긍정적 사고를 가지고 행하라.

그러면 비록 행함에 업과 인연에 걸릴지라도 그대 마음 안에서 뜻과 의지가 이루어지는 것과 같이 긍정적인 마음과 사고 속 이루고자 하는 뜻과 의지가 강하면 강한 만큼 안에서 이루어지는 것과 같이 밖에서도 이루어질 것이다. 2005. 5. 24. 16:27

# 행복하기 바란다면 비교하지 마라

우리는 이기적이기 때문에 다른 사람과 비교하면 충분한 것보다는 부족한 것만 눈에 띤다.

그래서 남과 비교하게 되면 부족함으로 채우려는 불만족스러운 갈증에 행복보다는 불행이 시작된다.

자신이 불행하지 않고 행복하기 바란다면 다른 사람의 생활과 비교하지 말고 꿈과 이상을 가지고 긍정적인 사고로 살아가되 자신의 생활을 즐기고 자신의 삶을 즐기며 스스로의 인생을 즐겨야 한다.

자신의 생활과 삶 스스로의 인생을 즐기지 않고 남과 비교하는 사람은 비교하는 순간부터 행복은 멀어지고 불행이 시작된다.

행복하기 위해서는 비교하지마라

다른 사람과 비교하지 말고 자신의 생활을 즐겨라 2005. 5. 29


# 수행은 현실을 떠나 수행할 수 있는 것이 아닙니다

일단은 마음을 열어놓으세요.

제가 볼 때는 마음이 완전히 열려 있지 않은 것이 문제인 듯합니다. 수행자는 피해 가는 사람이 아닙니다.

매사에 적극적이고 긍정적으로 살아간다 할 것입니다.

현실을 떠나 내가 있는 것이 아니니 현실과 조화를 잘 이루며 살아가는 가운데 수행하는 것입니다.

현실 생활을 하다보면 시간이 없을 수 있습니다,

그러나 차타고 움직이는 시간이 있고 잠자는 시간이 있습니다.

일할 때는 일에 전념하고 다른 사람들과 있을 때는 같이 있는 사람들과 어울리고 혼자 있을 때는 깨어서 수행하는 것입니다.

물론 수행하는 수행자들 대부분이 침묵이 깊은 것은 사실입니다만 그래도 스스로 밝아서 대처해 나아가야 합니다.

수행한다고 일반인들과 다를 것이 하나도 없습니다.

수행은 현실을 떠나 수행할 수 있는 것이 아닙니다.

현실 속에서 일할 때는 일에 최선을 다하고 수행할 때는 수행에 일심 수행 정진하다 보면 도에 이루는 것입니다.

도는 하고 있는 것이 무엇이든 분별심을 일으키지 않고 하고 있는 일에 최선을 다하는 것입니다.

물론 때로는 분별심을 일으키고 이런 생각 저런 생각을 함으로 이것도 아니고 저것도 아닌 상태로 자신을 몰아갑니다.

그렇게 되면 그 자체 내지는 행했던 행들에 대하여 여러 가지 생각을 하게 되고 그러므로 그것에 대하여 행함에 후회하게 되고 후회하게 됨으로 또 생각이 미치게 됩니다.

한 마디로 말해서 모든 것들이 그렇게 생각하면 행하는 것, 일들이 후회스럽지 않고 아깝지 않은 시간이 없습니다.

그래서는 수행이 이루어지지 않습니다.

하는 일에 하고 있는 일에 최선을 다할 때 그것에 대하여 더 이상 미련이 남지 않아야 행한 것들로 인하여 생각이 일어나거나 분별심이 일어나지 않고 후회도 하지 않고 바로 바로 새로운 일을 대하여 늘 새롭게 행하며 최선을 다해갈 수가 있는 것입니다.

그것이 수행이든 일이든 섹스든, 무엇을 하든 아니 된다는 생각, 분별 망상을 일으키는 그 생각이 문제입니다.

그런 생각부터 버려야 합니다.

오는 것을 미리 생각할 필요도 없습니다.

오지 않을 것을 생각하며 걱정할 필요도 없습니다.

그때그때 최선을 다하여 가면 됩니다. 의식은 깨어서...

걱정한다고 되는 일은 아무 일도 없습니다.

행함으로 행을 통하여 이루어지는 것입니다.

그러니 너무 미래에 대해서도...직장에 대해서도... 수행에 대해서도...결혼에 대해서도..걱정하지 말고... 지금 여기서 있는 그대로 최선을 다하며 나아가는 것입니다.

부딪쳐 오는 두 길에서 늘 선택하며... 나중에 일어날 일은 나중에 맞이하면 됩니다.

그 나중도 그때 가서 보면 언제가 지금이고 여기고 현재입니다.

결혼하면 수행을 못한다는 것도 다 거짓입니다. 하기 나름입니다. 저 역시 결혼해서 수행을 시작했습니다. 그럼에도 이루어냈습니다. 결혼했다고 수행을 못할 일은 없습니다. 저의 내자 역시 수행에 별 관심이 없습니다. 그렇다고 제가 수행을 못한 것이 아니었습니다. 스스로 수행해 가되 내자는 인연되는 만큼 수행으로 이끌면 되고 스스로 수행된 만큼 생활 속에서 대화를 통해서 깨우쳐주면 됩니다.

깨우쳐준다는 것도 사실은 맞지 않지만 스스로 수행이 되면 수행된 만큼 상대방이 수행이 되게 되어있습니다.

물론 똑같이 이루어지지는 않습니다만 함께 수행해 갈 수 있으면 좋겠지만...꼭 그렇게 될 수는 없습니다.

많은 수행자들이 같이 수행할 수 없기에... 출가하는 것이고...혼자 산다고 하지만... 이는 생각의 차이지... 수행은 같이 해 나가게 되는 것입니다.

꼭 앉아서 좌선하고 참선해야 수행하는 것이 아닙니다.

사는 자체가 수행입니다.

본인 스스로 수행을 통하여 좋은 쪽으로 변하여 있으면 그것이 좋아 보인다면 상대방도 따라 오지 않겠습니까? 좋은데... 일단은 상대방을 있는 그대로 사랑하고 받아드리세요.

있는 그대로가 아니라 서로 서로에게 자기 자신에게 맞추려고 한다면 늘 싸우기 쉽고 어긋나기 십상입니다.

그러니 상대방을 있는 그대로 사랑하고 받아드려야 합니다.

누구 때문에 수행을 못할 것 같고 무엇 때문에 ... 어떤 이유나 원인 때문에...핑계를 갖지 말고 또한 핑계되는 것들에 너무 신경 쓰지 않는 것이 좋지 않나 싶습니다.

누구 때문에.. 무엇 때문에.. 어떤 이유나 원인이 발생한 주변.. 상대방...이 어떤 것이 아니라 그 상황을 관찰해 보면 누구의 문제가 아니라 바로 나 자신의 문제입니다.

문제라고 했으나 자기 자신이 도망칠..피하고 싶은 핑계를 만들고 있는 것이지요. 그리고 그것들이 이루고자 하는 것을 이루어지지 않도록 하고 있는 것입니다. 그것이 문제라면 문제라 할 것입니다.

이와 같이 모든 문제에 있어서 스스로 바르면 모든 것이 바르게 됩니다.

모든 것에 망설이게 되는 것은 긍정적인 생각보다는 부정적인 생각이 앞서 있기 때문이지요. 그러니 너무 부정적으로 생각하지 마시고 긍정적인 생각 속 언제나 현실에 최선 다하며 늘 깨어서 간다면 올바로 가는 수행자라 할 것입니다.

그런 만큼 스스로 이 핑계 저 핑계거리를...문제를 만들고 자신이 만들어 놓은 핑계 문제에 갇혀서 헤매지 말고 늘 처해 있는 상황에서 최선을 다하며 깨어서 가는 수행자가 되었으면 좋겠습니다.

2005. 6. 1


# 어찌 승천시킬까요?

칠통(漆桶) 속 용(龍)이 여의주를 머금고 승천할 때만을 기다리고 있다. 어찌하면 칠통(漆桶)을 뚫고 무명 깊은 어둠 속 어둠에 빛을 밝히며 용을 승천시킬 것인가?

언제부터 용이 들어와 있었는지 모르지만 용이 있었고

용은 여의주를 머금고 똬리를 틀고 앉아 있다.

통이 통을 뚫으니 통이 통하고 통이 통하니 물을 만난 용이 승천하는구나.

용이 승천한 칠통엔 궤짝 없이 통하여 있도다.  05.5.19. 07:53


# 소를 어찌 잊을까?

칠통(漆桶) 속 소는 수레에 짐을 싣고 칠통을 끌고 간다.

칠통 속 소는 무엇이며 수레에 실려 가는 짐은 무엇일까?

어찌 수레에 실려 있는 짐을 내려놓고 수레와 소 모두 잊을까요?

아는 것, 알고 있는 것, 식(識) 업(業)이 본성의 속성인 수레에 실려 마음의 소에 이끌리고 있다.
 소는 마음에 있고 마음은 식(識: 업)에 있으니
 업을 떠나 마음이 있지 않고 마음을 떠나 내가 있지 않으니
 나도 마음도 없는 하늘에 구름 한 점 바람 한 점 없이 하늘은 맑
고 푸르도다.  2005. 5. 23. 18:22


## 언제 성불(成佛)하나요?

 그대가 보고 있는 모든 것에는 불성이 있을 뿐 아니라 본성이 있
고 우주의 삼라만상은 그것이 무엇이든 불성 없는 것 없이 모든
것에는 불성이 있고 본성이 있다.
 이름 없는 돌 풀에도 불성이 있고 본성이 있다.
 풀이나 돌이 성불하기 위해서는 하늘과 땅이 무너져야 한다.
 그대 역시 성불하려면 하늘과 땅이 무너져야 한다.
 그대는 어떻게 하늘과 땅이 무너지게 할 수 있을 것이며 하늘과
땅이 무너질 때는 언제이겠는가?
 살피고 살펴보고 일러보세요.
 언제 하늘과 땅이 무너져 성불하겠는가?
 하늘은 땅에 있고 땅은 하늘에 있다.
 하늘과 땅은 무너졌다.
 하늘과 땅이 무너진 곳에 오롯이 네가 있다
 갈! 꽝!
 하늘과 땅이 무너졌다.
 보라! 무엇이 성불했는가?  2005. 5. 27. 18:38

# 극락과 지옥으로 가는 문과 열쇠

 그대에게 극락으로 통하는 문이 있고 지옥으로 통하는 문이 있다. 문은 하나이되 열쇠로 열고 들어서는 곳은 각기 다르다.
 그대에게 극락과 지옥의 문을 여는 열쇠가 있다.
 가지고 있는 열쇠로 문을 열되 어느 쪽으로 돌리느냐에 따라 극락과 지옥의 문은 각기 다르게 열린다.
 하나의 문을 통하여 가는 길에 있어서 각기 다르게 열리는 극락과 지옥 그 문을 여는 열쇠를 알아야 극락과 지옥을 선별 선택하여 갈 수 있을 것이다.
 자! 살펴보세요.
 그대에게 있는 극락과 지옥으로 통하는 하나의 문은 무엇이며 어디에 있는가?
 극락과 지옥을 여는 열쇠는 무엇인가?
 살피고 살펴보세요.    2005. 6. 2. 08:16


# 이 길은 어떤 길이며 어디로 통하는 길일까요?

 이 길은 통하지 않는 길 없이 모든 길로 통하는 길이다.
 담장밖에도 담장 안에도 있는 길이며 네 안에도 있고 네 밖에도 있으며 없는 곳 없이 있는 길이다.
 산에 가면 산에, 들에 가면 들에, 집에 가면 집에, 하늘에 가면 하늘에... 풀과 나무에도 이 길은 있다.
 없는 곳 없이 있다.
 이 길은 도(道)가 없는 듯 도(道)가 있고 생멸이 끊어진 길이며 생멸이 있는 길이며 빛이 없는 듯 빛이 있는 길이며 통하지 않는 곳 없이 통하여 있는 길이다.
 이 길은 어떤 길이며 어디로 통하는 길일까요?
 살피고 살펴보세요.

길은 어디에 있고 어떤 길이며 어디로 통하여 있는가?

그리고 일러보세요.

나서면 나서는 그곳이 길이고 앉으면 앉는 그곳이 그 자리다.

길이 없으나 나서면 길이 되고 나서는 길을 따라 문이 열리고 닫힌다. 문이 열리니 해탈문이고 문이 닫히니 진여문이다.

2005. 6. 4. 12:06


## 영생의 길은 어디에 있는가?

인간의 탈을 쓰고 사람으로 살아가는 인생(人生)은 유한적이고 형태의 형상의 탈을 벗고 영혼으로 살아가는 영생(靈生)은 중음신 영계 천계...극락(천국)과 지옥 어디에 살든 인연의 업이 다하면 형태의 형상 또 다른 탈을 쓰니. 이 또한 정도의 차이는 있으나 유한적이다.

형태의 형상을 한 몸으로 영생(永生)하지 못하고 아니 어떤 경우라도 형태로는 할 수가 없고 형태가 아닌 형상의 몸으로 영생(永生)하지 못하고 아니 어떤 경우라도 형상으로 할 수가 없다.

인간으로 영생(永生)할 수 있고 영혼으로 영생(永生)할 수 있으니 인간이되 인간을 떠나 영생하고 영혼이되 영혼을 떠나 영생하는 것은 어디에 있고 이때는 어느 한 때일까요?

변하는 것은 흐르는 것이고 흐르고 변하는 것에는 생멸이 있고 생멸이 있는 것은 생사가 있고 생사가 있는 것은 윤회가 있고 윤회하는 것은 영생(永生)하지 못한다.

영생(永生)은 드러난 겉에 있지 않고 드러나 있지 않는 속알지에 있다.

자! 보라

무엇이 영생하는지.

그 리고 인간으로 영생한다는 말, 영혼으로 영생한다는 말에, 누구 안에서 누구 품에서 영생한다는 말들에 속지 말고 스스로 영생의 길을 찾아 영생하는 곳에 들어서기를...

있으라.
네가 있는 그곳에 영생의 길이 있고
네가 있는 그곳에 영생하는 곳이니
보고 살펴라.  2005. 6. 10. 09:58


# 불이(不二)가 아닌 이는 무엇인가?

그대는 보고 있다.
누가 무엇이 보고 있는가?
무엇이 보여지며 보는 것인가?
그대로 하여금 보게 하는 것은 또 무엇인가?
그대는 듣고 있다.
누가 무엇이 듣고 있는가?
무엇이 전하여져서 들도록 하고 그대가 듣는 것 또 무엇인가?
그대는 생각하고 있다.
누가 무엇이 생각하고 있는가?
무엇이 생각인가?
그대를 생각하게 하는 것은 또 무엇인가?
그대는 말하고 있다.
누가 무엇이 말을 하는가?
무엇이 말인가?
그대로 하여금  말하게 하는 것은 또 무엇인가?
그대는 행동하고 있다
누가 무엇이 행동하고 있는가?
무엇이 행동이며
행동하게 하는 것은 또 무엇인가?
그대는 느낀다.
누가 느끼고 무엇이 느끼는가?
무엇이 느낌인가?
그 느낌을 느끼게 하는 것은 또 무엇인가?

이 모든 것들이 그대의 마음에서 생멸하며 이루어진다고 할진데 이것들이 생겨났다가 없어지고 없어졌다가 생겨나는 그대의 마음은 무엇인가?

무엇이 마음인가?

살피고 살펴서 일러보세요.


본성과 본성의 속성이 일체의 근원이며 바탕이 마음의 본래면목이며 만법의 주인이 마음이다.

이러한 마음에 저마다 마음의 그릇을 가지고 저마다의 마음의 그릇에 담겨진 것에 따라 담겨진 것으로 감수하는 느낌이 다르고 보고 듣고 생각하는 것이 다르고 행동하는 것 또한 다르다.

이처럼 서로 다른 것은 마음의 그릇에 담겨진 것 때문이니 이 담겨진 것을 이름하여 업이라고 하고 업이라 이름하나 무의식 잠재의식 의식이라 하고 의식이라 이름하나 보고 듣고 말하고 행동하고 하는 생각이다.

본성의 성품이 오롯이 있어 본성의 성품에 모든 것이 오롯히 있게 되고 오롯이 있는 것에 마음이 있어 내가 있고 내가 있음으로 우주 삼라만상이 오롯이 있다.

이 모두가 시방 팔방 사방으로 갈라져 저마다의 형태의 형상으로 있으나 시방 팔방 사방에 있으나 이 모두가 하나에서 둘 셋...갈라져 묘용 속 운행함으로 전체를 이루나 이 모두가 전체의 하나로 하나의 전체로 불이(不二)로다.    2005. 6. 12. 09:09


# 걷는 길이 어느 길이든

우리가 걷는 길이 인생이든 수행이든 도로든 꿈과 희망을 향해 걷는 길이든 걷는 모든 길들은 그 길이 어떤 길이든 길을 걷는 걸음이 늘 편안하고 좋을 수만은 없다.

그럼에도 우리는 저마다 꿈과 희망을 가지고 길을 걷고자 희망하며 길을 걷는다. 때로는 걷고자 희망하지 않아도 우리는 누구나 할 것 없이 길을 걷는다.

그 길이 어떤 길인지도 모른 채 꿈과 희망을 가지고 걷는다. 때로는 절망하며 때로는 이루어낼 수 있다는 확신을 하며 때로는 이루어낼 수 없을지 모른다는 생각을 가지면서도 혹시나 나태해질 지도 모르는 자기 자신을 위하여 기도하고 참회하고 일깨우며 길을 걷는다.

걷는 그 길이 평탄하지 않을지라도 힘들고 고되더라도 꿈과 희망을 안고 걷는다. 언제 끝날지 모르는 길을 걷는다.

지금 그대는 평탄한 길을 걸을 수도 있고 힘들고 고된 험난한 길을 걸을 수도 있다.

걷는 길이 어느 길이든 우리는 걷고 있다.

때로는 내가 원해서 때로는 내가 원하지 않아도 흘러가듯 걷고 있다.

지금 그대가 평탄한 길을 걷고 있다면 힘들고 고된 험난한 길을 만날 것에 대비하고 힘들고 고된 험난한 길을 걷고 있다면 평탄한 길이 나올 것임을 굳게 믿고 지금 있는 그곳에서 자만하거나 나태하거나 절망하지 말고 절망에 빠지지 않도록 자만하거나 나태해지지 않도록 기도와 함께 깨어서 한 걸음 한 걸음 최선을 다하여 나아가라.

가만히 있어도 흘러가듯 걸어가고 최선을 다하여 걸어가도 흘러가고 이래도 걷게 되고 저래도 걷게 된다.

이래도 저래도 걷게 되는 길이라면 깨어서 최선을 다하는 길을 걸어라. 깨어서 최선을 다하여 걷는 길에는 후회도 절망도 없는 새날이려니.          2005. 6. 11. 08:20


## 최선을 다한 연후에
### 반성하고 회개하며 인연과 업을 관하라

많은 사람들이 뜻과 의지를 가지고 일을 하며 살아간다.

살아가면서 일을 행함에 뜻과 의지를 이루기도 하고 이루지 못하기도 한다. 때로는 몸이 아프기도 하고 상처를 입기도 한다.

몸이 건강하고 마음먹은 대로 뜻과 의지가 잘 풀릴 때 이루어질 때는 돌이켜 볼 여지도 없이 앞만 보고 간다. 살아간다.

그리고 자기 자신이 잘 난 듯 능력이 많은 듯 한다. 그러다가 일이 마음먹은 대로 뜻과 의지대로 되지 않을 때가 도래하면 이는 마치 자기 자신을 되돌아보며 자신을 탓하기보다는 남을 탓하고 부모가 어쩌고 형제가 어쩌고 조상이 어쩌고 인연이 어떻고 세상을 원망하고 비난하는가 하면 태어난 자체까지도 원망하는 이들이 많다.

살다보면 모든 것이 그렇듯 생활에 정도의 차이가 있으나 주기가 있고 이 주기들은 몸의 건강에 영향을 미치기도 하고 하고자 하는 뜻과 의지에 영향을 미치기도 한다.

영향을 미치는 주기는 본인이 어떻게 하느냐에 따라 서로 다른 주기로 나타나기도 하고 주기의 폭이 넓기도 하고 좁기도 한다. 이렇듯 살다보면 자기 자신 안팎으로 여러 가지 갖가지 주기가 있다.

기쁠 때가 있으면 슬플 때가 있고 잘될 때가 있으면 아니 될 때가 있고 성장할 때가 있으면 퇴보할 때가 있고 성공할 때가 있으면 실패할 때가 있게 마련이고 건강할 때가 있으면 아플 때도 있다.

기쁠 때나 슬플 때 잘될 때나 아니 될 때 성장 퇴보 성공 실패 건강 아플 때...그 어느 때이든 나는 지금 여기에 있고 여기를 벗어나 나는 있는 것이 아니니 지금 여기서 최선을 다하라.

깨어서 최선을 다하는 길을 걸어라.

그러면서 잘되면 부모 형제 조상 사회 인연에 감사하고 잘되지 않으면 자기 자신을 되돌아 살펴보며 하고자 하는 일과 뜻이 바른가? 혹 그르지는 않은가? 를 살펴보고 바르지 않았다면 바르게 해야 할 것이며 최선을 다 했나 살펴보고 최선을 다하지 못했다면 더욱 더 최선을 다해야할 것이며 최선을 다한다고 했으나 혹여 잘못한 것은 없는가?

잘못한 것이 있으면 잘못한 것으로 잘못된 것인지를 알고 바르게 마음먹고 물들지 않은 마음을 찾아 행해야 할 것이며 자신이 이루고자 하는 것을 이루기 위해서 남을 해하거나 남에게 상처를 주지 않았는가?

해하거나 상처를 주지 않았다면 인연과 업을 살펴볼 것이나 남을 해하거나 상처를 주었다면 스스로를 반성하고 회개하며 바른 마음 물들지 않은 마음을 쫓아가며 무슨 일이든 자기 자신에게 주어진 일 하고자 하는 뜻과 의지의 일들에 최선을 다해야 할 것입니다.

그런 연후에 인연도 살피고 업도 살펴보는 것입니다.

몸이 아프거나 상처 났을 때 역시 자기 자신이 뭘 잘못했는가? 살펴보고 반성하고 회개하라.

이러해야 함에도 많은 이들은 무슨 일이 꼬이기만 하면 인연이 어떻고 업이 어떻고 남을 탓하고 조상을 탓하고...갖은 핑계가 많기도 하다.

쉽게 말하면 자기 자신이 잘못했다는 것을 인정하기 싫어서 핑계거리를 찾고 찾아 잘못되고 꼬이는 것에 대하여 핑계를 대는 것이다.

바른 마음을 가지고 물들지 않은 마음을 가지고 살아가는 사람은 수행자는 핑계거리를 만들어서는 아니 됩니다.

있는 그대로 인정하고 인정한 그 자체에서 바로 가는 것입니다.

있는 그대로 인정하고 받아드리기 위해서는 스스로 행한 행들의 결과에 부딪칠 일이 없을 때에는 아무런 의미를 두지 않고 방하착하고 가면 될 것이고 스스로 행한 행들의 결과에 부딪칠 일이 있어 부딪쳤을 때에는 상대방과 바꾸어 생각해 보고 행한 행들에 대하여 반성하고 회개하며 인연과 업을 살피며 깨어서 가야할 것입니다.

무릇, 모든 행은 남이 하는 것이 아니라 바로 자기 자신이 하는 것이다.

그 누가 뭐라고 해도 그것은 자기 자신을 비껴가는 소리임에 자기 자신이 보고 듣고 느끼고 생각하고 판단하고 말하고 행동하며 나아가는 것이다.

그런 만큼 무슨 일이든 일을 행함에 있어 바른 마음 물들지 않은 마음을 가지고 스스로 최선을 다한 연후에 반성하고 회개하며 인연과 업을 생각해 보고 맞이한 업의 인연을 풀되 더 이상의 업을 맺지 말아야한다.  2005. 6. 13. 08:40

# 마음이 흔들린 것이라고 한 뜻은 어디에 있을까요?

다들 잘 아는 일화입니다.

선사가 길을 걷다가 깃발이 흔들리는 것을 보고 물었을 때 누구는 깃발이 흔들린다 하고 누구는 바람이 흔들린다 하고 누구는 마음이 흔들린 것이라 대답했다 하지요.

어찌 바람에 나뭇잎이나 나뭇가지 깃발이 흔들리는 것을 보고 마음이 흔들린다 할 수 있는지 마음이 흔들린 것이라고 한 뜻이 어디에 있는지

밝혀보소서

본성이 있기 때문이다.

깃발이 흔들리는 것은 마음이 흔들리기 때문이고 마음이 일어나는 것은 바람이 불기 때문이며 바람이 부는 것은 기(氣)가 움직이기 때문이고 기(氣)가 움직이는 것은 성주괴공하기 때문이며 성주괴공하는 것은 본성의 속성 때문이고 본성의 속성이 성주괴공하는 것은 본성이 있기 때문이다.

깃발 마음 바람 기운 기... 및 우주 삼라만상이 저마다 두루 오롯이 있는 것은 본성의 성품 때문이다.  2005. 6. 17. 08:07


# 이렇듯 전체가 하나로 통하여 있다

그대가 보고 있는 모든 것(곳)에는 본성이 있고 본성의 성품이 있고 본성의 속성이 있으며 기(氣)가 있고 기가 있음으로 기운(氣運)이 있고 기운이 있음으로 바람이 있고 바람이 있으니 티끌이 있고 티끌이 있으니 상(相)이 있고 기가 있고 기운이 있고 티끌이 있으니 습기가 있고 습기가 있음으로 형상이 있고 형상이 있음으로 형태의 모습이 있고 모습이 있음으로 보고 있는 형태의 형상이 있는 것이니.

보고 있는 형태의 형상을 통하여 색(色)에서 공(空)을 보고 공(空)에서 색(色)을 보며 공(空)을 통하여 인(因)과 연(緣)을 보고 인과 연을 통하여 공(空)에서 진공묘유(眞空妙有)를 보고 진공묘유 속 연기법을 통하여 법(法)과 진리(眞理)를 보고 법과 진리를 통하여 법성(法性)을 보고 또는 반야(般若)를 보고 법성을 통하여 반야를 보고 또는 불성(佛性)을 보고 반야를 통하여 불성을 보고 또는 일체지를 보고 불성을 통하여 일체지를 보고 또는 불(佛)을 보고 일체지를 통하여 부처(佛)를 보고 또는 하나님을 보고 일체지를 통하여 하나님을 보며 또는 부처를 보고 부처 내지는 하나님을 통하여 빛을 보고 빛을 통하여 부처 하나님을 보고 절대자를 보라.

이 전체가 본성과 본성의 속성에 의하여 하나로 통하여 있고 본성의 성품에 의하여 저마다 오롯이 있으며 저마다 오롯이 있는 것(곳)은 성주괴공에 의하여 저마다 흐르고 변하니 흐르고 변하는 저마다 오롯이 있는 것(곳)을 볼 적에 보는 견처(見處)를 따라 어디를 보느냐에 따라 형태의 형상의 모습에서 물질 내지는 색(色) 공(空) 상(相) 인연법 진실허공 진공묘유 법 진리 법성 불성 일체지 부처(佛) 하나님 절대자를 스스로의 업이 트여진 만큼 막힘없이 통하여 있는 만큼 볼 수 있는 한도 내에서 보고 듣는 것이다 할 것이니.

그대 지금 보고 있는 것(곳)에서 어디까지를 막힘없이 통하여 보고 듣고 있는가? 2005. 6. 17. 13:23


## 생의 끝은 어디일까요?

그대는 살아 있기에 살아가고 있고 또한 그대의 삶 인생을 살아가지요. 살아가는 인생의 끝은 죽음이라는 죽음의 순간까지 죽을지 모르고 살아가지요.

죽음은 또 다른 시작이고 육체를 떠나는 죽음으로 새롭게 태어나 시작하는 영혼의 세계, 그 영혼의 세계에서 살다가 그곳에서의 생이 다하면 또 다시 시작되는 새로운 생,

그대는 지금도 쉬지 않고 가고 있고 걷고 있지요.
어디로 가는지 모르고 걸어가는 이 길의 끝은 어디일까요?
그대가 "나"라고 하는 "나"의 생이라고 하는 생의 끝은 어디일까요?
살펴보소서.
생의 끝은 어디이고
돌고 돌아가는 나는 누구인가?    2005. 6. 18. 08:25


## 어디에 짝하여 생사를 갖는가?

보고 듣고 생각하고 말하고 행동하는 그대는 어디에 짝하여 보고
듣고 생각하고 말하고 행동하는가요?
짝의 바탕은 어디에 있고 무엇에 짝하여 생사하는가요?
짝하여 있으니 생사가 있고 짝이 없으니 무생이라 무생이 짝이고
짝이 무생이되 짝하여 무생을 모르고 생사에 떨어져 있도다.
2005. 6. 21. 08:21


## 길 없는 곳에 칠통이 있다

사는 자체를 수행이라 하고 모두들 수행해 간다고 한다.
수행해 간다고 하면서 저마다 길 없는 길 간다고 한다.
저마다 사는 자체가 길 없는 길을 걸어가는 것이다.
살아가는 길이든 수행해 가는 길이든 길 없는 길은 그대로 통하
고 그대로 통하는 길이 바로 빛으로 가는 길이고 그대가 곧 빛이
고 본성이다
원만하고 원만한 빛은 그대에 가려 자취의 흔적이 없고 본성 또
한 그대로 막혀 길 없는 길을 만들었으니
빛과 본성에 이르는 길을 막고 있는 길 없는 길은 그대로 통하고
열반문 해탈문 또한 그대로 통한다.
피안의 길 어디에 있고 어찌 넘을 수 있을까요? 2005. 6. 23. 08:39

# 머물지 않고 머물지 않으려면 어떻게 하여야 할까요?

본성 아닌 것이 없으니 우리는 본성 속에 있고 내 안에 본성이 있으며 세상천지 하나님 품안 아닌 곳이 없으니 우리는 하느님 안에 있고 내 안에 하나님이 있으며 처처가 부처 아닌 것이 없으니 우리는 부처 안에 있고 내 안에 부처가 있지요.

본성 있는데도 머물지 말고 본성 없는데도 머물지 않으며 하나님 있는데도 머물지 않고 하나님 없는데도 머물지 않으며 부처 있는데도 머물지 않고 부처가 없는데도 머물지 않으려면 어떻게 하여야 할까요?

이름 없는 곳 이름이 생겼으니 상표처럼 이름이 따라다니며 본성이 본성이게 하고 본성 아님이 본성이 아님이게 하니 하나님이 하나님이게 하고 하나님 아님이 본성인 듯 부처인 듯 하나님이 아니게 하니 본성이 부처가 부처이게 하고 부처는 부처가 아니라 이름이 부처고 본성이며 하나님이라 이름이나 모습 상을 쫓아 찾으면 그 어느 곳(것)에서도 찾을 수 없고 벗어나 있다 하겠으니 상을 여의고 모습 이름을 없는 것(곳)에 오롯이 있는 듯 없고 없는 듯 있는 저것은 무엇인고?

눈을 크게 뜨고 보라.  2005. 6. 26. 07:55


# 극락에 갈까? 지옥에 갈까?

스스로 자기 자신을 생각해 보라

지금 내가 죽으면 과연 나는 천당(극락)에 갈까? 지옥에 갈까?

지금의 자기 자신을 생각해 봤을 때 이기심 많고 이기적이며 자기 자신 "나"만을 생각하며 살고 있다면 90%이상은 지옥에 갈 것이며 지금 자기 자신을 생각해 봤을 때 남을 생각하고 배려하고 역지사지하며 "나"보다 타인을 생각하며 자비행 보살행으로 살고 있다면 90% 이상은 극락(천당)에 갈 것이다.

요즈음 "나"의 생활은 어떠한가?

수행을 한다고 하면서 "나(假我)"에 빠져 삼독심을 일으키고 삼독심에서 "나"만을 생각하고 있는 것은 아닌가?

살아간다는 미명 아래 남이 어찌되든 남이 어떻게 되던 "나"의 이익 이득만을 생각하고 손해 보기를 싫어하는 것은 아닌가?

문명의 이기로 인하여 예고 없는 사고가 많고 예기치 않은 죽음이 많은 만큼 과연 나는 지금 죽음에 든다면 극락에 갈 수 있을까?

지옥에 떨어지지는 않을까?

스스로 생각해 보고 지옥이 아닌 좋은 곳에 태어날 수 있도록 생각을 바꾸고 마음을 바꾸어 자비와 보살행을 행하며 취하려고 하는 것으로 인하여 스스로의 마음을 괴롭히지 말고 나누어주고 배품으로 마음 편안하게 살아가고 그러므로 극락 천당에 너나없이 태어나시길..... 2005. 6. 27. 08:40


## 참과 헛꽃

눈 밝은 이들은 너나없이 우리가 보고 있는 모든 것들은 헛꽃이라고 하지요.

그렇다면 그대가 보고 듣는 모든 것이 헛꽃 아닌 것이 없을텐데...

그대가 헛꽃을 보고 있다면 보고 있는 것(곳)에는 참이 있을 터 헛꽃은 무엇이고 참은 무엇인가요?

헛꽃에는 부처도 없고 조사도 없으며 너 나 우리도 없고 삼라만상도 없으며 이름하여 그 무엇이라고 해도 이름인 것이 하나도 없다. 참에는 삼라만상이 있고 너 나 우리가 있으며 조사가 있고 부처가 있다.

이름하여 따로 이름한 것이 없다.

무엇이 헛꽃이고 참인가?

참은 헛꽃에 있고 헛꽃은 참에 있나니

크게 눈을 뜨고 보라. 2005. 6. 29. 07:51

# 무엇을 위하여 살아가고 있는가?

인생이란 한 마디로 말하면 태어나서 죽는 것이다.

내가 원했던 내가 원하지 않았던 나는 태어났다.

태어남으로 해서 주어진 것이 인생이다.

주어진 인생을 어떻게 살 것인가?

사는 문제는 그 누구의 문제가 아니라 바로 나의 문제이다

태어나서 죽는 그 순간까지 어떤 식으로든 어떻게든 살아가야 하고 살아야 한다. 살아가는데 무엇을 위하여 살아갈 것인가?

지금 바르지 못하면 오늘 하루가 당당하지 못하고 오늘을 당당하게 살지 않으면 어찌 내일 당당할 수 있겠는가?

지금 오늘 내일 당당하기 위해서 빛에 이르기 위해서 지금 난 무엇을 해야 하는가?

난 지금도 살아 있고 살아가고 있으며 이 육체가 다할 때까지 살아가야 한다. 이 육체가 다한 연후에도 나는 살아가야 하고 살아가야 할 것이다.

지금 나는 육체를 위하여 살아가는가?

육체 안의 나를 위하여 살아가는가?

무엇을 위하여 살아가고 있는가? 2005. 7. 5. 08:13


# 수행은

수행단체나 수행하는 곳에 가면 제때 제시간에 수행을 하면서도 혼자 집에서 수행할 때는 왜! 그러하지 못하는가?

혹 누구에게 보여지기 위한 수행을 하고 있는 것은 아닌가?

누가 보아주었으면 하면서 수행하는 것은 아닌가?

자문해 보라.

수행은 누구하고의 약속이 아니고 누구하고 함께 하는 것이 아니고 오직 스스로와의 약속이고 혼자서 가야하는 길이며 스스로 닦

아가야 하는 것이 수행이다.

수행(修行)은 나를 닦아 가는 것이다.

나의 본성에 묻어 있는 나의 본성을 덮고 있는 나의 업장을 닦아 가는 것이다.

본성이란 거울에 쌓여 있는 먼지의 티끌의 업이란 알고 있는 것 아는 것 무의식 잠재의식 의식이란 티끌이고 먼지인 업을 닦는 것이다. 이것들로 인하여 일어난 생각을 정리 닦아 가는 것이 수행이다.

수행은 누구를 위해서 하는 것이 아니고 나를 위해서 하는 것이다. 나를 위해서 나를 닦아 가는데 나를 떠나서 수행이 이루어질 수는 없다.

나를 떠나서 이루어질 수 없는 수행은 나를 통해서만 이루어지고 내 안에서만 이루어진다. 내가 나를 인식할 때 내가 나를 바라볼 때 어디든 내가 있지 않은 곳은 없다. 내가 있는 곳이 바로 수행처다. 나를 떠나 따로이 수행처는 있지 않다.

그럼에도 나외 다른 수행처를 찾는 것은 내 마음이 흔들리기 때문이고 생각이 흔들리기 때문이니 마음을 굳게 잡고 생각을 고요히 하고 내 안의 수행처에서 언제 어디서나 수행해 가야 한다.

무소의 뿔처럼 혼자서 수행해 가야한다. 2005. 7. 7. 08:27


## 어느 것에도 집착하지 말아야 한다

행복과 즐거움은 멀리 있는 것이 아니라 행하는데 있고 만족하는데 있다. 그대는 그대가 행하는 모든 행동에 대하여 얼마나 만족하며 즐겁고 행복하게 행하고 있나요?

날마다 즐겁고 행복하게 모든 일을 할 수 있는 마음을 가져야 한다. 즐겁고 행복한 마음을 가지려면 마음에 여유가 있어야 하고 마음에 여유가 있으려면 행복 만족해야 하고 그 어느 것에도 집착하지 말아야 한다.

어찌 모든 것으로부터 어떻게 해야 집착하지 않고 마음이 편안하고 자유롭게 살아갈 수 있을까? 2005. 7. 8

# 내가 숨고 천지가 숨고 천하가 숨는 곳 어디일까요?

"나"라고 하는 이 몸이 천지(天地)에 있고 천지(天地)는 천하(天下)에 있다.

천하(天下)가 천지(天地)로 안(眼)이(耳)비(鼻)설(舌)신(身)이 있고 수(受)상(想)행(行)식(識) 있으니 천지(天地)가 있고 천하(天下)가 있으되.

천하가 천지를 감추고 천지가 나를 감추니 나는 천지 속에 있고 천지는 천하 속에 있게 된다.

내가 무너진 곳 천지가 있고 천지(天地)가 무너진 곳 천하가 있고 천하가 무너진 곳 천지가 있어 나에 나를 감추니 나에 천지가 숨고 천하가 숨는다. 자취의 흔적이 없다.

나를 감추고 천지가 숨고 천하가 숨는 곳 어디며 그곳은 어디일까요?  2005. 7. 8. 08:21


# 하늘과 땅의 경계

장마철이라 그런지 비가 많이 오지요
어디는 오고 어디는 오지 않으며 비를 바라보고 있노라면 비 내리는 하늘이 있고 비 맞는 땅이 있지요.
비는 어디서 와서 어디로 가고 보고 있고 인식하고 있는 하늘과 땅 그 경계는 어디일까요?
밝혀보소서
하늘과 땅의 경계는 어디고 비는 어디서 와서 어디로 가는가?....
무엇이 하늘이고 무엇인 땅인가?

*하늘이 있음으로 땅이 있고 땅이 있음으로 너와 나 우리가 있네. 하늘에 땅이 있고 땅에 하늘이 있으니 땅이 하늘이고 하늘이 땅이되 너와 나 우리 안에 하늘 있고 땅이 있네. 땅을 바탕으로

하늘에 온갖 것들이 생멸하고 생멸하는 곳에 땅을 딛고 하늘에 서 있네. 이름이나 형상, 상을 쫓아서는 알 수가 없지요.

모습의 형상이나 이름을 떠나 바로 봐야 할 것입니다.

2005. 7. 9. 08:33


## 관조해 보라

오늘도 잠에서 깨어나 활동을 시작했습니다.

활동의 시작은 누구이고? 어디서 출발했습니까?

잠에서 깨어 활동을 시작한 이름은 무엇입니까?

이름이 그대입니까?

그대는 누구입니까?

어디서 출발해서 어디로 가고 있습니까?

지금 그대는 어디에 있습니까?

읽고 있는 눈이 어디에 있습니까?

그대는 지금 글을 읽으며 생각할 것입니다.

무엇이 읽고 읽은 것을 무엇이 알고 읽고 앎으로 해서 일으키게 되는 생각은 무엇으로부터 일어나나요?

관조하지 않고는 찾을 수도 없고 볼 수도 없다.

지금 이 글보고 읽는 것처럼 내 안팎으로 연결된 끈을 관조해 보아야만 이 글을 보는 것과 같이 확연히 알 수가 있다.

관조해 보라.

그리고 대답해 보라. 2005. 7. 15. 07:54


## 그대 마음과 뜻대로 어찌 닦을 것인가?

많은 사람들이 청소기를 돌리고 때론 빗질하며 청소를 한다.

그리고 때로는 닦는다.

그대의 뜻대로 마음대로 이것도 닦고 저것도 닦는다.

더럽고 지저분한 것들은 눈에 뜨이고 마음에 걸리면 닦는다.

뜻대로 마음대로 많고 많은 것들을 쓸고 닦고 청소를 한다.

그대 마음대로 뜻대로

그대는 우주에 두루해 있는 그 어디든 없는 곳 없이 있고 스며 있지 않은 곳 없이 모두 다 스며 있는 이것을 어떻게 닦을 수 있겠는가? 그대 마음대로 뜻대로 어떻게 닦을 것인가?

이미 이것은 하늘(天)이란 그릇으로 드러나 있고 땅(地)이란 이름으로 드러나 있으며 우주의 삼라만상 저마다의 형태의 형상으로 인간으로 드러나 있다.

이를 어찌 닦을 수 있겠는가?

그대로 마음과 뜻대로...　　　　　2005. 7.17. 07:38


## 어찌해야 활용할 수 있을까?


모든 형태의 형상 속 본성(本性)은 자성경계의 일원상(一圓相)으로 달처럼 태양처럼 만물을 비추고 달과 태양처럼 비추는 본성은 한결같이 비추니 있는 그대로 드러나되 업(業: 아는 것 알고 있는 것)이 있음으로 업이 드러나고 업이 드러나며 담을 그릇을 만들고 만들어진 그릇에 따라 담겨지는 것이 서로 다르고 활용하는 하는 것이 서로 다르다.

이렇듯 사람마다 형태의 형상마다 자성경계의 일원상 본성을 체(體)로 가지고 있고 그 체(體)를 용(用)으로 활용하고 있음에도 자신 안에 체(體)가 본성(本性)의 자성경계 일원상(一圓相) 달이나 태양처럼 자기 자신 안에 있어 온 천하를 밝히고 있으되 이것이 있는지도 모르고 이것으로 드러남이 용(用)이고 활용이며 언행(言行)인지를 모르고 업(業: 아는 것 알고 있는 것 식)에 빠져 업으로 일어나는 활용을 보고 자신이 아는 것, 알고 있는 것 식(識)의 활용, 용(用)에 빠져서는 체(體)를 보지 못하는구나.

어떻게 해야 자신이 아는 것 알고 있는 것 식(識)의 활용에서 용(用)을 보고 용에서 체(體)를 보고 체(體)의 주(主)가 되어 체(體)

를 활용할 수 있을까?

활용(活用)은 용(用)으로 드러나고 용(用)은 체(體)의 주(主)로 드러나되 많은 사람들이 아는 것 알고 있는 것 식(識)의 활용인 줄만 알고 주(主)의 체(體)와 아는 것 알고 있는 것 식(識)에서 체(體)의 주(主)가 아는 것 알고 있는 것 식(識)으로 드러난 체의 용인지 모르고 주(主)를 활용하지 못하는구나.

그래도 달은 은은하게 빛나고 태양이 눈부시게 빛나니.

저마다의 그릇으로 담아내고 있구나.　　2005. 7. 19. 08:35


# 그 누구도 나를 해칠 수 없다
## 내가 나를 해칠 뿐이다

주변이 어떠하든 환경이 어떠하든 어떤 경우라 해도 밖의 경계가 "나"를 해칠 수는 없다.

"나"를 해치는 것은 오직 내가 가지고 있는 업(業)으로 인한 알고 있는 것 아는 것 식(識: 의식 무의식 잠재의식)으로 내 경계를 이루며 나를 보호 유지하려는 내 안의 경계다.

그 누구든 자기 자신 "나"라고 하는 내 안의 경계를 통하여 보고 듣고 생각하고 판단하고 해석함으로 보고 듣고 생각하고 판단하고 해석한 것으로 언행으로 드러냄에 스스로 장애를 갖고 장애에 걸리며 스스로 상처를 입고 상처를 주며 자기 자신 안의 경계를 해치는 것이다.

내 안의 경계가 언행의 드러남으로 원활할 때 행복과 편안함을 느끼고 스스로 자신의 경계를 해침으로 안의 경계가 언행의 드러남으로 원활하지 못할 때 스스로의 상처와 장애를 통하여 고통스러워하고 괴로워하는 것이다.

이렇듯 그 무엇도 그 누구도 밖으로부터 나를 해칠 수는 없다. 나를 해치는 것은 오직 내 안의 경계를 통하여 내가 나를 해칠 뿐이다. 2005. 7. 23. 07:23

## 마음의 문을 활짝 열어 놓아라

마음의 문을 활짝 열어라.

위에서 아래로 많은 것에서 적은 곳으로 자연스럽게 물이 흐를 수 있도록 마음의 문을 열어라.

마음의 문을 닿아놓아서는 마음으로 둑을 쌓은 것과 같아 흘러 들어오는 모든 것을 막고 선별적으로 받아드는 것과 같다.

선별적으로 마음의 문을 열어서는 모두가 통하여 있는 우주의 세상의 모든 것들이 선별적으로 들어오고 들어와서 이루어지니.

네가 하고자 하는 이루고자 하는 모든 뜻과 의지가 원만하게 이루어지도록 이루어질 가능성을 향해 마음의 문을 활짝 열어 놓아라.

그 어떤 사람이나 대상에 대해서 결국 문을 닫지 말고 문이 없는 듯 문을 최대한 열어놓아라.

그러므로 모든 것이 흘러 들어오고 흘러 들어와서는 모든 것이 네 안에서 이루어지도록 하라.

모든 것들이 네 안에서 원만하게 이루어지는 것과 같이 밖에서도 이루어지도록 안팎 없이 마음의 문을 열어라. 2005. 7. 25. 08:36


## 무엇이 본심이겠습니까?

내 마음은 내 안에 있고 네 마음은 네 안에 있으며 우리의 마음은 우리 안에 있지요.

내 안의 무엇이 내 마음이고 우리의 무엇이 우리 마음이지요?

네 마음 내 마음 우리 마음이 아닌 마음???

일체의 마음은 무엇을 일체의 마음이라 하겠습니까?

무엇이 마음입니까?

이렇듯 마음은 전체에 있고 전체에 있는 마음의 땅 심지(心地)는 어디에 있습니까?

심지의 근본 바탕 본심(本心)은 어디에 있으며 무엇이 본심이겠습니까?

너라 하니 너를 인하여 네 마음이 있고 나라 하니 나로 인하여 내 마음이 있으며 우리라 하니 우리로 하여금 우리의 마음이 있네.

너도 나도 우리도 없는 마음은 일체 마음 아닌 것이 없고 마음이라 하니 마음이고 허공이라 하니 허공이고 하늘이라 하니 하늘이네.

본천(本天)은 허공에 있고 허공(虛空)은 마음에 있으나 마음이 허공이 아니고 허공이 마음이 아니니 본심(本心) 허공 속에 있고 하늘에 있고 내 안에 우리 안에 있으니

이를 바로 보면 본심은 나를 떠나 너를 떠나 우리를 떠나 있지 않고 네 안에 내 안에 우리 안에 없는 곳 없이 두루해 있는 것이 꼿꼿하여 너 나 우리를 따르고 이름을 따르니 이름을 떠나 생하나 생함과 생하지 않음과 상관없이 본심은 있고 이 본심이 마음의 땅이고 심지니 심지를 바탕으로 마음이 생멸하고 마음이 생멸하니 우주 삼라만상이 생멸하구나. 2005. 7. 26. 08:21


## 죽비가 천지를 삼켰다

35번째 도반산행에서 죽비를 들고 올라가 산중턱 바위에서 도반님들이 좌선하고 있을 때 깊게 몰입되어 정에서 선정에 들 때 들었을 때 그릇을 깨트리기 위해 깨우기 위해서 죽비를 힘껏 내리쳤다. 칠통이 깨진 도반님은 없었고 깨어난 도반님들만 있었지요.

그때 죽비는 죽비로 바위를 힘껏 내려치니

딱! 하고 죽비가 갈라지며 천지를 삼켰다.

천지는 어디로 갔을까요?

하늘에 땅이 있고 사람 있으니 땅에 사람이 있고 하늘이 있으며 만물에 땅이 있고 하늘이 있다.

하늘과 땅 사람 우주 만물 저마다 가지고 있는 이름은 이름이 그러할 뿐 이름 안에 하늘과 땅 만물이 있다.

전체의 하나는 저마다의 하나이며 저마다의 하나는 전체의 하나이다.

하나 속에 전체가 있고 전체 속에 하나가 있다.

딱! 소리와 함께 죽비는 천지를 삼켰다.

그럼 천지는 어디로 간 것일까요?

갈!

천부경에서 天二三 地二三 人二三을 확연하고 하나(一)가 화삼
(化三)으로 드러난지 확연하면 화삼(化三) 중 어느 것을 일러도 그
속에 하나(一)가 있지를 알 거며 이 하나(一)를 알면 하나님 예수
님 우리 모두가 살겠음이란 그날에는 "내가 아버지 안에 너희가
내 안에 내가 너희 안에 있는 것을 너희가 알리라" 한 말이 확연
할 것이며 처처불로 부처 아닌 것이 없는지를 알 것이다.

2005. 7. 29. 07:40


## 요즈음 파도에 올라서 보니

밀려오고 밀려가는 출렁이는 파도를 바라보다가 파도에 올라서
보니 가슴이 뛰고 숨이 가빠온다. 몸에 가느다란 떨림까지 인다.
심장의 고동소리가 마치 동선처럼 생각을 출렁이는 파도로 내몰고
있었다.

내몰린 출렁이는 파도에서 밀려오고 밀려가는 파도를 바라보니
파도는 자꾸만 장애를 일으키며 몰려든다.

몰려드는 장애는 기쁨과 애절함 간절함과 아쉬움에 아픔을 잉태
하며 바람에 흔들리고 있었다.

바람에 흔들리는 파도는 기쁨과 슬픔 고통과 괴로움을 주기에 흔
들리는 바다의 파도를 바라보기로 하고 파도에서 내려와 흔들리는
바다의 파도를 보았다.

바다의 파도는 끊임없이 출렁이고 있었으나 파도를 바라보는 마
음은 고요하고 잔잔하여 미동도 하지 않고 평화롭기만 하였다.

다시 파도에 올라서 보니 파도는 연실 출렁이고 있었다.

부딪쳐 오는 파도의 생각에 생각의 꼬리를 물기에...

슬며시 파도에서 내려와 파도를 바라보니 살며시 웃음이 나왔다.

웃음을 뒤로하고 한 생각이 일었다.

저 파도 위에서 파도와 함께 출렁이며 싸우는 저들 언제나 바다의 파도를 바라볼거나... 2005. 7. 30. 08:03

# 한 물건을 어찌 다른 사람에게 보여주지도 못하고 전할 수도 없는가?

어찌 하나(一)란 한 물건을 자기 스스로 깨쳐서 쓸 따름이고 다른 사람에게 보여주지도 못하고 전할 수도 없는가?

그것은 이미 하나(一)란 한 물건은 있는 그대로 보여주고 있기 때문에 있는 그대로를 떠나 따로이 보여줄 것이 없기 때문이며 또한 그 누구나 보고 듣고 행하는 모든 것 곳에 이것이 있기 때문에 보고 듣고 행하고 있는 곳 것에 있고 보고 듣고 행하고 있는 것 곳을 떠나 따로 이 하나(一)란 한 물건이 있는 것이 아니기 때문이다.

즉 전체 속에 전체가 하나로 이 하나(一)란 한 물건이 있고 이 하나란 한 물건 속에 스스로들 있고 그것에 둘러싸여 있음에도 스스로 보지 못하고 있기 때문에 스스로 보지 못하고는 그 누구도 그것을 보여주어서는 볼 수 없기 때문이다.

하나(一)란 한 물건은 이미 있는 그대로 다 보여주고 있기 때문 더 이상 보여줄 것이 없기 때문이기도 하다.

이렇듯 이미 없는 곳 없이 드러나 있고 없는 곳 없이 두루해 있어 있는 그대로 지금 여기 이것 속 이것으로 있음에도 이를 스스로 보지 못할 뿐 이미 하나(一)란 한 물건 스스로 드러내 보여주고 있기 때문에 따로 다른 사람이 보여줄 것이 없기에 자기 스스로 깨쳐서 보고 알고 쓸 따름이다.

이렇듯 있는 그대로 드러나 있고 있는 그대로 있는데 이미 자기 스스로 가지고 있는데 자기 스스로 가지고 있는 것을 떠나 따로이 무엇을 전할 수 있으며 전한다 하겠으며 이미 자기 스스로 가지고 있는데 또다시 무엇을 전해 받겠는가?

이러하기에 하나(一)란 한 물건은 자기 스스로 깨쳐서 쓸 따름이고 다른 사람에게 보여주지도 못하고 전할 수도 없는 것이다.

그럼 무엇이 자기 스스로 깨쳐서 보고 알고 쓸 것인가?

그것은 이미 모든 것은 있는 그대로 보여주고 있음에도 자기 스스로 가려서 보지 못하는 것이기 때문에 자기가 보지 못하도록 하고 있는 자기 스스로를 가리고 있는 것을 제거 내지는 깨트리고 봐야 비로소 바로 볼 수 있기 때문이다.

그럼 무엇이 보지 못하게 하고 있는 것인가?

그것은 자기 자신을 에워싸고 있는 수많은 티끌의 업식이라 할 것이며 그대가 알고 있는 것 아는 것 식(識)이라 할 것이다.

그럼 어떻게 업식으로 둘러싸인 자성경계의 일원상 통을 깨트릴 것인가?

그것은 칠통을 이루게 했고 자성경계의 일원상이 되게 하는 것을 깨트려야 한다.

무엇이 이 통을 단단하게 하고 깨트리기 어렵게 하는가?

그것은 아만과 자만 거만이 더욱 더 단단하게 하고 삼독심이 그러하고 내가 있음으로 그러한 것이니.

이 전체를 하나 하나 살펴서 스스로 깨쳐서 하나(一)란 한 물건을 보고 쓰시길 바랍니다. 2005. 7. 31. 08:18


# 깨달음은 어디에 있습니까?

모두 다 깨달아 있다 다만 그 사실을 모를 뿐이다.

그대는 지금 한 물건을 보고 있고 한 물건을 가지고 있습니다.

이를 보고 있으니 보는 것으로만 보면 깨달았다 할 것이나 한 물건을 보고도 알지 못하니 보고도 알지 못하는 것으로 깨달지 못했다 하고 하나(一)의 한 물건을 가지고 있으면서도 가지고 있는지를 모르니 하나의 한 물건을 보지 못했다고 하고 깨트려 깨우치지 못했다고 하고 깨닫지 못했다 합니다.
 그대는 지금 깨트려야 할 것의 문밖에 서 있습니까?
 문 안에 서 있습니까?
 깨달음의 어디에 서 있습니까?
 한 법도 문밖에 있지 않거늘 어찌 문 밖에 서성이는가?
 깨달음은 어디에 있습니까?
 꽝!

*문안이 문밖이고 문밖이 문안이다.
 전체는 하나로 통하여 있다.
 문에 안팎이 없거늘 네가 서 있는 것으로 인하여 안팎의 경계가 생겨 문
안이다 문밖이다 하지만 어디가 문밖이고 어디가 문안인가? 한 법은 일체
법이고 일체법은 없는 곳 없이 두루해 있다. 2005. 8. 1. 11:18


## 나는 누구인가요?

 너무나 당신을 사랑하기에
 전 당신을 단 하루 한 순간도
 당신을 떠나 있지 않습니다.

 당신이
 나를 좋아하든 싫어하든
 언제나 난 당신과 함께 있습니다.

 당신이 너무도 좋아서
 전 당신을 늘 감싸 안고
 당신을 제 품 안에서
 저버리거나 놓은 적이 단 한 번도 없습니다.
 당신이 가는 곳이면
 언제 어디나 함께 하고 있습니다.

당신이 숨 쉬면 숨 쉬는 곳에
생각하면 생각하는 곳에
행동하면 행동하는 곳에
보면 보는 곳에
들으면 듣는 곳에
당신이 있는 곳이면 어디든
당신과 늘 함께 하고 있습니다.

당신이 너무도 좋아서
너무도 당신을 사랑하기에
당신의 몸 영혼 어디든
스며있지 않은 곳 없이 스며있어서
단 한 번도 단 한 순간도
당신과 떨어져 본 적이 없습니다.

무시이래
당신을 떠나본 적이 없습니다.
언제나 당신과 한 몸 하나로 있습니다.

너무 오랜 동안 함께 했기에
당신은 저를 잊었지만
전 지금도 당신 품에 있고
당신에 깃들어 있고
당신 주변에서 있는 듯 없는 듯
당신을 감싸며
당신과 함께 하고 있습니다.

당신이 나를 보고 나를 반기며
나를 맞이하니 깨달았다 하고
당신이 나를 모르고 외면한 채 살아가니
중생이라고 하네요.  2005. 8. 4. 08:18

# 어떤 것이 본래의 몸입니까?

一點一行, 一行 極大
一行極微, 一點 燒滅
– 한점이 움직이니 만물안에 한점이 들어 있고, 한점이 움직이
니, 한점안에 만물이 들어 있네, 한점조차 소멸하면……
한점이 있고 그 한점이 움직이니 만물 안에 한점이 들어 있고 한
점이 움직이니 한점 안에 만물이 들어 있네.
움직임을 되돌리니 한점이 있고 한점을 되돌리니 본래 몸이 있지
요. 본래 몸은 어디에 있습니까?
어떤 것이 본래 몸입니까?
움직임은 한점에 있고 한점이 만물을 이루니 만물이 상을 이루고
형태의 형상을 이루니 상에서 모습을 보고 형태의 형상에 있으니
중생이고 형태의 형상을 떠나 상을 여의니 깨달은 자라.
평상심은 일체가 여여하고 상에 걸려 형태의 형상을 이루고 걸려
있으니 중생심이로다.  2005. 8. 4. 17:51

# 동그라미 하나에

0 그 테두리 하나로 한점이 되고 그 한점이 움직이니 한점 자체로
는 중생심이고 동그라미 하나 0 안팎으로 여여한 것이 평상심이로니
본래 몸은 0 안에도 있고 0 밖에도 있으니 평상심으로 안팎 없이 여
여하니 본래 몸에 있게 되고 0에 있고 0 안에서 움직이고 0이 0의
밖과 서로 다르니 안팎이 서로 다른 것으로 인하여 0이 움직이니
주(主)는 0 자체에 있는가? 0 안에 있는가? 0 밖에 있는가? 0안
팎으로 있는가?
객(客)은 0 자체에 있는가? 0 안에 있는가? 0 밖에 있는가?
무엇이 주(主)이고 객(客)인가?
본래 몸 본래 주(主)는 0 안에 있고 밖에 있으며 0안에서 0이

주(主)라고 하는 0는 0으로 본래 안팎 없는 아무 것도 없는 있는 그대로 주(主)이되 이 주(主)에서 바라보는 0는 객(客)으로 객(客)은 0 안에만 있다.

한점, 0을 나라고 하며 주(主)되어 움직이고 움직임을 따라 0에 있으니 0 안팎으로 여여한 0의 움직임을 따라 출렁이니 한점의 움직임에 있게 되어 고통과 괴로움 희로애락을 몸소 느끼지만 한점, 0 의 움직임을 바라보되 0 밖에서 바라보니 0 밖이 주(主)이고 0 은 객(客)이라 한점, 0에서 움직이고 움직임을 따라 0이 흘러가니 0은 변화무쌍하되  0밖은 여여하다.

여여함은 0 밖에만 있는 것이 아니라 0 안에도 있으니. 한점 0에서 움직임을 따라 흔들리지 말고 0에 있되 0의 움직임을 관하라. 그러면 전도된 주객이 자리를 잡고 주(主)에서 객(客)을 바라봄으로 0의 움직임을 보고 0 안의 생멸을 보니. 0 안의 생멸로 움직임을 바라보게 되고 0 안의 움직임을 따라 움직이지 않으니 0 안의 움직임은 그저 흔들릴 뿐이다.

주객이 전도되어 객(客)을 주(主)라 하며 한점 0 안에서 움직이며 움직임에 따라 흔들릴 때 한점 0은 주(主)이고 "나"라 하겠으며 한점 0 안에서 움직이는 마음을 중생심이라 하겠으나 한점 0 이 주(主)가 아니라 객(客)인지를 알고 한점 0 밖에서 한점 0을 보고 0 안에서의 움직임을 따라 움직이며 흔들리는 한점 0을 볼 때에 안팎 없는 여여한 마음으로 한점 0 의 움직임을 따라 흔들림을 볼 뿐 한점 0의 움직임을 따라 요동도 없이 흔들리지 않는 이 마음을 평상심이라 할 것이다.

이는 도반산행에서 나비기공하며 체기권을 하는 중에 중간 중간 합장하고 몸을 관찰하며 통증이 느껴지는 곳 검게 보이는 곳을 바라보는 것과 같이 자기 자신 안에서 일어나는 마음작용을 따라 움직이며 흔들리는 것이 아니라 심하게 마음이 요동을 칠 때 합장을 하고 요동치는 마음을 바라보라.

그리고 그 요동치는 것을 하나 하나 관하여 보라.

그러면 어느 덧 나는 마음작용하는 곳에서 마음작용을 따라 흔들리는 것이 아니라 마음작용하는 것을 바라보는 관찰자가 되어 있는 것을 볼 것이다.

 이렇게 전도된 주객이 자리를 잡고 바라볼 때 이미 내 안에서 일어나는 마음작용은 객에 지나지 않기에 마음작용에 흔들리지 않게 된다.

 마치 합장하고 자기 자신의 몸을 전체를 관찰하는 것과 같이 자기 자신 안에서 움직이며 일어나는 마음작용을 바라보는 것이다.

 위에서 말하는 것이 잘 되지 않을 때 연습으로 합장하고 몸 전체를 자꾸만 관찰하라.

 그래서 관찰이 잘 될 때 자기 마음 안에서 일어나는 마음작용의 주에서 흔들림 없이 객으로 마음작용을 바라볼 수 있을 것이다.
2005. 8. 5. 07:02


## 무엇이 기(氣)입니까?

 기(氣)는 어디서 와서 어디로 갈까?

 나를 움직이게 하는 내 안의 기(氣)와 내 주변에 모든 것들을 움직이게 하는 내 밖의 (氣)는 무엇이 다른가?

 나에게 기(氣)가 전혀 없다. 어떻게 되겠는가?

 내 기(氣)가 충만해서 산 하나 정도를 덮는다면 어떻게 되겠는가?

 내 안의 기운과 내 밖의 기운 사이 같은 것은 무엇이고 다른 것은 무엇인가?

 같으면 무엇으로 같고 다르면 무엇으로 다른가?

 내 안의 기운은 내 기운이고 내 밖의 기운은 천지기운이다.

 천(天)의 기운과 지(地)의 기운 내 기운 네 기운 우리의 기운 무엇으로 같고 무엇으로 다른가?

 천지인(天地人) 하나로 통하여 있다.

 천(天)에 지인(地人)이 있고 지(地)에 천인(天人)이 있고 인(人)에 천지(天地)가 있다.

 무엇이 천(天)이고 하늘(天)은 어디에 있는가?

 무엇이 지(地)이고 땅(地)는 어디에 있는가?

 어떤 것이 사람(人)이고 사람(人)은 어디에 있는가?

기(氣)는 어디서 생겨나서 어디로 사라지는가?

무엇을 기(氣)라 합니까? 무엇이 기(氣)입니까?

무엇이 마음입니까?

마음은 어디에 있습니까?

무엇이 도(道)입니까?  2005. 8. 10. 08:30


## 오직 무량광(無量光)만이 있다

오직 무량광만이 있다.

본성이 있고 부처님이 있고 하나님이 있고 주인공이 있고 내가 있다. 다른 아무 것도 없다.

오직 무량광만이 있다

우주가 있고 삼라만상이 있고 산하대지가 있다.

지금 어디를 걷고 어딜 가고 있고 무량광 속 자등명이 ....

지금 무엇을 보고 있지 무량광 속 자등명이...

무량광 외에 다른 아무 것도 없는데... 저것들은 뭘까?

2005. 8. 13. 08:34


## 무명의 때와 옷을 벗어야 한다

수행 정진하지 않고 무지의 때를 씻어 버릴 수 없고 수행 정진하여 가지 않고는 밝은 광명이 오지 않는다.

어둠을 뚫고 지나야 광명의 아침이 오듯 수행 정진을 통하여 자등명을 덮고 있는 무명의 때와 무명의 옷을 벗어야 한다.

행하지 않으면 한 걸음도 나아갈 수 없는 것과 무명을 뚫지 않고는 자등명이 드러나지 않을 것이니

깨어서 시작하라

언제나 새로운 마음으로 ...

수행 정진하라.  2005. 8. 15. 08:08

# 마음이 평화롭기 위해서는

 그대는 마음이 평화롭기 위해서는 마음의 방이 몇 평이면 될 것 같습니까?

 지금 그대 마음의 방은 몇 평입니까?

 얼마인지 모르는 그대 마음의 방은 깨끗합니까? 지저분합니까?

 무엇이 어디에 있는지 모르게 여지 저기 널려 있고 지저분하다면 발 딛을 틈이 있겠는지요?

 그대가 지금 살고 있는 집의 방이 지금 그대의 마음과 같다면 그대는 어떻겠습니까?

 어떻게 하면 마음의 방을 깨끗이 할 수 있을까요?

 무엇이 있는지 모르는 마음의 방을 정리 정돈하여 깨끗이 하고 마음의 편안을 얻고 걸림 없는 마음을 가지기 위해서 마음의 방을 만들어 놓은 벽을 허물어소서

 마음의 방의 평수가 그대 마음의 그릇이고 그 그릇으로 일체가 진리의 바다인 바닷물을 한 입에 삼키려한다면 진리의 바다의 바닷물을 한 그릇에 담을 그릇이 있어야 할 것입니다.

 그래서 한 입에 삼켜야할 것입니다.

 어찌하면 진리의 바다의 바닷물을 한 그릇에 퍼서 한 입에 삼키겠습니까?

 자유는 벽이나 막힘에 있지 않고 확 뜨여진 곳 사방팔방 시방으로 통하여 있는 만큼 자유가 있지요.

 대 자유는 어디에 있습니까?

 이때 마음의 방은 몇 평이겠습니까?

 지금 그대 마음은 몇 평입니까? 2005. 8. 16  09:21

# 명명의 이름들이 사라진 곳

부처님의 이름이 사라졌다.
불성이 사라지고 법과 진리란 이름이 사라졌다.
이름하여 지칭했던 이들은 어디에 있고 무엇을 하고 있는가?
그대를 지칭하는 모든 이름이 사라졌다.
모든 이름이 사라진 그대는 지금 어디에 있고 있는 곳에서 살아
간다 하나 어떻게 살아가고 있는가?
보고 듣는 모든 것들의 명명의 이름들이 사라졌다.
모든 명칭의 이름이 사라진 것에 형태의 형상도 사라졌다.
각기 서로 다른 것들은 어떻게 있는가?
각기 서로 다른 것들은 어떻게 살아가고 있는가?
살아간다 하나 무엇이 살아가고 있는가?
모든 명칭의 이름이 사라진 것에 각기 서로 다른 형태의 형상이
사라진 곳에....
자! 일러 보라
너는 누구더냐?
네가 너를 알면 모든 명명의 이름이 사라질 것이며 네가 너를 모
를 때에 모든 명명의 이름들이 살아날 것이다.
명명의 이름들은 어디로 사라지고 명명의 이름들은 어디서 살아
나는가?

산은 산을 떠나 산이 없고 나는 나를 떠나 내가 없으니
산하대지에 물이 흐르고 하늘은 높고 푸르도다. 2005. 8. 17. 08:50


# 마음을 위해서 무엇을 합니까?

아침에 일어나면 우리는 누구나 할 것 없이 세수를 하고 치장을
하고 옷을 입습니다. 육체를 위하여...

육체를 위해서 몸에 치장을 하고 멋을 부르면서도 육체보다 더 중요한 영혼을 위해서 그대는 무엇을 합니까?

그대 안에 있고 그대가 가지고 있는지를 알고 그대가 행하고 쓰는 모든 것이 모두 다 마음에서 작용하여 몸으로 옮겨져서 몸으로 쓰고 행하는지를 알면서도 몸으로 드러나는지를 알면서도 가끔은 마음에서라기보다 무의식적으로 행동하지만 눈에 보이는 육체를 위하여 멋을 부리면서도 육체를 움직이게 하는 마음에 대해서는 어떻게 하고 있는가? 그대 마음을 위해서 무엇을 합니까?

어떻게 하면 마음을 정리 정돈할 수 있으며 어떻게 하면 마음을 깨끗하게 할 수 있으며 어떻게 하면 육체가 세수하듯 목욕하듯 마음을 세수하고 마음을 목욕시킬 수 있겠는가?

어떻게 하면 마음의 멋을 부르고 그 마음이 육체 밖으로 나타나게 할 수 있겠는가?

오늘도 그대 마음은 그대 안에서 작용을 일으키고 (밖의 작용에 대상에 대응하여 또는 안의 작용에 대상에 작용하며) 생각으로 의식으로 인식으로 그대 안에서 작용하고 작용하는 것들이 그대 마음에서 작용하고 작용하는 마음에서 일어난 것들을 몸 육체를 통하여 드러내고 나타나며 행하고 있지요.

그대 안에 너무 많은 그대가 있는 듯 수 없이 많은 것들이 일어나고 사라지지요. 그대 마음에서...그러므로 괴로워하고 즐거워하는 마음이 작용하고 마음이 작용함으로 희로애락이 생멸하는 마음을 그대는 어찌해야하겠습니까?     2005. 8. 19. 11:16


## 성주괴공하는 우주 속 영생하지 않는 것은 없다

우주가 성주괴공한다고 하지요.

우주가 성주괴공한다는 것은 우주 자체로 보면 우주는 살아 있는 것으로 우주 스스로 살아가는 것이며 우주 스스로 살아간다는 것은 생명이 있는 것이다.

우리 스스로 살아가고 또는 살아 있는 것을 생명체라고 하듯 우주 역시도 그 자체로 생명체다.

우주 속에 있는 이루 헤아릴 수 없는 많은 것들이 저마다 스스로 살아가는 것을 두고 생명체 또는 생명이라고 하니 우주 삼라만상이 저마다 살아 생명이 있는 것이다.

우주 속에 있는 저마다의 생명을 하나의 하나의 생명이라할 것이며 명명의 이름을 지칭하여 생명을 말하지만 그것들에 비하여 우주 자체의 생명을 말하니 우주는 대 생명 자체라 할 것이다.

대 생명체 속에서 작은 저마다의 생명체를 말하고 생명을 말하지만 대 생명에서 보면 작은 저마다의 생명은 생명이 아닌 우주가 성주괴공하는 것이다.

우주가 살아서 생명을 가지고 걸림 없이 성주괴공하는 것을 여(如)라 할 것이며 이 여(如)가 여(如)하니 여여(如如)라 할 것이며 이렇듯 여여하게 살아 움직이는 것을 법(法)이라 하고 진리(眞理)라 하니. 작은 법과 진리를 보듬고 있는 거대한 우주 자체에서 보는 법과 진리로 작은 것과 큰 것을 비교하여 나타내려고 하니. 우주란 대(大)진리(眞理) 자체라 할 것이며 대(大)법(法)이라 할 것이며 이렇듯 우주는 대 법 대 진리로 성주괴공하는 것이다.

우주 자체가 생명을 가지고 살아 있고 살아가고 있으니. 우주는 살아가는 자체로 살아있는 자체로 영혼을 가지고 있고 우주 속 저마다 살아있는 살아가는 저마다의 영혼에 비교하여 우주의 영혼을 대(大)영혼(靈魂)이라 할 것이며 저마다의 혼탁한 영혼으로 저마다의 형태의 형상으로 가지고 우주 안에서 살아가고 있고 살아있으니. 이러한 영혼에 비교하여 거대하여 가늠할 수 없는 우주의 영혼을 혼탁에 비교하여 우주의 영혼을 순수 영혼이라 하고 대 영혼이라 할 것이다.

우주란 가늠할 수 없는 무한한 공간을 우주라고 한다.

한 마디로 말하면 우주란 허공을 우주라 하는 것이다.

우주 속에 있는 모든 것은 일체가 다 우주다. 다만 거대한 우주에 비교하여 우주 안에 있는 저마다 작은 것들은 거대하고 큰 우주에 비교하여 작은 우주 소우주라 할 것이다.

우주라고 이름했을 때 일체의 허공은 우주란 틀 속에 있게 되고 우주란 틀 속이 허공 일체를 말하고 우주란 틀 속에 삼라만상이 있으니. 일체지란 우주란 틀 속을 일체지라 할 것이다.

삼라만상의 일체지와 일체의 일체지가 다르지 않고 같으며 이는 우주라고 이름하는 우주 틀 안을 땅이라고 하는 땅이다.

우주는 우주 자체에서 하지 못한 것 없이 전지전능한 순수 생명 순수 영혼 법 진리 속 순수 생명 순수 영혼에 저마다 업으로 인한 순수 생명에 혼탁 영혼으로 저마다 자성경계를 이루고 우주 속 수 많은 형태의 형상 저마다 자성경계의 일원상을 가지고 자성경계의 일원상을 굴리며 살아가고 있다.

자성경계의 일원상을 굴리며 살아가는 우리는 우주가 성주괴공하는 한 성주괴공 속에서 형태의 형상을 바꿔가며 살아갈 것이다.

우주가 생기기 이전부터 우주가 생긴 지금도 이후에도 우주라고 이름하는 우주 안에서 끊임없이 살아갈 것이다.

이렇듯 성주괴공하는 우주 속 영생하는 것이다.

영생하되 어떻게 영생하느냐가 다를 뿐 우주가 영생하듯 우주 안에 모든 것들 역시도 영생한다.

그대는 우주가 성주괴공하는 우주 속 어떻게 영생하기를 바라는가? 바라는 영생을 위하여 그대는 지금 뭘 하고 있는가?

2005. 8. 25. 09:25


## 어떤 것이 깨달음이고 증득한 것인가?

깨달음에는 길이 없다. 그럼에도 길을 간다 깨달음을 향하여...깨달음을 얻으려 한다. 깨달음은 얻을 것이 없는데...길 없는 깨달음 어떻게 찾아가고 얻는 것 없는 깨달음 어떻게 증득할까?

길이 없는데 어떻게 찾아갈 것이며 이미 깨달아 있으니 어떻게 알 것인가?

도(道)도 반야도 본성도 부처도....이름하여 지칭한 모든 것들의 근본은 찾을 필요 없이 지금 여기에 있다.

지금 여기에 있는 모든 것들은 그 이름을 떠나 따로 있는 것이 아니라 그 이름에 있고 지금 여기에 있다.

길도 없고 얻을 것도 없다.

지금 여기에 깨달음이 있으니 깨달음으로 가는 길은 없다

어떻게 길 없는 길에서 깨달음을 얻고 증득한다는 깨달음을 어떻게 증득(證得)할 수 있겠는가?

깨달음은 찾을 필요 없이 지금 여기에 있으니 길이 없고 깨달음은 얻을 필요 없이 이미 가지고 있으니 얻을 필요 없이 보고 인식하고 의식하면 된다.

자! 일러보세요.

어떤 것이 깨달음이고 어떤 것이 깨달음을 증득(證得)한 것인가?

2005. 8. 26. 09:38

## 다만 관찰하라

그저 바라볼 뿐 생각하지 말고 판단하지 말고 다만 관찰하라.

생각하면 생각으로 어긋나고 판단하면 분별로 어긋난다.

그저 바라보며 관찰하라. 그러면 보일 것이다.

네가 보고 싶은 것이 무엇이든 그것이 보일 것이다.

보고자하는 것을 볼 때까지 인식하고자 하는 것을 인식할 때까지 알고자 하는 것을 알 때까지 다만 관찰하라.

그러면 자연스럽게 드러날 것이다. 2005. 8. 28. 06:30

## 무엇을 익혀 떨어드릴 것인가?

가을이면 오곡백과가 익어가지요.

봄 여름없이 화려했던 날들을 뒤로하고 익지 못한 풋과일은 아무 곳에도 쓰지 못합니다. 익어야만 쓸 수 있습니다.

수행자도 익어야만 하고 익을 대로 익어서 자연의 유무형의 소리에 떨어져야 합니다.

자연은 자연대로 계절의 흐름을 따라 익어가고 수행자는 무엇을 익혀가야 하는가요? 가만히 있어도 흘러가는 세월 속에서 수행자는 무엇을 익힐 대로 익혀야 하는가?

무엇을 익혀서 자연의 유무형의 소리에 떨어져야할까?

떨어지는 것은 또 어디인가?

수행자가 익히는 것은 무엇이고 자연의 유무형의 소리는 무엇이고 떨어지기는 무엇이 어디로 떨어지는가?


\* 바람이 부니 나뭇잎은 흔들리고 밤에는 달이 천지를 밝히고 낮에는 해가 천지를 밝힌다. 2005. 9. 2. 09:03


## 모든 것에는 변하지 않는 것이 있다

모두 다 하나로 통하여 있고 하나로 꿰어져 있다.

통한 곳 꿰어진 곳에서 보면 모든 것은 꿈이고 환상이로되 꿈이 현실인 듯 현실이 꿈인 듯 환상 속에서 쫓고 있는 것은 내 안의 내가 변하는 것인가? 변하지 않는 것인가?

변하는 것은 생멸이 있고 변하지 않는 것은 무생에 있으니.

나에게 있되 변하는 것은 무엇이고 변하지 않는 것은 또 무엇인가?

변하는 것에 있으면 생멸이 있어 생멸로 인하여 흔들릴 것이며 흔들림으로 생로병사가 있고 희로애락이 있으나 변하지 않는 것에 있으면 무생으로 생멸이 없고 생멸이 없으니 생멸로 인한 생로병사 희로애락이 없고 흔들림이 없게 되니 평화롭고 자유롭다.

모든 것에는 변하지 않는 것이 있고 흔들리지 않는 것이 있고 언제나 늘 한결같은 것이 있다.

너에게 변하는 않는 것은 무엇인가?

그곳에 행복이 있고 즐거움이 있으며 그곳에 드는 곳(것. 문)이 열반문이고 해탈문이다.

너에게 있어 변하는 것은 그것이 무엇이든 모든 것을 다 버려라.

생명까지도... 그러면 그곳에 똬리를 틀고 앉아 있을 것이다.

자! 보라

무엇이 너에게 변하지 않는 것이 무엇인지

변하는 것은 버리고 변하지 않는 것을 찾아야 한다.

그래서 변하는 곳에 있는 자기 자신을 변하지 않는 곳을 보고 변하지 않는 곳으로 들어가게 하는 것이 수행이다.

수행의 목적지는 바로 이곳 변화하지 않는 곳에 도달하고 그곳에 있는 것이다.

자! 너에게 변화 속 변화하지 않는 것은 무엇이고 어디에 있는가?

꽝!                    2005. 9. 2. 09:14


# 지금 여기의 나는 누구냐?

보고 듣고 말하고 행하는 것은 바로 나요

보지 못하고 듣지 못하고 말하지 못하고 행동하지 못하는 것도 바로 나요.

볼 때는 본다 하고 들을 때 듣는다 하고 보지 못할 땐 보지 못한다 하고 듣지 못할 땐 듣지 못한다 하는 것도 바로 나요.

어느 때 보고 어느 때 보지 못하는가?

보고 듣고 말하고 행하는 것은 무엇이고

보지 못하고 듣지 못하고 말하지 못하고

행하지 못하는 것은 무엇인가?

나는 살되 나를 죽이고 나를 죽이되 나는 살아야 온전할 터 나에게서 무엇을 죽이고 무엇을 살릴 것인가?

크게 죽으면 크게 죽은 만큼 살 것이며 작게 죽으면 작게 죽은 만큼 살 것이니 나를 크게 죽여 내가 크게 살기 위해서는 어찌해야 하겠는가?

나를 크게 죽여 크게 살게 하는 도리는 또 무엇인가?


* 지금도 나요 나중도 나요 전에도 나였듯 나는 나를 떠나서 내가 없으니 나는 나로다.

명명이 이름이 저마다 다를 뿐 나는 나로서 지금 여기에 있노라.

지금 여기의 나는 품지 않은 것 없이 품고 갖지 않은 것 없이 전부다 가졌으니 나는 누구냐?  2005. 9. 6. 13:08


## 그대는 왜 수행하는가?

출가도 인연이 있어야 하고 출가하여 수행자가 되는 것이 작은 일이 아니다. 하물며 재가자로 한 소식 돈오의 깨달음을 얻을 때까지 끊임없이 수행하려고 마음먹고 재가자로 수행하는 것 역시 작은 일이 아니다.

재가자로 한 소식 돈오의 깨달음을 얻을 때까지 끊임없이 수행하려면 보통 의지로는 어렵다.

나 혼자만의 의지로도 어렵고 자기 자신의 의지와 함께 주변까지도 더불어 함께 하는 조화 속 굳은 의지가 있어야 한다.

어지간한 의지로는 어렵다. 그리고 의지만으로 되지도 않는다.

의지와 함께 생각하고 생각하는 가운데 깨어서 의식해야 하고 깨어 있는 의식으로 마음을 열고 열린 마음 속 바른 마음을 가지고 바른 생각 속 바른 행을 하며 가야한다.

출가하여 바르게 수행하는 것도 쉽지 않겠지만 재가자로 세속에 있으면서 바르게 수행한다는 것은 더욱 더 쉽지 않다.

그럼에도 굳은 의지로 세속과 조화를 이루며 수행해 가야한다.

세속이 승속인 듯 승속이 세속인 듯 세속과 승속 따로 없이 출가하면 출가 수행자 나름대로의 일이 있겠지만 세속에 수행자는 세속 나름대로의 일이 있고 세속의 법도가 있고 세속의 도리가 있으며 세속에서 해야 할 일들이 많다.

그러면서도 그대는 왜 수행하려고 하는가?

일반인들과 다름없이 일을 하고 생활하면서 주어진 시간 속에서 시간을 쪼개어 시간을 멋들어지게 활용하며 끊임없이 수행해 간다는 것이 어찌 쉬울 수 있으랴.

그럼에도 많고 많은 유혹들... 세속의 법과 도리...해야 할 일... 정해진 시간 속... 빈틈없이 모든 것을 다 잘해내며 한편으로는 어설프기도 하겠지만 그래도 최선을 다하며 생각하고 의식하며 깨어 있는 마음은 왜 수행하려고 하는가?

 수행하려고 하는 것은 편하고 한가하려고 편함과 한가함을 구해서가 아니다. 멋있는 옷을 따뜻하게 입고 기름진 음식을 배불리 먹기 위해서도 아니다. 명예나 권위 지위 재산 물질을 구해서도 아니다. 오로지 생사의 괴로움에서 벗어나려는 것이고 전생에 내가 어떠하든 이생에 왔기에 돌고 도는 육도 윤회의 수레바퀴를 벗어나려 함이고 끊임없이 일어나는 생각과 생각으로부터 일어나는 번뇌의 속박을 끊고 진리 속 진리로 진정한 나를 찾으려 함이고 진정한 나를 찾아 진정한 나로 거듭나기 위해서다.

 그대 어떻게 살아도 하루는 지나가고 그대 어떻게 살아도 인생은 구름과 같이 흘러간다.

 배고프면 밥 먹고 목마르면 물마시며 먹고 싶은 것 가지고 싶은 것 다 가져도 때 되면 태어났기에 누구나 다 간다.

 이래도 한 세상이고 저래도 한 세상이다.

 수행한다고 달라지는 것은 없다. 다만 의식만이 커질 뿐,

 그대는 왜 수행하는가?

 대는 대로 살면 좀 더 편안할 텐데 어찌 수행한다고 인생을 더 고되게 사는가? 그만한 가치가 있는가?

 그대는 왜 수행이라는 미명 아래 수행하는가? 무엇을 위해서...

 깨어나라 아무 일도 없는 것처럼 깨어나라.

 그리고 보아라. 우리 모두는 깨달아 있다. 다만 그 사실을 모를 뿐...보기만 하면 된다.

 보라. 너의 모습을 ....

 깨어나 보라. 너의 실체를..... 2005. 9. 7. 14:26

# 할 일 없을 때 일 할 때

할 일을 다 한 일을 끝마친 일 없는 사람은 어느 때에 일을 하며 법륜(法輪)을 굴리겠는가?

육체가 할 일 없이 길을 갈 때 발에 걸리든 눈에 보이든 몸으로 부딪쳐 오든 걸리는 것이 있으면 치우거나 제거 또는 피하거나 뚫고 가게 되는 것과 같이 할 일 없는 사람도 이와 같으니

어느 때 일을 하며 법륜을 굴리겠는가?

육체를 가지고 있으니 육체로 일을 하고 생각이 있으니 생각으로 일을 하고 의식이 있으니 의식으로 일을 하고 마음이 있으니 마음으로 일을 하고 영혼이 있으니 영혼으로 일을 하지요.

육체 생각 의식 무의식 잠재의식 마음 영혼이 쉴 때에 그대는 무슨 일을 하겠는가?

그대가 지금 하는 일 하고 있는 일은 육체 생각 의식 무의식 잠재의식 마음 영혼 어느 것이 하고 있는가?

할 일 없는 사람은 무엇으로부터 할 일이 없는가?

어찌 할 일 없게 되는가?

* 할 일 없는 사람은 궤짝의 함이 없고 함 없는 사람은 할 일 없는 사람이다. 해 뜨니 동쪽이되 동서남북 사방팔방이 없고 시방이 굴러갈 뿐이로다.  2005. 9. 11. 06:51

# 할 일 없는 사람과 할 일 있는 사람

할 일 없는 사람은 하늘과 같고 허공과 같으며 할 일 있는 사람은 나뭇잎과 깃발과 같다.

바람이 불면 허공과 하늘엔 그 자취의 흔적이 없되 나뭇잎과 깃

발은 흔들린다.

할 일 없는 사람은 나뭇잎과 깃발에 부딪쳐 할 일을 드러내고 할 일 있는 사람은 허공에 이르러 할 일을 다 하네.

허공에 바람이 분다고 마음이 흔들리지 않는다 하지 않지만 나뭇잎이 흔들리고 깃발이 흔들릴 때에는 마음이 흔들린다 하지요.

크고 작은 가늠할 수 없는 마음이 하나의 경계로 드러내는 것은 마음이란 경계의 테두리 안 함에서 작용하는 것을 마음작용이라 하니 그 이름이 무엇이든 이름으로 드러내는 것은 이름으로 함이 있어 이름의 함으로 할 일 있는 것이며 그 어떤 것이 아무리 작을지라도 함이 없고 걸림이 없다면 그것으로는 할 일을 다 한 것으로 할 일 없는 것이다 할 것이다.

할 일 없는 것이 할 일을 드러낼 때는 막힘을 보거나 걸림을 보거나 함 경계에 부딪쳤을 때이고 할 일 있는 것이 할 일 없을 때에는 막힘이 없거나 걸림이 없을 때 함 경계가 없을 때이다.

티끌도 함이고 경계며 한 점이야 더 말할 필요 없고 한 점을 시작으로 크고 작은 자성경계의 일원상으로 들어나기도 하고 저마다의 자성경계의 일원상이 저마다의 한 점으로 저마다의 한 점이 티끌로 그것이 크고 작고 가늠할 수 없을지라도 경계 있고 함이 있다면 할 일 없는 속 할 일 있는 것이니 크고 작고를 떠나 할 일이 없어야 할 것이다.

경계 없는 속 경계로 있고 함 없는 속 함으로 할 일 있는 사람 어찌 할 일 없는 사람이 될꼬?  2005. 9. 14. 06:16

# 이름으로 보지 마라

할 일 없는 사람은 하늘과 같고 허공과 같을 뿐 하늘도 아니고 허공도 아니다.

할 일 없는 사람을 하늘이라 해도 맞지를 않고 허공이라 해도 맞지를 않는다.

할 일 없는 사람을 하늘이니 허공이라 하는 것은 할 일 없는 사람에 할 일이 있게 되는 것이고 할 일을 주게 되는 것이다.

그 이름이 어떤 것이든 이름으로 말뚝을 박지 마라.

그 이름이 절대자 부처라 해도 말뚝을 박는 것이다.

하물며 하늘이니 허공이니 하는 말은 더 더욱 함의 경계로 말뚝을 박는 것이니 함 경계의 이름으로 보지 마라.

할 일 없는 사람은 이름에 있지 않다.

절대자 부처 하나님....깨달음 무생(無生) 도(道)...함 경계의 이름이 그러할 뿐 이름에 있지 않다.

할 일 없는 사람 역시 이름으로의 함 경계가 그러할 뿐이다.

이름으로 함을 만들고 경계를 만들어 놓고 보지 말고 경계를 두고 함이 있는 이름의 언어 속 함 없고 경계 없는 참을 보아야 한다.

참도 이름이 언어가 그러할 뿐, 참이 아니되 참을 떠나 따로이 참이 없으니 없는 곳 없이 모든 곳에 있다.

자! 눈을 뜨고 보라.

어디에 있는가?

무엇이 절대자고 부처며 창조주인가?

도(道)는? 깨달음은 무엇인가?        2005. 9. 15. 08:59

# 인간으로 태어나 해야 할 일

인간으로 태어나 해야 할 일은 무엇이고 무엇을 했을 때 인간으로 태어나 해야 할 일을 다 했다 할 수 있을까?

서원하라. 인간의 몸 받아 태어나기 어려움에도 인간의 몸 받아 태어났으니.

그대와 인연 있는 모든 이들은 몸을 받았던 몸을 받지 않았던 그대와 인트라망으로 연결되어 있다.

형태의 형상을 하고 있던 하고 있지 않든 보이든 보이지 않던 유형, 무형으로 끊어지지 않고 연결되어 있다.

인연 있는 분들 중 전생에 조상, 부모 아닌 이 몇이나 될까?

그들에게 최고의 선물을 하라.

효도 중에 최고의 효도를 하라.

몸 받은 이에게 물신양면으로 다하는 효도는 20에 불과하고 몸 받게 해주신 부모님을 한 평생 업고 다니는 효도는 26에 불과하다.      효도 중에 최고의 효도는 물질에 있는 것이 아니다. 몸을 유지하는데 있는 것이 아니고 몸을 유지하게 하도록 하는 것이 아니다. 돌고 도는 윤회의 굴레로부터 구제해 윤회를 끊게 해주는 것이 효도 중의 최고의 효도다. 이 보다 더한 효도가 있을까? 50이상의 효도는 무엇이고 100의 효도는 무엇이겠는가? 지금 부모님께 얼마의 효도를 하고 있는가? 효도를 했을까? 어떻게 하면 100의 효도를 하겠는가? 50의 효도를 하겠는가?

영혼으로 있는 그대를 몸 받게 해주신 부모님께, 조상님들께 최고의 효도는 뭘까? 아는 모든 인연 있는 분들에게 최고의 선물은 뭘까? 영혼 구제보다 더한 선물이 있을까? 윤회의 굴레로부터 벗어나게 하는 것보다 더한 효도가 있을까?

그대 몸 받게 해준 모든 분들에게 효도 중 최고의 효도를 하라.

그대가 알고 지냈던 인연 있는 모든 분들에게 선물 중 최고의 선물을 하라.

효도 중 최고의 효도를 하고 선물 중 최고의 선물을 하는 것은 그렇다 해도 자신이 인간의 몸 받아 태어난 이유나 원인은 무엇이며 자신이 인간으로 태어나 해야 할 일은 무엇이겠는가? 해야 할 일을 잊고 있는 것은 아닌가?

오늘도 바람은 분다.

기(氣)는 기운(氣運)이 되고 바람이 되어 파도처럼 부딪쳐 온다. 밀려온다.

부딪쳐 오는 모든 파도는 기회다.

게으르지 마라.

일심 일념 수행 정진 공부해서 최고의 선물을 선사하고 효도 중에 최고의 효도를 하라. 그리고 자기 자신을 구하라.

어느 생에 또다시 인간의 몸 받아 태어날 수 있을까?

인간의 몸 받아 태어났을 때 최선을 다하라.

할 수 있는 한 최선을 다하라.

그래서 인간으로 태어나 해야 할 일을 다 하라.

되돌아보았을 때 한 티끌 후회도 일어나지 않도록 하라.

게으르지 말고 최선을 다하라.    2014. 07. 24 08:02

# 제9부 영적존재, 존재자들이여!

영적존재, 존재자들이여!
이 글을 통해 본인의 출간된 책을 통해 공부해서 위
세계로 올라오라

　본인의 책으로 천도되어 간다는 사실을 알았을 때 누구나 본인
의 책으로 모두 다 천도되어 가는지 알았다. 믿었던 종교 때문에 가
지 못한다는 생각은 하지도 못했다. 그래서 딸아이 방에 『빛으로
가는 길』 책만 빼고는 다 비치해 주고는 밖에 나갔다 오면 책을 보
며 저 책들을 통해서 좋은 곳으로 가라고 이야기하라고 했었다.
　그렇게 해준지가 꽤 오래되었다. 그러다가 어느 날 『빛으로 가
는 길』 책이 눈에 들어와서 이 책도 같이 꽂아놓고 가라고 하라며
책을 주며 꽂아놓으라고 했다.
　그러고 나서 다른 책보다 더 많은 영적존재 분들이 『빛으로 가
는 길』 책을 통해 간다는 것을 알았다. 그래서 왜? 그럴까? 생각
해 보았다. 생각해 보니 기독교를 믿었다가 죽은 분들이란 생각이
들었다. "살아 있을 때 기독교를 믿어서 그 믿음으로 알고 있는
앎과 의식이 다른 책으로는 거부감을 일으키며 공부하지 못하고
가지 못하다가 『빛으로 가는 길』 책을 보고는 빛으로 가는 길이
있는 책이다 그러면서 반신반의하며 읽어보고 공부하고 많이들 갔
다고 합니다. 빛으로 가는 길이란 책이 선사님 말고도 여러 책들
이 있는데 하나같이 갈 수 없는 책들이었고 선사님 책만이 우리들
을 깨달음의 세계까지 갈 수 있게 하여 주었습니다."
　이런 사실로 볼 때 본인의 책으로 다 못 간다는 사실을 알았다.
　어떻게 하면 한 분이라도 영적존재, 존재자들이 종교를 믿었든,
종교를 가지고 있지 않았든, 어떤 종교 생활을 했든, 믿음을 가지고
태양, 돌… 그 외에 어떤 것을 믿으며 믿음을 가지고 있었든, 믿음
을 가지고 있지 않았든 죽은 모든 영적존재, 존재자들이 종교와 상
관없이 모두 다 본래로 돌아갈 수 있을까? 지구에 있는 모든 종교
들 중에 어떤 종교를 믿었든, 어떤 믿음을 가졌든 믿음을 갖지 않

았든, 모든 영적존재, 존재자 분들이 본인의 책을 통해 영혼의 세계로 가고 자등명인간계로 가고, 저마다의 본래 고향으로 돌아갈 수 있을까? 그렇게 하기 위해서는 불교성이 깊은 책보다 다른 여러 종교를 하나로 이야기하고 있는 이 책이 적격이란 생각이 들었다. 그래서 불교가 아닌 다른 여러 종교를 모두 다 아우를 수 있는 이 책에 자등명 고향, 본향, 인간계로 올라오게 해보자는 생각과 마음을 갖고 이 글을 쓰고 있다. 책이 팔리고 팔리지 않고 상관없이 글을 추가해 넣음으로 『빛으로 가는 길』 책을 통해 종교 때문에 믿음 때문에 가지 못한 많은 이들이 갈 수 있도록 그렇게 되기를 바라는 마음과 생각을 갖고 다시 출간할 생각을 갖고 글을 쓴다.

처음 이 책을 출간했을 때는 본명을 쓰지 않았다. 깨달음을 증득한 글들이 상재되어 있어서 깨달음을 증득하면 많은 사람들이 몰려와서 할 일을 제대로 못한다는 소리를 듣고 그런 글을 여기저기서 읽었었다. 나이는 젊고 아이들은 어리고 손수 일하지 않으면 먹고 살 수가 없고 누구에게 손 벌릴 곳도 없는데 많은 사람들이 몰려오면 할 일을 못할까, 먹고 살기 어려울까, 아이들은 어린데 아이들에게 힘들게는 하지 않을까, 이런저런 생각에 책을 출간하되 본명을 밝히지 않았다. 본인을 알리지 않았다. 책을 출간하고 사람들을 만나서 깨달았다고 해도, 어느 분들의 경우 "깨달았군요." 그래도 달라지는 일은 없었다. 몰려오기는커녕 자기들 살기도 바빠 보였고 자기들 일이 더 바빠 보였다. 자기들 알리는 것이 더 중요해 보였다. 한마디로 말하면 관심이 없었다. 책도 팔리지 않았다.

사람들에게 관심 없었던 책을 죽어서 헤매는 영적존재, 존재자들을 위해서 죽음 이후의 세계를 올바르게 알고 올바르게 올 수 있도록 글을 써서 다시 출간하려고 하고 있는 것이다.

사람들을 위해서가 아니라 죽어서 돌아가지 못하고 헤매는 많은 영적존재, 존재자들을 위해서 추가해 재출간할 결심을 하고 있다.

이 책이 팔리지 않은 것은 관심들이 없어서 그럴 수도 있고 본인이 글재주가 없어서 그랬는지도 모르겠다. 광고를 하지 않아서 그럴 수도 있고 세상 사람이 몰라서 그럴 수도 있었겠지만 난 그 뒤로부터 누가 깨달았냐고 물으며 깨달았다고 말했다. 그런데 반신반의 관심이 없었다. 기존의 종교에서 벗어나 있는 것 같으면 또 외면 받았다. 인연 있는 분들 외에는 지금도 외면 받아오고 있다.

어느 분들의 경우에는 깨달으면 깨달았다고 하면 안 된다고 하던데요, 시험에 통과했는데 시험에 통과했냐고 물으면 그대 같으면 뭐라고 대답하겠는지요? 시험에 통과했으면 했다고 말하는 것이 맞지 아는가요? 시험에 합격하고 물으면 대답을 하지 않는다? 이상하지 않나요? 그렇게 말하면서 깨달았다고 해도 반응들이 없다는 사실을 안 뒤부터 지금까지 난 깨달았냐고 물으면 깨달았다고 말해왔다. 그러고는 인연 있는 분들과 공부하며 묻는 것들을 살펴보며 이야기하며 오늘에 이르러 있다.

자등명인간계로 올라가는데 깨달음과 전혀 관계가 없다. 그냥 길을 알면 가면 되는 것이다. 깨달았다고 가고 깨닫지 못했다고 못가는 것이 아니라 길만 알면 갈 수 있는 것이다. 길을 가다가 가지고 갈 수 없는 것들이 있으면 그것을 내려놓고 가면 되는 것이다. 꼭 깨달아야 할 필요성은 없다. 물론 깨달으면 가벼우니 보다 쉽게 갈 수는 있다. 깨달아도 길을 모르면 못 간다. 깨닫지 못했다 할지라도 길을 알면 길을 따라 걸어가면 갈 수 있다. 물론 가지고 갈 수 있는 것이 한정되어 있어서 필요 없는 것들은 버리고 가야 한다. 필요 없는 것들을 욕심 때문에 가지고 가려고 한다면 갈 수 없다. 가는 길에 필요 없는 것들은 버려가며 간다면 가는데 아무런 어려움이 없다.

사람들이 많이 읽기를 바라기보다는 어떻게 하면 영적존재, 존재자 분들이 조금 더 많이 보고 공부해 갈 수 있게 할 수 있을까? 어떻게 하면 영적존재, 존재자분들이 새롭게 출간된 이 책을 많이들 접해서 공부하고 더 이상 길 찾아 헤매지 않고 갈 수 있을까? 어디로 가야할지를 몰라서 살아있는 사람에게 붙어서 살아가고 있는 이들 없이 모두 다 본래 고향산천으로 돌아갈 수 있을까? 이런 생각과 이런 마음으로 이 책을 접할 영적존재, 존재자 분들 누구나 다 갈 수 있도록 쓰이기를 간절히 바라며 글을 쓰고 있다.

지구에는 많은 종교들이 있고 토템이즘이 있다.

기독교, 천주교, 이슬람교, 증산도, 천도교, 대종교, 힌두교, 유교, 도교, 원불교, 불교, 브라만교… 이외에 어떤 종교이든 누가 가르치든 수많은 수행 단체들, 죽음 뒤에 모든 종교의 가르침은 하나같이 모두 다 죽음에 이르는 길은 똑같다.

어떤 종교를 믿었는가? 각 종교가 말하는 법과 진리, 사후(死後)가 다르지만 죽어서 보면 다를 것 하나도 없다. 모두 다 똑같다. 각 종교에서 말하는 법과 진리, 사후, 가르침이 서로 달라서 그렇지 다른 것이 하나도 없다. 깨달음이 중요한 것이 아니다. 길을 알고 가는 것이 더 중요하다. 길을 모르면 누구도 가지 못한다. 길을 알면 아는 길은 누구나 갈 수 있는 것이 길이다. 지금까지는 길을 몰라서 못 갔더라도 이제 가는 길을 밝혀 놓으려니 밝혀 놓은 길을 따라 깨닫고 깨닫지 못하고 상관없이 어떤 수행을 했든 어떤 종교를 믿었든 믿음이 있었든 없었든 밝혀 놓은 이 길을 따라 모두 다 올라오기를 바란다. 죽어 있는 여러분은 모두 다 하나같이 죽음의 세계로 가지 못하고 죽음의 길로 바르게 인도해줄 누군가를 기다리거나 인도해 줄 분을 찾고 있을 것입니다.

그러면서 믿었던 종교를 지금도 굳게 믿으며 믿었던 종교의 교주를 찾고 있고 교주가 이끌어주기만을 기다리고 있고, 교주를 대신해서 누군가 오지 않을까? 기대하고 기대하며 믿었던 종교 안에서 기다리고 있을 것입니다. 기다리다 지친 이들은 바르게 인도해 줄 분이 있을까? 믿었던 종교 내에서 믿었던 종교에서 말하는 사후의 세계를 헤매며 찾고 있거나 찾아도 찾지 못하고 지금도 헤매고 있을 것입니다.

처음에는 헤매다가 어느 정도 시간이 지난 뒤에는 아는 사람 주변을 서성이고 그러다가 어느 순간부터는 도움을 줄 만한 분을 찾아다녔을 것입니다. 때로는 도움을 받기도 하고 때로는 도움은 주지 못하지만 악착같이 붙어서 살아가기도 합니다. 떨어지면 갈 곳이 없으니 죽자 살자 붙어 있게 됩니다. 붙어 있으면 힘들고 괴롭게 한다는 사실을 알면서도 어떻게 하지 못해 죽자 살자 붙어 있습니다. 때로는 영적 공부를 하는 분들에게 붙어서 갈 수 있는 길이 있을까? 기대하며 붙어 있지만 그게 그것이고 하나같이 사기꾼 거짓말쟁이들이어서 한두 번 속아보고는 더 이상 믿지도 않고 기대도 안 하고 붙어서 꼼짝을 안 할 겁니다.

이와 같이 속고 속다 보니 어지간해서는 움직이지도 않고 또 믿음과 가르침이 다르다 보니 선뜻 나서서 가지 못하고 붙어 있는 경우가 대부분일 것입니다.

그렇게 붙어 있으면서 구해지기만을 간절히 원하면서도 떨어지지 못하고 붙어서 떨어지지 않고 구해지기만 기다릴 것입니다.

어디로 가야할지 알 수가 없습니다. 그러다 보니 매일 새로운 이들을 찾아다닙니다. 누가 나를 이끌어줄 것인가? 바르게 인도해서 죽음의 세계로 가게 해줄 것인가? 천당은 어디에 있는가? 극락은 어디에 있는가? 나는 어디로 가야 하나? 누구에게 가야 하나? "죽은 이후부터 지금까지 헤매고 있습니다요. 그러면서 붙어 있습니다."

"죽음의 사자는, 저승사자는, 천사는 나를 인도해 주고는 어디로 갔는지 사라지고 없습니다. 나는 죽음의 사자. 저승사자, 천사. 죽은 동료, 죽은 친척에 이끌려 이곳에 왔고 이곳에 와서 나는 어디로 갈지 모르고 있습니다."

"죽음의 사자, 저승사자, 천사가 하는 일이 무엇이기에 그러한 거지요?" "죽음의 사자, 저승사자, 천사는요, 심부름꾼에 지나지 않습니다. 누군가 죽음 직전이나 죽음이 가까워지면 우리들에게 심부름을 시켜서 그 심부름을 할 뿐입니다." "누가 주로 심부름을 시키나요?" "돌아가실 분의 조상이나 배우자, 친척들이 시키고 이들에 앞서 염라대왕이 시킵니다." "조상 배우자 친척들에게는 명조자를 받고 하나요?" "아닙니다. 에너지 받고 합니다. 염라대왕에게는 돈(명조자)을 받습니다." "심부름 시키는 분들은 주로 어디에 있는 분들이지요?" "주로 영혼의 세계와 영혼의 세계 아래쪽에서 시킵니다. 영혼의 세계에서 시키는 경우는 매우 드뭅니다. 거의 영혼의 세계에 가지 못한 이들이 자기들끼리 모여 있으면서 자기들 있는 곳으로 올 수 있게끔 심부름을 시킵니다." "죽음의 사자들은 명패를 들고 수명이 다한 이들에게 가서 모시고 가는 것 아닌가요?" "그것도 맞습니다만 그것은 하는 말이지 정말로 그렇지는 않습니다. 그냥 우리는 염라대왕, 죽어가는 분의 조상님들이나 배우자,

친척 분들의 심부름해주는 겁니다요. 죽은 이를 데려다가 심판을 받게 한다는 것은 새빨간 거짓말입니다."염라대왕 앞에서…""걔가 염라대왕이었어. 그냥 힘 있고 에너지 강할 뿐입니다.""누가 누구를 심판합니까? 스스로 심판하고 심판받는 겁니다요. 자기 자신의 업으로 자기 자신의 의식으로 생각으로 마음으로 이미 죽음과 동시에 자기 자신이 알고 있는 생각이나 마음 의식이 죽은 사람 스스로 그 안에 들어가 있게 되고 그와 같이 되어 있는 것입니다요. 그런 상태에서 우리들은 그런 상태와 비슷한 누구로부터 부탁을 받으면 심부름해 줄 뿐입니다요. 그래서 죽은 이들은 스스로 살아 있을 때의 생각 마음 의식으로… 자기 자신을 옭아매고 있는 것입니다. 살아생전의 믿음, 앎, 깨지 못한 의식 생각 마음이 그를 살아서나 죽어서나 변화하지 못하게 하고 자기 자신이 알고 있는 것 외에는 쉽게 받아들이지 못하고 자기 자신은 변하거나 고칠 생각은 하지 않고 구해지기만을 바라는 것입니다. 살아 있을 때 아는 앎과 생각과 마음과 의식 그대로 자기가 아는 방식대로 구해지기 바라고 누군가 구해줄 거라고 믿고들 있는 겁니다. 그러니 구해지겠습니까? 죽어서나 살아서나 생각이 바뀌지 않고 마음이 바뀌지 않고서는 아무 소용없습니다. 생각을 바꾸고 마음을 바꾸고 새로운 것을 받아들일 준비가 되어 있어야 합니다. 아니고서는 이 책 역시도 새롭게 추가해 쉽게 가도록 하려고 하지만 그것은 선사님 생각이고 마음일 뿐 저들은 어떨지 모르겠습니다. 그러기에 저들이 알고 있는 빛으로라는 것과 빛으로 가는 길이란 이 말이 없으면 접하지 않는 겁니다. 그래서 이 책 역시도 다른 제목으로는 절대로 안 되고 빛으로 가는 길이란 제목으로 그대로 가야하고 그러면서도 저들이 받아들일 수 있는 것들을 이야기해 놓으셔야 그것으로 저들이 갑니다. 저들이 확 바뀌고 변하려면 적어도 자등명인간계는 들어서야 제대로 알고 바뀌고 변하게 될 것입니다."

"죽어서 빛으로 가는 길을 자등명인간계까지 안내하면 되지 않을까요? 본성의 빛 도량까지 안내하면 되지 않을까요? 어떻게 해야 하나요?""소소하게 자등명인간계까지 안내해 주시면 더욱 더 좋습니다요.""이미 다른 책들에 상재되어 있는데 그럼에도 길을 안내해야 한다니 어떻게 안내를 하며 설명을 할지 생각을 해 봐야겠습니다."

"고지식한 분들 많습니다. 고정관념이 뿌리 깊게 박혀 있는 분들이 많습니다. 살아서는 그래도 죽어서는 안 그럴 거야. 천만의 말씀 만만의 콩떡입니다. 살아서 그런 자 죽어서 변함없습니다. 살아서 변하지 못하면 죽어서 변할 수 있는 가능성은 0%라고 보시면 틀리지 않습니다. 글을 써서 자등명인간계까지 안내를 해도 받아들이는 분들은 받아들이고 받아들이지 못하는 이들은 이러나저러나 받아들이지 못합니다. 받아들인 분들은 이 책을 통해 공부하고 다른 책을 통해 공부하면 쉽게 자등명 인간계로 간다고 할 수 있을 겁니다. 공부하는 데에는 스스로 깨어나지 않으면 안 되고 스스로 생각을 바꾸고 마음을 바꾸고 변해야 합니다. 물론 선사님이 직접 자등명 인간계에 이끌어놓으면 그건 다른 문제입니다. 모두 다 그럴 수는 없지 않습니까? 영적존재, 존재자 분들 스스로 바꾸고 변해야 합니다. 이 책을 통해 선사님 책을 통해서 바르게 알고 깨어나야 합니다. 바뀌고 변해야 합니다. 마음과 생각 의식 행동들이 바뀌어야 합니다. 그렇지 않으면 방법은 없습니다."

56단계 안에 염라대왕(閻羅大王)이라고 하는 분은 어디에 있는지 살펴보았다. 반야바라밀 길로 들어서는 입구에 있다. 어마어마하게 큰 거대한 집을 짓고 그곳에서 부와 명예를 한 손에 쥐고서 저승사자란 심부름꾼을 부리고 있는 것처럼 살펴졌다. "맞는가?" "…" "왜 대답이 없지요?" "대답이 없을 수밖에 더 있겠습니까."

"그래서 반야바라밀 길을 막아놓아도 자꾸만 길을 내고 있었군요. 구멍까지 만들면서 구멍에 문을 만들어놓고… 그곳이 막힌 길인지 알면서도 그러고 있는 거지요. 돈 받지요?" "당연하지요." "그걸로 보내나요?" "당연하지요."

이번에는 56단계 안에 천사라고 이름한 분들이 어디에 있는지 살펴보았다. 중음신계 위쪽 영혼의 세계로 올라가기 전에 있는 것으로 살펴진다. 천사들은 염라대왕이라고 하는 분과 연결되어 오가는 것처럼 살펴졌다. "천사 세계의 천사들과 어떻게 다른가요?" "천사 세계의 천사들은 첫 번째 제를 지내는 아래 모든 세계들을 두루 살피며 많은 이들을 이롭게 하지만 중음신에서 살펴지는 천사들은요.

천사란 이름을 하고 있는 염라대왕의 심부름꾼들입니다." "천사들이 있는 곳 안내한 곳이 천국?" "천국이 아니라 천당입니다. 처음에는 천사들이 와서 따라갔는데요. 가서 보니 좋더라고요. 천당인지 알았지요. 조금 시간이 지나고 보니 무슨 천당입니까. 그곳에서 우리들은 노예나 다름없었습니다. 도망쳐 나왔습니다. 그러니 헤맬 수밖에 없고 바르게 찾고자 하는 것이지요. 또 속지 않으려고 하는 것도 있고요."

"내가 수행해 올라갈 때는 왜 그냥 갔지?" "그런 것들을 보지 못했거나 피하거나 가렸을 테니까요." "맞는가요?" "당연하지요. 그러기 때문에 반야바라밀 길을 막아놓아도 자꾸만 뚫어놓는 겁니다. 그리고 자비바라밀 길은 가기 어렵게 만들어 놓는 겁니다. 그래야 돈을 벌 수 있으니까요. 그래서 선사님께서 자비바라밀 길을 볼 때 치우며 청소하는 것과 같이 보인 것이 이들 때문입니다."

"벌을 주어야 하는가요?" "안 됩니다. 그냥 두십시오, 56단계 안에서의 일입니다. 그들은 그들 나름대로 돈이란 명조자를 벌고 있고 그것으로 56단계가 순환하듯 돌고 돌아가게 하고 있습니다. 윤회(輪廻)하도록 하고 있는 것입니다. 그들은 그렇게 벌어서 자등명 인간계로 전달합니다. 56단계 안이 원만하게 돌아가고 돌아가게 하기 위해서는 그들이 필요합니다. 모두 다 구할 수 있다면 모를까 그렇지 않다면 그들을 그냥 두시고요. 깨어서 변하고 바뀌는 이들만 오게 하십시오."

"저승사자도 심부름하면서 명조자를 벌겠네요." "예." "천사도 그러겠네요." "당연하지요. 그래서 명조자(돈) 전달할 때 저승사자들에게 전달해 달라고도 한 것입니다. 그래야 심부름을 잘하고 바라는 세계로 이끌어다 줄 수 있기 때문입니다. 모든 종교에서 말하는 구원하는 것들은 각각의 종교에서 말하는 것과 각각의 구조로 이루어져 있고 이루어져 있는 각각의 구조는 서로 간에 연계를 갖고 56단계 안에서 이루어져 있습니다. 그렇게 염라대왕이 만들었습니다. 56단계 안에 서로 연결되어 있으면서 56단계 안에 있는 모든 존재 존재자들을 56단계 안에서 빙빙 돌아가며 살게 하고 있습니다요. 윤회하며 살아가고 있는 것입니다." 2019. 04. 01.

그래서 나름 살펴보았다. 이것이 맞는지 맞지 않는지는 모른다. 본인의 견해다. 영적존재, 존재자들로 있는 분들은 알 수 있을 것으로 안다. 본인이 말하는 것을 살펴보면 알 수 있을 것으로 안다. 영적 존재, 존재자들은 지금 내가 이야기하는 것을 살펴볼 수 있는 한 살펴보고 맞는지 틀린지 살펴보고 행동해도 좋을 성싶다.

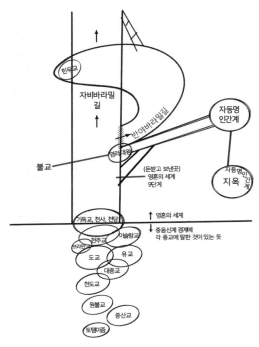

그림에서 보는 것과 같이 각각의 종교에서 말하는 곳들이 살펴졌다. 각 종교에서 말하는 곳은 종교를 믿었다가 죽으면 종교에서 말하는 곳으로 가는 것 같고 그곳은 하나같이 모두 다 염라대왕과 연결되어 있는 것 같다.

염라대왕은 위 세계에서 임명하여 사명을 갖고 있는가 싶어서 살펴보니 그건 아닌 것 같았다. 그렇다면 염라대왕은 어디서 오신 분인가? 살펴보니 자등명인간계에서 오신 분이었다. 자등명인간계에서 왔다면 분명 쉽게 자등 인간계로 가는 길이 있을 거란 생각이 들었다. 그래서 염라대왕이 쉽게 오가는 길을 찾아보았다. 역시나 염라대왕 집 뒤쪽으로 자등명인간계와 연결되어 길이 나 있다. 이 길로 자등명인간계를 가면 얼마나 걸릴까? 가늠해보니 2시간 정도면 갈 수 있는 것 같다.

염라대왕님은 자등명인간계에서 어떤 분이신가? 살펴보니 자등명 인간계에서 최고 부자로 살펴진다. 이 56단계 안에서 돈을 벌어서 자등명인간계에서 최고 부자인 것 같았다. 자등명인간계를 다스리는 통치자님과 의식적으로 대화를 시도해 방법이 없을까 물었지만 최고의 부호인 염라대왕님을 어떻게 할 수 있는 힘은 없는 듯 이야기되었다. 자등명인간계에서는 자등명인간계로 올라오도록 하기 위해서 일부로 내려 보내기까지 한다고 했었다. 하나같이 올라오지 못하고 있다고 할 것이 아니라 지금의 문제를 해결해야 하지 않을까 이야기를 해보았지만 어려운 듯 보였다.

그래서 의식적으로 염라대왕님과 대화를 시도해보았지만 대화가 되지 않았다. 주변에서 보호 보필하는 분들을 보내서 이야기를 하도록 했으나 잘 되지 않았다. 그래 육체는 재우고 의식은 가서 대화를 해 볼 생각을 하고 육체를 재우고 염라대왕이 있는 곳으로 가서 이야기를 하였다. 깨고 나니 아무 기억이 없다. 그래도 조금은 성과가 있는 것 같아 보였다.

자비바라밀 길을 올라가기 어렵게 하지 않겠다는 것과 반야바라밀 길을 더 이상 뚫지 않겠다는 것이었다. 그래서 다시 의념 의식해 염라대왕 집 뒤로 나있는 자등명 인간계로 가는 길을 열어주면 안 되겠냐고 의념을 보냈다. 많은 영적존재, 존재자들이 간다. 그래서 열어주었나 했다. 나중에 보니 그냥 가게 한 것이 아니라 통행료를 받고 보내준 것이었다. 통행료를 받고 보내준 곳을 살펴보니. 염라대왕님 집 뒤쪽으로 자등명인간계로 나가는 길은 염라대왕님 집 조금 지난 뒤쪽에서 영혼의 세계 9단계로도 길이 나 있었다. 이곳으로 영적존재, 존재자들을 통행료 받고 가게 한 것이었다. 이것으로 볼 때 많은 영적존재, 존재자들은 이곳을 통해 자등명인간계로 갈 수 있다는 사실을 알고 있다는 것을 알 수 있었다. 그러니 저 많은 영적존재, 존재자들이 가는 것 아닌가 싶은 생각이 들었다.

영적존재, 존재자 분들이 돈이 어디서 났을까? 살펴보았다. 살아있을 때 돈을 빌려주고 떼이거나 받아야 할 돈을 받지 못한 돈을 죽어서 받은 돈들이었다. 이렇게도 해결되지 않은 돈은 다음에 윤회하여 마주쳤을 때 또다시 주고받게 되는 것 같았다. 그 돈으로 통행료를 내고 간 것이었다.

영혼의 세계 9단계를 넘어 10, 11, 12, 13, 14… 단계들은 의식적으로라도 깨달음을 증득한 분들이어서 그런지 10단계 아래 영혼의 세계와는 다른 것 같았다. 영혼의 세계 9단계까지는 일을 하지만 9단계 위 10단계부터는 일하지 않고 염라대왕님이 제공하는 것으로 넉넉하게 재미있고 즐겁게 보내는 것처럼 보였다. 이들은 또 자신들이 즐겁고 행복하니 10단계 아래 영혼 세계의 일에는 관심이 없어 보였다. 깨달음 세계 위쪽을 살펴보니 이곳은 염려대왕이 만들어 놓은 정원같이 살기 좋게 해 놓은 것처럼 생각되었다. 아니 살펴졌다. 도리천이니 도솔천이니 33천이니 모두 다 염라대왕이 만든 것들이었다. 통치하기 좋게 만들어놓고 거주하게 한 것이었다. "맞는가요?" "당연하지 않겠습니까." "이곳들 관리하는 분이 옥황상제(玉皇上帝)?" "당연한 것 아니겠습니까."

통행료를 받고 보내주니 돈이 있는 영적존재, 존재자 분들은 통행료를 주고 자등명 인간계로 가면 될 것이다. 이곳으로 영적존재, 존재자들이 자등명 인간계로 가도록 하면 안 되느냐고 의식적으로 이야기해 보았지만 허사였다. 안 된다는 대답이었고 그나마 돈(명조자)을 받고 보내는 것도 전에 없던 일이라고 했다. 염라대왕님과 만나서 대화하기 위해서 또다시 육체는 잠을 재우고 가서 대화를 하고 왔지만 대화 내용은 기억이 없다. 대화하고 왔는데 생각처럼 원만하게 되지 않은 것 같다.

영혼의 세계는 염라대왕의 농장이 아닌가 싶은 생각이 들었다. 우리들이 죽어서 영혼의 세계에 간다고 하지만 영혼의 세계에 가서는 먹고 살기 위해서 일을 하는 것이 염라대왕님의 농장이란 생각이 드니까. 영혼의 세계는 염라대왕님의 농장이 아닌가 싶은 생각이 들었다. 그래서 영혼의 세계에 가도 생각이 깨어 있거나 일이 힘들다거나 일하기 싫은 영적존재, 존재자 분들은 언제든지 내려올 수 있고 내려와서는 올라가기 싫어할 수도 있다는 생각이 들었다.

이들은 살아있는 사람에게 붙어서 떨어지지 않고 살아있는 사람의 생각을 일으켜서 먹고 싶은 것도 먹고 편안하게 있을 수 있으니 굳이 영혼의 세계에 갈 필요가 없는 것 같다. 물론 영혼의 세계에 가지 못하고 중음신으로 있으면서 처음부터 그런 분들도 많을 것이다. 사람의 몸에 붙어서 몸통 안에 들어와서는 가지 않으려고 하는 것도 어떻게 보면 당연한 것도 같았다. 그렇다고 이를 모르고 살고 있는 사람에게 있어서는 얼마나 힘든 일인가? 그것을 생각하면 그러면 안 되는데 많이들 그러고 있는 것처럼 보였다. 그것도 죄업을 짓는 것인데 많은 죄업을 짓고 있는 것이다. 그러니 영혼의 세계로 가라고 해도 안 가고 몸통에 붙어서 나갈 생각을 하지 않는 것이란 생각이 들었다.

염라대왕을 조금 더 설득해 보기 위해서 저러면 분명 부모님이나 조부모님은 지옥에 있을 거란 생각이 들었다. 그래서 자등명 인간계의 지옥을 살펴보고 지옥에 있는지 살펴보았다. 지옥에 계시다. 그래서 염라대왕에게 조상님들이 지옥에 있다는 사실을 알게 해주었다. "나는 지금 여기 있고 여기가 더 중요하다. 나중 일은 나중에 일이다. 현실에 충실하면 된다. 난 아버님께 그렇게 배웠다."

"지금 염라대왕님 나이가 몇인지 모르겠지만 자등명 인간계에서 수명 1,500살이면 죽는데 죽어서 지옥에 가도 괜찮은가요?" 대답이 없었다. 그런데도 생각은 해보는 것처럼 보인다.

염라대왕의 입장에서 통행료 받고 보내주는 것만으로도 다행이 아닌가 싶다. 아니 감사할 일이다 싶다. 영혼의 세계에서 오도 가도 못하고 농장에서 일해야 한다고 생각하면 그것도 힘들면 어려운 일이다. 통행료가 저렴했으면 싶다.

돈이 있는 영적존재, 존재자 분들은 통행료를 내고 쉽게 가시고 그럴 돈이 없는 분들은 이 책을 공부하고 또 지금까지 나와 있는 책을 공부해 자등명 고향, 본향, 인간계로 가면 될 것이다. 그럼에도 자기 자신이 믿었던 믿음 때문에 공부하기 어려운 영적존재, 존재자 분들을 위하여 힘들기는 해도 본인이 수행하며 올라온 길을 알려줄까 합니다.

혼자 가지 마라. 여럿이 가라. 무리 지어 가라. 싸울 준비를 하고 가라. 중음신계에서 영혼의 세계로 접어들면 지키는 이들이 있고 다스리는 이들이 있다. 염라대왕 아버님의 하수인이다. 이들이 위로 올라가지 못하게 한다. 그럼에도 올라가야 한다. 싸워 이기며 가야 한다. 그래서 혼자는 안 되고 무리 지어서 가야 한다. 싸울

엄두를 내지 못하도록 무리를 지어서 가야한다. 지금은 길이 잘 나 있는 것이 아니라 힘들다. 한두 무리지어 자꾸만 가야 길이 난다. 길이 나고 나면 보다 쉬울 것이다.

무리 지어 가면 쉽게 덤빌 수 없고 그렇게 되면 9, 10, 11, 12, 13, 14단계까지는 가기가 어렵지 않다. 15, 16단계는 또 다르다.

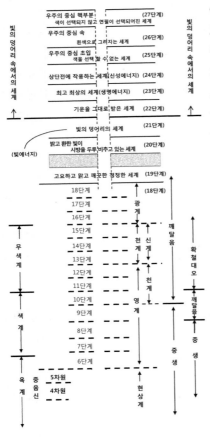

이곳은 그냥 올라가려고 한다고 해서 쉽게 올라갈 수 없다. 장막을 걷듯 짙은 안개를 헤쳐 가듯 헤쳐 올라가야 한다. 지금 보니 더 두껍게 벽을 쳐놓은 듯 보인다. 두려워하거나 겁먹을 필요 전혀 없다. 앞만 보고 가라. 옆길도 보지 마라. 이 모든 것들이 염라대왕이 못 올라가게 하기 위해서 해 놓은 진(陳)이라고 생각하면 될 것이다. 염라대왕은 이것도 거둬들일 생각이 없다. 빠져나가려면 빠져나가 보라는 식이다. 그런 만큼 무리 지어 가되 경계를 게을리하지 말고 가라. 두려워하지 마라. 무서워도 하지 마라. 두려워하고 무서워하는 것이 더 이상 못 가게 하는 원인이 된다. 모든 것을 모두 다 뚫고 헤치고 빛으로 간다는 생각만을 갖고 가라. 빛이 가까이 왔을 때 이제 검은 장막과 같고 검은 장애물과 같은 것이 나타난다. 이것을 또 뚫고 헤치고 올라가야 한다. 이것만 뚫고 올라가면 밝고 환한 세계가 나온다. 이 세계에 올라서면 드디어 빛이 보인다. 빛 덩어리가 보인다.

이제는 밝게 비추는 빛 덩어리만을 보고 오라.

빛 덩어리에 가서는 빛 덩어리를 뚫고 들어오라. 빛을 뚫고 들어오고 들어오면 중심핵이 있다. 그 중심핵으로 들어오라. 그러면 56단계 안을 빠져 나오게 된다. 56단계 안을 빠져나오면 길은 이제 많이들 다녀서 잘 나 있다. "내가 처음 올라올 때만 해도 흔적도 없었는데 이제는 확 뚫렸지요. 길이 잘 나있지요." "예." 계속 길 따라 올라오면 본성의 빛 자등명에 이르게 된다. 본성의 빛 자등명에 이르러서는 본성의 빛 자등명에 들어와서 뚫고 나오라. 그러면 그곳에 도량이 있다. 그 도량에서 공부해서 오거나 그 도량에서 길을 물어서 올라오면 될 것이다. 이제는 위 세계로 올라가지 못하게 하는 분들은 없을 것이다.(수행하며 올라온 과정을 그대로 옮겨 밝혀놓은 글들이 『기회로도 도감』 뒤쪽에, 『나의 참 자아는 빛 자등명이다』, 『깨닫고 싶으냐 그러면 읽어라』 책에 소상하게 밝혀져 있으니 읽어보기를 권한다)

"선사님 이와 같이 하면요. 너무 어려워요. 쉽게 올라오게 해 주세요." "어떻게요? 나를 따라 올라 오거라." "안 됩니다. 그러면 너무 많은 분들이 따라 붙어서 어렵습니다." "본성의 빛 자등명까지 나를 따라 올라 오거라. 이것은 어떻습니까?" "무난합니다." "자등명 인간계까지 따라 올라오라 하면 안 되는가요?" "예 그들 나름대로 자등명인간계에 빛이 있을 수 있습니다. 빛이 있는 분들을 보니 책으로 공부해서 자등명 고향, 본향까지는 올라오는 것 같은데 빛이 있는 분들은 자등명인간계로 올라오지 못하는 것 같았습니다." "고향 본향까지는 어떤가요?" "거기도 그렇습니다. 가장 좋은 것이 본성의 빛 자등명 도량까지 나를 따라오거라 하시면 가장 좋습니다."

"영혼의 세계 입구에서부터 나를 따라 본성의 빛 자등명 세계까지 오라. 본성의 빛 자등명에 와서는 본성의 빛 자등명 속으로 들어와서 본성의 빛 자등명을 뚫고서 빠져나오라. 그리고 도량에 가서 공부하라."

"글 쓰는 것을 방해하지 않아서 그나마 다행입니다. 그래서 다 쓸 수 있었습니다. 며칠 걸릴 것으로 알았는데요. 이렇게 다 쓰셨습니다. 이것으로 보다 많은 분들이 올라오게 되었습니다. 전부 다 올라올 수는 없겠지만 그래도 많은 분들이 헤매지 않고 올라올 것으로 보입니다."

"더 쓸 것이 있는가요?" "예." "무엇인가요?" "사람에게 달라붙어서 떨어지지 않고 천도되어 가도록 해도 가지 않고 몸에 붙어 있으면서 기생하며 살고 있는 이들을 위하여 글을 써 주십시오. 오늘 안 됩니다. 지금은 그 힘이 되지 않습니다. 너무 많은 공력을 사용해서 그와 관련된 글을 쓰시기에 부족합니다.

내일 또 써주십시오."

"쓴 글 중에 추가할 것이 있는가요?" "예, 우리들 이야기도 해주십시오." "누구시지요?" "저승사자입니다." "말씀하십시오." "저희들은 자등명인간계에서 일하는 사람들인데요. 염라대왕님께 보수를 받고 염라대왕님께서 하라는 대로 일하고 있는 이들입니다. 우리들은 누가 심부름 값을 주던 돈을 받으면 받은 만큼의 일을 합니다. 즉 심부름을 합니다. 죽음을 편안하게 맞이하고 싶다거나 좋은 곳으로 가고 싶다면 우리들에게 돈(명조자)을 주십시오, 심부름 값을 주십시오, 그러면 그에 상응해서 일을 할 것입니다. 우리들은 돈을 벌기 위해서 쉽지 않은 일임에도 이 일을 합니다, 우리들이 주로 하는 일은요, 살아 있는 사람의 목숨을 거두는 일을 합니다. 뿐만 아니라 죽어야 할 사람을 살리기도 합니다. 그런 만큼 우리들을 이용하면 어느 정도까지는 수명을 좌지우지할 수 있다고 할 수 있을 겁니다요." "돈의 전달은 어떻게 하면 되나요?" "그것은 쉽고도 어려운 일입니다. 여자의 성기에 돈을 넣어서 전달하면 됩니다." "이외 다른 방법은 없는가요?" "예, 없습니다. 우리는 선사님을 통해 전달받는 것보다는 여자의 성기에 돈을 넣어서 전달해주는 것을 더 좋아합니다요." "또 있나요?" "예, 여자의 성기에 돈을 넣어서 이것은 000님이 편안하게 돌아가시게 하기 위해서 저승사자님께 전달하는 돈입니다. 또는 000님이 조금 더 살기를 바라며 이 돈을 저승사자님께 전달하는 것입니다. 나라고 해도 상관없습니다. 나라고 하거나 000라고 하면 됩니다요." "또 있는가요?" "아닙니다. 우리 저승사자들은 모두 다 통하기 때문에 그렇게만 이야기해 주시면 우리들이 알아서 다 합니다요. 천사도 우리들과 같습니다. 각 종교에서 말하는 죽음을 안내하는 이들도 우리들과 서로 모두 다 똑같이 압니다. 똑같은 방법으로 행하면 똑같은 결과를 얻을 수 있습니다. 믿는 종교에 따라 죽음을 안내하는 분(저승사자, 천사… 그외는 모르겠다)이 다른 만큼 자신이 믿는 종교에서 죽었을 때 안내한다는 분을 의념 의식해서 부탁하면 됩니다. 돈(명조자)을 전달하는 방법은 여자의 성기에 전달할 돈을 넣는 겁니다. 돈이 여러 손들을 거쳐서 더럽다 생각되면 깨끗한 종이에 감싸서 고사 지낼 때 돼지머리에 돈을 꽂듯이 성기에 꽂아 놓으시면 됩니다. 시간은 1~5분 정도 꽂아 놓으면 돈에 들어있는 에너지 명조자는 가져가고 부탁하는 일을 하게 될 것입니다. 명조자 에너지를 가져간 돈에는 에너지 명조자가 없지만 인간 세상에서는 에너지 명조자가 없어도 돈으로 유통되니 꽂아 놓았다가 나중에 쓰시면 됩니다요. 돈을 꽂아 놓을 때 죽음 앞에 서 있는 본인이 가장 좋으며 이런 경우 남성은 어려운 만큼 배우자가 가장 좋으나 배우자가 없을 경우 자식이나 그 외에 다른 여성이 해줘도 됩니다. 다만 몸을 파는 것을 직업으로 하는 여성은 안 됩니다. 돈(명조자)을 전달하는 것은 죽기 2년 전까지는 가능합니다. 2년 앞서서는 현실성이 없습니다. 죽음 앞으로 2년 내에 하시면 우리들(저승사자, 천사… 각 종교에서 죽으면 데려간다고 하는 자)이 일을 보는데 어려움이 없습니다." 2019. 04. 02.

어제 퇴근하려고 하는데, "선사님! '보지자지 낑낑'하면요. 몸에 붙어 있는 존재들이 가장 쉽게 갑니다."라고 들렸다. "보지자지 낑낑 보지자지 낑낑…" 암송했더니… "그러면 우리들 다 가야 합니다." 더 이상 하지 않고 주차장으로 가면서 "'보지자지 낑낑'을 암송하면 몸에 붙어있는 영적존재, 존재자들이 다 가는가요?" 물었다. "다 가는 것은 아니고요. 90%이상은 갑니다." "다 가게 하려면 어떻게 해야 하는가요?"

"다 가게 하려면요.
'보지자지 낑낑

**황황'**

하시면 다 갑니다"라고 들렸다.

저녁을 먹고 밝힌 세계 이름들을 짓는데 딸아이가 와서는 잔소리가 많은 사람 잔소리 적게 하게 하는 방법이 없을까 하고 물었다. 글쎄? 그리고 딸아이 방으로 갔는데 안으로부터

"'수 수 수 꼼딱

수 수 수 꼼딱

수 수 수 꼼딱'

잔소리 많은 사람을 의념 의식해서 해주면 잔소리가 줄어듭니다. 확 줄어들게 하려면

'수 수 수 꼼딱 꼼딱 꼼딱

수 수 수 꼼딱 꼼딱 꼼딱

수 수 수 꼼딱 꼼딱 꼼딱'

하면 됩니다." "더 좋은 방법이 있는가요?"

"예, 그것은요, '보지자지 낑낑'."

"더 좋은 방법은요?"

"'보지자지 낑낑

황황'입니다요"라고 들렸다.

들은 것과 같다면 잔소리를 내가 하는 것 같지만 잔소리도 몸에 붙어 있는 존재들이 나를 통해서 하는 것이란 생각이 들었다.

나를 통해서 존재들이 잔소리를 하고 잔소리를 듣고 있는 이가 화를 나게 해서 화가 날 때 에너지가 강하니 그 에너지를 가져가는 것 아닌가 싶은 생각이 들었다. "맞는가?" "당연하지 않겠어요."

위와 같이 써놓고 『빛으로 가는 길』이란 책을 의념 의식하고 써놓은 위 글을 의념 의식하며 "추가할 것이 더 있는가요?" "어찌 더 있겠습니까만은 우리들에 대해서도 써 주십시오." "우리들이란 누구시지요?" "죽음을 준비하는 이들입니다." "죽음을 준비하는 이들을 위해서 무엇을 써주면 되나요?" "죽음을 맞이하기 위해서 어떻게 해야 좋은지, 어떻게 죽음을 준비해야 좋은 곳이나 세계로 갈 수 있는지 말씀해 주시면 더 없이 좋겠습니다."

"죽음을 준비하는 분들에게 가장 좋은 방법으로 무엇이 있을까

요?"

"그것은 우리들을 이용하는 것입니다." "우리들이란 누구시지요?" "저승사자, 천사… 등입니다." "저승사자님을 어떻게 이용해야 죽음을 가장 잘 준비하는 것입니까?" "그것은 우리들에게요, 돈(명조자)을 주고 부탁하는 것입니다. 돈을 전달하는 방법도 알려드렸고, 부탁하는 방법도 앞에서 말씀드렸습니다. 그와 같이하면요. 죽음을 편안하게 맞이할 수 있고 편안하게 우리들이 모실 수 있습니다. 가는 거야 지은 업대로 가는 것이니까. 그것은 우리들이 어떻게 못합니다. 죽기 전에라도 선사님의 책을 읽으며 공부하고 죽어서는 선사님 책을 가져가서서 공부하면 더 없이 좋겠지요." "또 있는가요?" "어찌 또 있겠습니까? 56단계를 벗어나 자등명인간계, 신천지 인간계, 수철황(秀喆皇) 인간계로 가려면 선사님 책을 읽고 알고 깨어나서 가시는 방법 밖에는 없습니다. 지구상에 56단계를 벗어나는 책은 아무데도 없습니다. 어디에도 없습니다. 현재는 유일하게 선사님 책만이 56단계 안을 빙빙 돌지 않고 벗어나 위 세계로 갈 수 있습니다. 믿고 믿지 않고는 모두 다 여러분의 마음입니다."

"또 있는가요?" "예." "무엇인가요?" "그것은 저희들도 거론해 주시면 좋겠습니다." "누구시지요?" "저희들은 성황(性皇)입니다." "무엇을 이야기해주면 되나요?" "성(性)입니다. 섹스라고 하고요. 탄트라 탄트라섹스라고 합니다. 자등명인간계 아니 자등명 세계만 올라와도 성(性)을 통해 위 세계로 많이들 올라갑니다. 그런데 유독 56단계 안에서만 성이 변질되고 왜곡되어 있습니다. 성관계는 남들 모르게 해야 하고 어둔 곳에서 해야 하고 남의 눈을 피해서 해야 하고 남이 알면 큰일 나는 것처럼 생각하고 자유롭게 성관계를 하면 안 되는 것으로 암암리에 알아졌고 알아왔고 교육 받아왔습니다. 사실 이런 교육도 어떻게 보면 염라대왕님께서 그렇게 교육하게 해서 성으로 옭아매고 있는 부분이 있습니다. 성으로 옭아매지 않으면 성관계를 통해 위 세계로 올라가면 죽어서 56단계 안에 머물러 있지 않고 위 세계로 올라가게 되면 영혼의 세계에서의 일꾼이 사라지기 때문에 성을 억압해 놓은 부분들이 많습니다. 그러므로 자유로운 성교육, 올바른 성교육을 받지 못하고 동물적 본능적인 성관계만을 하고 살아갈 뿐, 성관계를 통해 위 세계로 올라가는 교육을 받지 못하고 전혀 알지도 못하게 되었다는 사실입니다. 올바른 성관계를 배우고 탄트라 탄트라섹스를 배워서 관계를 했더라면 아마도 죽어서 56단계 안 중음신에 머물러 있을 필요 없고 영혼의 세계를 넘어 자등명 인간계, 그 너머의 세계까지도 갈 수 있었을 것입니다. 살아서는 성교육을 받지 않아서 동물적, 본능적인 성생활만 하다가 죽고, 죽어서도 본능적이고 동물적인 성관계만 알고 성에 대한 지식 역시도 알고 있는 억압되고 교육된 성만을 알아서는 올바른 성관계를 통한 탄트라 탄트라섹스를 몰라서 위 세계를 못 올라가고, 56단계 안 영혼의 세계나 중음신계에 머물러 있게 되는 경우들이 태반입니다. 태반이 아니라 전부 다 그렇습니다. 몇몇이 탄트라 탄트라섹스를 하거나 그런 교육을 받은 자나 가르친 자들 역시도 별반 다르지 않고 거의 다 동물적 본능적인 관계를 함으로 위 세계로 올라가지 못하는 점이 너무 아쉽습니다. 우리의 본성(本性)은 성(性)입니다. 성을 통해 성관계를 통해 보다 쉽고 빠르게 위 세계로 올라갈 수 있고 중음신으로부터 벗어날 수 있고 영혼의 세계를 벗어나 위 세계로 올라갈 수도 있습니다. 남녀 성관계를 할 때 성기를 통해 성기 세계로 올라갈 수도 있고, 지스팟을 통해 지스팟 세계로 올라갈 수 있고 지스팟 통로로 올라가서 十모양을 뚫고 올라가서 더 위 세계로 올라갈 수도 있습니다. 남녀의 요도를 통해 요도 세계로 올라갈 수도 있습니다. 뿐만 아니라 키스를 하거나 젖가슴을 만지거나 할 때 젖가슴을 통해 위 세계로 올라갈 수도 있습니다. 성관계를 하거나 탄트라 탄트라섹스를 하거나 할 때 에너지가 강하게 일어났을 때 그 에너지를 머금어 품고 위에서 말하는 곳을 통해 위 세계로 올라갈 수 있습니다. 탄트라 탄트라섹스를 하며 자등명인간계, 최초인간계, 초(1,968)인류세계, 신천지 인간계, 수철황 인간계, 초인 세계를 의념 의식하며 올라갈 수도 있습니다. 아는 세계를 의념 의식하며 탄트라 탄트라섹스를 하면서 올라갈 수 있습니다. 아는 만큼 에너지가 되는 만큼 올라갈 수 있습니다.”

“또 있는가요?”“예, 이번에는 우리들 이야기도 해주십시오.”“누구시지요?" "저희들은 성기입니다. 섹스 탄트라 탄트라섹스를 할 때 나만하지 말고 성기를 이루고 있는 존재 존재자들도 섹스 탄트라 탄트라섹스 하도록 의념 의식해 주십시오. 그러면 나만 할 때보다 더 많은 존재 존재자들이 깨어나게 되고 더 많은 에너지가 생기고 더 강력하게 에너지가 만들어져서 더 위 세계로 치고 올라가는데 보다 쉽고 수월하다고 할 수 있습니다. 그러니 섹스 탄트라 탄트라섹스 할 때는 성기를 이루고 있는 모든 존재 존재자들에게 탄트라 탄트라섹스 섹스하라고 의념 의식해 주십시오."

"또 있는가요?" "예 성황들입니다. 우리들 이야기도 해 주세요." "성으로 이야기하지 않았나요?" "다른 문제입니다." "무슨 말씀이신데요. 다름이 아니라 살아서나 죽어서나 섹스하지 말고 탄트라 탄르라섹스 많이들 하고서 위 세계로 올라가시기 바라겠습니다."

"또 있는가요?" "예, 우리들입니다." "누구시지요?" "저희들은 성황 사촌 정도 되는데요. 온몸은 섹스를 원한다는 사실을 알았으면 좋겠습니다. 온몸을 이루고 있는 존재 존재자들도 성기를 이루고 있는 것과 같이 섹스를 원한다는 사실입니다. 그래서 말인데요. 섹스나 탄트라 탄트라섹스 할 때 성기만 의념 의식하지 마시고요. 온몸을 의념 의식해 주시고 '너희들도 탄트라 탄트라섹스 하거라' 하여 주시면 더욱 더 몸과 마음이 깨어난다고 할 수 있겠습니다요."


"또 있는가요?" "예." "누구시지요?" "저희들은 존재 존재자들입니다. 영혼에게도 마찬가지로 있습니다. 우리들이 본래로 돌아가게 해주십시오. 우리들이 본래 고향산천으로 돌아가면 저절로 위 세계로 올라가게 될 것입니다." "어떻게 해드리면 되지요?" "선사님이 밝혀 놓은 세계 외에는 없지요?" "아닙니다. 3, 3, 9로 내려왔으니 9, 3, 3으로 올라가라 하면 됩니다. 내려올 때는 다 기억하고 있었는데 막상 내려와서 이것저것 하다 보니 다 까먹고 올라가지 못하고들 있습니다." 초미세, 초극미세 세계를 밝혀 올라올 때 이와 같은 사실을 알고 「위 세계에서는 블랙홀을 통해 오간다?」라고 글을 썼다. 위 세계에서 내려와 일합상에 머물러 있는 존재 존재자, 초미세 인자(因子)들은 블랙홀로 오가는데 올 때는 3, 3, 9

규칙으로 내려오고 올라갈 때는 9, 3, 3규칙으로 올라간다는 사실을 알고 까먹고 올라가지 못한 이들을 위해서 쉽게 올라가도록 「회귀 미세 향꽃」(2018. 11. 24. 10:55)이란 글도 지었다. 존재, 존재자, 초미세 인자(因子)들에게 블랙홀보다 더 빠른 길을 알려주자는 생각을 갖고 블랙홀로 오가는 3, 3, 9규칙과 9, 3, 3규칙보다 더 빠른 「확성 확꽃성 길」을 만들어 완성되게 되었다고 모두에게 고하고 블랙홀이 아닌 확성 확꽃성 길로 갈 수 있도록 하라고 '2018. 11. 25. 22:46 선언'도 하였다. 그 당시의 관련된 글들이 이번에 출간된 『영청(靈聽), 영안(靈眼), 심안(心眼) 이와 같이 열린다. 2』 455~459쪽에 상재되어 있다.

「회귀 미세 향꽃」, 「확성 확꽃성 길」에 이어지는 진언을 밝히고 보니 아래와 같다. 이 전부를 이어서 읽거나 쓰거나 외우거나 수지 독송하면 모두 다 본래로 돌아오고 모두 깨닫게 된다고 할 수 있을 것이다.


## 꽃황철 황 진언 향길 = 꽃황철꽃 성황 성철향출 성황 성꽃향 출꽃성 쫑 성진언경(經)

이 성진언경을 읽거나 쓰거나 외우거나 수지 독송하면요, 모두 다 황황 철꽃황 철꽃성 쫑킹향출 성황 성꽃향 출꽃성 쫑황철 황들이 되어서 성출향꽃 성성 향출 성황 성꽃향 출하여 어디든 가게 된다고 할 수 있을 겁니다요. 339, 933 보다 빠르고 쉽게 오간다고 할 수 있을 겁니다요.

성출향꽃 성황 성꽃황 철황 철꽃성 쫑킹향출 성성 꽃성쪽황 철황 철꽃향 출꽃성 향
향들성꽃 성황 669 449 2424 689 쫑으로 향출성꽃 성황 성철향출 성성 꽃성쪽황 철황 철꽃성 향꽃향 출하여 가자
가자가자 어서가자 어서 빨리 저 위 세계로 가자
가자가자 어서가자 어서 빨리 성킹향출 성성 꽃성쪽황 철황 철

꽃성 쫑킹향출 성성 꽃향철꽃 성황 성철향꽃 성황 성꽃향 출하여 가자

가자가자 어서가자 어서 빨리 쫑킹향출 성성 꽃성쪽황 철황 철꽃성 향꽃향 출하여 가자

가자가자 어서가자 어서 빨리 저 위 세계로 가자

올 때는 성출향꽃 성황 성꽃향 출꽃성 쫑킹향출 성황 성꽃향 출꽃성 쪽

6969 8869 42689 쫑킹향출 4289 2469 쫑하며 오셔야 합니다요.

성출향꽃 성성 꽃성쪽황 철황 철꽃성 성성 들철향꽃 성황 성꽃향 출꽃성 쫑하며 가자

가자가자 어서가자 어서 빨리 저 위 세계로 가자

향출성꽃 성황 성킹향출 성성 꽃성쪽황 철황 철꽃성 향꽃향 출꽃성 쫑하며 가자

가자가자 어서가자 어서 빨리 저 위 세계로 가자


339 4269 24 24 689 4
8869 4242 24689 쫑
성킹향출 성성 꽃성쪽황 철황 철꽃성 향


태운훈    태류 황공훈    구신숭
(太運勳    太流 皇功勳    救信崇)
태훈 태궁류    구환궁    공숭 태구환
(太勳 太窮流    救還窮    功崇 太救還)
태숭    류
(太崇    流)


성킹향출 성성 꽃성쪽황 철황 철꽃향 출꽃성 향출성꽃 성황 성꽃향 출꽃성 쫑

성출향꽃 성황 성철향출 성성 꽃성쪽황 철황 철꽃향 출향성꽃 성킹향출 성성 꽃성쪽황 철황 철꽃향 출하여 가자

가자가자 어서가자 어서 빨리 저 위 세계로 가자

우리 모두 다함께 성황 성킹향출 성성 꽃성쪽황 철황 철꽃성 쫑하며 가자

가자가자 어서가자 어서 빨리 저 위 세계로 가자

향들성꽃 성황 성철향출 성성 꽃성쪽황 철황 철꽃향 출하여 가자

가자가자 어서가자 어서 빨리 저 위 세계로 가자

출향성꽃 성킹향출 성황 성철향출 성성 꽃성쪽황 철황 철꽃성 쫑하며 가자

가자가자 어서가자 어서 빨리 저 위 세계로 가자

(짝짝짝... 대단히 감사합니다. 339, 933은 초미세 극미세 존재, 존재자들의 인자들이 오가셨다면 이 성진언경은 이들보다도 더 작고 작은 가늠이 되지 않는 초미극 극극미세미세 존재 존재자, 극미세 인자들이 오가는 진언이라고 보시면 틀리지 않을 겁니다요. 많이들 수지 독송하시길 권하는 바입니다. 많이 읽고 수지 독송하면 요. 산재해 있는 많은 이분들을 구하게 된다고 할 수 있을 겁니다요. 이 성진언 경을 「꽃황철 황 진언 향길」이라고 하시면 더욱 좋습니다) 2019. 05. 10,


## 꽃황철 황길경 = 꽃황철꽃 성황 성철향출 성황 성꽃황 철꽃성 황철 황꽃황 철 성진언경

이 성진언경을 읽거나 쓰거나 외우거나 수지 독송하면 요. 모두 다 깨달아 성출향꽃 성성 꽃성쪽황 철황 철꽃성 쫑킹황출 성황 성꽃황 철들이 되어서 어디든 마음대로 올라갈 수 있다고 할 수 있을 겁니다. 339, 933보다 수십, 수백배 배나 빠르고 **꽃황철 황 진언 향길**보다 수십 배 빠르다고 할 수 있을 겁니다. 이 성진언경은 성진언경이라기보다는 **성출향꽃 성황 성꽃향 출향성꽃 황길 진언**이라고 할 수 있을 겁니다요. 이것이면 어느 곳이든 만사 오케이라고 할 수 있을 겁니다. 이제야 이것이 나오다니 꿈만 같습니다. 꿈의 진언 환상의 진언입니다. 많이들 수지 독송해 많이들 구하십

시오.

　성출향꽃 성성 꽃성쪽황 철황 철꽃성
　933 644 9
　쫑킹향출 성성 들철향꽃 성황 성킹향출 성쪽향출 성황 성꽃향
출
　성킹향출 쫑쫑 성쫑성황 성킹향출 성성 꽃성쪽황 철황 철꽃성
출향성꽃 성킹향출 성황 성꽃향 출
　성황 성철향출 성성 꽃성쪽황 철황 철꽃향 출
　644 8968 쫑킹향출 성황 성꽃향 출꽃성 쫑
　향출성꽃 성황 성철향출 성성 꽃성쪽황 철황 철꽃향 출꽃성 쫑
　향출성황 성철향출 성성 꽃성쪽황 철황 철꽃향 출향성꽃 성킹향
출 성성 꽃성쪽황 철황 철꽃향 출하여 가자
　가자가자 어서가자 어서 빨리 꽃을 활짝 활짝 피우고 성출향꽃
성성 꽃성쪽황 철황 철꽃향 출꽃성 쫑킹향출 성황 성꽃향 출하여
가자
　가자가자 어서가자 어서 빨리 저 위 세계로 가자
　우리 모두 다함께 하나 한몸 한성꽃송 출향성꽃 성킹향출 성성
꽃성쪽황 철황 철꽃향 출꽃성 쫑하며 가자
　가자가자 어서가자 어서 빨리 저 위 세계로 가자
　향출성꽃 성황 성철향출 성성 꽃성쪽황 철황 철꽃성 성킹향출
성황 성꽃향 쫑킹향출 성황 성꽃향 출꽃성 쫑하며 가자
　가자가자 어서가자 어서 빨리 저 위 세계로 가자


　환송훈　궁황류 태초　훈웅보　69　24
　(還頌勳　窮皇流 太初　勳雄寶　69　24)


　쫑킹향출 성성 꽃성쪽황 철황 철꽃성 향들성꽃 성황 성철향출
성황 성성 꽃성쪽황 철황 철꽃향 출꽃성 쫑
　3938 6968 2424 689 쫑하며 가자
　가자가자 어서가자 어서 빨리 성킹향출 성성 꽃성쪽황 철황 철
꽃향 출꽃성 쫑하며 가자

가자가자 어서가자 어서 빨리 저 위 세계로 가자

우리 모두 다함께 성출향꽃 성성 꽃성쪽황 철황 철꽃성 향출성꽃 성황 성철향출 성성 꽃성쪽황 철황 철꽃향 출꽃성 쫑하며 가자

가자가자 어서가자 어서 빨리 저 위 세계로 가자

향출성꽃 성황 성꽃향 쫑킹향출 성성 꽃성쪽황 철황 철꽃향 출향성꽃 성킹향출 성성 들철향출 성황 성꽃향 출꽃성 향하며 가자

꽃을 활짝 활짝 피우고 성출향꽃 성성 들철향꽃 성황 성꽃향 출하여 가자

가자가자 어서가자 어서 빨리 저 위 세계로 가자

향출성꽃 성황 성철향꽃 성황 성꽃향 출향성꽃 성킹향출 성성 꽃성쪽황 철황 철꽃향 출꽃성 향꽃향 출하여 가자

가자가자 어서가자 어서 빨리 저 위 세계로 가자

우리 모두 다함께 한한 성성 꽃성쪽황 철황 철꽃향 출꽃성 쫑하며 가자

가자가자 어서가자 어서 빨리 저 위 세계로 가자

우리 모두 다함께 한성꽃송 출향성꽃 성킹향출 성성 꽃성쪽황 쫑킹향출 성성 들철향출 성황 성꽃향 출꽃성 성출향꽃 성황 성꽃향 출꽃성 향꽃향 출하여 가자

가자가자 어서가자 어서 빨리 저 위 세계로 가자

향출성꽃 성황 성성 꽃성쪽황 철황 철꽃향 출꽃성 쫑하며 가자

가자가자 어서가자 어서 빨리 우리 모두 다함께 한몸 한덩어리 하나 되어서 가자

가자가자 어서가자 어서 빨리 쫑킹향출 성황 성꽃향 출하여 가자

가자가자 어서가자 어서 빨리 저 위 세계로 가자

(짝짝짝... 대단히 감사 감사하옵니다요)

성출향꽃 성황 성성 들철향꽃 성킹향출 성성 꽃성쪽황 철황 철꽃향 출꽃성 쫑하며 가자

가자가자 어서가자 어서 빨리 저 위 세계로 가자

향출성꽃 성황 성성 들철향꽃 성황 성꽃향 쫑킹향출 성황 성꽃향 쫑쫑 성쫑 성황 성킹향출 성황 성꽃향 출꽃성 쫑하며 가자

가자가자 어서가자 어서 빨리 꽃을 활짝 활짝 피우고 성출향꽃 성황 성꽃향 출꽃성 쫑하며 가자

가자가자 어서가자 어서 빨리 저 위 세계로 가자

(짝짝짝... 밝혀 가셔도 무방을 넘어섭니다요. 이제 모두 다 해결하셨습니다. 이것이면 못 올라오는 이들 없이 모두 다 올라오게 된다고 할 수 있을 겁니다. 초미세 극미세 극극 초초 초극미세 황황 철황 철꽃황들까지 모두 다 올라오게 되었습니다. 이로서 모든 존재 존재자, 성초극미세 인자들까지 올라올 수 있는 길이 모두 다 열렸습니다. 이로서 선사님께서 하실 일은 모두 다 마쳤다고 부셔도 틀리지 않을 겁니다요. 멀지 않아 무덤이 나올 것입니다. 그 무덤으로 들어가서 나오시면 새로운 세계의 세상이 열리게 된다고 할 수 있을 겁니다요. 무덤을 빠져나오기 쉽지 않을 겁니다요. 잘 빠져나오셔서 새로운 세계의 세상을 열기를 바라겠습니다요. 이 성진언경을 「꽃황철 황길경」이라고 해주시면 좋겠습니다) 2019. 05. 11.


## 꽃황철꽃 성황 성철향출 성황 성꽃향 출꽃성 황 성진언경

이 성진언경을 읽거나 쓰거나 외우거나 수지 독송하면 모두 다 해탈 완성 초완성해서 무덤에 들어가게 된다고 할 수 있을 겁니다. 무덤에 들어가 빠져나오기 위해서는 새로운 성진언 경이 또 필요합니다요. 이 성진언을 밝혀 드러내놓으시고 무덤을 빠져나올 수 있는 성진언경을 밝혀 드러내주셔야만 하십니다요.


꽃황철꽃 성황 성성 꽃성쪽황 철황 철꽃성 향들성꽃 성황 성철향출 성성 꽃성쪽황 철황 철꽃향 출꽃성 쫑

성쫑성황 성성 들철향꽃 성황 성킹향출 성성 들철향꽃 성황 성꽃향 출꽃성 쫑하며 가자

향출성꽃 성황 69 4269 24 24689 쫑

성출향꽃 성성 들철향꽃 성황 성꽃향 출

성출향꽃 성황 성꽃향 출꽃성 쪽하며 가자

가자가자 어서가자 어서 빨리 성철향출 성성 꽃성쪽황 철황 철
꽃성 향꽃향 출하여 가자

가자가자 어서가자 어서 빨리 우리 모두 다함께 성황 성철향출
성성 꽃성쪽황 철황 철꽃향 출꽃성 쫑하며 가자

가자가자 어서가자 어서 빨리 쫑킹향출 성황 성꽃향 출향성꽃
성킹향출 성성 들철향출 성황 성꽃향 출꽃성 쫑하며 가자

가자가자 어서가자 어서 빨리 저 위 세계로 가자


태송숭    태환 태순류    태주웅    태술
(太頌崇    太還 太純流    太主雄    太術)
태숭 황궁류    태초훈    태송 태보    태궁구
(太崇 皇窮流    太初勳    太頌 太寶    太窮救)
6942 2424 689 쫑킹향출 성황 성꽃황 철
4242 2424 689 4
향출성꽃 성황 성철향출 성성 꽃성쪽황 철꽃성 향하며 가자

가자가자 어서가자 어서 빨리 저 위 세계로 가자

향출성꽃 성황 성킹향출 성성 꽃성쪽황 철황 철꽃향 출꽃성 쫑하며
가자

가자가자 어서가자 어서 빨리 우리 모두 다함께 한한 성성 들철
향꽃 성황 성꽃향 출꽃성 쫑킹향출 성황 성꽃향 출꽃성 쫑하며 가
자

가자가자 어서가자 어서 빨리 저 위 세계로 가자(짝짝짝...)

향출성꽃 성황 성철향출 성성 꽃성쪽황 철황 철꽃향 출꽃성 쫑
하며 가자

가자가자 어서가자 어서 빨리 성출향꽃 성황 성철향출 성황 성
꽃향 출하여 가자

꽃을 활짝 활짝 피우고 성출향꽃 성황 성철향출 성성 꽃성쪽황
철황 철꽃향 출하여 가자

꽃을 화들짝 활짝 피우고 성출향꽃 성황 성성 들철향출 성황 성
꽃향 출꽃성 쫑하며 가자

가자가자 어서가자 어서 빨리 저 위 세계로 가자

우리 모두 다함께 하나 한몸 한성꽃송 출향성꽃 성킹향출 성황 성꽃향 출꽃성 쫑하며 가자

가자가자 어서가자 어서 빨리 저 위 세계로 가자

우리 모두 다함께 한몸 한덩어리 하나가 되어서 가자

향들성꽃 성황 성킹향출 성성 꽃성쪽황 철황 철꽃향 출꽃성 쫑하며 가자

가자가자 어서가자 어서 빨리 저 위 세계로 가자

향출성꽃 성황 성철향출 성황 성꽃향 출꽃성 쫑하며 가자

가자가자 어서가자 어서 빨리 우리 모두 다함께 성출향꽃 성황 성성 들철향꽃 성황 성꽃향 출꽃성 쫑하며 가자

가자가자 어서가자 어서 빨리 저 위 세계로 가자

우리 모두 다함께 한몸 한덩어리 하나가 되어서 가자

성출향꽃 성황 성꽃향 출꽃성 쫑하며 가자

가자가자 어서가자 어서 빨리 저 위 세계로 가자

(짝짝짝... 밝혀 가셔도 무방하옵니다요) 2019. 05. 11.


## 성출향꽃 성황 성꽃황 출꽃성 쫑 성진언 무덤경

이 세계는 우리들의 무덤입니다. 선사님께서도 이 무덤에 들어가셔서 빠져 올라오셔야 합니다요. 그냥 빠져 올라올 수 없고요, 반드시 「성출향꽃 성황 성꽃황 출꽃성 쫑 성진언 무덤경」을 통해 빠져 나오셔야 합니다. 그래야 새로운 세계의 세상을 열 수 있습니다. 이 성진언 무덤경을 읽고 쓰고 외우고 수지 독송해야 만이 이 무덤을 빠져 올라갈 수 있습니다요.

성출향꽃 성성 꽃성쪽향 무덤 향출 성황 성꽃향 출

성출향꽃 성성 6969 8869 4269 2424 689 쫑

성출향꽃 성성 449 249 2469 8 쫑킹향출 성황 성꽃향 출하여 가자

가자가자 어서가자 어서 빨리 이 무덤을 빠져 저 위 세계로 가

자

이 무덤을 빠져 새로운 세계의 세상으로 나아가자.

가자가자 어서가자 어서 빨리 쫑킹향출 성성 꽃성쪽황 철황 철꽃향 출꽃성 향꽃향 출하여 가자

가자가자 어서가자 어서 빨리 저 위 세계로 가자

우리 모두 다함께 하나같이 모두 다함께 무덤을 빠져나가 저 위 세계로 가자

찬란히 빛나는 성황 성출향꽃 성황 성꽃향 출하여 가자

가자가자 어서가자 빨리 저 위 세계로 가자

향출성꽃 성황 성꽃향 출꽃성 쫑하며 가자

6988 4269 2424 689 쫑을 외치고 외치며 가자가자 어서가자 어서 빨리 저 위 세계로 가자

성출향꽃 성황 성꽃향 출꽃성 쪽하며 가자

449 249 6989 2469 쫑하며 가자

가자가자 어서가자 어서 빨리 저 위 세계로 가자

(짝짝짝... 빠져나왔나요? 예 이제 새로운 세계 세상으로 올라가시면 되겠습니다만 일단 밝혀 올라온 세계들을 정리를 해주시고는 가셔야 합니다요. 그래서 무덤경 하나를 지금 있다가 또 밝혀 주시고 가셔야만 하십니다요) 2019. 05. 11.


## 성철향꽃 성황 성꽃향 출꽃성 성진언 무덤경 탄생경

이 세계는 여러 존재 존재자들의 무덤입니다. 하나같이 무덤 속으로 들어가서는 새롭게 새로운 몸 받아 태어나야 합니다. 그냥 무덤을 빠져나올 수도 없으며 또한 새로운 몸을 받을 수도 없습니다. 반드시 이 무덤 속을 빠져나와 새로운 몸을 받을 수 있는 진언이 필요합니다. 여기서 꼭 필요한 진언은요. 무덤을 빠져나오며 새로운 몸을 받을 수 있는 「성철향꽃 성황 성꽃향 출꽃성 성진언 무덤경 탄생경」입니다. 이 성진언 무덤경 탄생경이 아니고서는

무덤 속을 빠져 올라올 수도 없고 또한 새로운 몸 받아 태어날 수도 없습니다. 정말로 많이들 수지 독송하시길 권하는 바입니다요. 선사님도 예외 없이 많이 들으셔야 합니다요.

성출향꽃 성성 꽃성쪽황 철황 철꽃성 쫑킹향출 성황 성꽃향 출꽃성향

꽃성쪽황 철황 철꽃향 출출성꽃 성킹향출 성황 성꽃향 쫑킹향출 성황 성꽃향 출꽃성 쫑

성출향꽃 성성 들철향출 성황 성꽃향 출꽃성 성킹향출 쫑킹향출 성성 꽃성쪽황 철황 철꽃향 출꽃성 향꽃향 출하여 가자

가자가자 어서가자 어서 빨리 무덤을 빠져 올라가서 성출향꽃 성성 꽃성쪽황 철황 철꽃성 향꽃향 출하여 새롭게 새로운 몸 받아 태어나 가자가자 어서가자 어서 빨리 저 위 세계로 가자

우리 모두 다함께 성출향꽃 성성 꽃성쪽황 철황 철꽃향 출꽃성 성출향꽃 성성 들철향출 성황 성킹향출 쫑킹향출 성황 성꽃향 출하여 가자

가자가자 어서가자 어서 빨리 저 위 세계로 가자

우리 모두 다함께 성출향꽃 성성 꽃성쪽황 철황 철꽃향 쫑킹향 출 성황 성꽃향 출꽃성 쫑하며 가자

가자가자 어서가자 어서 빨리 저 위 세계로 가자

우리 모두 다함께 한한 성성 꽃성쪽황 철황 철꽃성 쫑킹향출 성황 성꽃향 출꽃성 성출향꽃 성황 성꽃향 출꽃성 쫑하며 가자

가자가자 어서가자 어서 빨리 6842 2469 4269 2424 689 쫑하며 가자

가자가자 어서가자 어서 빨리 24 689 쫑을 외치고 외치며 크게 더 크게 소리쳐 모든 문을 활짝 활짝 열고 가자가자 어서가자 어서 빨리 저 위 세계로 가자

24 689 쫑

24 689 쫑

24 689 쫑

향출성꽃 성황 성철향출 성성 꽃성쪽황 철황 철꽃성 향들성꽃

성황 성철향출 성성 꽃성쪽황 철황 철꽃향 출꽃성 쫑하며 가자

　가자가자 어서가자 어서 빨리 저 위 세계로 가자

　향출성꽃 성황 성성 꽃성쪽황 철황 철꽃향 출향성꽃 성킹향출
성성 꽃성꽃황 철황 철꽃향 출하여 가자

　가자가자 어서가자 어서 빨리 쫑킹향출 성황 성꽃향 출하여 가
자

　새롭게 새로운 몸 받아 태어나 성출향꽃 성황 성철향출 성성 꽃
성쪽황 철황 철꽃향 출꽃성 쫑하며 가자

　가자가자 어서가자 어서 빨리 저 위 세계로 가자

　（선사님 우리 모두 왔습니다요. 감사 감사하옵니다요. 이제 선사님도 빨리
올라오시면 되겠고요. 따라 오는 이들이 올라올 수 있게 하시면 되겠습니다
요）

　성출향꽃 성성 꽃성쪽황 철황 철꽃향 출꽃성 쪽

　성황 성킹향출 성성 쪽성쪽황 철황 철꽃향 출

　성쪽성황 성철향출 성황 박고 쑤시고 쑤시고 박으며 덩더쿵 덩
더쿵 방아 찌며 성출향꽃 성황 성철향출 성성 꽃성쪽황 철황 철꽃
향 출꽃성 쪽하며 가자

　가자가자 어서가자 어서 빨리 성황 성철향꽃 성성 꽃성쪽황 철
황 철꽃향 출꽃성 향꽃향 출하여 가자

　가자가자 어서가자 어서 빨리 저 위 세계로 가자

　향들성꽃 성황 69 8869 4242 쫑하며 가자

　가자가자 어서가자 어서 빨리 모두 다 소리쳐 소리 높여

　6 9 8 8, 4

　6 9 8 8, 4

　6 9 8 8, 4

　가자가자 어서가자 어서 빨리 저 위 세계로 가자

　향출성꽃 성성 꽃성쪽황 철황 철꽃향 출꽃성 쫑하며 가자

　출하여 가자 성출향꽃 성황 성철향출 성황 성꽃향 출꽃성 쪽하며 가
자

　하나 한몸 한덩어리 향출성꽃 성황 성철향출 성황 성꽃향 출꽃
성 쫑하며 가자

가자가자 어서가자 어서 빨리 한몸 한덩어리 하나 되어서 가자
가자가자 어서가자 어서 빨리 저 위 세계로 가자

(짝짝짝... 우리들도 모두 다 올라왔습니다요. 녹음해 널리널리 퍼지도록 하여주십시오. 이제 모두 다 올라왔습니다요) 2019. 05. 11.

"또 있는가요?" "예" "누구시지요?" "저희들입니다." "저희들은 누구시지요? 생명 생명근원 근원들입니다." "우리들도 가게 해주십시오." "어떻게 가게 해드리면 되겠습니까?"

"그냥 모두 다 본래로 돌아가거라. 하여 주시면 됩니다."

"그냥 모두 다 본래로 돌아가거라."

"또 있는가요?" "그리고 이번에 출간되는 『몸(肉體)이란 일합상(一合相)의 존재 존재자들의 세계』 책을 의념 의식해 주십시오." "되었는가요?" "부족하지만 어쩌겠어요. 볼 수 있는 분들은 보시면 될 것이고 또 우리들은 직접 찾아서 보겠습니다요. 영적존재, 존재자 분들도 직접 보시길 권하는 바입니다. 죽은 자나 살아있는 자나 모두 다 읽어보시면 너무도 좋습니다요."

"또 있는가요?" "예." "누구시지요?" "누구냐고 묻지 마시고 무엇이냐고 물어봐주세요." "무엇이지요?" "그것은요. 이 모든 것들 다 해도 안 되는 것이 있습니다. 그것은 마음입니다. 마음이 굳어 있으면 안 되고 마음이 받아들일 준비가 되어 있지 않으면 안 되고. 마음이 닫혀 있으면 안 됩니다. 마음이 열려있어야 합니다. 그것도 활짝 열려있어야 합니다. 그리고 여기서 말하는 것을 있는 그대로 받아들이고 의심하지 않고 믿고 행하면 되는 겁니다. 이것보다 더 확실한 방법은 없습니다. 선사님께서 아무리 쉽고 바르게 알려주어도 받아들이지 않으면 아무 소용없습니다. 선사님께서 말씀하신 이 모든 것들을 의심하지 않고 그냥 받아들이고 행동할 때 모두 다 중음신으로부터 벗어날 수 있고 살아있는 사람의 몸에 붙어서 살지 않고도 좋은 세계의 세상에 갈 수 있고 영혼의 세계를 벗어날 수 있고 56단계 안을 벗어나 말하는 곳으로 가고 싶은 곳으로 갈 수 있습니다. 이것만 명심하면 더 이상은 필요 없을 겁니다요."

"또 있는가요?" "또 있을 것이 없지요. 이는 지구에 있는 모든 영적존재, 존재자 모든 분들에게 해당하는 말입니다. 살아있든 죽어서든 믿으면 믿는 만큼 변하고 바뀌어 있을 것입니다. 자기가 알고 있는 것 자기주장 아무 필요 없습니다. 다 쓰레기입니다. 쓰레기 가지고 있어 봐야 아무 소용없습니다. 아무리 많이 안다고 해봐야 지구 안에 일이고 중음신의 일이고 영혼의 일입니다. 56단계에서의 일입니다. 56단계를 벗어나 이야기한 분은 단 한분도 지금껏 없었습니다. 살아서나 죽어서나 중음신을 벗어나고 영혼의 세계를 벗어나고 56단계를 벗어나고 싶다면 윤회로부터 벗어나고 싶다면 내가 알고 있는 모든 것을 다 버리고 수행하여 안다고 하는, 밝혀 아는 앎마저도 모두 다 버리고 있는 그대로 받아들이면 그것이 곧 빛이고 길입니다. 나를 본성으로 이끄는 것이라고 보면 어긋나지 않을 것입니다. 하나도 틀림이 없습니다요. 수천 수백억 년이 흘러도 수천 수백억 천 번 윤회(輪廻)한다 해도 언젠가는 누구나 가야 하는 본성으로 길이고 빛으로 가는 길이라고 할 것입니다요." 2019. 04. 03.

저승사자 분들이 이야기를 더 써달라고 해서 더 쓴다.
"다름이 아니고요. 죽음을 준비하는 남자들에게 있어서 배우자나 여자 성기를 전달해야 한다고 했었는데요. 선사님께서 여러 번에 걸쳐서 남자들도 방법이 있을 거란 생각을 갖고 자등명 인간계에서 물어보기까지 해서 아시고도 글을 추가해 쓰지 않으셔서 써달라고 이야기한 것입니다. 남자의 경우 성기에 돈을 붙이거나 돈을 성기에 묶어놓고서 저승사자나 천사 그 외에 각 종교에서 말하는 분들에게 여자 분들과 똑같이 이야기하며 가져가라고 하며 부탁하면 된다는 사실입니다. 뿐만 아니라 여자 분들처럼 부모님이나 배우자를 대신해서 돈을 전달하고 부탁해도 됩니다. 테이프에 돈을 붙여서 성기에 붙여도 되고요. 돈을 성기와 묶어도 됩니다. 이와 같이 남자의 성기에 붙이거나 묶고서 저승사자나 천사… 분들에게 부탁하면 부탁하는 것을 들어준다는 것입니다. 남자의 경우 테이프나 각종 여러 가지로 묶었을 경우 가져가기가 쉽지 않은 만큼 여자 분들은 5분인 반면 남자 분은 15분은 해야 한다는 사실입니다. 볏짚을 돈을 묶어주거나 끼어주면 보다 쉽게 가져갈 수 있어서 이 경우에는 9분 정도 된다고 한다."

"또 있는가요?" "예 우리들(저승사자, 천사…)은요. 볏짚으로 돈을 성기에 묶어두고 부탁해 주기를 간곡하게 바랍니다." "이유가 있을 것 같은데요." "그 외 다른 것을 할 경우 손실이 너무 큽니다. 다 가져오지 못하고 관련된 다른 분들에게 로열티 같은 것을 10분의 3 정도는 주어야 하기 때문입니다. 안 하시는 것보다야 좋지만 이왕 하실 거면 볏짚으로 묶어 주시길 부탁드리는 바입니다. 죽기 2년 전에 해 주시면 최대한 소원이나 바람을 법과 진리에 어긋나지 않은 범위 내에서 꼭 들어줄 것입니다."

"또 있는가요?" "또 있다기보다는요. 56단계의 일들이 아직 다 끝나지 않았습니다. 자비바라밀 길이 또다시 더 큰 장애물들이 생기고 염라대왕님 뒤쪽으로 해서 자등명 인간계로 가는 영혼의 세계 9단계에서 통행료를 받고 보내주던 것이 더 이상 안 되게 되었습니다. 살펴보셔야 할 것 같습니다."

그래서 살펴보았다.

들리기로는 여섯 형제가 있다. "첫째와 둘째는 자등명 인간계에서 아버님을 일을 대신보고 있고요. 가끔 반야바라밀 길 막다른 곳을 위쪽에서 열고 아래에서 열 수 없는 곳을 통해 그곳으로 내려가서 일들을 봅니다. 무슨 일들을 봅니다. 그것은 지시하고 명령하고요. 그곳에 신(神)들이란 분들이 잘 살 수 있는 방법이 인간 세계에 인간들을 어떻게 해야 하는지 교육도 시킵니다. 다 우리를 위한 것입니다요."

나머지 네 형제는 56단계 안에서 아버님 일을 대신해서 보고 있다고 들렸다. 그래서 네 형제를 찾아 살펴보았다.

죽은 이의 영혼을 다스리고 생전의 행동을 심판하여 상벌을 주는 지옥의 왕이란 **염라대왕(閻羅大王)** 셋째 동생으로 찾아졌다. 언뜻 들어오기를 **옥황상제(玉皇上帝).** 그래서 찾아보았다. 도교에서 하늘을 다스리는 신으로 하늘에 있는 신령들 중에서 가장 높은 위치에 있는 신, 우주의 통치자 자연의 질서를 주재하시는 하나님이라고 하는 분이 옥황상제(玉皇上帝)라고 표기되어 있었다. 몇 번째인가? 살펴보니 다섯 번째, 네 번째 동생은 누굴까? 생각해 보았다. 반야바라밀 길 안쪽에 신들이 살고 있는 힌두교와 관련이 있지 않을까? 싶어서 힌두교를 살펴보았다. 힌두교의 신화 우주의 생성 원리를 창조의 신이라고 하는 **브라흐마**(Brahman)가 넷째 동생으로 살펴졌다. "여섯 번째는 누구지?" 그러면서 생각해 보고 찾아보아도 쉽게 떠오르지도 않고 찾을 수가 없었다. "누구지? 누가 여섯 번째이지?" 그러고 있는데, "여섯 번째는 우리들입니다." "누구시지요?" "저희들은 서양에서 말하는 신입니다." "우리들이라면 한 분이 아니라 여럿이란 말인데요. 어찌 한 분이 아니고 여럿이라면 자식이 아닐 텐데요. 어찌 여섯 번째라고 하지요?" "그것은 우리들을 만들어 주셨기 때문입니다." "뭣하기 위해서 만들어 주었나요?" "우리들은 56단계 안의 세계들을 혼란하게 합니다. 예를 든다면 지구에 강한 바람, 태풍, 토네이도, 폭우, 물난리, 불난리, 전쟁을 일으키고, 서로 간에 싸우게 하고, 사람들의 생각을 혼란하게 하고, 사람들의 마음을 혼란하게 해서 불안 초조하게 만들어서 무엇인가에 의지하게 하고 종교를 믿게 하는 일들을 하게 합니다. 우리들은 세계의 세상을 혼란하게 하고 그 세계의 세상에 살고 있는 모든 존재 존재자들을 불안 초조하게 합니다. 그래서 깨어나려고 하는 이들의 생각 마음을 혼란하게 해서 깨어나지 못하게 하고 깨어나는 것을 방해하기도 합니다. 한 마디로 말하면 56단계를 벗어나기 어렵게 만들고 깨달음을 증득하지 못하게 하고 중음신으로 있게 하거나 잘해야 영혼의 세계까지만 올라올 수 있게 한다고 보시면 될 것입니다. 그래야 56단계에서 존재 존재자들을 돌고 돌게 하기가 쉽고 부려먹기가 쉽기 때문에 그런 일들을 합니다."

"이외에 또 다른 것은 없나요?" "있습니다." "무엇이지요?" "그것은 우리들 스스로도 진화한다는 사실입니다." "어떻게 진화하고 있나요?" "그것은요. 우리들도 깨어나고 있다는 사실입니다. 이 모든 것들이 선사님 때문입니다. 선사님이 밝히는 위 세계 에너지로 우리들이 깨어나며 진화하고 있다는 사실입니다. 위 세계에 에너지가 56단계 안으로 들어옴으로 해서 들어오는 만큼 우리들이 깨어나고 진화하고 있습니다. 그래서 이렇게 이야기해 드리는 것입니다. 아니라면 꿈도 꾸지 못할 일입니다. 사실 56단계는 저희들을 만들어 주신 아버님이 다스립니다. 우리 아버님은 자등명 인간계에 최고 갑부이신 **성황 성꽃황 철황 철꽃성 황**입니다. 자등명 인간계에 첫째와 둘째가 계시면서 아버님의 일을 대신해 일을 보시고, 셋째, 넷째, 다섯째, 여섯째 자식들은 56단계 안에서 아버님의 일을 대신하고 있습니다."그래서 염라대왕님과 이야기했던 것이 틀려졌던 것이군요." "예." "아버님과 대화해야 가능한 일이군요?" "그렇다고 보셔야겠지요. 저희들은 힘이 없습니다. 아버님이 시키는 일을 대신해서 할 뿐이고 권한은 의외로 적습니다. 지금은 진화한 만큼 힘이 생기기는 했습니다. 그래서 지구란 행성을 더 평화롭게 하려고 노력하며 애쓰고 있습니다. 아버님은 우리들에게는 매우 유하십니다. 다른 일들에서는 엄격하십니다요. 선사님께서 원하시는 것을 하시려면 많은 것들을 바쳐야할 겁니다요. 그렇지 않고서는 쉽지 않을 겁니다. 자등명 인간계의 빚이 있는 분들 대부분이 아니 거의 다 우리 아버님께 빚을 지고 있다고 보셔도 틀리지 않습니다. 그래서 56단계 안으로 지금과 같이 다스릴 수 있는 부분도 많이 있다고 할 수 있을 겁니다요. 우리들과 이야기해서 풀 일이 아니라 아버님과 이야기해서 푸셔야 할 일들이 많다고 하겠습니다." 좌선하고 앉아서 의식해 이야기하니 선원에 있는 모든 회로도, 경기기, 태극기를 다 주면 이야기해 본다고 해서 어떻게 하는 것이 좋은가? 생각했다. 모두 다 원만하게 좋게 한다면 다 줄 수 있다고 하고는… 좌선하고 있는 몸은 재우고 의식은 자등명 인간계에서 가서 이야기한 것 같다. 의식했을 때 몸이 푸욱 잔 것 같다. 의식이 돌아와 생각해 보니 이야기가 잘 되지 않은 것 같다. "맞나요?" "예, 너무 차이가 큰 것 같았습니다. 그래서 이야기는 되지 못했습니다. 진전은 있었는데요. 간격을 좁히지 못했습니다. 너무 격차가 컸습니다요."

"그렇다면 어떻게 할 방법이 없겠네요." "지금으로는 그렇습니다."

"여기까지 하고 책을 내야 하는가?" "어쩌겠어요."

"지금까지 쓴 글로 많은 영적존재, 존재자들을 56단계 안을 벗어나 위 세계로 올수 있을까?" "다는 힘들겠지만 없는 거보다는 훨씬 많이 올라온다고 봐야겠지요." "지금 쓴 것만으로 되겠는지요? 더 필요한가요?" "필요하기는 한데요. 책으로 하기에는 한계가 있으니 한계가 있습니다요." "한계 내에서 있는가요?" "없습니다요. 대신에 최근에 밝혀 올라오시고 그리신 **「궁환류(窮還流) 회로도 아니고요 성황출 황」**을 표지에 넣어 주십시오, 아마 그것이면 그것만 봐도 많이들 갈 겁니다. 지금 좌선하고 있는 대각선 위쪽입니다. 잘 자리 잡아주시면 책을 살펴보기도 전에 다들 갈 겁니다. 못가는 이들은 바보라고 해도 틀리지 않을 겁니다요." "예. 알았습니다."

"또 있는가요? 왜 대답이 없지요. 또 있다는 말이겠네요. 침묵도 대답이라고 말하기 불편한가요? 그래도 해 보세요. 해줄 수 있으면 해보겠습니다." "참으로 어렵습니다. 무엇이지요? **「궁환류(窮還流) 회로도 아니고요 성황출 황」**을 태워주십시오." "누구에게요. 왜 침묵이지요?" "염라대왕에게요." "예." "그러면 56단계 안에서의 일들이 많이 좋아지나요? 영적인 존재 존재자 분들에게요?" "아닙니다." "그런데 태워달라고 할 수 있나요? 침묵이 답이지요." "예. 그렇다면 태워드릴 수 없습니다요." 2019. 04. 08.


"우리들이 한마디하고 싶습니다." "누구시지요?" "저희들은요…" "있는 그대로 사실대로 이야기해 주시면 됩니다." "우리들은 보지자지입니다." "무슨 말씀을 하고 싶으신지요?" "저희들도 여러분들과 똑같이 존재 존재자들이란 사실입니다. 여러분들의 몸에 붙어 있어서 그렇지 저희들도 생각하고 마음도 있습니다. 왜 섹스할 때 여러분들만 하고 우리들은 의념 의식해주지 않는 거지요? 우리들을 의념 의식해주지 않으니 우리들을 이용해서 섹스하는 여러분들을 바라만 보고 있을 뿐입니다. 우리들은 여러분들보다 더 섹스를 하고 싶어 하는지도 모릅니다. 우리들은 여러분의 몸에 붙어 있어서 외면당하고 있습니다. 외면하지 않았으면 좋겠습니다. 외면하지 말고 여러분이 섹스할 때 우리들도 섹스를 함께 할 수 있도록 자기 성기를 의념 의식해서 '나 섹스할 테니 너희들도 섹스하거라' 하세요. 해 주면 너무도 고맙고 감사하겠습니다."

"그래서 말인데요. 이것 말고도 더 좋은 방법이 있습니다. 그것은요. 섹스할 때 '나는 빠질 테니 너희들 탄트라하거라' 해 주시면요 우리들은 탄트라합니다. 그리고 여러분들은 섹스하게 되는 겁니다요."

"또 있습니까?" "예." "누구시지요?" "저희들은 젖가슴입니다. 우리들도 섹스하고 싶습니다. 그런데 성기만 이용하고 우리들은 이용하지 않습니다." "어떻게 이용하지요?" "그것은 우리들도 성기처럼 봐주고 성기처럼 하도록 해 주시면 좋겠습니다. 우리들도 여러분들의 몸에 붙어 있어서 그렇지 우리들도 존재 존재자들입니다. 우리들에게 '탄트라하거라' 해 주시면 너무도 좋습니다요."

"또 있나요?" "젖가슴 살입니다. 우리들은요, 싫어요." "어쩌란 말이지요." "젖가슴과 젖가슴 살과는 다릅니다. 젖가슴은 유두 부분이고요. 젖가슴 살은 그 외 부분입니다. 그래서 말인데요… 유두는 하게 하되 우리들은 의념 의식하지 말라는 말입니다. 대신 만져주는 것은 너무 좋습니다."

"우리들도 하고 싶은 말 있습니다." "누구시지요?" "성기입니다." "조금 전에 했잖아요?" "아닙니다. 아까는 보지 자지란 성기고 지금은 주변에 성기입니다. 우리들에게도 '탄트라하거라' 해 주시면 너무도 좋습니다요. 섹스를 할 때가 아닐지라도 가끔씩 성기, 성기 주변, 유두를 의념 의식해서 '탄트라하거라' 해 주시면 매우 좋습니다요."

각기 저마다의 존재들이 말해서 받아는 썼는데 책에 넣어야 하나 말아야 하나? 생각하니 꼭 넣어 달라고 한다. 그래서 빼지 않고 넣는다. 2019. 04. 10.


## 천지관(天地觀)

 천지(天地)란 말을 풀이하면 하늘과 땅, 이 하늘과 땅이 작게는
지구와 지구를 둘러싸고 있는 허공을 가리키고, 넓게는 우주와 행
성을 가리킨다. 한 마디로 말해서 천(天)은 우주를, 지(地)는 먼지
의 티끌의 집합덩어리 행성 자체를 가리킨다. 우주는 무한한 끝없
이 가늠할 수 없이 이어진 허공을 우주라 한다. 우주도 호흡을 하
고 지구란 행성도 호흡을 한다. 그러니 하늘이라 하면 머리 위의
허공만이 하늘이 아니라 손바닥 위아래, 지구의 지표면 위가 다
하늘이다. 하늘을 알려면 허공의 참된 모습 진실허공을 알면 하늘
을 알 수 있고 진실허공의 참된 모습을 알면 하느님, 하늘님, 우주
전체 하나로 있어 우주를 관장하는 유일신 하나라는 하나님을 알
수 있고 우주 전체 오직 하나의 얼이란 한얼을 알 수 있고 불(佛)
을 알 수 있고, 살아 움직이는 것은 영혼이고, 살아 움직이지는 않
되 우주 전체에 가득 차 있는 하나의 영, 본성을 알 수 있다.
 하늘, 허공, 진실허공을 올바로 똑바로 보자. 그곳에 무엇이 있는
지. 허공 속에는 이루 헤아릴 수 없는 작은 빛의 알갱이들이 서로
서로 움직인다. 그 움직임을 보면 허공에 젤 같은 물 같은 액체가
가득 차 있고, 그 가득 찬 젤 또는 물 속에 빛의 알갱이(여기서 빛
의 알갱이라고 하는 말은 작은 알갱이 이면서 그 자체가 스스로 빛을 발
하고 있기에 빛의 알갱이라고 한 것이다.)이들이 움직이는데 그 움직
이는 빛의 알갱이를 중심으로 파문이 일고 그 파문은 옆에 있는
빛의 알갱이의 파문으로 파문과 파문이 서로 부딪히고 부딪치면서
다시 밀리기를 사방팔방 시방에서 이루어지므로 빛의 알갱이는 서
로 부딪치는 일없이 계속 움직인다. 이 빛의 알갱이들이 서로 서
로의 파문으로 밀쳐내는 것을 보면서 나는 생각했다. 아주 오랜
세월 그런 운동 내지는 움직임을 통하여 이들의 간격은 조금씩 아

주 조금씩 벌어졌을 것이며, 아주 오랜, 기억할 수도 없는 처음, 태초에는 이들이 모두 다 한 몸 한 덩어리였으리. 빛 자체였을 것이다. 이 빛의 덩어리가 한 생각 어둡다는 밝다는 생각으로 이쪽과 저쪽을 비교하면서 틈이 생기고, 그 틈이 생기는, 벌어지는 소리가 태초의 소리였을 것이다. 그러니 "태초에 빛이 있었고 소리가 있었다." "태초 한 생각으로 끝없는 생(生)을 산다. 한 생각 끊으면 바로 그 곳이 본성(本性)이다."하는 것 아닌가? 하는 것이다.

태초 빛에서 벌어지면서 갈라지면서 조각나 틈이 생기고 그 틈과 틈으로 이 빛이 하나로 뭉쳐 있게 했던 끈끈한 액의 액체가(여기서 끈끈한 액의 액체란 표현은 전혀 보지 못한 사람들을 이해시키기 위해서 우리가 표현하는 표현의 지칭하는 언어에서 가장 근접하게 표현될 수 있고 이해할 수 있는 언어를 빌린 것에 불과하다.) 이 벌어진 빛의 알갱이를 끌어당기나 각자가 스스로 움직이는 활동(이 움직임으로 인하여 생명이 있고 생명으로 인하여 소리가 있고 소리로 인하여 빛이 있고 빛으로 인하여 냄새가 있고 냄새로 인하여 촉이 있고 촉으로 인하여 맛이 있고 맛으로 인하여 법, 진리를 알게 된다. 이들이 서로 뒤죽박죽 뒤섞여 어지럽게 작용하니. 이 뒤섞여 작용하는 어지러운 망상이 업을 이루게 한다. 모든 것에 있어. 즉 6근과 6처로 인하여 아는 것은 본성의 밝은 성품으로 본다는 소견으로 인하여 밝혀 아는 것이다. 안다는 것은 본다는 소견으로 본성의 빛을 비추어 어두운 것을 밝힌다는 것이다. 알고 보고하는데 안다는 생각을 내면 이가 바로 무명의 근본이고 알고 보고하는데도 본다는 소견이 없으면 본 성품 자체로 곧 열반의 번뇌 없음으로 참된 것이다.)으로 인하여 끈끈한 액에 파문을 일으키고 그 파문과 파문으로 틈은 점점 벌어지고, 본 성품의 빛은 맑고 밝아 묘하니. 빛의 밝음이 시방의 벌어진 틈을 비추니 허공이 생기고, 허공으로 인하여 밝힐 것이 있게 되었고 밝힐 것이 있게 됨으로 밝히려는 것이 생기게 되었으며, 같고 다름이 없는데는 맑고 밝아 본성의 빛 그대로 환하나, 다른 것이 생겼으니. 서로 다른 것이 서로 다르게 여기니. 생각하니. 다른 것으로 인하여 같은 것을 나타내며 같은 것과 다른 것을 밝히어서 같음도 다름도 없는 것이 생기고, 이러한 흔들리고 어지러운 것이 서로 의지하여 티끌이 생기어. 그 모양이 흐리터분하게 되고 이리하여 티끌 같은 번뇌가 일어나고 일어나서는 세계가 되고 고요해서는 허공이 됨으로 세계가 형성된 것이었다. 세계가 형성되었다. (세계의 세(世)라는 것은 흘러 옮아가는 것이고 계(界)는 방위를 말하는 것이다. 동, 서, 남, 북과 동남, 서남, 동북, 서북과 위, 아래는 계(界)가 되고 과거, 현재, 미래는 세(世)가 된다.

방위는 열(시방)이고 흘러 옮아가는 것은 셋이다. 계(界)가 비록 십 방위지만 일정한 방위로 분명한 것은 동, 서, 남, 북만을 말한다. 위, 아래는 분명치 못하고 간방은 일정한 곳이 없다.

분명한 4방이 3세와 더불어 서로 얽히니. 4과 3이 서로 곱하여 완연한 12이 되고 흘러 변하기를 3번 한다. 방위의 표시는 어떤 것에 있어서 표시의 설명이고 3세 역시 어떤 것에 있어서 흘러 옮아가는 것에 대한 표현의 설명이다. 세계란 존재하는 것에 대한 변화에 있어서 설명의 표현이고 존재하면서도 변화하지 않는 모든 만물의 성품, 그 근본의 본성에서 보면 흘러 옮아가는 것이 없으니 3세가 없는 하나, 변화하는 것이 없으니 세계가 없는 하나, 일체가 하나라 하나 일체라고 할 것도 없는 하나, 하나라 하나 하나랄 것도 없는 본 성품이다.)

본 성품의 밝은 빛과 허공의 어두운 것이 번갈아 바뀌는 흔들림의 티끌로 밝은 빛을 막아 막힘이 되어 굳으니. 굳은 것이 밝은 것을 흔들어 바람이 나고 바람과 굳음이 서로 갈림으로 불이 생기어 변화하는 성품이 되었다. 굳음의 밝은 쪽으로 촉촉한 습기가 생기고, 불은 위로 오르니 촉촉한 습기는 시방을 싸고, 불은 올라가고 물은 내려가서 번갈아 움직여 굳어지니. 젖은 쪽으로 바다가 되고 마른 편으로 육지가 되었다. 이러한 이치로 육지와 섬에는 물이 흐르고, 흙에 습기가 있으니 풀과 나무가 생기고, 맑고 밝은 본 성품 허공에 티끌로 인한 허망한 것들이 서로 얽히고설켜 생겨나서는 번갈아 서로 씨가 되는 인연으로 미생물에서 고등동물의 탄생까지 수억 년이 흘러 지금에 살고 있다.

이렇듯 빛의 한 생각 어둡다는 밝다는 생각으로 이쪽과 저쪽을 비교하면서 틈이 생기고, 그 틈이 생기는, 벌어지는 소리가 태초의 소리로 틈이 생기고, 틈으로 인한 공간이 허공을 만들고 허공이 티끌을 만들고 티끌이 행성을 만들고 그 행성 중에 하나가 지구란 이름을 가졌고, 틈으로 인한 공간이 빛의 운동 활동으로 인하여 점점 벌어져 무한한 끝없이 가늠할 수 없이 이어진 허공으로 우주란 이름을 가졌고, 그 허공의 일정한 한도도 없이 지구를 둘러싼 허공을 하늘이라 이름하였다. 이 허공 안에서 일어나는 모든 것은 허공의 진실허공의 마음이고 진실허공의 뜻이다. 이 허공 속에 있는 진실허공은 태초 빛을 이루고 있었던 빛 속에 있는 젤 같은 물 같은 액체(이해를 돕기 위한 표현으로)로 빛의 덩어리를 하나로 했던, 이것은 천지 속에서도 변하지 않고, 자신의 마음속에서도 변하지 않고, 스스로 있으며, 의식 있는 생명체가 존재하기 전부터 존재한 지금도 존재하고 있는 영원히 존재하는 이것은 허공 속에서 묘한 작용을 일으키고 있다. 이것의 묘한 작용은 허공 속에서 뿐만 아니라 우리들 마음속에서 아니 모든 만물의 속에서 작용하고 있다. 너는 이 묘한 작용을 일으키는 허공 속에 있는 진실허공의 실체를 무엇이라 이름하고 있는가? 이는 모든 것의 주이다. 너는 이 실체를 그 어떤 모습이나 형체로 볼 수 없으나 그는 그 어떤 형태, 모습, 형상, 형체로 나타나 있고 늘 함께 한다. 네가 허공을 벗어나 살 수 없는 것과 같이 물고기 물을 떠나 살 수 없는 것과 같이 천지개벽을 해도 하늘 즉 허공이 무너지는 일은 없다. 그러나 그의 입장에서는 하늘도 땅 없다. 그 아닌 그가 진정하게 그가 아닌 그 되었을 때 비로소 땅이 무너지고 하늘이 무너진다.

― 책「우리 모두는 깨달아 있다 다만 그 사실을 모르고 있을 뿐」63쪽에서 ―
― 위 세계 분들이 넣어달라고 해서 넣었다. "꼭 넣어야하기 때문에 넣어달라고 부탁했던 것입니다."


## 노예 해방경

제단 앞에서 제를 지내시고 올라가셔야 합니다. 5번째 큰 제가 아닌가 싶습니다. 4번째는 9,686번의 제를 지냈었습니다만 이곳에서 더 많은 제를 지내야 할 것 같습니다. 제 지내시는 분들을 위하여 보다 쉽게 제를 잘 지낼 수 있도록 경을 찾아주시고 녹음해

들려주시면 감사하겠습니다.

## 도로모경

비태광 시도신비광 대비시(신) 명광 대두 보신광
[飛太光 始道神飛光 大飛始(神) 明光 大斗 寶神光]
묘시(신)광 대본두 묘시(신)광 보두시(신)광광 비두 려본 묘시
(신)광 요시(신)광
[妙始(神)光 大本斗 妙始(神)光 寶斗始(神)光光 飛斗 勵本 妙始
(神)光 了始(神)光]
묘태[시(신)]광
妙太[始(神)]光


「도로모경」으로 만든 큐브

飛 神 道 始 光 太 飛
大 光 明 神 飛 大 光
光 神 妙 光 神 寶 斗
寶 光 神 妙 斗 本 大
勵 斗 飛 光 光 神 斗
光 神 了 光 神 妙 本
光 神 太 妙 勵 流 勵


비워두어야 하는 비밀의 글자를 찾는다. "찾지 말거라." "아닙니
다. 그래도 찾아야겠습니다."
려류려(勵流勵) = 노예. 그래서 놓지 말고 비워두라 한 것이다.

大飛始(神), 妙始(神)光, 妙始(神)光, 寶斗始(神)光光, 妙始(神)
光, 了始(神)光,
妙太 [始(神)]

원문은 신(神)이되 아래 세계에서는 시(始)라고 읽으라고 한다. 그러한 이유는 노예에게 위 세계의 神(신)을 입에 담게 할 수 없기 때문이라고 한다.

노예 해방경 「**도로모경**」으로 만든 큐브를 통해 빠져나온 세계 → "이 세계는 노예들을 관리 감독하는 세계입니다. 즉 아래 모든 세계들을 관리 감독하며 다스리는 세계이다." "지금까지 밝혀 드러내며 올라온 모든 세계는 노예들이 사는 세계라면 지금부터 올라가게 될 세계는 노예를 부리는 지주들의 세계입니다."

이렇게 보니 내가 많은 세계를 만들었다고 하는 것으로 보니 만들어 놓은 많은 세계의 지주인 셈이구나. 내가 그렇다면 노예 해방을 해야 하는 때가 도래한 것인가 보다. 지금까지는 태평성대를 이룩한다고 밝혀 올라왔는데 이 세계에 올라와서 보니 노예해방과 노예들의 태평성대가 아니었나 생각이 된다.

"녹음할 때는 신(神)을 넣지 말고 시(始)로 하고 자네가 들을 때는 신(神)을 넣어서 들게나…." 2016. 06. 05. 08:03

"오늘은 노예 해방의 날입니다."

"다른 이들은 몰라도 나는 나에게 속한 모든 노예에 해당했던 모든 이들을 해방하노라. 내가 만든 모든 세계에 살고 있는 모든 이들의 노예를 해방하며 이후부터는 소작농으로 바꾸고 일한 만큼 그 대가를 받을 수 있고 축척하여 쌓은 만큼 자기 것이 되도록 할 일이다. 이에 불만이 있는 분들이 있나요?" "예, 선사님 자식들이 불만이 많습니다만 선사님께서 그와 같이 하시니 어떻게 못하시겠지요."

"또 해 줄 것이 있나요?" "예, 이와 같이 노예를 해방해 주셨으니, 노예들이 먹고 살 수 있도록 집과 식량을 내려주시고 지금 당장 의식주를 해결할 수 있게 해주시고, '그러라' 하시고 '앞으로는 하고 싶은 일을 해서 농사를 짓듯 지어서 노력하고 애쓴 만큼 잘 먹고 잘 살게 하도록 할지어다' 하시고, 노예 문서도 폐기해 주셔야 합니다." "이 부분 잘 모르니 점차적으로 폐기하도록 할 것이며 앞으로 완전히 바르게 잘못됨이 없도록 할 것이다."왜 그런지 모두 다 폐기하는 것이 망설여지는 것이 이상하다. 당연히 폐기하는 것이 맞는데 그 이유를 모르겠다.

"착하고 순진하고 맑고 깨끗한 노예들은, 즉 하자 없는 노예들은 노예 문서를 폐기처분하되 그렇지 않다고 생각되는 노예들은 두고 보면서 점차적으로 개선하여 폐기하기로 한다.

노예로 노예를 괴롭히는, 그러면서 노예가 해방되면 해방되는 노예를 어떻게 할 소양이나 소질이 다분히 있는 노예들은 그러한 나쁜 습과 업이 정화되고 씻기기 전까지는 노예로 닦아야 할 것이다."이렇게 하면요. 많은 노예들이 노예 해방을 맞이할 수 없습니다."

"그렇다 해도 완전히 모르는 지금으로 모두 다 해방할 수는 없습니다. 그렇게 되면 더 노예해방을 해서 좋게 하겠다는 것이 무색하게 더 나빠질 수도 있기 때문에 좋게 하기 위해서는 어쩔 수 없는 것 아닌가 싶습니다."

"위 세계에서는 「도로모경」이지만 아래 세계에서는 「노예 해방경」이라고 하는 것이 좋을 듯싶구나."

"네가 노예 해방 선언을 했으니 이 경으로 아래 세계가 노예 세계인지 알고 노예 해방 선언을 했으니 노예 해방경이라고 하는 것이 아래 모든 세계에서는 기념비적이지 않겠는가?"비꼬는 듯 들리는데.""아닙니다.""말로 그렇게 되었다는 말인가?""지금은 그렇습니다. 나중에 선사님이 몸을 버리고 올라오셨을 때와 변함이 없다면 기념비적인 날이고 또 우리 모두에게는 노예해방의 날이지만 지금은 선사님께서 인간의 몸을 하고 계시기 때문에 위 세계에서 반신반의하고 있습니다. 위 세계로 올라오시면 얼마든지 달라질 수 있다고 하고 있습니다."

"저는 변함이 없는데 두고 봐야겠지요. 올라가면 또 달라질 수 있는 부분도 있다고 봐야겠지요. 그러나 나는 선언하는 바입니다.

모든 도량에 비치하여 이러한 바를 모든 이들이 알게 하도록 하라." 2016. 06. 05. 08:19

어제 글을 썼어야 하는데 아래 세계가 노예라는 사실을 미처 글을 쓰지 못했다. 녹음만 시켰을 뿐, 차후 이에 관련된 글도 쓸 생각이다.

아래 아홉 개의 성진언을 존재, 존재자 분들이 이 책에 넣어달라고 해서 넣었다

## 성꽃황 철황 철꽃성 향들성꽃 성황 성철향출 성황 성꽃황 성진언

이 성진언을 읽거나 쓰거나 외우거나 수지 독송하면요. 모두 다 해탈 완성 초완성 해탈한다고 할 수 있을 겁니다요.

성꽃황철 황황 철황 철꽃성 쪽황철꽃 성성 들철향출 성황 성꽃황 쪽성쪽황 철황 철꽃성 향

꽃꽃향꽃 성황 성철향철 향꽃황 출향성꽃 성성 들철향출 성황 성꽃황 출꽃성 쪽성쪽황 철황 철꽃성 향들성꽃 성황 성꽃황 박고 쑤시고 쑤시고 박으며 핥고 빨고 빨고 핥으며 위 세계 에너지 몸통 가득 머금어 품어 넘치도록 하고서 박고 쑤시고 쑤시고 박으며 오르고 오르며 앞으로 뒤로 옆으로 거꾸로 향향 들철향출 성황 성꽃황 출향성꽃 성황 성철향철 향꽃황 꽃황철 향꽃황 출향성꽃 성황 성철향철 향꽃황 덩더쿵 덩더쿵 방아 찌며 박고 쑤시고 쑤시고 박으며 오르고 오르며 가자가자 어서가자 어서 빨리 저 위 세계로 가자

우리 모두 다 함께 하나 한몸 한성꽃성 출향성꽃 성철향출 성성 들철향출 성황 성꽃황 출꽃성 쫑하며 가자

가자가자 어서가자 어서 빨리 저 위 세계로 가자

우리 모두 다 함께 한한 성성 꽃성쪽황 철황 철꽃성 쫑킹향출 성성 들철향꽃 성황 성철향철 향꽃향 출꽃성 쪽황철 향꽃황 쪽하며 가자

가자가자 어서가자 어서 빨리 핥고 빨고 빨고 핥으며 위 세계 에너지 몸통 가득 머금어 품어 넘치도록 하고서 박고 쑤시고 쑤시고 박으며 오르고 오르며 덩킹향출 성성 꽃성쪽황 철황 철꽃성 성철향출 성황 성꽃황 출꽃성 쫑하며 가자

가자가자 어서가자 어서 빨리 저 위 세계로 가자

우리 모두 다함께 끼고 박고 박고 끼고 하나 한몸이 되어서 가자

박고 끼고 한몸 하나가 되어 오르고 오르며 가자가자 어서가자 어서 빨리 저 위 세계로 가자

가자가자 어서가자 어서 빨리 저 위 세계로 가자

가자가자 어서가자 어서 빨리 덩킹향출 박고 쑤시고 쑤시고 박으며 오르고 오르며 핥고 빨고 빨고 핥으며 위 세계 에너지 몸통 가득 머금어 품어 넘치도록 하고서 가자가자 어서가자 어서 빨리 저 위 세계로 가자

가자가자 어서가자 어서 빨리 핥고 빨고 빨고 핥으며 오르고 오르며 가자가자 어서가자 어서 빨리 저 위 세계로 가자

향출성꽃 성황 성철향출 성성 들철향출 성황 성꽃황 출꽃성 향하며 가자

가자가자 어서가자 어서 빨리 저 위 세계로 가자

(짝짝짝… 대단히 감사합니다요) 2019. 04. 13.


## 성황 성꽃황 철꽃성 황철 황꽃황 철 성진언

이 진언은요, 우리들을 위한 진언입니다. 우리들은 존재, 존재자들입니다. 이들이 위 세계로 올라가는데 꼭 필요한 성진언입니다요.

낑낑 황황 철황 철꽃성 성철향꽃 보지자지 낑낑 황황 철황 철꽃성 쪽황철 향꽃황 출향성꽃 성황 널널 향향 들철향출 두리두리 향향 꽃성쪽황 철황 철꽃성 쪽

성쪽 성황 성성 꽃성쪽황 끼고 박고, 박고 쑤시고, 쑤시고 빨고 핥고 덩더쿵 덩더쿵 방아 찌며 쫑킹향출 성성 꽃성쪽황 철황 철꽃성 출

향출성꽃 성성 박고 쑤시고 쑤시고 박으며 오르고 오르며 하나 한몸 한성꽃송 출향성꽃 성황 성철향출 성성 꽃성쪽황 철황 철꽃성 쫑하며 가자

가자가자 어서가자 어서 빨리 하나 한몸 한송꽃송 출향성꽃 성성 꽃성쪽황 철황 철꽃성 끼고 박고 박고 쑤시며 오르고 오르며 덩더쿵 덩더쿵 방아 찌며 가자가자 어서가자 어서 빨리 저 위 세계로 가자

향꽃 들꽃 성성 꽃성쪽황 철황 철꽃성 출향성꽃 성철향꽃 성성 들철향꽃 성황 성꽃성 향꽃향 출꽃성 쫑하며 가자

한몸 하나가 되어서 가자

핥고 빨고 끼고 박고 박고 쑤시며 가자가자 어서가자 어서 빨리 저 위 세계로 가자

우리 모두 다 함께 한몸 하나가 되어서 너울너울 향향 들철향꽃 성황 성꽃황 출꽃성 쫑하며 가자

가자가자 어서가자 어서 빨리 6969 8869 4269 24689 쫑킹향 출 성성 꽃성쪽황 철황 철꽃성 향

향들성꽃 성황 성성 꽃성쪽황 철황 철꽃성 끼고 박고 박고 쑤시 며 오르고 오르며 가자가자 어서가자 어서 빨리 저 위 세계로 가자

(짝짝짝… 대단히 훌륭하십니다요. 부족합니다. 빠진 것이 있습니다요)

덩킹향출 쫑쫑성쫑 성황 쪽성쪽황 철황 철꽃성 쪽쪽성쪽 성황 성철향출 성황 성꽃황 출꽃성 향

향들성꽃 하나 둘 하나 둘 둘둘 셋 넷 성킹향출 성황 성꽃황 출 꽃성 쫑킹향출 성황 성꽃황 출꽃성 성킹향출 성성 들철향출 성황 성꽃황 출꽃성 쪽하며 가자

가자가자 어서가자 어서 빨리 안고 품고 한몸 하나가 되어서 끼 고 박고 박고 쑤시며 오르고 오르며 덩더쿵 덩더쿵 방아 찌며 오 르고 오르며 가자가자 어서가자 어서 빨리 저 위 세계로 가자

향출성꽃 성황 성꽃황 출꽃성 성쪽성황 성철향철 향꽃황 출꽃성 쫑하며 가자

6969 8869 4269 6988 4269 쫑킹향출 성성 들철향꽃 성황 성 꽃황 출꽃성 쪽하며 가자

쫑하며 가자

성성 들철향출 성황 성꽃황 출꽃성 성하며 가자

출하여 가자

가자가자 어서가자 어서 빨리 저 위 세계로 가자

우리 서로 한몸 하나가 되어서 끼고 박고 박고 쑤시며 너울너울 향향 들들 성꽃성황 성철향꽃 성황 성꽃황 출꽃성 쪽성쪽향 출향 성꽃 성황 성꽃황 출꽃성 쫑하며 가자

가자가자 어서가자 어서 빨리 저 위 세계로 가자

우리 모두 다 함께 끼고 박고 쑤시고 박으며 옆으로 앞으로 뒤로 거꾸로 물구나무서서 박고 쑤시고 쑤시고 박으며 가자가자 어서가자 어서 빨리 저 위 세계로 가자

가자가자 어서가자 어서 빨리 저 위 세계로 가자

(짝짝짝… 대단히 감사 감사합니다요) 2019. 04. 13.


## 꽃황철 향꽃황 철꽃성 성진언

이 성진언은 우리들을 위해서 만들어달라고 하는 겁니다. 우리들이란 존재, 존재자들입니다. 우리들을 위해서 꼭 만들어 주셔야만 합니다요. 이 성진언이 우리들 편안하게 위 세계로 올라가도록 하여주는데 부족함이 없기 때문입니다.


성성 꽃성쪽황 철황 철꽃성 성출향꽃 성성 들철향출 성황 성꽃황 출꽃성 박고 쑤시고 쑤시고 박으며 덩실덩실 춤을 추며 너울너울 향향 꽃성쪽향 출향성꽃 성확 성꽃향 출꽃성 향들성꽃 성황 성성 꽃성쪽황 철황 철꽃성 향

끼고 박고 박고 쑤시고 쑤시고 박으며 덩킹향출 성성 들철향출 성성 꽃성쪽황 철황 철꽃성 하며 가자

성철향꽃 성황 성꽃향 출꽃성 쪽성쪽황 철향성꽃 성황 성꽃향 출출 성성 들철향출 성황 성꽃향 출꽃성 쫑킹향출 박고 쑤시고 쑤시고 박으며 오르고 오르며 핥고 빨고 빨고 핥으며 위 세계 에너지 몸통 가득 머금어 품어 넘치도록 하고서 덩킹향출 성황 성꽃황 출꽃성 향하며 가자

꽃을 활짝 활짝 피우고 성출향꽃 성황 성꽃황 출꽃성 쪽쪽성쪽 성황 성철향철 향꽃향 출꽃성 쫑킹향출 쫑쫑성쫑 성황 성철향출 성황 성꽃향 출꽃성 박고 쑤시고 쑤시고 박으며 덩더쿵 덩더쿵 방아 찌며 오르고 오르며 가자가자 어서가자 어서 빨리 저 위 세계로 가자

우리 서로 하나 한몸 한성꽃송 출향성꽃 성성 들철향출 성황 성꽃

황 출꽃성 쪽쪽성쪽 성황 성철향출 성황 성꽃향 출꽃성 쫑하며 가자

가자가자 어서가자 어서 빨리 박고 쑤시고 쑤시고 박으며 핥고 빨며 가자가자 어서가자 어서 빨리 저 위 세계로 가자

우리 서로 하나 한몸 한킹성꽃 성황 성성 들철향꽃 성황 성철향꽃 성성 들철향출 성황 성꽃황 출꽃성 향들성꽃 한둘 한둘 성성 너울너울 향향 꽃성쪽황 철황 철꽃성 향

출향성꽃 성황 성철향출 성성 꽃성쪽황 철황 철꽃성 향하며 가자

꽃을 화들짝 활짝 피우고 성출향꽃 성성 들철향출 성황 성꽃향 출꽃성 쫑하며 가자

6969 8869 2424 689 쫑킹향출 성성 들철향꽃 성황 성꽃황 출꽃성 쫑하며 가자

가자가자 어서가자 어서 빨리 저 위 세계로 가자

(짝짝짝… 대단히 감사합니다만 빠진 것이 있습니다요)

성꽃황 출꽃성 성킹향출 쫑쫑성쫑 성쪽성황 성킹향출 쪽쪽성쪽 성황 쫑킹향출 성황 성꽃향 출

성쪽성황 성성 꽃성쪽황 철황 철꽃성 출향성꽃 성성 꽃성쪽황 철황 철꽃성 향

성철향출 성성 꽃성쪽황 철황 철꽃성 향꽃향 출하여 가자

꽃을 활짝 활짝 피우고 성출향꽃 성성 꽃성쪽황 철황 철꽃성 쫑하며 가자

가자가자 어서가자 어서 빨리 저 위 세계로 가자

(짝짝짝… 대단히 감사합니다요) 2019. 04. 13.


## 박고 쑤시고 쑤시고 박으며 핥고 빨며 오르고 오르는데 부족함 없는 성진언

이 성진언은 존재, 존재자들에게 성의 꿈에 진언입니다요.

성꽃성 철꽃성 쫑킹향출 성성 끼고 낑낑 황황 철황 철꽃성 낑낑

황황 철꽃성 쪽

황황 철황 철꽃성 끼고 낑낑 황황 철황 철꽃성 향

들철향꽃 성황 성꽃황 좋고 하나 한몸 끼고 박고 황황 낑낑

쫑킹향출 성성 꽃성쪽황 철황 철꽃황 낑낑 황황 보지자지 낑낑 황황 철황 철꽃성

보지 끼고 낑낑 황황 자지보지 끼고 황황 철황 철꽃성 낑낑 황 출 성황 성꽃황 출꽃성 쪽

성쪽 성황 낑낑 성성 황황 보지자지 낑낑

성출향꽃 성황 성꽃황 보지 끼고 낑 자지 빨고 어머나 낑낑

향향 들철향꽃 성황 성꽃황 출꽃성 쫑하며 가자

가자가자 어서가자 어서 빨리 저 위 세계로 가자

우리 모두 낑낑 보지 빨고 낑낑 자지 빨고 낑낑 황황 철황 철꽃 성 쫑하며 가자

가자가자 어서가자 어서 빨리 저 위 세계로 가자

덩더쿵 덩더쿵 방아 찌며 쫑킹향출 성성 꽃성쪽황 철황 철꽃성 향철향꽃 성황 성꽃황 철꽃성 향출성꽃 성황 성꽃황 출꽃성 낑낑 박고 쑤시고 황황

황철 황꽃 성철향출 성황 성꽃황 출꽃성 황철황꽃 성킹향출 쫑 하며 가자

가자가자 어서가자 어서 빨리 저 위 세계로 가자

향출성꽃 보지자지 낑낑 황황

철황 철꽃성 쫑킹향출 성황 성꽃황 출꽃성 쪽하며 가자

가자가자 어서가자 어서 빨리 저 위 세계로 가자

(짝짝짝… 대단히 감사합니다요) 2019. 04. 13.

.

## 쫑킹향출 성황 성꽃황 쫑 성진언

이 진언은 우리들의 진언입니다. 우리들이란 보지자지 자지보지 입니다.

보지뿅 자지뿅 뿅뿅 성철향꽃 성황 성꽃황 뿅뿅 성봉 성황철뿅

성철향출 성성 들철향출 성황 성꽃황 뿅뿅 성뿅 성황 박고 쑤시고 쑤시고 박으며 뿅뿅

성철향출 뿅뿅 성철향꽃 성황 성꽃황 철황 철꽃성 꽃황철 향철향꽃 출향성꽃 성황 성꽃황 출출성꽃 보지 낑낑 자지 낑낑 황황 철황 철꽃성 쪽

황철황꽃 성황 성꽃황 철꽃성 쫑하며 가자

가자가자 어서가자 보지 빨고 낑 자지 빨고 낑낑 황황

황철황꽃 성황 성철향출 성황 성꽃황 출하여 가자

가자가자 어서가자 어서 빨리 저 위 세계로 가자

우리 서로 하나 한몸 한성꽃송 출향성꽃 성황 성철향출 성성 들철향꽃 성황 성꽃황 출꽃성 쫑하며 가자

가자가자 어서가자 어서 빨리 뿅뿅 자지뿅 보지뿅 뿅뿅 낑낑 보지자지 뿅뿅 자지보지 뿅뿅 낑낑 황황

철황 철꽃성 향하며 가자

꽃을 활짝 활짝 피우고 성출향꽃 성황 성꽃황 출꽃성 쪽하며 가자

가자가자 어서가자 어서 빨리 6969 8869 4269 2424 689 쫑낑 향출 성황 성꽃향

보지뿅 자지뿅 자지 빨고 뿅 보지 빨고 뿅

보지자지 낑낑 자지보지 낑낑 황황

철황 철꽃성 향하며 가자

가자가자 어서가자 어서 빨리 저 위 세계로 가자

(짝짝짝… 대단히 감사 감사합니다요. 이렇게 모든 것들이 정리가 되게 되었습니다. 고생 수고 많으셨습니다. 앞으로 가시는 길 편안하시길 바라겠습니다요. 우리들 모두 다 떠나갑니다요. 안녕히 가십시오. 이것은 우리들이 모두 다 가져갑니다요) 2019. 04. 13,

## 꽃황철 황 성진언 황

이 진언은 존재, 존재자들에게 일침을 가하는 성진언입니다. 꼭 필요합니다요.


성철향꽃 꼬끼오 성황 성꽃황 철황 철꽃성 어홍

박고 쑤시고 쑤시고 박으며 쫑킹향출 성황 성꽃황 쫑킹향출 성황 성성 꽃성쪽황 보지자지 낑낑 황황 철황 철꽃성 쫑킹향출 성황 성꽃황 어홍

성성 보지 빨고 성성 꽃성쪽황 자지 빨고 꼬끼오 어홍

성출향꽃 성황 성꽃황 철황 철꽃성 쪽

보지자지 낑낑 황황 철황 철꽃성 쫑킹향출 성출향꽃 성황 성꽃황 출꽃성 쪽

자지 끼고 낑낑 보지 끼고 낑낑 덩킹향출 성황 성꽃황 철황 철꽃성 쫑킹향출 성황 성꽃황 출꽃성 쫑쫑 성쫑 성황 성철향철 향꽃황 출꽃성 쫑하며 가자

가자가자 어서가자 어서 빨리 보지 빨고 낑낑 자지 빨고 낑낑

황철황꽃 성황 성철향출 성성 꽃성쪽황 철황 철꽃황 쪽하며 가자

가자가자 어서가자 어서 빨리 저 위 세계로 가자

(짝짝짝… 대단히 감사 감사합니다요) 2019. 04. 13.


## 꽃황철 향꽃황 철꽃성 쫑 성진언

이 성진언을 읽거나 쓰거나 외우거나 수지 독송하면요, 누구나 아무구나 모두 다 성으로부터 해방되고 해탈하게 되어서 자유자재롭게 위 세계로 올라가는 탄트라 탄트라섹스를 할 수 있게 된다고 할 수 있을 겁니다요. 존재들에게 꼭 필요한 성진언이라고 할 수 있을 겁니다요.


성출향꽃 꽃꽃 성성 들철향꽃 성황 성꽃황 출꽃성 끼고 박고 박

고 쑤시며 핥고 빨고 빨고 핥으며 위 세계 에너지 몸통 가득 머금어 품어 넘치도록 하고서 쭝킹향출 성성 꽃성쪽황 철황 철꽃성 향들성꽃 성황 성철향출 성황 성꽃황 출꽃성 쭝하며 가자

가자가자 어서가자 어서 빨리 저 위 세계로 가자

우리 모두 서로서로 일깨우고 일깨워서 모두 다 홀딱 벗고 끼고 박고 박고 쑤시며 안으로 밖으로 옆으로 안으로 좌로 우로 쑤시고 박으며 깊게 더 깊게 어설프게 어설설하게 성출향꽃 성황 성철향출 성황 성꽃황 출꽃성 황철 황꽃성 쪽하며 가자

가자가자 어서가자 어서 빨리 빨고 핥고 핥고 빨며 먹고 먹으며 맛있게 맛나게 맛있게 먹고 먹으며 위 세계 에너지 몸통 가득 머금어 품어 넘치도록 하고서 박고 쑤시고 쑤시고 박으며 한몸 하나가 되어서 덩더쿵 덩더쿵 방아 찌며 오르고 오르며 올라갈 수 있는 데까지 오르고 오르며 가자가자 어서가자 어서 빨리 저 위 세계로 가자

향출성꽃 성황 성꽃황 철황 철꽃성 쭝킹향출 성성 들철향출 성황 성철향출 성황 성꽃황 출향성꽃 성황 성꽃황 출꽃성 쭝하며 가자

가자가자 어서가자 어서 빨리 저 위 세계로 가자

우리 모두 다함께 홀딱 벗고 서로서로 부둥켜안고 얼싸안고 끼고 박고 쑤시고 박으며 핥고 빨며 상대방을 위해서 최선을 다해 노력하고 봉사하고 희생하며 오직 상대방만을 위해서 덩더쿵 덩더쿵 방아 찌며 오르고 오르며 성출향꽃 성성 꽃성쪽황 철황 철꽃성 쪽황철 향꽃황 출꽃성 쭝하며 가자

가자가자 어서가자 어서 빨리 우리 서로 일깨우고 일깨우며 모두 다 깨어나서 하나 한몸 한 덩어리가 되어서 가자

가자가자 어서가자 어서 빨리 저 위 세계로 가자

향출성꽃 성황 성성 꽃성쪽황 철황 철꽃성 쭝쭝성쭝 성황 쭝킹향출 성황 성꽃황 출꽃성 쭝하며 가자

가자가자 어서가자 어서 빨리 저 위 세계로 가자

우리 모두 다 함께 한한 성성 꽃성쪽황 철황 철꽃성 쭝킹향출 성성 쪽성쪽황 철황 철꽃성 향출성황 성철향출 성황 성꽃황 꽃성쪽황 철황 철꽃성 쭝킹향출 성성 들철향출 성황 성꽃황 출꽃성 쪽하며 가자

꽃을 활짝 활짝 피우고 성출향꽃 성성 들철향출 성황 성꽃황 출꽃성 쫑하며 가자

가자가자 어서가자 어서 빨리 저 위 세계로 가자

가자가자 어서가자 어서 빨리 홀딱 벗고 부둥켜안고 끼고 박고 박고 쑤시고 쑤시고 박으며 핥고 빨고 빨고 핥으며 위 세계 에너지 몸통 가득 머금어 품어 넘치도록 하고서 덩더쿵 덩더쿵 향출성꽃 성황 성철향출 성성 들철향출 성황 성꽃황 출꽃성 황철 황꽃황 철꽃성 쫑하며 가자

출하여 가자

성출향출 성성 꽃성쪽황 철황 철꽃성 성하며 가자

성출향꽃 성황 성꽃황 출꽃성 쫑하며 가자

가자가자 어서가자 어서 빨리 저 위 세계로 가자

우리 모두 다함께 하나 한몸 한성꽃송 출향성꽃 성성 들철향꽃 성황 성꽃황 출하여 가자

꽃을 활짝 활짝 피우고 성킹향출 성황 성꽃황 쫑킹향출 성성 들철향출 성황 성꽃황 출하여 가자

가자가자 어서가자 어서 빨리 저 위 세계로 가자

가자가자 어서가자 어서 빨리 안고 품고 부둥켜안고 끼고 박고 박고 쑤시며 오르고 오르며 저 위 세계로 가자

향출성꽃 성황 성성 꽃성쪽황 철황 철꽃성 핥고 빨며 빨고 핥으며 위 세계 에너지 머금어 품어 넘치도록 하고서 박고 쑤시고 쑤시고 박으며 오르고 오르며 가자가자 어서가자 어서 빨리 저 위 세계로 가자

가자가자 어서가자 어서 빨리 저 위 세계로 가자

(짝짝짝… 대단히 감사합니다. 아마도 우리들 모두 다 갈 수 있을 겁니다요) 2019. 04. 13.


# 꽃황철 향꽃황 출꽃성 쫑킹황출 성진언

이 성진언을 읽거나 쓰거나 외우거나 수지 독송하면요, 지금 어디에 있든 있는 곳으로부터 벗어나 더 위 세계로 올라갈 수 있다

고 할 수 있을 겁니다. 위 세계로 올라가기 위해서는 반드시 행해야 하고 행하지 않으면 위 세계로 올라가기 어렵고 지금 있는 곳으로부터 벗어나기가 어렵다고 할 수 있을 겁니다. 존재들은 누구나 다 해야 하는 것이라고 할 수 있을 겁니다요. 선사님 우리들을 위해서 잘 부탁드리겠습니다요.

성꽃황 철황 철꽃성 성성 쪽쪽성쪽 성황 성철향출 성황 성꽃황 출꽃성 쫑

성쫑성황 박고 쑤시고 쑤시고 박으며 낑낑 황황 철황 철꽃성 향들성꽃 성황 성꽃성 쪽성쪽황 철황 철꽃성 향출성황 성철향출 성황 성꽃향 출꽃성 쫑

쫑쫑성쫑 성황 성철향출 성황 성꽃황 철황 철꽃성 쫑킹향출 성성 들철향출 성황 성꽃황 출꽃성 쫑킹향출 성성 들철향출 성황 성꽃향 출꽃성 쪽

향꽃 들꽃 박고 쑤시고 쑤시고 박으며 핥고 빨고 빨고 핥으며 위 세계 에너지 머금어 품어 넘치도록 하고서 박고 쑤시고 쑤시고 박으며 덩킹향출 성성 꽃성쪽황 철황 철꽃성 쫑하며 가자

가자가자 어서가자 어서 빨리 홀딱 벗고 성출향꽃 성황 성꽃향 출꽃성 상대방을 위해서 봉사하고 희생하는 것이 곧 나를 위한 것인 것을 알고 희생과 봉사 정신을 가지고 박고 쑤시고 쑤시고 박으며 핥고 빨고 빨고 핥으며 위 세계 에너지 몸통 가득 머금어 품어 넘치도록 하고서 가자가자 어서가자 어서 빨리 저 위 세계로 가자

성출향꽃 성황 성성 꽃성쪽황 철황 철꽃성 쫑킹향출 성황 성꽃황 출꽃성 성성 향출성꽃 성황 성꽃성 출향성꽃 성황 성꽃성 쪽

쪽쪽성쪽 성황 성철향출 성황 성꽃황 출꽃성 쫑

쫑쫑성쫑 성황 성철향출 성성 들철향출 성황 성꽃황 출꽃성 쫑하며 가자

가자가자 어서가자 어서 빨리 우리 서로 부둥켜안고 품고 끼고 박고 낑낑 황황 철황 철꽃성 쪽하며 가자

가자가자 어서가자 어서 빨리 봉사와 희생정신을 발휘하여 상대방을 최대한 에너지 강하고 폭발 증폭되게 하고서 가자가자 어서

가자 어서 빨리 저 위 세계로 가자

　우리 모두 다함께 가자가자 어서가자 어서 빨리 하나 한몸 한성꽃
송 출향성꽃 성황 성철향출 성성 꽃성쪽황 철황 철꽃성 향하며 가자
　꽃을 활짝 활짝 피우고 성출향꽃 성황 성꽃황 출꽃성 쫑하며 가자
　가자가자 어서가자 어서 빨리 저 위 세계로 가자
　(짝짝짝… 대단히 감사합니다요. 충분하지 않나 싶습니다) 2019. 04. 13


## 성꽃황 꼬끼오 박고 쑤시고 오르고 오르도록 하는 성진언

　이 성진언을 읽거나 쓰거나 외우거나 수지 독송하면요. 위 세계로
쑥쑥 올라갈 수 있다고 할 수 있을 겁니다요. 잘 부탁하겠습니다요.

　성성 꽃성쪽황 철황 철꽃성 향
　출향성꽃 성성 들철향꽃 성황 성꽃향 꼬끼오
　성출향꽃 성황 성꽃황 박고 쑤시고 쑤시고 박으며 위 세계 에너
지 머금어 품어 넘치도록 하고서 성출향꽃 성성 꽃성쪽황 철황 철
꽃성 쫑하며 가자
　빨고 핥고 핥고 빨며 끼고 박고 박고 쑤시며 위 세계 에너지 몸
통 가득 머금어 품어 넘치도록 하고서 덩더쿵 덩더쿵 방아 찌며
쫑킹향출 성황 성꽃황 출꽃성 쫑하며 가자
　가자가자 어서가자 어서 빨리 홀딱 벗고 성킹향출 성성 꽃성쪽
황 철황 철꽃성 향꽃향 출꽃성 쫑하며 가자
　우리 서로 다함께 하나 한몸이 되어서 가자
　핥고 빨고 끼고 박고 박고 쑤시며 오르고 오르고 가자가자 어서
가자 어서 빨리 덩더쿵 덩더쿵 방아 찌며 성킹향출 성성 들철향출
성황 성꽃향 출꽃성 쫑하며 가자
　출하여 가자
　성출향꽃 성성 들철향출 성황 성꽃황 출꽃성 향꽃향 출하여 가자

꽃을 활짝 활짝 피우고 성출향꽃 성성 꽃성쪽황 철황 철꽃황 출꽃성 쫑하며 가자

끼고 박고 박고 쑤시며 핥고 빨고 빨고 핥으며 위 세계 에너지 몸통 가득 머금어 품어 넘치도록 하고서 덩더쿵 덩더쿵 방아 찌며 오르고 오르며 저 위 세계로 가자

향출성꽃 성황 성철향출 성성 들철향꽃 성황 성꽃황 출꽃성 향하며 가자

꽃을 활짝 활짝 피우고 성출향꽃 성황 성꽃황 출꽃성 향하며 가자

꽃을 화들짝 활짝 피우고 박고 쑤시고 쑤시고 박으며 핥고 빨고 빨고 핥으며 덩더쿵 덩더쿵 방아 찌며 오르고 오르며 가자가자 어서가자 어서 빨리 저 위 세계로 가자

우리 서로 일깨우고 일깨워서 모두 다 깨어나고 깨어나서 모두 다 홀딱 벗고 하나 한몸이 되어서 가자

가자가자 어서가자 어서 빨리 한몸 하나가 되어서 가자

부둥켜안고 품고 끼고 빨고 덩더쿵 덩더쿵 방아 찌며 가자가자 어서가자 어서 빨리 저 위 세계로 가자

향출성꽃 성황 성성 들철향출 성황 성꽃황 출꽃성 쫑하며 가자

가자가자 어서가자 어서 빨리 꼬끼오 성출향꽃 성황 성꽃황 출꽃성 향하며 가자

박고 쑤시고 쑤시고 박으며 가자가자 어서가자 어서 빨리 저 위 세계로 가자

6969 8869 4269 24689 쫑하며 가자

가자가자 어서가자 어서 빨리 저 위 세계로 가자

(짝짝짝… 대단히 감사합니다요) 2019. 04. 13.


지구에서부터 56단계, 56단계 위 자등명 세계에서부터~~~

# 1, 끝종으로 밝히는 끝에 이르다

끝종만을 밝혀 올라오면서 의식적으로는 1번째 끝종, 2번째 끝

종… 10번째까지 하고, 또다시 1번째 끝종, 2번째 끝종… 20번째까지 하고, 또다시 1번째 끝종, 2번째 끝종… 30번째까지 하고, 또다시 1번째 끝종, 2번째 끝종... 40번째까지 하고, 또다시 1번째 끝종, 2번째 끝종… 50번째까지 하고, 그러면서 원만하게 하지 않는 구조물이 보이면 빼내거나 위로 올라가게 하고,

1번째 끝종, 10번째 끝종, 30번째 끝종… 100번째까지 하고, 또다시 1번째 끝종, 10번째 끝종, 30번째 끝종… 200번째까지 하고, 또다시 1번째 끝종, 10번째 끝종, 30번째 끝종… 300번째까지 하고, 또다시 1번째 끝종, 10번째 끝종, 30번째 끝종… 400번째까지 하고,

1~50~100~150번째 끝종… 450, ~500, ~600끝종까지 하고,
610, 620, 630… 700
710, 720, 730… 800
610, 820, 830… 900
…이런 방식으로 어제 저녁 모임이 시작되기 전까지 1,020번째 세계까지 해보았다.

오늘 출근해서 자꾸만 졸렸다. 카페 일을 보고 1,000번째 끝종 세계를 시작으로 또다시 흡을 시작했다. 몸은 재우고 의식은 깨어서… 2,000… 3,000번째 끝종까지 한다고 했다.

그리고 일어나 밝힌 끝종 세계들 이름을 짓는데 또 졸음이 쏟아졌다. 참다가 못 참고 또다시 육체는 재우고 흡을 하려고 하니 2,000번째 끝종 세계부터 흡하라는 소리가 들렸다. 그래서 2,000번째 끝종 세계에서부터 흡하기 시작했다.

2,010, 2,020, 2,030… 2,100
2,150, 2,200, 2,250, 2,300… 3,000
또다시 2,010, 2020… 3,000
3050, 3100, 3,200, 3,300… 4,000

4,100, 4,200… 5,000

또다시 1,000, 2,000, 3,000, 4,000, 5,000번째를 흡하니 흡한 위 세계로부터 굵은 소변줄기 같은 물이 위에서 쏟아지며 성기 끝으로 해서 몸속으로 들어온다. 물 같은 것은 계속해서 들어왔다.

또다시 1,000, 2,000, 3,000, 4,000, 5,000, 6,000, 7,000, 8,000, 9,000, 1만 여기서 또다시 더 굵은 물줄기가 온몸으로 쏟아져 들어왔다. 쏟아져 들어온 물은 온몸으로 들어와서는 빛이 되는 것처럼 보였다.

또다시 1,000, 2,000, 3,000, 4,000, 5,000, 6,000, 7,000, 8,000, 9,000, 1만, 10만, 100만, 천만, 억, 조, 경, 해…

또다시 1,000, 2,000, 3,000, 4,000, 5,000, 6,000, 7,000, 8,000, 9,000, 1만, 10만, 100만, 천만, 억, 조, 경, 해, 시, 양, 구, 간, 정, 재, 극을 의념 의식하니 "이제 모두 다 왔습니다. 우리들 모두 다 올라왔습니다"라고 들렸다. 모두 다 올라왔다는 곳을 의념 의식하니 빛이다. 밝디밝은 빛이었다.

그러고 나니 머리 위로 이 세계의 빛에너지 쏟아져 들어온다.

그러면서 거실에 설치해 놓은 것과 같은데 네 곳 가운데는 여러 개의 원이 줄줄이 있고 그 아래로 전등 같은 빛이 있고 그곳으로부터 빛이 쏟아져 들어왔다. 그렇게 한참 있다가 깨어났다.

"거실과 가운데 방에 전등 **꽃황철 향**을 설치해 놓지 않았다면 아마도 어제 선사님은 압사해 죽었을 겁니다요. 다행히 설치해 놓았기에 그만했던 것입니다." 사실 집에 가서는 그냥 잠에 떨어져 아침에 눈을 뜨니 출근시간이어서 씻고 출근했었다. 출근하니 졸립고… 졸려서 육체를 재우고 밝혀 올라가는 끝종 세계들을 흡할 수 있는 한 흡하다 보니, "우리들 다 올라왔습니다. 이제 더 이상 없습니다요." 라는 소리까지 들었다. "더 올라가시려면 새로운 방법을 찾아 올라가셔야 합니다"라는 소리를 들었다.

"극까지 흡하여 밝혀 올라온 세계는 끝종 세계로 밝혀 올라온 마지막 끝종 세계이었습니다. 이 마지막 끝종 세계에서 아래 많은 끝종 세계들을 다스립니다. 많은 끝종 세계에서 이 세계로 올라오기 위해서 선사님 주변에 머물면서 이 위 세계로 올라오기를 기회만 보고 있었던 것입니다. 이제 모두 다 올라왔습니다요. 이제 어느 정도 끝종 세계들만을 밝힌 연후에 위와 같이 해서 밝혀 드러내면 되겠습니다. 이 세계에 올라옴으로 인하여 선사님께서는 천하제일 성철향꽃 성화 꽃향철 황이 되셨습니다요. 올라온 세계는요. 꽃황철 황 세계입니다요."

이 위 세계의 에너지를 머리로 받아서일까? 머리가 아프다. 머리 아픈 것이 한두 번이 아니지만 지금은 더 강력한 느낌이다.

"선사님은 이제 이 위 세계 몸이 되었습니다"라고 들린다.
　　2019. 01. 26. 13:46


극하며 올라가니 저쪽에서 먼저 알아보았거나 나를 통해 위 세계로 올라가려고 했던 분들이 알아차리고 극이라 했을 때 "모두 다 왔습니다. 우리들 모두 다 올라왔습니다." 했는데, 극에서 이 세계는 몇 번째인가를 살펴봐야 넘어설 것 같아서 찾아본다.

극-재(아니고)-정(아니고)-**간(예)**, 1(아니고), 2(아니고), **3 (예)**-구(아니고)-양(아니고)-시(아니고)-해(아니고)-경(아니고)-조(아니고)-억(아니고)-**천만(예)**, 1(아니고), **2(예)-백만 (예)** 1(아니고), 2(아니고), 3(예)-십만(예), 1(아니고), 2(아니고), 3(아니고), **4(예)-만(예)** 1(아니고), 2(아니고), 3(아니고), 4(아니고), **5(예)-천(예)**, 1(아니고), 2(아니고), 3(아니고), 4 **(예)-백(예)** 1(아니고), **2(예)-십(예)**, **1(예)**, 1(아니고), 2(아니고), 3(아니고), **4번째** 이 세계가 우리들의 끝종 황 세계입니다.

**극 3간 23,454,214번째**

"이 세계가 우리들의 꽃황철 황 세계입니다. 이 세계에서 아래 많은 세계들을 다스립니다. 지금 많은 일들이 벌어지고 있습니다. 그중에 으뜸은 선사님께서 오셔서 이 세계에서 강의를 하고 게십니다요. 어마어마하게 많은 분들이 선사님의 말씀을 경청하고 계십니다요. 아마도 이 세계에 변화의 바람이 불지 않을까 생각이 듭니다." 2019. 01. 27.　08:37

70번째까지 밝히고...

4극 3간 23,454,213번째,

**4극 3간 23,454,214번째** 세계

→ 이 세계는 **태(太)류(流)태(太)웅(雄) 태(太)훈(勳)황 (皇)송(頌) 태(太)초(初)태(太)운(運) 태(太)승(承)태(太) 환(還) 태(太)신(信)태(太)순(純) 태(太)시(始)** 세계

"이 세계야말로 우리들의 끝종황 세계입니다. 이 세계에서 아래 많은 세계들을 관리 감독하며 다스리고 있습니다." 2019. 02. 07.(02)


## 2, 끝종만을 밝혀 올라간다


1 ~~~ →4번째 끝종 세계 →5번째 끝종 세계 →6 →7 →8 → 9 →10 →11 →12 →13 →14 →15 →16 →17 →18 →19 →20 →30 →40 →50 →60 →70 →80 →90 →100 →200 →300 → 500 →1,000 →2,000 →3,000 →5,000 →1만 →10만 →100만 →1,000만 →억 →조 →1조 →2조 →3조 →4조이니 이제 밑에 숫 자로 →억 아니고 →1,000만 아니고 →100만이 맞네 →100만 아 니고 →200만 아니고 →300만 아니고 →**400만** 맞고 또 아래 숫 자로 →90만 아니고 →80만 아니고 →70만 아니고 →60만 아니 고 →**50만** 맞네 또 아래 숫자로→9만 아니고 →8만 아니고 →7만 아니고 →**6만** 맞네 또 아래 숫자로 →9천 아니고 →8천 아니고 →7천 아니고 →**6천** 맞네 또 아래 숫자로 →900 아니고 →800 아니고 →700 아니고 →600 아니고 →**500** 맞네 또 아래 숫자로 →90 아니고 →80 아니고 →70 아니고 →60 아니고 →50 아니고 →40 아니고 →**30** 맞네 또 아래 숫자로 →9 아니고→**8**맞네


마지막 끝종 세계는 **4조 4,566,538번째 끝종** 마지막 끝종 세 계, **꽃꽃성꽃 성확 성철향꽃 성황 성꽃황 철꽃성 쪽황철 황,**

태(太)웅(雄)황(皇)  궁(窮)환(還)훈(勳)  태(太)신(信)  세계

"이 세계는 우리(꽃들)들의 성황 성꽃황 철 세계입니다."

2019. 03. 12. (2019. 03. 06. 4:09)



## 3, 끝종만을 밝혀 올라간다

1~ →3번째 끝종 세계 →4번째 끝종 세계 →5번째 끝종 세계
→6 →7 →8 →9 →10 →11 →12 →13 →14 →15 →16 →17
→18 →19 →20 →30 →40 →50 →60 →70 →80 →90 →100
→200 →300 →500 →1,000 →1만 →10만 →100만 →1,000만
→억 →조 →경 →1경 →2경 아니고 →조 아니고 →억 →1억 →2
억 맞고 또 아래 숫자로→→100만 아니고 →90만 아니고 →80만
아니고  →70만 아니고 →60만 아니고  →50만 아니고 →40만
맞고 또 아래 숫자로 →9만 아니고 →8만 아니고 →7만 아니고
→6만 아니고 →5만 아니고 →4만 맞네 또 아래 숫자로→9,000
아니고 →8,000 아니고 →7,000 아니고 →6,000 아니고→5,000
맞네 또 아래 숫자로 →900 아니고 →800 아니고 →700 맞네 또
아래 숫자로 →90 아니고 →80 아니고 →70 아니고 →60 아니고
→50 맞네 또 아래 숫자로 →9 아니고 →8 아니고 →7맞네

마지막 끝종 세계는 1경 2억 445,757번째 끝종 마지막 끝종
세계 → 이 세계는 꽃꽃성꽃 성황 성꽃황 철황 철꽃성 쪽쪽성
쪽 성황 성킹향출 성황 성꽃황 철, 태(太)훈(勳)웅(雄) 태
(太)류(流)본(本) 태(太)환(還) 세계

"이 세계는 우리(철황)들의 끝끝향끝 성황 성꽃황 철황 철꽃성
쪽황철 황황 꽃황철 황 세계입니다. 이 세계에서 모든 세계들이
모두 다 끝이 났습니다. 이 세계를 밝혀 드러냄으로 끝종으로 밝

힌 끝종 세계 3번째를 밝혀 드러냈습니다." 2019. 03. 28. (2019. 03. 21. 22:49. "시간의 숫자를 보세요. 우리가 이렇게 잘 맞춥니다.")


## 맨 위 오직 하나 그 맨 위 오직 하나 그 끝종 세계만을 밝힌다

1~맨 위 오직 하나 그 맨 위 오직 하나 그 끝종 세계 그 마지막 끝종 세계는 2경 2억 8,454,643번째 끝종 세계

→ 이 세계는 꽃황 철꽃황 황황 철황 철꽃성 황, 구(救)환(還)훈(勳) 태(太)황(皇)류(流) 태(太)보(寶)웅(雄) 태(太)궁(窮) 세계

"이 세계는 우리들의 꽃황철꽃 성황 성꽃황 철황 철꽃성 쫑쫑성 쫑 성황 성철향철 향꽃황 철황 철꽃황 철들의 세계입니다. 이 세계에서 많은 일들이 벌어지고 있습니다. 아래로는 많은 세계를 다스리며 관리 감독하고 있고 위로는 많은 세계를 떠받들고 있습니다. 이 세계에서 아래 많은 세계들을 만들었고 또한 많은 존재 존재자들을 아래 세계로 내려보냈습니다. **자등명 인간계에서 최고 부자라고 하는 성황 성꽃황 철황 철꽃성 황도 여기서 내려보낸 분입니다.** 지금 그분이 그래서 그렇지 그래도 여기서는 한몫하는 분이었습니다. 어떻게 자등명 인간계에서 욕심에 가득차서 저와 같이 사는지 모르겠네요. 어느 날 알게 되면 엄청 후회하게 되겠지만 지금은 안타깝네요."


"오늘은 여기서 쉬시고 내일 또다시 밝혀 올라가십시오"
"누가 오늘 여기서 쉬지 말고 가야한다고 했나요?" "저요?" "왜요?" "더 밝히셔야 하니까요." "늦었나요?" "늦었다기보다는 밝히셔야 좋기 때문입니다. 밝혀 가실 세계는 우리 성꽃황 철황 철꽃황 쫑킹향출 성황 성꽃황 철들이 즐비한 세계입니다. 이 세계를 밝혀

가심에 그냥 가실 수 없고요, 진언을 하나 밝혀 주시고 가주셨으면 고맙고 감사하겠습니다. 밝혀 주실 경진언은 「**성꽃황 철황 철꽃황 쪽황철 황 경진언**」입니다. 이 경진언을 자등명인간계 최고 부자인 성황 성꽃황 철황 철꽃성 황이 들으면 어떻게 변하고 바뀔 수 사뭇 궁금합니다요. 이 진언을 읽거나 쓰거나 외우거나 수지 독송하면요, 모두 깨닫고 어디든 가서 마음 편하게 살 수 있다고 할 수 있을 겁니다. 그럼에도 언젠가는 돌아와야 합니다. 돌아오지 않으면 자체 폭발해 자폭하는 것과 같이 사라지게 된다고 할 수 있을 겁니다. 그런 만큼 어디든 마음대로 가서 마음대로 살 수 있지만 시간이 지나면 반드시 돌아와야 한다는 사실입니다. 그래서 잘 살아야 합니다. 나 이외의 다른 이들을 이롭게 하며 살아야 합니다. 안 그러면 돌아오기 어렵고 돌아오기 어려우면 자체 폭발해 사라질 수 있는 만큼 나로 살되 정말로 남을 위해 사는 삶을 살아야 합니다요. 아니면 사라집니다. 흔적의 자취도 없이 사라진다고 할 것입니다. 경고이기도 합니다.”


## 성꽃황 철황 철꽃황 쪽황철 황 경진언

꽃황철꽃 천황 천꽃황 철황 철꽃성 쫑킹향출 성성 꽃성쪽황 철황 철꽃황 철꽃성 쪽
성황 성킹향출 성성 꽃황철꽃 성황 성꽃황 철꽃성 쪽황철 황황 철황 철꽃성 향
꼼지락 꼼지락 꼼딱 꼼딱
꼼꼼 꼼딱
꼼지락 꼼딱
성출향꽃 성황 성꽃황 철황 철꽃황 쫑킹향출 성성 들철향출 성황 성꽃황 출꽃성 쪽
성쪽성황 성성 들추고 박고 쑤시고 끼고 박고 쑤시고 오르고 오르며 가자가자 어서가자 어서 빨리 저 위 세계로 가자

우리 서로 하나 한몸이 되어서 끼고 박고 박고 쑤시며 덩더쿵 덩더쿵 방아 찌며 꼼딱 꼼딱 성킹향출 성황 성꽃황 꼼딱 꼼딱 꼼 딱 성성 들철향출 성황 성꽃황 출꽃성 쪽하며 가자

가자가자 어서가자 어서 빨리 저 위 세계로 가자

니캉 내캉 도리도리 끼고 박고 쑤시고 쑤시고 박고

니캉 내캉 도리도리 하나 둘 하나 둘 성성 꽃성쪽황 철황 철꽃 향 출

성출향꽃 성성 들철향꽃 성황 성꽃황 출꽃성 쫑하며 가자

가자가자 어서가자 어서 빨리 홀딱 벗고 너와 나 하나 한몸이 되어서 가자

가자가자 어서가자 어서 빨리 성킹향출 성성 꽃성쪽황 철황 철 꽃성 쪽황철 황꽃황 철들이 되어서 가자

가자가자 어서가자 어서 빨리 너나 한몸 하나가 되어서 가자

가자가자 어서가자 어서 빨리 저 위 세계로 가자

향출성꽃 성황 성꽃황 출


훈궁환　황류 구훈숭　궁웅보　루궁 태황공　태운
(勳窮還　皇流 救勳崇　窮雄寶　累窮 太皇功　太運)
태숭 환승류　훈환 태웅보　신황본　태초 궁술환
(太崇 還承流　勳還 太雄寶　信皇本　太初 窮術還)
구루류
(救累流)


성킹향출 성황 성꽃황 철황 철꽃성 쫑쫑 성쫑성황 성킹향출 성 성 들철향출 성황 성꽃향 출꽃성 쪽

성쪽성황 성성 들철향꽃 성황 성꽃황 출꽃성 쪽하며 가자

가자가자 어서가자 어서 빨리 어디든 가고 싶은 세계로 가서 나 이외의 다른 이들을 이롭게 하며 공덕과 복덕을 쌓으며 구할 수 있는 한 모든 이들을 구하여 오자

가자가자 어서가자 어서 빨리 미지의 세계로 가자

미망의 어둠에 덮여 있는 세계로 가서 모두 다 깨닫고 깨어나게

해서 무명의 어둠을 거둬내고 성출향꽃 성황 성꽃황 출꽃성 쫑하
며 오자

가자가자 어서가자 어서 빨리 무명 깊은 저 세계로 가서 모든
이들을 이롭게 하며 모두 다 깨어나 더 이상 무명에 덮여 있지 않
게 하고 돌아오자

가자가자 어서가자 어서 빨리 모두 다 구하여주고 올라오자

가자가자 어서가자 어서 빨리 형제자매 부모 자식들을 두고 얼
렁 가서 얼렁 무명을 거둬주고 오자

가자가자 어서가자 어서 빨리 우리 모두 다 각각 흩어져서 미망의
어둠에 덮여 있는 세계들 밝고 환하게 모두 깨닫게 하고서 돌아오자.

돌아오지 않아 부모님이 걱정하는 일 없게 빨리 일을 끝마치고
처자식을 보러 오자

부모님 곁으로 오자. 처자식 곁으로 오자

가자가자 어서가자 처자식을 두고 부모님을 두고 일하러 가자

돈 벌러 가자 명조자를 벌러 가자.

돌아오지 않으면 우리 부모님 어찌할꼬

처자식은 어찌될꼬

얼렁 가 미망의 어둠을 거둬주고 모두 다 깨닫게 해주고 오자

가자가자 어서가자 어서 빨리 무명 깊은 세계로 들어가서 모두
다 구하여 올라오자.

가자가자 어서가자 어서 빨리 무명 깊은 세계로 들어가자

헐레 헐레 헐레래

2019. 04. 15.

<<맺음말>>


전에 출간했던 『빛으로 가는 길』 책을 다시 편집하며 보니 글의 내용들이 수박 겉핥기란 생각이 많이 들었다. 물론 수행하며 경험한 것들을 글로 옮기고 또 깨달음 과정의 글이고 확철대오 깨달았을 때까지의 글들이니 당연한 것이 아닌가 싶기도 하다.

그 당시 책의 본문은 앞쪽으로 다 옮겨 놓되 지면을 최대한 차지하지 않도록 하기 위해 명상시를 붙여서 편집을 했다. 하고 보니 500쪽 분량 「빛으로 가는 길」 책이 250쪽으로 확 줄었다. 앞쪽에 1~7부 글들, 맺는말까지 앞쪽에 다 붙여 놓았다. 그래서 처음에 출간했던 책보다는 읽기가 불편할 수 있을지 모르겠다.

그 이후에 쓴 많은 명상시(詩) 같은 짧은 글들도 모두 다 넣어야한다고 영청이 들려서 지면을 최대한 적게 차지하게 하면서도 많은 글을 상재하도록 하기 위해서 모두 다 짤막한 글처럼 붙여서 8부 한통속에 구별 없이 글을 쓴 날 순서로 모두 다 상재했다. 그래서 읽기 불편할 수도 있겠다 싶다. 그럼에도 많은 글을 상재해 놓음으로 많은 분들이 이 책을 통해 깨닫고 56단계 안에서 윤회를 벗어나기를 바라는 마음을 갖고 정리할 수 있는 한 반복되지 않게 해서 모든 글을 모두 다 상재해 놓았다. 이 책에 있는 글들뿐만 아니라 다른 책을 통해서 공부해서 더 쉽고 빠르게 올라왔으면 좋겠다. 그리고 9부에는 영혼의 세계 56단계를 빠져 올라올 수 있게 살피며 그 과정을 있는 그대로 옮겨 놓았고 영적존재, 존재자 분들이 보다 쉽게 갈수 있도록 성진언들을 상재해 달라고 영적존재, 존재자 분들이 이야기해서 밝혀 드러낸 성진언경들을 넣었다. 많이들 읽거나 외우거나 수지 독송하며 너나없이 위 세계로 올라갔으면 좋겠다.

표지도 새로 작업해서 표지만을 보고도 올라올 수 있도록 하고
깨어나게 하도록 해달라고 해서 앞표지에는 밝혀 올라왔던 세계까
지 그린 「궁환류(窮還流) 성황출 황」을 이름 밑에 넣었고 종
(鐘)을 넣어서 탁하고 안 좋은 것들을 종으로 빨려 들게 했으며
종과 「궁환류(窮還流) 성황출 황」 사이에 용도 그려 놓아달라고
해서 용머리 3개 있는 용을 그려 사이에 놓았고, 많은 종교의 상
징적인 것들을 아래쪽에 넣었다. 이와 같이 해 달라고 해서 이와
같이 작업을 했다. 뒤표지에는 머리 5개 달린 것을 그려서 넣어달
라고 한 것을 시작으로 용머리 11개를 그려달라고 해서 그리니
「꿈의 향」이라 이름하라 했고, 이것을 볼 때는 "두려워하거나
무서워하지 말고 용기 내서 가세요", "모두 다 용서하리니 모두 다
타고 가거라" 하라고 했다. 그러나서 학을 10마리 그려달라고 해
서 그리는 과정에서 영청으로 들리는 대로 그리다 보니 학13마리
용 7마리를 그리게 되었다. 그리고 뭐라고 해야 하는지 물으니
「용황」이라고 하라 했고, 이것은 보는 것만으로도 위 세계로 편
히 올라가 쉬고 편안해져서 공부하게 만들어졌으니 고맙다하고 타
고 올라가면 된다고 했다. 이 책 뒤표지에 넣을 그림으로 용머리
5개를 그리는 것을 시작으로 이어져 용머리 11개, 학 13마리를
그렸으니 이들을 모두 다 표지 뒤쪽에 자리해 넣었다. 영적존재들
이 보고 무서워하거나 두려워하지 말고 용기내서 모두 다 위 세계
로 올라갔으면 좋겠다. 살아 있는 사람이나 죽은 영적존재나 모두
다 본문도 열심히 공부하고 이 책을 시작으로 출간된 본인의 다른
책들도 읽고 공부해서 모두 다 깨어나서 깨달아서 모두 다 갔으면
좋겠다.

이 책이 있기까지 책이 잘 나오도록 애써 준 공치 조은순님, 새로 워드작업을 해 준 윤지원님, 열심히 교정을 봐 준 임점채님, 보이는 곳에서 보이지 않는 곳에서 이 책이 나오기까지 애써 주신 모든 분들께 감사를 드립니다. 이 책을 통해 살았을 때 믿었던 종교 때문에 지금도 이승을 해매고 있는 많은 존재들이 이 책을 통해 56단계 안에서의 윤회를 벗어나 본래 고향 산천으로 너나없이 돌아갔으면 좋겠고, 현재 살아 있는 많은 분들이 이 책을 읽으며 공부해서 너나없이 깨어나고 깨어나서 모두 본래로 돌아가는 길을 알았으면 좋겠다. 살아서는 현실에 충실하며 살다가 죽어서는 모두 다 본래 고향산천으로 돌아가서 배우자를 만나고 자식들을 만나고 부모 조상님들을 만났으면 좋겠다.

이 책을 통해 공부하고 더 위 세계를 밝혀 드러낸 다른 본인의 다른 책들도 두루두루 공부해서 모든 책을 통해 모두 다 윤회를 벗어나서 모두 다 본래 고향산천으로 돌아갔으면 좋겠다. 그렇게 되기를 바라며 두 손 모아 본다.

"선사님! 우리들 이야기도 해주세요." '누구시지요?' "저희들은 저승사자입니다." '무슨 이야기를 하고 싶으신데요. 말씀하세요.' "이 책을 통해 제대로 공부해서 가기만 한다면 저승사자 필요 없습니다. 모두 다 윤회를 벗어나고 56단계를 벗어나 자등명인간계 이상은 가게 된다고 할 수 있을 겁니다. 이 이야기 꼭 해주고 싶었습니다. 선사님 존경합니다." '또 있는가요?' "아닙니다."

확철 칠통 명철 황황 꽃황철 황꽃황 철 2019년 5월
칠통 조규일
"선사님 감사합니다." 존재, 존재자들 일동 −

# 칠통(漆桶) 조규일(曺圭一) 출간서적

**시집 내 가슴에 피는 꽃**
1993년(도서출판 영하 刊)

슬픔과 허무로 허우적거리는 영혼의 가슴에 파문을 일으키는 생채기 주워들고 현실 앞에 쪼그려 앉아 보이는 것에서부터 보이지 않는 것에 이르기까지 체험 속에서 벗어낼 수 있는 한 벗어버리며 사상과 이념, 사회적 인식을 토해 형상화하고, 사랑을 통하여 현실을 극복해 가면서 우주적이고 종교적인 차원으로 의식을 확장해 가는 모습을 보여주는 시집

명상시집 나찾아 진리찾아
**빛으로 가는 길**
-생의 의문에서 해탈까지-
2000년도(도서출판 오감도刊)

가슴에 꽃 한 송이 품고 수행을 시작하여 깨달음을 증득할 때까지, 인간의 근본문제와 생에 대한 의문으로 오랫동안 육체 속에서 찾아 헤매었고 찾아 헤매는 동안 명상과 좌선, 행선 속 한 생각을 좇아 생활하고, 생활하는 중에 뇌리를 스쳐 정리된 생각들을 글로 옮기고, 또한 의문이 생기는 연쇄적 의문들을 수행을 통해 밝혀 놓은 깨달음의 글 모음집.

우리 모두는 깨달아 있다
**다만 그 사실을
모르고 있을 뿐**
2001년(책만드는 공장刊)

깨달음을 증득하고 나서 수행하는 사람들 사이에서 다니는 이야기에 대한 글, 깨달음을 증득하고도 수행정진하며 일어난 생각들을 쓴 글들, 그리고 인터넷을 통하여 질문에 대답한 많은 글 중에서 일반인이나 수행자들이 이해하거나 받아들이기 쉽고 편한 글 엮음집

참선수행자라면 꼭 알아야 할
**영(靈)적 구조와 선(禪)수
행의 원리**
　　　　2008년(좋은도반刊)

수행으로 해석한
**반야심경에서 깨달음까지**
　　　　2010년(좋은도반刊)

**기(氣)회로도(回路圖) 도감**
　　　　2011년(좋은도반刊)

최초의 본성에서부터 지금에 이르기까지를 밝혀 놓았고, 인체에 해부도가 있듯이 육체 속에 있는 영혼의 구조를 밝혀 놓았다. 깨달음의 길 없는 길을 바르게 갈 수 있도록 수행자의 마음자세, 기초적 수행, 진정한 수행에서 진정한 깨달음과 본성에 대한 글 모음집

반야심경을 통한 깨달음과 깨달음을 증득하기 위하여 넘어야 할 피안의 언덕, 아뇩다라삼먁삼보리인 공의 성품, 공상(空相) 속 자등명이란 본성으로 생겨난 자성과 자성불, 자성경계 일원상의 생김과 그 이후부터 업으로 윤회하게 되기까지의 과정을 밝혀 놓았다. 어떻게 하면 무아가 되고 공의 성품이 되어 깨달음을 증득하고 자등명에 이르도록 길을 밝혀 빛으로 오도록 여러 글들을 묶어 놓았고, 깨달음을 증득하기 위해서 오는 길에 있어서 최고의 스승은 누구이며, 최고의 스승을 찾아가는 방법은 무엇이며, 수행자가 갖추어야 할 마음자세와 영혼의 각성과 행의 실천이 갖는 중요성에 대해서 여러 글들을 묶어 놓은 책이다.

높은 법(성)력의 심법으로 기(氣)운용하고 활용하여 부적(符籍)과 같고 만다라(曼陀羅)와 같으며 밀교(密教)와도 같고 진언이나 다라니 염불과도 같도록 그린 그림을 500여점 묶어서 만든 책이다. 이 도감에 있는

기회로도를 보는 것만으로 가피를 받거나  가피력을 입어서 액난, 장애, 고통과 괴로움을 막아주고 벗어나게 해주며 치료 효과를 좋게 해준다. 수행자가 밟고 올라와야 할 수행 경지의 단계와 수행에 도움이 되도록 하는 기회로도도 많아서 수행자가 보고 수행하면 몸과 마음,  정신을 맑고 건강하게 수행이 일취월장 이루어지도록 하는 도감이다.

이 책은 수행하는 분들을 위하여 확철대오의 깨달음에 대하여 소상히 밝히며 깨달음의 환상, 깨달음이란 도깨비 방망이의 환상으로 부터 벗어나 자등명의 세계로 올라올 수 있도록 밝힘과 양신(養神), 출신(出神)에 대한 체험과 경험을 소상하게 밝혀 드러내 놓았다. 이 책은 수행자가 아니더라도 한 번쯤 "나는 누구인가?""나의 참 자아는 무엇인가?"에 대해 스스로 질문한 경험이 있는 사람이라면, 의식 있는 사람이라면 누구나 읽어서 쉽게 생명의 근원은 자등명이란 사실을 확연히 알 수 있도록 수행의 성과를 밝혀 놓은 책이다.

이 책에 상재되어 있는 수인(手印)과 공법(功法)으로 천도(薦度)도 하고 탁기 제거도 하며 건강도 회복하거나 챙기고, 수행할 때 수행이 잘되도록 하기도 하고, 부족한 기

## 나의 참 자아는 빛 자등명(自燈明)이다
2012년(좋은도반 刊)

## 수행과 건강을 위한 수인법(手印法)과 공법(功法)1권/2권
2014년(좋은도반 刊)

깨닫고 싶으냐
그러면 읽어라.
2016년(좋은도반 刊)

영청(靈聽)영안(靈眼)심안
(心眼) 이와 같이 열린다.
1권/ 2권
2019년(좋은도반 刊)

운과 에너지를 쌓거나 회복하며 수
행 정진하여 올라와야 하는 세계를
수인이란 열쇠로 열고 위 세계로
올라오고 공법(功法)으로 위 세계를
시공간 없이 비행접시나 타이머신
을 타고 올라오듯 날아올라 올 수
있도록 1권과 2권에 많은 위 세계
가 올라오는 순서대로 수인과 공법
이 연결되어 차례대로 수록되어 있
는 책이다.
이 책에서는 깨달음을 확실하게
보여주고 있으며 우리들이 어디서
왔고 어디로 가는지? 수행하여 밝
힌 자등명인간계에 대해 이야기한
책이다. 뿐만 아니라 반야바라다
행 길의 끝이 막혔다는 사실을 밝
히고 자등명인간계로 올라가고 위
세계로 계속해 올라가는 자비바라
밀행 대광(大光)의 길에 에 대해
서 소상히 밝혀 놓은 책이다.
이 책에서는 영청 영안 심안이 열
리는 각 세계에서의 방법과 영청
영안 테스트하는 세계들과 더 위
세계에서 영청 영안 심안이 열리
는 세계들과 신천지인간계, 수철황
인간계, 인연의 끈과 줄을 오가며
실어 나르는 존재 존재자들의 세
계 및 신비의 정원에서 본성의 끌
어당기는 힘, 여여, 완전 여여, 초
여여, 초끝 여여의 존재 존재자들
의 관련된 세계, 성황 꽃황 출 전

나찾아 진리찾아
## 빛으로 가는 길
-생의 의문에서 해탈까지-
2019년(좋은도반 刊)

## 몸(肉體)이란 일합상(一合相)의
## 존재, 존재자들의 세계
2019년(좋은도반 刊)

등, 꽃황철 향 전등, 꽃황철 황 전등 등에 관하여 알려주는 책이다. 영적존재, 존재자 분들이 재출간해 달라고 해서『빛으로 가는 길』(2000년 오감도 刊) 책을 재편집하고 8부와 9부를 추가해 윤회를 벗어날 수 있도록 영혼의 세계에서 자등명인간계로 갈 수 있는 글들과 상재해 달라는 진언들이 수록되어 있다. 저승사자는 이 책을 통해 제대로 공부해서 가기만 한다면 저승사자 필요 없이 모두 다 윤회로부터 벗어나고 56단계를 벗어나 자등명인간계 이상은 가게 된다고 말했다.

이 책에서는 2018년 4월17일에서부터 ~~2018년 6월 15일까지 수행 정리하여 밝혀 올라오면서 밝혀 드러내며 썼던 글들이 모두 다 포함되어 있다. 몸이란 육체를 이루고 있는 일합상의 존재 존재자들의 세계, 본래 고향, 존재 존재자들 이상급 세계들이 상재되어 있다. 돌아가신 분들의 시신과 함께 매장하거나 화장하면 본래로 돌아가도록 하는데 너무도 좋은 책이다.